示范性高等职业教育精品规划教材
旅游与酒店管理专业

旅游景区服务与管理

主　编　周晓梅
副主编　夏绍兵　梁　敏　赵　盛

天津大学出版社
TIANJIN UNIVERSITY PRESS

内容提要

本书共分十三章，从旅游景区的服务与管理两个方面介绍了旅游景区服务的整个流程及景区管理的重要性。前六章为旅游景区的服务方面，包括旅游景区概述、票务服务、排队服务、咨询与投诉受理服务、导游服务、配套服务等内容；后七章为旅游景区的管理方面，包括管理概述、营销管理、人力资源管理、安全管理、资源与环境管理、服务质量管理、标准化管理等内容。

本书不仅可以作为高等院校旅游管理专业的教材，还可以作为各类型的旅游景区的工作人员和管理者的参考用书。

图书在版编目（CIP）数据

旅游景区服务与管理／周晓梅主编．—天津：天津大学出版社，2011.2（2015.7重印）

示范性高等职业教育精品规划教材

（旅游与酒店管理专业）

ISBN 978-7-5618-3861-7

Ⅰ.①旅… Ⅱ.①周… Ⅲ.①旅游点—商业服务—高等学校：技术学校—教材②旅游点—经济管理—高等学校：技术学校—教材 Ⅳ.①F590

中国版本图书馆CIP数据核字（2011）第016316号

出版发行	天津大学出版社
地　　址	天津市卫津路92号天津大学内（邮编：300072）
电　　话	发行部：022-27403647
网　　址	publish.tju.edu.cn
印　　刷	昌黎太阳红彩色印刷有限责任公司
经　　销	全国各地新华书店
开　　本	185mm×260mm
印　　张	18.25
字　　数	456千
版　　次	2011年2月第1版
印　　次	2015年7月第2次
定　　价	32.00元

丛书编委会名单

前 言

Preface

根据社会经济和科技发展的需求，确定专业的人才培养目标，对专业建设、体现专业的特色、提高教学质量都具有至关重要的意义。

高等职业教育专业教学改革的核心是课程体系和教学内容的改革，这也是专业教学改革的难点和重点。课程体系和教学内容改革的力度表明了专业教学改革的深度，体现了高职特色的教学质量。教材改革在这方面下了很多工夫，也积累了一些经验，但从整个高等职业教育来看，教材改革还是一个薄弱的环节，仍需认真总结、吸取国内外职业教育课程改革的经验，在教学内容、教学模式、教材体系结构及教学方法、手段等方面进行创新，以取得突破性的进展。

本书在内容的编写上坚持“以应用为目的，以必需、够用为度”，主要涉及高等职业教育旅游专业的基本知识和应用技能。在内容上针对在实际操作中可能出现的问题结合实际案例进行分析，在每章开头提出“教学目的和要求”、“关键词汇”，使学生在学习相关知识前能对本章内容有一个大致的了解；在书中穿插的“资料链接”对正文内容起到了补充的作用；在每章最后，又对本章内容进行了总结，其中的“知识结构”、“习题与思考”等很好地归纳了知识，并且方便教师测试学生所掌握的知识及实操能力。

参加本书编写的人员主要是高职高专的老师，其中武汉职业技术学院旅游与航空服务学院旅游管理专业的周晓梅老师和武汉船舶职业技术学院的夏绍兵老师负责全书的统稿工作，周晓梅老师负责编写第四章、第五章，并和武汉职业技术学院旅游与航空服务学院的刘丽莉老师共同编写了第八章，武汉职业技术学院旅游与航空服务学院的梁敏老师负责编写第一章、第七章，武汉职业技术学院旅游与航空服务学院的江群老师负责编写第六章、

第十章，武汉职业技术学院旅游与航空服务学院的雷晶老师负责编写第十二章，咸宁职业技术学院的王纪玉老师负责编写第九章、第十三章，咸宁职业技术学院的赵盛老师负责编写第二章、第三章，长江职业技术学院的梁蓓老师负责编写第十一章。

在这里，我们要特别感谢天津大学出版社的支持，还要特别感谢王纪玉老师的“救场”，使此书能够付梓出版。

由于编写时间仓促以及编写水平有限，书中难免有不足和疏漏之处，还请读者和旅行社从业人员多加批评和指导。

编者

2010年10月21日于武汉

目　录

Contents

第一章 旅游景区概述

教学目的和要求

了解旅游景区的定义及其特征；掌握旅游景区的类型及其作用；熟悉旅游景区的等级评定；理解旅游景区的发展历程和发展趋势。

关键词汇

旅游景区（Tourist Attraction）　景区类型（Types of Tourist Attraction）
等级评定（Grading Evaluation）　发展趋势（Development Trend）

第一节　旅游景区的定义与特征

旅游景区是一个国家或地区人文资源和自然资源的精华，是展示国家或地区文化、民族历史的一个窗口，也是旅游目的地形象的重要体现。拥有5 000多年灿烂文化的中国无疑是全球最大的旅游市场之一，中国旅游业将在相当长的一个时期内处于发展的黄金期。中国的旅游景区是旅游业重要的生产力要素，其核心要素的地位越来越显著。

据有关数据统计，截至2007年底，我国共有A级景区2 492个，其中：1A级景区130个，2A级景区927个，3A级景区511个，4A级景区858个，5A级景区66个。相对于我国广袤的土地和庞大的人口，优质景区资源仍然显得非常稀少，平均每百万人仅拥有1.8个A级景区和0.6个4A级景区。此外，我国还有国家重点风景名胜区187个，国家自然保护区2 395个，国家森林公园627个（我国共建立各类森林公园1 928处，其中国家级森林公园627处），国家地质公园138个，工农业旅游示范点500多家。截至2010年，中国列入《世界遗产名录》的文化遗产有40项（见表1－1）。另有统计数据表明，目前全国县级以上的自然、人文和人造景区约20 000家，星级饭店12 751家，各类旅行社17 957家，优秀旅游城市247个，使我国成为了地地道道的旅游资源大国。

表1－1　中国的世界遗产一览表（共40项）

序号	遗产名称	批准时间	遗产种类
1	长城	1987.12	文化遗产①
2	明清故宫	1987.12	文化遗产②
3	秦始皇陵	1987.12	文化遗产

续表

序号	遗产名称	批准时间	遗产种类
4	莫高窟	1987. 12	文化遗产
5	周口店“北京人”遗址	1987. 12	文化遗产
6	泰山	1987. 12	文化与自然双重遗产
7	黄山	1990. 12	文化与自然双重遗产
8	武陵源风景名胜区	1992. 12	自然遗产
9	九寨沟风景名胜区	1992. 12	自然遗产
10	黄龙风景名胜区	1992. 12	自然遗产
11	拉萨布达拉宫和大昭寺	1994. 12	文化遗产③
12	河北承德避暑山庄及周围寺庙	1994. 12	文化遗产
13	曲阜孔庙、孔林、孔府	1994. 12	文化遗产
14	武当山古建筑群	1994. 12	文化遗产
15	庐山国家公园	1996. 12	文化景观
16	四川峨眉山和乐山大佛	1996. 12	文化与自然双重遗产
17	丽江古城	1997. 12	文化遗产
18	平遥古城	1997. 12	文化遗产
19	苏州古典园林	1997. 12	文化遗产④
20	颐和园	1998. 11	文化遗产
21	天坛	1998. 11	文化遗产
22	大足石刻	1999. 12	文化遗产
23	武夷山	1999. 12	文化与自然双重遗产
24	青城山与都江堰	2000. 11	文化遗产
25	龙门石窟	2000. 11	文化遗产
26	明清皇陵	2000. 11	文化遗产⑤
27	皖南古村落——西递、宏村	2000. 11	文化遗产
28	云冈石窟	2001. 12	文化遗产
29	三江并流	2003. 7	自然遗产
30	高句丽王城、王陵及贵族墓葬	2004. 7	文化遗产
31	澳门历史城区	2005. 7	文化遗产
32	四川大熊猫栖息地	2006. 7	自然遗产
33	河南殷墟	2006. 7	文化遗产
34	中国喀斯特	2007. 6	自然遗产

续表

序号	遗产名称	批准时间	遗产种类
35	开平碉楼与村落	2007.6	文化遗产
36	福建土楼	2008.7	文化遗产
37	三清山	2008.7	自然遗产
38	五台山	2009.6	文化景观
39	河南登封“天地之中”古建筑群	2010.7	文化遗产
40	中国丹霞	2010.8	自然遗产

① 2002年11月，中国唯一的水上长城辽宁九门口长城通过联合国教科文组织的验收，作为长城的一部分正式挂牌成为世界文化遗产。

② 2004年7月，沈阳故宫作为明清皇宫文化遗产扩展项目列入《世界遗产名录》。

③ 2000年11月，拉萨大昭寺作为布达拉宫世界遗产的扩展项目被批准列入《世界遗产名录》；2001年12月，西藏拉萨罗布林卡作为布达拉宫历史建筑群的扩展项目被批准列入《世界遗产名录》。

④ 2000年11月，苏州艺圃、藕园、沧浪亭、狮子林和退思园五座园林作为苏州古典园林的扩展项目被批准列入《世界遗产名录》。

⑤ 2003年7月，北京市的十三陵和江苏省南京市的明孝陵作为明清皇家陵寝的一部分收入《世界遗产名录》；2004年7月，盛京三陵作为明清皇家陵寝扩展项目列入《世界遗产名录》。

一、旅游景区的定义

在正确认识和理解旅游景区之前，我们首先了解几个相关概念：风景名胜区、旅游目的地、景点。

1）风景名胜区。2006年9月6日，国务院发布了《风景名胜区条例》，将风景名胜区定义为“具有欣赏、文化或科学价值，自然景观、人文景观比较集中，环境优美，可供人们游览或者进行科学、文化活动的区域”。

2）旅游目的地。简单地说，旅游目的地就是能够满足旅游者终极目的的地点或主要活动地点。旅游目的地空间范围更大，功能更完善。它包含了旅游业发展所需要的各要素，如旅游资源、基础设施及旅游服务等。

3）景点。英国学者约翰·斯沃布鲁克认为：“景点应该是一个独立的单位，一个专门的场所，或是一个有明确界限的、范围不可太大的区域，交通便利，可以吸引大批的游客闲暇时来到这里作短时的访问。”景点是旅游景区划分的最小单位，是能够界定、能够经营的实体。

了解了相关的概念后我们来看看旅游景区的定义。国家质量监督检验检疫总局2004年10月28日发布的《旅游景区质量等级的划分与评定》（GB/T 17775—2003）中指出：“旅游景区是以旅游及其相关活动为主要功能或主要功能之一的空间或地域。”该标准中，旅游景区是指具有参观游览、休闲度假、康乐健身等功能，具备相应旅游服务设施并提供相应旅游服务的独立管理区。该管理区应有统一的经营管理机构和明确的地域范围，包括风景区、文博院馆、寺庙观堂、旅游度假区、自然保护区、主题公园、森林公园、地质公园、游乐园、动物园、植物园及工业、农业、经贸、科教、军事、体育、文化艺术等各类旅游景区。

旅游景区应具备以下条件。

1）具有吸引游客的吸引物和资源基础。

2）有完善的旅游交通服务设施，如停车（船）场所、供游人参观游览的步道或航道。

3）具有有力的安全保障设施，如消防、防盗、救护设备齐全。

4）具有齐备的游览服务设施，如入口游览导游图、景点介绍牌等。

5）具有良好的卫生环境，健全的环卫管理制度。如景区干净卫生，各类卫生设施设备齐全。

6）具有完善的公共设施，如公共电话等。

具体地说，凡是符合以下要求且具有较为明确范围边界和一定空间尺度的场所、设施或活动项目的，均可称为旅游景区。

1）以吸引游客为目的，包括本地的一日游游客和旅游者，根据游客接待情况进行管理。

2）为游客提供一种消磨闲暇时间或度假的方式，为他们提供一种快乐、愉悦和审美的体验。

3）开发游客对这种体验的追求，满足这种潜在的市场需求。

4）以满足游客的需求为管理宗旨，并提供相应的设施和服务。

二、旅游景区的特征

认识和了解旅游景区的基本特征对旅游景区的规划和开发有着指导意义。旅游景区的基本特征因分析角度的不同而有所不同，但一般而言，其基本特征包括以下四点。

1. 整体性

整体性是指旅游景区所依托的旅游资源之间以及与周围的环境之间相互影响、相互制约，共同组成了一个有机的整体。旅游资源的整体性决定了旅游景区的整体性。

旅游景区整体性的特点在自然旅游资源和人文旅游资源中都得到了体现，但在自然旅游资源中体现得更为淋漓尽致，如我国西北地区在荒漠、黄土和气候的影响下，形成了特有的动植物景观；我国的南方则以众多的瀑布、溪流和郁郁葱葱的绿色植被著称，它们与品种繁多的珍稀动物、舒适宜人的气候共存于一体，形成了特有的旅游资源。整体性的特点在人文旅游资源中的体现是，人类不同时期的活动是社会文明的产物，无论是遗留下来的，还是后来创造的，都同样影响和联系着民俗、文化和艺术。

2. 地域性

旅游景区都占据一定的地域空间。旅游景区的地域性是指任何形式的旅游景区必然受到当地的自然、社会、文化、历史条件和人类活动的影响与制约，并因此形成了千差万别的地域特色。地域性表现在旅游景区的差异上，一种景观、一种戏曲、一种宗教、一个民族都可以体现地域的差异，这种差异形成了不同的地域特色。

对于景区地域性的认识必须把握其所在地的地脉和文脉。所谓地脉，就是指所在地的自然环境条件，包括地质、地貌、气象、气候、土壤、水文状况等。认真分析研究所在地的自然条件有助于揭示景区地域特色，形成市场号召力。所谓文脉，是指地方文化特色，对所在地的历史过程进行观察分析，寻找具有代表性的历史遗迹、人物、事件，将其作为地方性的构成要素。

资料链接

埃菲尔铁塔的地域性

旅游景区的地域性表现在旅游资源所在地域的相对固定上，一旦被移植，其特有的内涵即发生变化。以法国巴黎著名的埃菲尔铁塔为例。1889 年 3 月 31 日，在当时高度居世界第一的埃菲尔铁塔落成使用，其高度达到 300 米。这座巨大的 A 形钢筋铁骨是在一片争议声中设计并建造起来的。百余年来，已有 1.85 亿名来自世界各地的游客登上这座铁塔。它已成为巴黎乃至法国的象征。

近年来，主题公园在我国逐渐盛行，其中有为数不少的主题公园更是将欧美著名景点汇集在一起，北有北京的“世界公园”，南有深圳的“世界之窗”，虽然埃菲尔铁塔被一再复制在这些主题公园内，但游客在这些主题公园里不可能体会到站在巴黎的埃菲尔铁塔下仰望铁塔的感受，也不可能登上 300 米高的塔顶，一览巴黎全城那令人心旷神怡的美景。这充分证明了旅游资源具有相对固定的地域特征。

3. 可创造性

旅游景区的可创造性是指旅游景区并不是一成不变的，是可以根据人们的意愿和自然规律进行创造、制作的。如深圳市，其旅游景区主要是在 20 世纪 80 年代作为经济特区得以开发和创建的，由于旅游资源和产品创新及时，风格独特，使得深圳成为我国华南地区重要的旅游城市。

4. 多用途性

旅游景区的设施、设备不仅供游客临时使用，也供当地居民和工作人员使用。如北京的天坛公园在一天中只是某一时段游客数量相对较多，而早晚则是老百姓锻炼、下棋、聊天、唱京剧的地方。除了纯粹为游客服务的旅游景区（如主题公园）之外，许多旅游景区都是多用途的。通过对旅游企业的观察可以发现，有些旅游企业专为游客服务，有些旅游企业专为当地居民服务，而有些旅游企业却兼而有之，大多数旅游景区属于最后一类。

第二节　旅游景区的类型与作用

一、旅游景区的类型

旅游景区的类型多种多样，分类方法也有很多。本书主要从旅游资源的属性、利用资源的方法和效果、开发利用的变化特征三个方面来分类，如表 1－2 所示。

表1－2 旅游景区的类型

- 旅游景区分类
  - 按旅游资源的属性分类
    - 自然景观型（国家公园、森林公园、地质公园、自然保护区、野生动物园）
    - 人文景观型（文博院馆、寺庙观堂、宗教圣地、民俗园等）
    - 历史遗产型（古文化遗址、古生物化石、军事遗址、古建筑、名人故居、历史名镇等）
    - 休闲度假型（海滨、滨湖、山地、温泉、滑雪场、高尔夫球场等）
    - 节事庆典型（博览会、交易会、节事、赛事、企业超大型活动、社会活动、宗教仪式活动等）
    - 现代游乐型（主题公园、游乐园、微缩景区、海洋馆、表演中心等）
  - 按利用资源的方法和效果分类
    - 游览鉴赏型（自然风光、古建筑及园林等）
    - 知识型（文物古迹、博物展览、自然奇观等）
    - 体验型（民风民俗、节庆活动、宗教仪式等）
    - 康乐型（度假疗养、康复保健、人造乐园等）
  - 按开发利用的变化特征分类
    - 原生性旅游景区（山川风光、文物古迹等）
    - 萌生性旅游景区（现代建筑风貌、博物馆等）

此外，根据其他一些较流行的划分标准，旅游景区还可以有以下的分类。

1）按收费与否来分类：可分为收费景区和免费景区。

2）按景区的形成机制来分类：可分为人造景观和自然景观。人造景观包括主题乐园、博物馆、美术馆、游乐园等；自然景观包括地文类景观，水文类景观，气候、生物类景观等。现在纯自然的景区越来越少，大部分自然景区中都融入了人文的要素。

3）按景区与节事活动分类：自然或者人造景区都是固定在一定地域范围内的，而节事活动则是因为某种原因在某地举办的临时性活动，因此节事活动的举办场所既可以是固定的（如巴西狂欢节主会场固定在里约热内卢），也可以是移动的（如奥运会，每四年举办一次，分别在不同的城市举办）。

4）按景区的成因分类：可分为自然环境，最初建造的目的不是为了吸引游客的人造景观（如宫殿、帝王陵墓、教堂、古代水利工程等），专门为吸引游客而建造的人造景观（如主题公园、游乐园、人工滑雪场、度假村等），特殊活动，节事。

二、旅游景区的作用

旅游景区是旅游业的核心要素，其作用主要有以下三点。

1. 产业的核心要素

旅游景区是旅游吸引力的根本来源，是旅游活动的直接动因和旅游消费的吸引中心。

人们外出旅游，选择目的地时，首先考虑的是旅游景区本身的吸引力，其次才考虑交通及其他配套设施的完善程度。从这个意义上说，旅游景区是旅游业六大要素（食、住、行、游、娱、购）中的核心要素。

2. 文化和历史的载体

旅游景区还是地方文化和历史文化的重要载体。民族文化是旅游景区的重要内涵之一，景区中的歌舞节目和节庆活动是民族文化精华的浓缩，所以旅游景区不仅是民族文化展示的载体，还是民族文化保存和发展的舞台。一些旅游景区特别是文化遗产地，还是我国璀璨历史文化的杰出代表，长城、故宫、秦始皇陵及兵马俑、都江堰工程、敦煌壁画等世界自然和文化遗产，都是华夏文明史中先进文化和先进科技的缩影，是人类文明和智慧的凝聚。

资料链接

张家口蔚县打造文化旅游名城

为结合推进城镇面貌三年大变样，融入文化元素，加快省级历史文化名城向国家级升格，张家口蔚县启动投资5 000万元、建筑面积1万平方米、占地2.8万平方米的国际剪纸艺术中心暨蔚州州衙复建工程。搬迁县城二中、三中，规模保护开发玉皇阁、释迦寺古建筑群，打造领跑县域人文旅游的龙头。投资上亿元的释迦寺关帝庙文化旅游景区建成后，将集民俗表演、歌舞演艺、餐饮住宿、旅游购物、节庆庙会为一体，规模化发展，并逐步形成京西影视、摄影、写生基地。全国历史文化名镇暖泉古镇投资3亿元，集约开发西古堡、王敏书院、树花广场、华严寺等景点，再现塞北水乡古居民俗风韵。

张家口蔚县着力打造具有地域特点和文化特色的高品质文化旅游产品，以增强旅游文化的软实力。深入挖掘景区景点、旅游商品、民俗风情的文化内涵，重点抓好小五台、金河与宗教文化，飞狐峪、空中草原与军事文化，玉泉寺、暖泉书院等人文古建与历史人物和典故的融合，赋予旅游文化引力和灵魂。打响年节文化品牌，整合开发蔚县剪纸、蔚县秧歌、打树花、拜灯山、蔚州道情、风味小吃等独特民俗文化优势，延长产业链条。聘请国内一流编导和音乐、舞美、灯光等专家联袂打造《印象·蔚州》大型实景民俗剧目，着力打造“北方年节文化之都”、“中国春节民俗名片”。仅今年春节、元宵节期间进行的4场“打树花”表演，就吸引了10.6万名中外游客畅游蔚州。筹建蔚县剪纸博物馆和剪纸一条街，年内将举办“蔚县·中国剪纸艺术节”，在全国叫响蔚县剪纸世界级非物质文化遗产品牌。

（资料来源：http://news.163.com/10/0416/11/64CT02C1000146BD.html，有改动）

3. 产业发展的增长点

在旅游产业发展过程中，旅游景区的开发建设成为产业扩张的重点，旅游景区的消费成为旅游经济新的增长点。目前，国家旅游局会同有关部门正在着力建设国家生态旅游示范区、旅游扶贫试验区和旅游度假区。为了加快旅游资源开发，加强旅游景区建设，国家设立了“旅游资源开发与保护基金”，对景区开发进行大力支持，并积极利用国家长期国债资金，对景区建设进行重点支持。可以预计，随着旅游基础设施的改善和旅游配套功能的完善，旅游景区在旅游产业发展中的核心地位将凸现出来，成为新时期中国旅游经济的主要增长点。

第三节　旅游景区的等级评定

我国幅原辽阔，旅游资源丰富多样，目前已有旅游景区约 2 万处，为了保护旅游资源，树立等级品牌，提高旅游景区的管理和服务水平，国家相关部门制定了一系列的规章制度。

一、旅游景区等级评定的背景

随着我国经济的快速发展，特别是在旅游饭店业和旅游交通业已取得较大发展的情况下，作为旅游产业核心要素的旅游景区越来越成为决定我国旅游业发展的重要因素。同时，国民经济的持续增长，旅游消费需求的快速膨胀，使得旅游市场日趋火暴，这对我国旅游景区的方方面面都提出了新的挑战。然而，现阶段的旅游景区存在着许多问题，极大地束缚了旅游景区的发展。我国旅游景区发展存在的问题主要有以下七点。

1. 多头管理，体制混乱

由于历史的原因，我国的旅游景区分别由十多个不同的政府部门管理，在宏观管理上呈现“政出多门、体制混乱”的格局。景区归国家所有，地方政府代表国家管理，各级主管部门负责相关业务的制度安排，使得同一景区实行的一些产权同时委托给旅游、建设、环保、林业等多个平级部门，由于职责不明，造成了交叉管理、重叠管理的现象。这种体制的混乱，把统一管理的景区搞得四分五裂，给景区资源环境的保护、开发和景区的经营管理带来了极大的隐患。

2. 机制落后，观念保守

我国旅游景区管理机制落后，观念保守。人造景观采用的是企业化运作方式，而许多风景名胜区、文物点、博物馆等主要作为社会公益事业来发展，这是因为人们更注重其承担的社会功能和文化功能而相对淡化其经济功能，自然不能按照企业形式进行运作。还有些景区虽然在形式上明确为企业，但又被赋予一定的政府职能，如大的山岳型景区。这种景区管理机制的落后和思想观念的保守，使景区管理体制改革的成效并不显著。

3. 秩序混乱，服务较差

许多旅游景区秩序混乱、服务功能不全，存在很大的安全隐患，旅游者的权益得不到切实保证，使得旅游景区的投诉逐年增加。造成这些问题的原因主要有两方面：一是有的景区实行承包经营甚至层层转包，业主之间各行其是，缺乏统筹管理，给景区管理秩序带来混乱；二是部分景区经营者急功近利，缺乏服务意识，只注重新项目的开发而忽视内部服务设施的建设。

4. 资源破坏，环境污染

我国旅游景区资源与环境保护的问题表现为旅游景区破坏性建设严重，自然景区城市化问题突出。有些素质不高的企业参与开发旅游资源，使景区建设庸俗化，对旅游资源的破坏很大且不易恢复。许多旅游景区出现了不同程度的资源退化，原因之一是客流量大，但更主要的原因是保护不力。另外，景区的环境污染问题也很严重，由于生活垃圾处理不好，环保技术不过关，使得景区卫生不好，由此而引起的污染问题普遍存在。

5. 条块分割，破坏严重

我国公共资源类旅游景区所有权名义上归国家所有，但各级政府及相关部门都可以行使景区的管理权，因此出现旅游、文物、林业、建设、环保等多个部门同时管理的局面。地方、部门、单位、个人在利益的驱动下，有法不依、执法不严，貌似建设、实为破坏，名为保护、实为垄断的现象极为普遍，严重地影响了旅游景区的健康发展。在许多旅游景区，某厅、某局修建的“培训中心”、“疗养院”、“休闲屋”等破坏景观的设施或现象比比皆是。

6. 财政困难，发展有限

国家每年对风景文物资源保护的财政拨款十分有限，相对于旅游景区的发展要求只是杯水车薪。景区工作人员的工资和管理经费部分靠财政拨款，部分靠自筹自支，有的完全实行自筹自支。因此，许多旅游景区只能勉强维持现状，根本无法有效保护资源，更谈不上积极策划和建设。有些景区的居民和工作人员甚至迫于生计而毁林伐木、捕猎动物，使得破坏资源和环境的现象屡禁不止。

7. 票价过高，质价不符

目前，许多旅游景区的门票票价过高，高票价似乎已经成为景区身份的一种象征。有些景区的工作人员认为只有通过高价格的门票才能吸引游客的目光。如果从保护景区的角度来说，高票价也许对保护世界自然文化遗产起到了一定的作用，但这并不是最好的保护措施，因为它会使众多的游客望而却步。另外，有些景区出售高价门票，而忽视景区的综合质量，这就造成了质价不符的现象，使得游客产生上当受骗的感觉。

我国旅游景区虽存在种种问题，但可以通过推行标准化来尽量缓解和解决其中的一些问题。

二、旅游景区实施等级评定的意义

为了保障广大游客的自身权益和景区的规范化管理，全面推行旅游景区质量等级评定工作，规范旅游景区质量等级评定程序，国家质量监督检验检疫总局于 1999 年制定了《旅游区（点）质量等级的划分与评定》（GB/T 17775—1999），根据这项标准开展的旅游景区质量等级评定工作，深刻地改变了我国旅游景区建设和管理长期落后的面貌，促进了我国旅游景区的保护、开发、建设、经营和管理工作。2004 年 10 月 28 日，国家质量监督检验检疫总局在上述标准的基础上，经过修订颁布了《旅游景区质量等级的划分与评定》（GB/T 17775—2003）代替原标准。此后，国家旅游局采取相关措施加大对该项标准的实施力度，并取得了良好的成效：规范了旅游市场，加强了科学管理，提高了服务质量，保护了资源与环境，为旅游景区可持续发展提供了保证。

旅游景区开展质量等级评定工作，对旅游景区自身也是一种保护。质量等级的评定促进了旅游产品的建设，增强了市场竞争力，成为树立旅游品牌的一项重要手段。景区质量等级的观念已逐渐深入人心。

资料链接

黄鹤楼公园、三峡大坝晋级5A

经过一年的创建，武汉黄鹤楼公园和三峡大坝旅游区最终通过“考试”，晋级代表我国景区最高级别的首批国家5A级旅游景区。三峡大坝旅游区同时还成为我国工业旅游项目中，唯一入选5A级的景区。

去年3月，国家旅游局公布5A级景区评选标准并规定，年接待游客60万人次以上，其中海外游客达到5万人次以上的4A级景区方有资格申报。湖北省4A级景区黄鹤楼、三峡大坝旅游区获此资格。

从4A到5A，简单数字变动的背后，是景区提升内涵的重要飞跃。

如果说4A景区是国家级标准风景区，5A景区则代表了世界级品质。它所展现的，不仅是视觉的美，还是一种全新的管理理念。正因为如此，5A景区评选标准相当严格。一些景区的工作人员称其难度不亚于申报世界遗产。

为了达标，黄鹤楼先后投入300多万元，用于各种设施的改造；三峡大坝则累计投入资金5 000余万元，完成了三峡截流纪念园和大型情境演出《盛世峡江》等旅游产品的建设，提升三峡大坝旅游区建设水平和服务质量，确保达标升级。

黄鹤楼公园管理处先后与电信部门、邮政局、武汉市三医院等单位签订合作协议，为游客提供相关服务：设立邮政服务点，游客在园内可购买黄鹤楼纪念明信片、首日封等，还可加盖纪念戳；提供手机充值服务，游客在园内能及时买到手机充值卡。

2006年，黄鹤楼与省内多家国际旅行社签订合作协议，旅行社向黄鹤楼提供外语导游和方言导游。黄金周期间，兼职导游全天在黄鹤楼提供服务。目前，黄鹤楼不仅可提供英、法、日、韩、德等多种外语讲解，还可提供粤语、闽南语等方言讲解。

2010年春节期间，黄鹤楼共接待游客3.86万人次。回收的问卷调查表显示，游客平均满意度超过96%。这已远远超出了5A的要求，但黄鹤楼关注的不是96%的满意度，而是更多地思考4%的缺憾在哪里。

（资料来源：http://www.gotowuhan.com.cn/，有改动）

三、旅游景区等级评定的标准和方法

旅游景区等级评定的标准有两个：《旅游景区质量等级的划分与评定》和《风景名胜区条例》。

1. 旅游景区质量等级的划分与评定

旅游景区的质量等级依据《旅游景区质量等级的划分与评定》（GB/T 17775—2003）来评定，该标准将旅游景区质量等级划分为五个等级，从高到低依次是：5A、4A、3A、2A、1A级旅游景区。具体质量等级的评定按照《服务质量与环境质量评分细则》、《景观质量评分细则》的评价得分，并结合《游客意见评分细则》的得分综合进行。各细则内容具体如下。

（1）细则一：《服务质量与环境质量评分细则》

此细则共计 1 000 分，分为八个大项，各大项分值为：旅游交通 130 分；游览 235 分；旅游安全 80 分；卫生 140 分；邮电服务 20 分；旅游购物 50 分；综合管理 200 分；资源和环境的保护 145 分。

（2）细则二：《景观质量评分细则》

此细则分为资源要素价值与景观市场价值两大评价项目，九项评价因子（观赏游憩价值、历史文化科学价值、珍稀或奇特程度、规模与丰度、完整性、知名度、美誉度、市场辐射力、主题强化度），总分 100 分。其中资源吸引力（评价因子前 5 项）为 65 分，市场吸引力（评价因子后 4 项）为 35 分。各评价因子分四个评价得分档次（Ⅰ、Ⅱ、Ⅲ、Ⅳ），各旅游景区根据各评价项目和子项目的相应得分数确定其质量等级。

（3）细则三：《游客意见评分细则》

此细则是以游客对该旅游景区的综合满意度为依据，主要参考《旅游景区游客意见调查表》的得分情况。

各等级景区必须达到的标准如表 1－3 所示。

表 1－3　各等级旅游景区必须达到的标准

景区等级	细则一	细则二	细则三
5A	950 分	90 分	90 分
4A	850 分	80 分	80 分
3A	750 分	70 分	70 分
2A	600 分	60 分	60 分
1A	500 分	50 分	50 分

国家旅游局于 2005 年 7 月 6 日公布了《旅游景区质量等级评定管理办法》（国家旅游局第 23 号令），以规范旅游景区的等级质量管理。此办法于 2005 年 8 月 5 日起施行。主要内容如下。

（1）评定原则

旅游景区质量等级评定工作，遵循自愿申报、分级评定、动态管理、分类指导的原则。

（2）评定范围

凡在中华人民共和国境内，正式开业从事旅游经营业务一年以上的旅游景区，包括风景区、文博院馆、寺庙观堂、旅游度假区、自然保护区、主题公园、森林公园、地质公园、游乐园、动物园、植物园及工业、农业、经贸、科教、军事、体育、文化艺术等旅游景区，均可申请参加质量等级评定。

（3）评定组织

国家旅游局负责旅游景区质量等级评定标准、评定细则的制定工作，负责对质量等级评定标准实施进行监督检查。国家旅游局组织设立全国旅游景区质量等级评定委员会。全国旅游景区质量等级评定委员会负责全国旅游景区质量等级评定工作的组织和管理。

各省级旅游行政管理部门组织设立本地区旅游景区质量等级评定委员会，并报全国旅游景区质量等级评定委员会备案。根据全国旅游景区质量等级评定委员会的委托，省级旅游景区质量等级评定委员会进行相应的旅游景区质量等级评定工作的组织和管理。

3A级、2A级、1A级旅游景区由全国旅游景区质量等级评定委员会委托各省级旅游景区质量等级评定委员会负责评定。省级旅游景区质量等级评定委员会可以向条件成熟的地市级旅游景区质量等级评定机构再行委托。

4A级旅游景区由省级旅游景区质量等级评定委员会推荐，全国旅游景区质量等级评定委员会组织评定。

5A级旅游景区从4A级旅游景区中产生。被公告为4A级旅游景区一年以上的方可申报5A级旅游景区。5A级旅游景区由省级旅游景区质量等级评定委员会推荐，全国旅游景区质量等级评定委员会组织评定。

（4）评定程序

各级旅游景区的质量等级评定工作按照“创建、申请、评定、公告”的程序进行。参加创建质量等级的旅游景区要按照国家标准和评定细则的要求，制订创建计划，明确责任目标，落实各项创建措施。

旅游景区在创建计划完成后，进行自检。自检结果达到相应等级标准和细则规定的旅游景区，填写《旅游景区质量等级评定报告书》，并向当地旅游景区质量等级评定机构提出评定申请。经当地旅游景区质量等级评定机构审核同意，向上一级旅游景区质量等级评定机构推荐参加相应质量等级的正式评定。

现场评定工作由负责评定的旅游景区质量等级评定机构委派评定小组承担。评定小组采取现场检查、资料审核、抽样调查等方式进行现场评定工作。

现场评定符合标准的旅游景区，由负责评定的旅游景区质量等级评定机构批准其质量等级，并向社会公告。全国旅游景区质量等级评定委员会适时公告新达标的各级旅游景区名单。

（5）评定管理

旅游景区质量等级评定现场工作由具有相应资格的检查员担负。根据所评定的旅游景区的资源类型与特色，应有一名相应专家作为评定小组成员。旅游景区质量等级评定检查员分为国家级检查员和地方级检查员。国家级检查员由全国旅游景区质量等级评定委员会聘任。地方级检查员由省级旅游景区质量等级评定委员聘任。检查员要接受旅游景区的监督，不得徇私舞弊。各级旅游景区质量等级评定机构要加强对检查员的监督管理，对有违规行为的检查员取消其检查员资格。被委托的旅游景区质量等级评定机构出现违规操作的，上级评定机构可以撤销委托其已获得的最高等级的评定权限。

各级旅游景区质量等级评定机构对所评旅游景区要进行监督检查和复核。监督检查采取重点抽查、定期明查和不定期暗访及社会调查、听取游客意见反馈等方式进行。全面复核至少每三年进行一次。等级复核工作主要由省级质量等级评定委员会组织和实施，全国质量等级评定委员会有计划、有重点地进行复核。

经复核达不到要求的，或被游客进行重大投诉经调查情况属实的景区，按以下方法作出处理。

1）由相应质量等级评定委员会根据具体情况，作出签发警告通知书、通报批评、降低或取消等级的处理。对于取消或降低等级的景区，需由相应的评定机构对外公告。

2）旅游景区接到警告通知书、通报批评、降低或取消等级的通知后，须认真整改，并在规定期限内将整改情况上报相应的等级评定机构。

3）凡被降低、取消质量等级的旅游景区，自降低或取消等级之日起一年内，不得重新申请新的资质等级。

2. 风景名胜区的评定

2006年9月6日，国务院对《风景名胜区管理暂行条例》（国务院于1985年6月7日公布）进行了全面修订，新修订的条例定名为《风景名胜区条例》（以下简称《条例》），并于2006年12月1日正式施行。《条例》的主要内容如下。

（1）风景名胜区的设立

1）明确了风景名胜区的概念、设立原则和分级。风景名胜区，是指具有观赏、文化或科学价值，自然景观、人文景观比较集中，环境优美，可供人们游览或进行科学、文化活动的区域。设立风景名胜区，应有利于保护和合理利用风景名胜资源。风景名胜区划分为国家级风景名胜区和省级风景名胜区，并分别规定了申请设立国家级风景名胜区和省级风景名胜区的条件和程序。

2）明确了风景名胜区与自然保护区的关系。新设立的风景名胜区与自然保护区不得重合或交叉；已设立的风景名胜区与自然保护区重合或交叉的，风景名胜区规划与自然保护区规划应相互协调。

3）明确规定风景名胜区内的土地、森林等自然资源和房屋等财产的所有权人、使用权人的合法权益受法律保护。申请设立风景名胜区的地方政府应在报请审批前，与风景名胜区内的土地、森林等自然资源和房屋等财产的所有权人、使用权人充分协商。因设立风景名胜区，对风景名胜区内的土地、森林等自然资源和房屋等财产的所有权人、使用权人造成损失的，应依法给予补偿。政府或政府部门修改风景名胜区规划对公民、法人或其他组织造成财产损失的，应依法给予补偿。

（2）风景名胜区的规划

《条例》规定风景名胜区规划分为总体规划和详细规划，并规定了风景名胜区总体规划和详细规划应包含的具体内容。

1）明确了风景名胜区规划的编制、审批机关和权限。国家级风景名胜区规划由省、自治区政府建设主管部门或直辖市政府风景名胜区主管部门组织编制；省级风景名胜区规划由县级政府组织编制。国家级风景名胜区的总体规划由国务院审批，详细规划由国务院建设主管部门审批；省级风景名胜区的总体规划由省级政府审批，详细规划由省、自治区政府建设主管部门或直辖市政府风景名胜区主管部门审批。

2）进一步规范了风景名胜区规划的具体编制程序。为提高规划编制的质量，保证其科学性和合理性，编制风景名胜区规划，应采用招标等公平竞争的方式，选择具有相应资质的单位承担，并须按照审定的风景名胜区范围、性质和保护目标，依照有关法律法规和技术规范编制。编制风景名胜区规划，应广泛征求有关部门、公众和专家的意见，必要时还应进行听证，报请审批的材料中应包括社会各界的意见及意见采纳情况说明。风景名胜区规划经批准后，应向社会公布，任何组织和个人都有权查阅。

3）明确了风景名胜区规划的地位，强化了规划的权威性，并明确了修改程序。经批准的风景名胜区规划不得擅自修改。确需对风景名胜区范围、性质、保护目标、生态资源保护措施、重大建设项目布局、开发利用强度以及风景名胜区的功能结构、空间布局、游客容量进行修改的，应报原审批机关批准；对其他内容进行修改的，应报原审批机关备案。风景名胜区详细规划确需修改的，应报原审批机关批准。

（3）风景名胜区的保护

为加强对风景名胜区的保护，进一步处理好风景名胜资源保护与利用的关系，《条例》明确了国家对风景名胜区实行科学规划、统一管理、严格保护、永续利用的原则，并从以下方面作了规定。

1）要求对风景名胜区内的景观和自然环境实行严格保护，不得破坏或随意改变。在风景名胜区内禁止修建储存危险物品的设施或进行开荒、开矿等活动，并对设置、张贴广告，举办大型游乐活动等行为作了严格限定。禁止违反风景名胜区规划，在风景名胜区内设立各类开发区或在核心景区内建设宾馆、招待所、培训中心、疗养院以及与风景名胜资源保护无关的其他建筑物；已经建设的，应按照风景名胜区规划，逐步迁出。

2）明确规定，在风景名胜区内从事建设活动应经风景名胜区管理机构审核后，依法办理审批手续；在国家级风景名胜区内修建缆车、索道等重大建设工程，项目的选址方案应报国务院建设主管部门核准。在风景名胜区内进行各项建设活动，应符合风景名胜区规划，并与景观相协调，不得建设破坏景观、污染环境、妨碍游览的设施。

（4）风景名胜区的利用和管理

风景名胜区管理机构是风景名胜区内各类活动的管理主体。为进一步规范风景名胜区管理机构，更好地保护和合理利用风景名胜资源，《条例》明确了设立风景名胜区管理机构的主体及管理机构的职责。风景名胜区所在地县级以上地方政府设置的风景名胜区管理机构，负责风景名胜区的保护、利用和统一管理。风景名胜区管理机构实行政企分开，管理机构不得从事以营利为目的的经营活动，不得将规划、管理和监督等行政管理职能委托给企业或个人行使。管理机构的工作人员不得在风景名胜区内的企业兼职。风景名胜区内的交通、服务等项目，应由风景名胜区管理机构依照有关法律法规和风景名胜区规划，通过招标等公平竞争的方式确定经营企业。风景名胜区管理机构应与经营企业签订合同，依法确定各自的权利和义务。

对风景名胜区内宗教活动场所的管理，依照有关宗教活动场所管理的规定执行。风景名胜区内涉及自然资源保护、利用、管理和文物保护以及自然保护区管理的，还应执行有关法律法规的规定。

（5）法律责任

《条例》对风景名胜区内的有关违法行为有严格的法律责任规定。

1）加大了对严重破坏风景名胜资源的违法行为的处罚力度。对在风景名胜区内进行开山、采石、开矿等破坏景观、植被、地形地貌的活动，修建储存爆炸性、易燃性、放射性、毒害性、腐蚀性物品的设施，在核心景区建设宾馆、招待所、培训中心、疗养院等行为，作出了责令停止违法行为、恢复原状或限期拆除，没收违法所得，并处50万元至100万元罚款的规定。

2）区分违法行为的不同主体，对单位违法行为和个人违法行为的法律责任分别作了规定。对未经风景名胜区管理机构审核，在风景名胜区内从事禁止范围以外的建设活动的单位，作出了责令停止建设、限期拆除，处20万元至50万元罚款的规定；对实施上述违法行为的个人，也规定了相应的处罚措施。

3）对批准实施有关违法行为的地方政府及有关主管部门的直接负责的主管人员和其他直接责任人员，规定了相应的行政责任，并在刑事责任方面与刑法作了衔接。

4）把行政处罚与承担民事责任相结合。在对侵害国家、集体或个人财产的违法行为规定行政处罚的同时，要求违法者承担民事责任，以增加其违法成本。

第四节　旅游景区的发展历程与发展趋势

一、我国旅游景区的发展历程

我国旅游景区在行业形成过程当中，大致经历了四个阶段，即古代的萌芽阶段（原始社会至1840年）、近代的低迷阶段（1841—1949年）、现代的兴旺阶段（1950—1999年）、当代的提升阶段（2000年至今）。

1. 古代的萌芽阶段

人类进入原始社会后期时，社会分工的出现使得物物交换更加频繁。商业旅行和考察带动了旅游活动的发展，中国的商业旅行始于夏朝，兴于商朝，发展于周朝。周朝商旅活动的繁荣改善了交通条件，交通条件的改善继而推动了旅游的发展。

求学是当时人类推动旅游活动的又一重要因素，如发生在春秋战国时期的游学。作为一种古代社会士人远道寻师受学、传播学术思想的重要文化活动，游学也极大地推动了旅游的发展。最典型的例子就是中国最伟大的思想家和教育家、儒家学派的创始人——孔子。孔子长期处在游说列国的漫长旅途当中，他的足迹遍布山东、河南、安徽、湖北等地。

到秦汉时期，帝王的巡游极大地推动了旅游的发展。尤其是秦始皇时期，官府投入大量的人力、物力开发了恒山、泰山、岳山、华山、岐山等十二座名山以供秦始皇出游。

在魏晋南北朝时期，道教、佛教的兴盛使得与宗教相关的景观得以开发，如青城山、五台山、峨眉山等。

进入隋唐时期，许多文人墨客走南闯北，佛教日益兴盛，旅游业因此得到飞速的发展，许多旅游景观也由此诞生，如广西的桂林山水、陕西的华清池、湖南的岳阳楼、江西的滕王阁、山西五台山的佛光寺、西安的大雁塔、敦煌莫高窟、洛阳龙门石窟等。

明朝时期，开发了闻名的黄山，建造了如今的紫禁城、十三陵等景区。

综上所述，我们不难看出这一阶段主要是以自然景观的开发为主，也有少量人为开发的景观。所有的景观没有经营部门介入，没有旅游服务与管理，更没有获得经济利益。人文景观也有很大的局限性，仅是为了帝王及达官贵人享乐和居住的目的而建，也没有获得经济利益。因此，这一阶段称为旅游景区发展的萌芽阶段。

2. 近代的低迷阶段

19世纪，西方的工业革命把人类推向近代旅游的新阶段。蒸汽机的发明和运用，让人类从此有了靠机械动力行进的交通工具——火车和轮船。新式交通工具的出现使较大范围、较远距离的旅游成为可能，因此旅游者的队伍越来越大。在欧洲、北美洲的一些国家相继诞生了许多旅行社，出现了一些现代化的酒店。旅游活动越来越方便、舒适，旅行费用也逐步降低，世界许多旅游景区得到了空前的发展。

在这一时期，中国旅游景区的发展却十分缓慢。清朝修建了大量的花园和园林，如北京的圆明园、钓鱼台，南京的随园，苏州的拙政园等。除传统的园林之外，也出现了第一个具有现代意义的“公园”——公花园。无锡的公花园被誉为“华夏第一公园”，其始终坚持一个原则：不收门票，也不针对任何人设立门槛，是真正意义上的公众之园（见图1-1）。公园的出现使得旅游景区的类型日渐多元化，与传统园林相比，公花园在功能上有了很大的拓展，是现代旅游景区的雏形。

图1-1　无锡“公花园”

3. 现代的兴旺阶段

20世纪80年代，我国旅游业迅速发展，旅游景区也进入高速发展时期。这一时期，旅游景区有以下一些特点。

1）旅游景区多元化发展。旅游者的消费能力日渐加强，闲暇时间越来越多，多数人不再满足于“走马观花”式的游览，各类旅游景区不断涌现，如度假型旅游景区、观光型旅游景区、遗址型旅游景区、主题公园旅游景区等。

2）旅游景区的基础设施、服务设施和娱乐设施日趋完善，景区得到规划和开发，但主要是资源的简单开发，缺乏科学的统一规划；景区的经营管理已经开始出现，但科学化管理水平较低，盲目开发、过度开发的现象比较普遍。

3）景区资源破坏严重。由于景区的规划只注重经济效益而忽略社会和生态的效益，旅游资源的破坏较为严重。

资料链接

10亿元——张家界保住“世遗”称号的代价

从1992年张家界武陵源风景区取得世界自然遗产资格，到1998年该风景区被世界自然遗产委员会亮黄牌，其间的时间跨度不过是6年。自从有了“世界自然遗产”这块金字招牌，短短的6年时间里，受利益的驱使，外地、本地各路“神仙”都争着在武陵源风景区内乱建设施。正是由于对该景区无节制、超容量的开发，武陵源的自然环境被人为地破坏，成为了一个“被围困的孤岛”。

为了这张黄牌带来的警告，张家界付出了沉重的代价。据报道，为了拯救风景区，恢复武陵源的自然风貌，保住“世界自然遗产”的金字招牌，张家界当地政府决定将景区内近34万平方米建筑物全部拆除，恢复原貌。此举花费了10亿元人民币，比已获得的经济收益高出数倍。这无疑是一个极为惨痛的教训，同时也给了那些仍然处于“竭泽而渔”状态下的自然风景区一个极其生动的警示。

张家界存在的过度开发、人为破坏自然环境的现象，恐怕在我国各地的风景区中并不鲜见。如何保持自然风景区的原貌，同时对旅游景点进行适度的开发，已经成为一些地方政府亟待解决的问题。有关部门及其负责人必须清楚的一个事实是，自然风景资源是极其有限的，如果围绕着这种天赐的资源进行过度开发，最终的结果只能是招致自然界的惩罚。

张家界为其短视行为付出10亿元的沉重代价也告诉我们，获得“世界自然遗产”这一金字招牌，并不是对自然风景区保护的结束，而仅仅是一个良好的开端。虽然中国也加入了《保护世界文化和自然遗产公约》，但至今却没有一个统一、权威、高效的世界遗产管理机构。这导致的一个恶果是，许多地方在获得“世界自然遗产”金字招牌后，为了追求短期的经济利益，大肆开发，过度使用，不注重对自然风景区的呵护与保卫，并为此付出了令人心痛的代价。

（资料来源：http://old.westcityedu.com，有改动）

4. 当代的提升阶段

2000年以后，可持续发展的理念在旅游开发中占据了重要的位置，人们保护文物和环境的意识日益加强，旅游者文化素质不断提高，其需求也呈现出多样化、个性化的特点。这一阶段旅游景区的主要特征如下。

1）旅游景区产品更具特色。除传统的观光型旅游产品及后期出现的休闲度假、商务会议、康乐健身外，相继出现了红色旅游、农业观光等多种具有特色的旅游产品。

2）景区的开发、规划、经营更加科学。过去，旅游开发者对旅游资源大肆开发，严重破坏生态环境，一味追逐商业利益，致使资源遭到破坏，旅游效果大大降低。如今，提倡可持续发展的旅游景区规划，强调人与环境的和谐相处。管理上也采用科学的方法，在保护旅游景区资源的同时为游客提供更好的服务，取得一定的经济效益。

3）旅游景区的各项设施日趋完善，服务质量明显提高。许多景区加大投资力度，全面完善景区配套设施，提升景区服务质量。以河南省的云台山景区为例，2007年投资700万元购置观光巴士20辆，面向社会公开招聘巴士司机和随车讲解员各20名，增加了景区的交通运输力量，全面提高了景区的服务水平；投资540余万元进一步完善景区基础设施，在众多景点增设60个摄像头；投资50万元，修建星级厕所等。

4）旅游景区更注重保护旅游资源和环境。保护旅游资源和环境是一项系统工程，需要全社会的参与。相关部门分别制定了保护旅游资源的一系列条例和法规。旅游景区也采取多项环保措施，如限制游客人数、封山护林、严格控制污染源等，大力保证景区的生态环境，确保景区的原始风貌。

二、旅游景区的发展趋势

随着旅游业的发展，旅游景区作为旅游产业核心要素的地位越来越显著。作为我国旅游产业的重要组成部分，旅游景区的发展呈现以下几个趋势。

1. 投资力度不断增加，景区数量继续增长

旅游业的发展势头使社会认识到了它对经济发展的贡献，各级地方政府都加快了旅游业的发展力度，并将其作为支柱产业或先导产业来发展，因此各地大力进行旅游资源开发，新的旅游景区层出不穷。目前，我国现有旅游景区已达2万家，占据我国旅游业的半壁江山，而且今后每年还将以大约1万家的速度增长。

2. 旅游景区产品更重视新产品的开发

文化旅游、房地产旅游、特种旅游，如露营、滑雪、泡温泉等将逐步占据更多的市场份额。根据游客需求的变化，寻求自身的优势，满足游客的需求，形成自身的特色，逐步挖掘自身的文化内涵，最终形成旅游景区的品牌，提高景区的竞争力和吸引力。

3. 景区服务质量持续提升

游客对于景区服务质量要求的不断提高再加上旅游景区数量上的快速增长，景区质量的提升，无论是观念和实际行动都要得到提高和加强，并成为今后旅游景区发展的重点内容之一。

4. 旅游景区人才更精更年轻

景区的工作人员由专门的院校培养，人才层次在专科、本科以上，并接受过景区管理课程的培训。景区高级管理人才将以非旅游专业，特别是经济类的人才为核心，此类人才将成为景区高级管理人才的主体。职业经理人将成为景区的主要负责人，并呈现出领导层年轻化的特点。

5. 景区朝生态化发展

随着“低碳生活”、“生态旅游”理念的不断加强，旅游者对景区产品质量的要求越来越高，然而不恰当的开发往往会带来一系列的生态环境问题：土地沙化、森林破坏、水土流失、环境污染、水资源紧缺，等等。这些问题直接威胁到景区的生态安全，制约着旅游景区的可持续发展。因此，保护好自然环境和野生动植物资源，使景区朝生态化方向发展是未来旅游景区发展的趋势。

延伸阅读

旅游景区游客意见调查表

QUESTIONNAIRE

尊敬的游客：

非常感谢您在珍贵的旅游过程中填好这份意见调查表。您的宝贵意见将作为评定本旅游景区质量等级的重要参考依据。

谢谢您的配合支持，祝您旅游愉快。

中华人民共和国国家旅游局

Dear guest:

We would be very grateful if you would take a few minutes to complete this questionnaire. Your comments will be taken as reference for the tourism attraction’s quality rating.

Thank you for your efforts. We hope you enjoy the tourism attraction.

China National Tourism Administration

调查项目 Items	很满意 Very satisfactory	满意 Satisfactory	一般 Fair	不满意 Unsatisfactory
外部交通 Accessibility				
内部游览线路 Inner itinerary				
观景设施 Facilities for sightseeing				
路标指示 Signs for directions				
景物介绍牌 Introduction board				
宣传资料 Information material				
导游讲解 Visiting guide				
服务质量 Service quality				
安全保障 Safety & security				
环境卫生 Environmental hygiene				
厕所 Toilet				
邮电服务 Phone & post service				
商品购物 Souvenir & shopping				
餐饮或食品 Food & beverage				
旅游秩序 Public order				
景物保护 Scenery & relic protection				
总体印象 Overall impression				

姓名
Name

国（省、市）名
Country

《旅游景区游客意见调查表》由现场评定检查员在景区员工陪同下，直接向游客发放、回收并统计。在质量等级评定过程中，《旅游景区游客意见调查表》的发放规模依据旅游景区的规模、范围和申报等级而定，一般为30~50份，采取即时发放、即时回收、最后汇总统计的方法，回收率不应低于80%，发放的形式为随机发放。原则上，发放对象不能少于三个旅游团体，并注意游客的性别、年龄、职业、消费水平等方面的均衡。游客综合满意度的计分方法：游客综合满意度总分为100分。计分标准：总体印象分为20分，其中很满意为20分，满意为15分，一般为10分，不满意为0分；其他16项每项满分为5分，总计80分。各项中，很满意为5分，满意为3分，一般为2分，不满意为0分。

（资料来源：www. cnta. gov. cn）

本章小结

我国是旅游景区资源大国，众多旅游景区已经在我国旅游业发展中发挥重要作用。本章从旅游景区的基本概念着手，在分析、比较和讨论的基础上，给出了旅游景区的定义，介绍了旅游景区的类型，我国旅游景区评定的标准以及我国旅游景区发展的历程和发展趋势。

知识结构

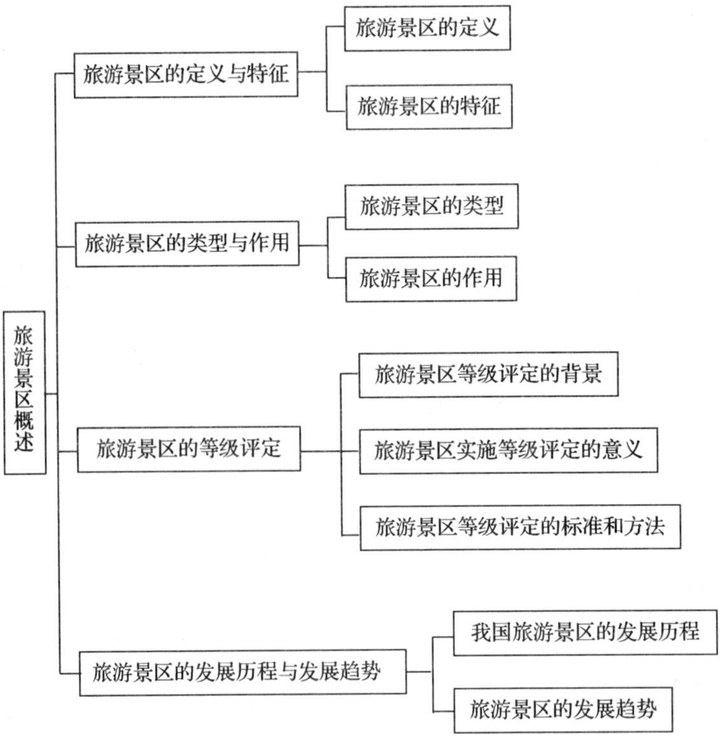

习题与思考

1. 名词解释

旅游景区

2. 简答题

1）我国旅游景区是如何分类的？

2）我国旅游景区等级评定的主要形式与评定等级有哪些？

3）我国旅游景区的基本特征是什么？大致经历了哪几个发展阶段？

4）简述我国旅游景区发展的趋势。

5）旅游景区的可创造性给我们什么启示？

6）“黄鹤楼”属于哪一类的旅游景区，为什么？

实训题

考察一家当地的旅游景区，从不同角度对其进行归类，分析它的基本特征，并编写一篇500字的景区游览介绍词。

第二章
旅游景区票务服务

教学目的和要求

了解订票服务、售票服务、验票服务的流程及工作难点；理解有关景区票务服务的岗位职能及要求；熟练应用订票服务、售票服务、验票服务的技能；通过掌握票务服务的基本要领与基本规范，能灵活运用服务技能为游客提供各种服务。

关键词汇

电子门票（E-ticket）　　门禁（Entrance Guard）

案例导入

2010 上海世博会购票方式

上海世博会门票将通过自营、指定代理、世博游指定旅行社等渠道销售。机关、企事业单位和社会团体等团体购票者可在预售第一期与上海世博会门票销售指定渠道洽谈门票购买事宜，并须签订购票协议，所购门票不得以任何形式转售。预售第二期开始，中国境内购票者可通过上海世博会门票销售指定代理商提供的网点、网站、电话和客户经理等方式购票。境外购票者可通过所在国家或地区的上海世博会门票销售指定代理商提供的销售渠道购票。上海世博会举办期间，购票者还可通过现场售票点、自助售票机等方式购票。此外，公众也可通过世博游指定旅行社组织的世博团队游参观上海世博会。购票者应通过上海世博会指定销售渠道购买门票。同时，有关部门将坚决打击制假、贩假、非法销售上海世博会门票的行为，维护票务市场秩序。上海世博局将以票务公告的方式在上海世博会官方网站上发布票务相关信息。公众可以通过上海世博会官方网站 www.expo2010china.com 和世博服务热线 +86－21－962010 咨询最新的票务信息。

（资料来源：http://news.xinhuanet.com）

请思考：景区预订门票有哪些方式？订票流程是怎样的？

第一节　旅游景区订票服务

订票工作是景区实现收入的预先环节。近年来，随着旅游客源的丰富，预订景区门票也被纳入票务服务管理的范围之内。根据国外旅游区的管理经验，景区预售门票必将成为一种趋势，它对景区游客接待、环境管理各方面都起到了较好的作用。

一、门票一般类型

1. 按照制作材料分类

按照制作材料可将门票分为纸质门票、塑料门票和电子门票。

(1) 纸质门票

这种门票比较普遍，使用比较广泛，是我国各园林景点使用的主要门票类型。纸质门票分简易型门票和华贵型门票。

简易型门票比较简单，大小规格不一，纸的颜色各异。一些临时性参观券大多采用这种简易型门票。简易型门票的特点是：设计简单，节省材料，成本低廉，但是缺乏美感，游客很少收藏，现逐步被华贵型门票所代替。

华贵型门票不但注重实用需要，更讲究艺术审美需要。这种门票设计巧妙，工艺考究，印制复杂，票面精美，成为门票艺术中的主旋律，深受门票收藏者的青睐，成为门票收藏中的主流，但其印刷成本较高。随着我国生产力水平的提高，科学技术的广泛应用，旅游事业的发展和人们审美观念的增强，绝大部分的公园、纪念馆（址）、展览馆等都使用这种门票。

(2) 塑料门票

塑料门票是由特殊工艺印制而成的。目前，塑料门票比较常见的有简易型塑料门票和华贵型塑料门票两种。简易型塑料门票，如上海不少公园现在仍在使用的塑料式门票，形状如五分硬币，正面书写着“上海市 · 公园门票”字样，背面有简单的图案。华贵型塑料门票的优点是结实耐用，不怕湿，不怕污染，不怕虫蛀，不怕霉烂，便于存放和使用，有逐步取代纸质门票的趋势；缺点是票面色彩不如纸质门票华丽，印制比较粗糙，票面图案易于磨损，受热易变形，不如精制的纸质门票受收藏者的欢迎。但随着科学技术的不断发展，塑料门票存在的缺点将被新技术逐步改进。

(3) 电子门票

与传统门票相比，电子门票被人们称为“活动门票”。从 2006 年至今，我国建设部先后确定了众多风景区采用的多媒体电子门票及技术，其类型有如下几种。

1) 邮资明信片门票（见图 2-1）。邮资明信片是经国家邮政部门特许使用的景区专用邮资用品，撕下门票的副券后即可当明信片使用。邮资明信片具有通信和宣传功能，其印刷精美，具有一定艺术性；制作成本低，节省运营成本；采用环保材料制作，避免了环境污染。

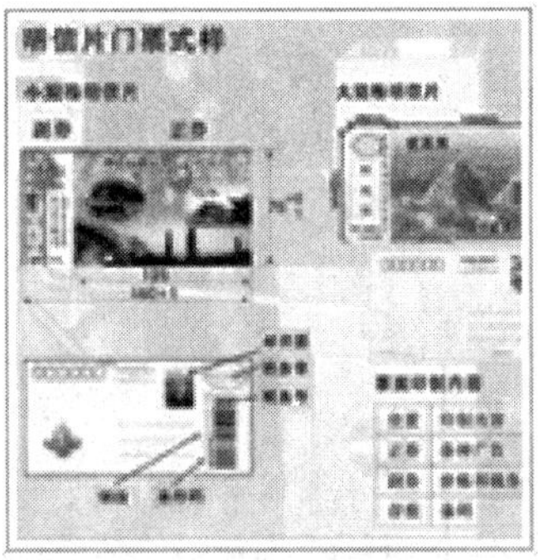

图 2-1　邮资明信片门票

2）条码卡门票（见图2－2）。条码卡是先进的电子条码制作识别技术与计算机技术的有机结合。它信息存储量较大；识读速度快、识别率高；使用成本低，可与多种载体结合。

图2－2　条码卡门票

3）IC卡门票（见图2－3）。IC卡又称“集成电路卡”，是现代信息技术、微电子技术和计算机技术的有机结合。IC卡具有防伪性好、存储数据安全性高的特点，容量大，可多次使用。

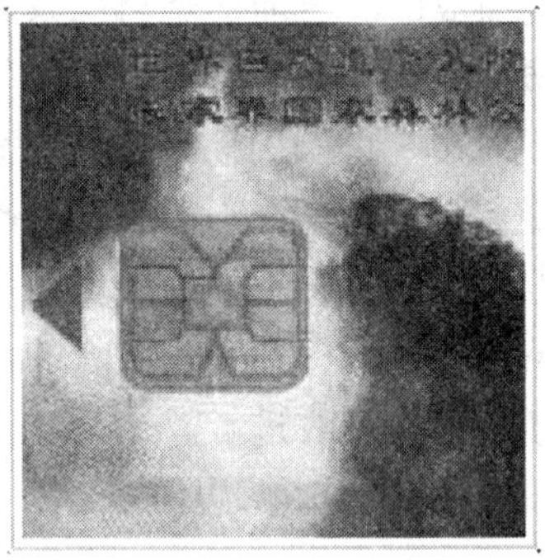

图2－3　IC卡门票

4）磁卡门票（见图2－4）。磁卡是一种磁记录介质卡片，由高强度、耐高温的塑料或纸质涂覆塑料制成。磁卡的数据存储量较大，是可读可写类信息载体；携带方便、性能较为稳定可靠。

图2－4　磁卡门票

5）光盘门票（见图2－5）。光盘门票可将景区自然风光、文化内涵等整合在内，兼具景点专题片、电子图书、景点门票等多项功能。它的时效性强，可获取景区最新信息；可读性强，图、文、声、像并茂，生动形象；保存期长，阅读利用率高，收藏价值高，利于环保；信息容量大，利于提升景区形象。

图2－5　光盘门票

6）指纹门票。指纹门票是指利用指纹识别技术对人员的进出情况和门票销售进行统一管理，实现规范化、科学化的门票管理方式。这种门票管理方式可严格控制一人一票，具有随身携带的方便性，可一天多次进入景区或其他场所。

使用纸质门票和塑料门票往往会出现假票、错票、漏票、逃票及入口拥挤混乱等问题。随着旅游经济的发展，电子门票已越来越受到人们的青睐。

2. 按照消费对象分类

按照消费对象可将门票分为全票（成人票）、优惠票（老年票、儿童票、学生票）。有些景点对现役伤残军人、70岁以上老人、离休干部和身高在1.30米以下儿童以及在特殊日子对特定对象实行免票。

3. 按照适用期限分类

按照适用期限可将门票分为当日门票和年卡门票。

4. 按照旅游季节分类

按照旅游淡旺季可将门票分为淡季票和旺季票。比如，黄果树瀑布景区的门票旺季价格为180元/票，淡季价格为160元/票；九寨沟风景区的门票旺季价格为220元/票，淡季价格为200元/票。一般淡季时间为当年12月1日至次年2月29日，旺季时间为3月1日至11月30日。

资料链接

旅游门票

旅游门票被称为景区的“名片”。近年来，伴随着旅游业的迅猛发展，各地越来越重视这张“名片”的包装设计，使其设计更具个性化。形形色色的旅游门票精彩亮相，成为了旅游景区一道亮丽的风景线。

一、门票形状：千变万化

以往人们看到的景点门票都是长方形的，可如今的门票却是形状各异，正方形、三角形、圆形、梯形、菱形，样样都有。如上海复兴公园使用的是圆形门票，天津儿童活动中心的门票是梯形门票。一大批异形平面门票也纷纷露脸。中国蜜蜂博物馆的门票，是蜂窝形状的；南京龟鳖博物馆的门票，是乌龟形状的；广东佛山寺庙的撞钟门票，是古钟形状的；第11届北京亚运会的游园门票，是吉祥物盼盼的造型；杭州的龙井山园门票，则是盆景形状的，花盆部分是票根，叶子当然是园景了。更令人叫绝的是，南京古城墙门票由104张单票组成，宽0.15米，总长4.68米，连成26幅画面的长卷，展示了明代城墙的13座城门及18处胜景，被作为世界最长的门票收入吉尼斯记录；镇江中外旅游门票博物馆开馆时，别出心裁地设计了体现镇江山水风光的门票供剪彩用，门票长4米，宽1.2米，堪称世界最大的门票。

二、门票材质：千奇百怪

目前，制作门票的材料也越来越花样百出——有可听的音乐券，可闻的香味券，可打的扑克券，可看的光盘券，可用的明信片券、打火机券，加上各种金属券、标本券、工艺券等，涵盖了众多艺术门类，无不让人赏心悦目。淮安周恩来纪念馆有各种音乐门票，一打开就响起《绣金匾》的韵律，激发起人们对周总理的怀念之情。周恩来故居使用了金卡门票。还有南阳诸葛庐的镀银门票，故宫中国文物精华展的铁质券，上海桂花节的树叶标本券。北京大钟寺门票是陶瓷的，黄山的一种门票是麦秆制作的，无锡旅游展示会门票则是泥塑戏剧脸谱。另外，成都杜甫草堂门票、贵州黄果树门票上都嵌有纪念币。各种门票争奇斗异，趣味横生。

三、门票种类：千姿百态

随着时代的进步，旅游门票的制作水平、科技含量不断提高，使用高质量的门票逐渐形成潮流，这在旅游门票千余年的发展史上是绝无仅有的。过去的门票多是纸质、塑质的，近几年先后流行纪念币门票、磁卡门票、明信片门票，“一浪高于一浪”，防伪门票、光盘门票、指纹门票、隐形门票也接踵而来。深圳锦绣中华、北京人民大会堂、西藏扎什伦布寺，用的是小如名片的光盘门票；张家界用的是指纹门票，技术含量业界领先；颐和园的隐形门票，交钱后在手上盖上沾有隐形液的图章即可入园，24小时后自动消失，对人体无害。有的景区还将成套的门票包装成册，用于宣传珍藏，如昆明世界园艺博览园门票册、九寨沟门票珍藏册、北京颐和园门票册等，一册在手，美景全拥有。为了扩大门票的艺术和文化内涵，不少景点还开发出各种系列券、套券、联券等。四川绵竹年画博物馆使用一套12枚的门票，全是手工绘制的年画；镇江旅游门票博物馆用的一套8枚《白蛇传》剪纸门票，浓缩了爱情故事的主要情节，是中国首套连环画门票；上海博物馆开馆时用的四方联文物图案门票，展现了馆内各具特色的四大陈列；武汉市黄鹤楼等12个著名景点的门票，背景图案拼起来就是武汉全景图；山东济宁人民公园使用的是《水浒》系列门票，一套就是108枚，梁山一百单八将好汉跃然券上。

旅游门票以其独特的知识性、趣味性，吸引了越来越多的人将它收藏。据了解，全国爱好门票收藏的有十多万人，门票收藏已跃居全国民间十大收藏的第五位，在江苏省镇江市甚至还诞生了国内首家旅游门票博物馆。

二、订票范围

景区订票范围一般包括两类：一类是该景区的门票，这在景区订票中占了绝大多数；另一类是与景区相配套的其他服务票，如景区观光车票、酒店住宿、餐饮、旅游纪念品预订以及其他预订功能。

三、订票方式

1. 网上订票

网上订票是消费者将希望咨询和订购的票务信息用 E-mail 形式发送至景区网站或者代理商、分销商网站，使用信用卡支付景区门票费用的形式。随着互联网的快速发展及旅游行业在经济危机下逆势上扬，国内越来越多的景区开始重视网络营销这条新兴的营销渠道。国外的实例证明，通过网络产生的销售额在逐渐增大比例。根据中国互联网络信息中心（CNNIC）截至 2010 年 6 月公布的统计数据表明，中国网民人数已达到 4.2 亿，网上订票业务的前景广阔。

2. 电话订票

电话订票是指消费者通过电话预订门票，当门票预订成功后，消费者便可等待送票上门或在售票处领票的一种订票方式。电话订票为各景区经常采用的订票方式。办公电话可设置在售票处，但一般由游客中心咨询处受理电话订票事务。

3. 代理点订票

在各大城市中，代理点订票逐渐成为最为普遍的订票方式。这是为迎合散客越来越多的旅游趋势而采用的一种订票方式。代理点可分为三种。

（1）旅行社代理点

有代理权的旅行社可以提供预订服务，而且有些旅行社所提供的旅游套餐中，已包括景区门票。

（2）宾馆代理点

不少景区所在城市的各大宾馆也可以提供预订服务，游客可以通过其住宿的宾馆，在其住宿期间预订景区门票。

（3）商场代理点

在城市最繁华的商场密集群和大型超市集中地，往往设立有景区的门票预订代售窗口。

4. 团体订票

团体游客若订购一定数量以上的门票，如为商务会议或家庭聚会等用途，可电话联络景区团体销售部，获得票务上的相应优惠。

四、订票流程

不管采用以上何种方式订票，其基本的订票流程是相似的。

1. 填写预订日期

当消费者拨通订票电话或成功登录电子商务网站后，首先选择预订景区，再选择预订日期。

2. 选择要订购的票务类型和数量

票务类型指团队票或散客票、成人票或儿童票、普通票或优惠票等，不同种类票价因情况不同而有所不同；数量指消费者实际需要预订的门票张数。

3. 填写领票人信息

领票人是订票过程中最重要的直接联系人，需要将自己的信息准确、详细地记录备案，订票是否确立以及何时何地领票都需要凭此信息进行传递。

4. 确认订单

在有些网站预订门票时，可以及时查阅门票是否预订成功的信息，但也有一些网上订票或现场订票需要一定的等待时间，尤其是在旅游旺季等特殊时期。自订票开始到信息反馈所需要的时间视具体情况而定。

5. 网上支付

如选择网上支付，在欲支付银行右边点击“在线支付”，将进入银行的在线支付系统。如支付成功，将提示您“交易成功”，订单状态从“未支付”改变为“已支付”。操作完成后，未获得上述提示，则说明预订支付不成功，需要直接登录该银行的网上银行操作界面，查看该订单是否支付成功，或者与网站系统管理人员联系。

6. 现场取票

当订单支付成功后，订单状态为“已支付”，即可以在规定时间内由取单人到指定的领票点取票。取票时取单人必须提供订单号和订单上所注明领票人的有效证件。例如旅行社的取单，导游到现场取票，则需提供该导游本人的导游证，并现场报出订单号才能取票。

尤其需要注意的是，景区门票对预订时间有限制：最早只能提前 15 天左右，同时预订时间与出票时间一般不得少于 1 小时，到出票口取票时间视不同景区而定。

五、订票工作的注意事项

负责门票预订的工作人员需要做到以下四点。

1）熟知整个景区的景点、旅游线路、景点价格以及相关服务内容。

2）在接受消费者订票时，要问清消费者的姓名及相关身份证明证件，作为取票凭证；现场预订的要请消费者填写订票单，填好后要逐项进行核对，并收取押金，然后将订票一联交给消费者，作为取票凭证。

3）如遇到实在办不到的事情，要耐心向消费者解释，并帮助消费者出主意、想办法，或采取其他补救办法，尽量使其感到满意。

4）没有征得消费者同意时，订票员不得擅自做主，随意更改门票时间。

第二节 旅游景区售票服务

一、售票工作流程

1. 售票前的准备工作

1）参加班前会，按规定着装，佩戴工作牌，仪容整齐，化妆得体，不佩戴手镯、饰环、戒指等首饰，不吃生葱、大蒜等异味食品。

2）查看票房门窗、保险柜、验钞机、话筒等设备是否正常。

3）搞好票房内及售票窗外的清洁卫生工作。

4）若当日由于特殊原因，票价有变，应及时挂出价格牌并写明变动原因。

5）根据前日票房门票的结余数量及当日游客的预测量填写《门票申领表》，到财务部票库领取当日所需的各种门票，票种、数量清点无误后领出门票。

6）根据需要到财务部兑换钱币，保证每日所需的零钞。

2. 售票

1）游客走近窗口，售票员应向游客礼貌问候："欢迎光临!"并询问其需要购买的门票数量。

2）售票员根据《门票价格及优惠办法》向游客出售门票，主动向游客解释优惠票价的享受条件，售票过程做到热情礼貌、唱收唱付。例如："您好，收您100元，每张30元，共60元，找您40元，请收好。""您好，门票50元一张，您买两张，100元正好，请收好门票，景区里还有两个景点需要检票。"

3）售票结束时，售票员向游客说"谢谢"或"欢迎下次光临"等用语。

4）向闭园前一小时内购票的游客说明景区的闭园时间及景区内仍有的主要活动。

5）游客购错票或多购票，在售票处办理退票手续时，售票员根据实际情况办理，并填写《退票通知单》，以便清点时核对。

6）根据游客需要，实事求是地为游客开具售票发票。

7）交接班认真核对票款数量，核对门票编号。

8）售票过程中，若票款出现差错，及时向上一级领导反映，长款上交，短款自补。

9）热情待客，耐心回答游客的提问，游客有冲动或失礼行为时，应保持克制态度，不能恶语相向。

10）耐心听取游客批评，注意收集游客的建议，及时向上一级领导反映。发现窗口有炒卖门票的现象要及时制止，并报告安保部门。

3. 交款及统计

1）做好每日每月盘点工作，保证账、票、款相符，做到准确无误，并认真填写相应的《售票日报表》。

2）结束营业后，将当日《售票日报表》及钱款交景区财务部门。

最后，记录好工作日记，搞好卫生，关闭门窗、保险箱等，切断电源，下班。

二、售票工作难点

1. 假钞问题

售票工作中，很容易收到假钞。一旦收到假钞，按规定应由当班人员进行赔偿；有时售票员在找补过程中也会和游客为钞票的真伪进行争执，弄得双方都不愉快。所以，售票员应具备一定的鉴别钞票真伪的知识，以避免收到假钞。景区如有条件，应为每一个售票岗位购置功能齐全、准确的验钞机。

景区应有计划地请专业人员（如银行工作人员）来为有关员工开展防伪钞培训活动，使其掌握辨认假钞的能力。一般来说，可以用“一看、二摸、三听”的方法辨认假钞。

一看。看颜色、变色油墨、水印。真钞印刷精良，颜色协调，水印具有立体感；假钞颜色模糊，色彩不协调，水印只有一边或无立体感，纸张较差，防伪金属线或纤维线容易抽出。

二摸。摸水印、盲文。真钞手感较好，水印、盲文立体感强；假钞较绵软或很光滑，盲文不明显。

三听。听声音，假钞抖动时发出的声响太清脆或无声响。

值得注意的是，收款时，最好不要当着游客的面，一张一张地鉴别钞票，这会让游客感觉很不舒服，觉得自己不被信任。这就要求售票员掌握比较自然的方法，娴熟、有效地鉴别钞票的真伪；如发现有疑问的钞票，应礼貌地与游客协商，请其重新换一张。

2. 优惠票问题

一般的景区都会对不同人群实行差别定价，如小孩身高在 1.1 米至 1.3 米之间的只需买半价票，而在 1.1 米以下的则免票。有部分售票员因不愿与游客发生争论，便向其出售优惠票以期由检票员检查或验证。殊不知，这样做至少会带来三个后果：一是给检票员的工作增加难度，影响景区闸口的畅通与效率；二是使其他游客心里产生不平衡感，甚至也提出享受同等待遇的要求或对景区产生不良印象；三是如果这些游客再次补票，不仅增加售票的工作量，也会延长其他游客的购票等候时间。

除此之外，还有其他的一些优惠规定，如对一定年龄以上的老年人、伤残军人、学生、导游等的优惠。遇到类似的情况，景区售票员要注意以下几点。

1）应将本景区的各项优惠规定以告示的方式放在游客容易看到的地方，尽量避免优惠票之争。

2）万一游客出言不逊，也不要与游客争吵，应礼貌、耐心地向游客说明门票的优惠制度，争取游客的理解。

3）除了按照制度优惠以外，有时也需要灵活处理。对于特别固执的游客，售票员可以请来主管耐心解释，使游客有被尊重感，同时使其觉得优惠制度没有回旋的余地，应放弃不合理的要求。另外，还可以采取赠票，但附加有关条件的做法。例如，请游客做一次景区的“神秘顾客”，对景区的服务质量进行一次监督评价，完成后，退给游客一个人的票款，也等于赠与一张免费票。

资料链接

售票服务的“三先”和“六心”服务

“三先”服务，即：先注视、先微笑、先问候。

“先注视”，是认识的起点、自信的表现。在游客接近售票员的工作岗位时，售票员应以注视的方式与游客进行远距离交流，以达到识别和初步了解游客需求的目的，让游客感觉受到重视、受到欢迎。售票员眼神应该炯炯有神，态度和蔼可亲，避免无精打采，眼神过于严肃、呆滞和机械，争取给游客留下一个美好的第一印象。

“先微笑”，是友谊的基点、魅力的展现。在游客接近售票员的工作岗位时，售票员应以微笑的方式与游客进行交流，以达到进一步沟通交流的目的，使气氛融洽，让游客感觉受到欢迎。售票员的微笑应自然，避免假笑和表情僵硬。大多数情况下，注视和微笑是同时进行的。

“先问候”，是欢乐的源泉、诚恳的体现。游客到达服务员的工作岗位时，售票员应该使用礼貌用语，先对游客进行问候，询问游客的需求，以达到最终了解游客需求的目的，使游客在服务员的关心、问候下感受到安全和舒适，从而乐于参与游乐。售票服务员应讲普通话，使用规范的礼貌用语向游客进行问候。语音语调适中，一般不使用方言，语音避免过高或过低，语速避免过快或过慢。在对游客进行问候时应注意面部表情，要轻松自然，避免表情僵硬或过于严肃。

服务接待工作，需要售票员根据不同的服务对象提供不同的优质服务。售票员在与客人接触前，应该以注视的方式与游客进行远距离交流，同时，识别游客属于哪种类型，是VIP游客，是特殊的、反常的、有困难的游客，还是普通的、挑剔的游客，并使其需求在服务接触时得到满足。

根据游客的类型，售票员应提供精心、专心、热心、细心、全心、耐心的“六心”服务。

对VIP游客要“精心”服务。因为贵宾对服务的要求和对专业技能的要求会相对高一些，因此，要在平时的服务平台上更上一层楼，提供更高水平的优质服务。

对特殊游客要“专心”服务。在接待特殊游客时，要问清楚他有什么需求，然后在自己的能力范围内尽量满足这些需求。

对反常游客要“热心”服务。如果游客带着满脸怒气而来，那我们在语气方面就要更加亲切一些，多与他们沟通，平息他们的怒气。

对有困难的游客要“细心”服务。应及时了解游客是否需要帮忙，并主动提供帮助。

对普通游客要“全心”服务。对一般游客来说，我们提供全员服务，让他们有宾至如归的感觉。

对挑剔的游客要“耐心”服务。接待这样的游客，要做到在保证公司利益不受损害的情况下百问不厌。

识别游客，是提供优质服务的前提；满足游客，是提供优质服务的延伸。售票员在接待工作中做到“六心”服务，是对优质服务的保证和延伸。

第三节　旅游景区检票服务

检票工作关系着景区经济效益能否真正实现，同时，它也担负着维持景区良好秩序的重要职责。随着现代科技的发展，越来越多的景区使用电子检票系统，但仍需要由工作人员提供服务。

一、检票工作流程

检票服务的工作流程与售票服务一样，有工作前、工作中、工作后三个阶段，下面择其要点加以说明。

1. 准备工作

1）参加班前会，按规定着装，佩戴工作牌，仪容整齐，化妆得体。

2）查看检票口验票机器、话筒等设备是否正常。

3）开园前做好入园闸口周围的卫生，保持闸口顺利通畅。

4）备好导游图，准备好景区相关宣传资料，做好开园准备。

2. 检票过程

1）开园后，工作人员站在检票位，精神饱满，面带微笑，用标准的普通话热情礼貌地回答游客询问，掌握票价、景区名称、礼貌用语等简单的英语对话。

2）游客入闸时，检票员要求游客人手一票，并认真查验。设有自动检票机的景区，检票员应监督、帮助游客通过电子检票系统检票。当自动检票机出现故障时，进行人工检票，不得出现漏票、逃票、无票放人现象。在检票的同时向游客问候，要使用“欢迎光临”等礼貌用语，如“您好，欢迎光临！”“请拿好票，往这边走，祝您玩得愉快！”

3）控制人流量，维持出入口秩序，避免出现混乱现象，对持无效门票入园的游客，说明无效原因，要求客人重新购票。

4）熟悉《门票价格及优惠办法》，并按要求查验。熟悉旅行团导游、领队带团入园的查验方法及相应的免票入园规定，团队入园参观时，需登记游客人数、来自的国家（或地区）、旅行社名称等信息。

5）残疾人或老人入园时，应予以协助。

6）始终保持闸口的有序和卫生。

7）如遇闹事、滋事者，应及时礼貌制止、耐心说服。如无法制止，应立即报告安保主管，并将闹事者引到一边再进行处理，切忌在众多游客面前争执。

3. 结束工作

1）结束经营后，将当日经主管部门审批的无票或优惠票入园表统计并交景区财务部门。

2）下班前填写工作日记。

3）搞好卫生，切断电源，下班。

二、检票工作难点

无票入园几乎是每位检票员都遇到过的情况。在传统的人工检票方式中，这种情况更容易出现。这给景区带来的不仅仅是经济利益的损失，同时也使目睹此过程的游客对景区规范管理产生质疑，有损景区形象，无票入园不是小事，理应受到各景区管理者的高度重视。

作为景区检票处的工作人员，务必要坚持公私分明的原则。首先要以身作则，坚决杜绝自己的亲朋好友或其他社会关系人员无票入园，当发现其他同事有此情况时，应以景区规章制度做劝说工作，并礼貌地向游客做解释工作，维护景区形象。

作为检票服务的管理人员，应从制度上根本解决无票入园这一问题。景区员工的朋友来到景区旅游，是员工热爱景区、以景区为傲的一种正常表现，可以考虑其特殊性，找到既能满足员工心理需求又不影响景区利益的合理解决途径。例如，定期给员工分发赠票，邀请员工的亲友来景区游玩并担任质量监督员。

三、人工检票与机器检票的差别

景区电子门票是当前景区信息化建设的一大热点。电子门票管理系统并非简单的售票管理系统，而是集智能卡工程、信息安全工程、软件工程、网络工程和机械工程为一体的智能化管理系统。它涉及门票制作、广告与营销、发售票系统、通道验票系统、景区客流监控系统、景区资源开发决策系统和财务管理等诸多环节。其强大的智能化功能，克服了人工售检票模式固有的速度慢、财务漏洞多、出错率高、劳动强度大等缺点，为景区的科学管理提供了技术支持。

随着景区电子门票系统应用需求不断扩大，类型繁多的电子门票的解决方案应运而生，如磁卡门票、条码门票、光盘门票、IC 卡门票、指纹门票等。

资料链接

天涯海角风景区的门票改革

2000 年，三亚天涯海角风景区开始实行电子门禁检票系统，门票也由原来的纸票改换成了磁卡。入园时游客只需持卡在通道机上刷卡就可实现自动检票，取代了由工作人员手工撕票检票的过程。随着游客量的不断增长，该景区在检票安全和效率上又面临新问题。2004 年，景区启动了新的电子门禁系统改造工程，以 IC 卡门票取代了原来的磁卡门票。IC 卡系统在性能上优于磁卡系统，能更有效地避免和减少景区在售票、检票等环节出现的错票、漏票现象，使门票的管理工作更加安全、严格，能更有效地提高检票入园的工作效率。海南三亚天涯海角景区在五年内连续两度更换售票检票方式，都是视景区发展需要而确定的，同时这也为景区的运营带来巨大利润。可见选择一种适合景区自身的门票系统是景区经营和发展的重要方面。

大型风景名胜区、公园、展览馆等各种类型旅游景点应视不同情况和要求，因地制宜，合理选择适合的门票系统。管理人员在作使用何种电子门票的决策时，应考虑如下关键因素。

1）景区传统门票管理的弊端。

2）景区大小、出入口的复杂程度和管理的难度。

3）景区门票政策的多变性和复杂性。

4）景区实施电子商务提出的需求。

5）出入口人流量特征及对检票速度的需求。

6）系统成本和应用效益。

7）电子门票作为促销载体的作用。

8）旅行社、分销商、游客等利益相关者的意见。

延伸阅读

阅读1　票务中心管理制度

以下以洛阳重渡沟风景区为例，说明票务中心管理制度。

洛阳重渡沟风景区管理制度

1）工作人员上岗必须统一着装，佩戴工作证，端庄大方，热情待人，以礼待客。

2）工作时间不准脱岗、串岗和酒后上岗，不准会亲友，带小孩，不准办与工作无关的事。

3）工作中必须使用普通话和文明用语，细致、耐心地回答游客的提问。

4）售、检票员必须坚持两人一组的工作制度，按规定出售和查验有效日期的门票，凡出售假票、废票，或是借工作之便牟取私利、贪污、受贿或挪用票款者，一律予以除名，并交送司法机关依法处理。

5）凡私自放人或不负责任、不遵守规定导致无票进入景区的，第一次写检查，在本部门作检讨，除补齐应收票款外，通报全公司待岗一个月；第二次除补齐应收票款外，给予当事人应收票款数3倍的罚款，并通报全公司予以除名。

6）严格执行门票管理规定及相关财务制度，旅行社、团体购票入园，应查阅对方与本单位签订的定团协议、出团计划书等有关证明。

7）游客购票时，售票员要主动讲明票价，提高收款速度，点钞、点票快捷、准确，减少顾客等待时间。

8）门票实行一人一票制（纸质门票、电子门票可多人一票），对于旅行社团体检票时，检票员要上车点清游客数量及门票数量并查看团队有关证件，门票扫描或打孔后方可放行。

9）在景区提供旅游服务的从业人员，凭本人工作证件进入景区。

10）认真填写进入景区的旅游车辆管理卡，并按规定足额收取停车费。

11）当发生强行入内不交停车费的情况时，工作人员应态度和蔼，礼貌处理，并及时与部门领导联系，不得中断检票工作。

12）根据所在地村民直系亲属登记表，认真查验进入景区村民亲属的有关证件。

13）随时填写游客流量统计表，每小时将游客流量向游客中心上报一次。

14）售票员下班后，清点当天所有票款，确保票款安全无误上交财务，短款自赔，长款归公。

15）严禁非售票员进入售票房，非计算机操作人员不得使用计算机。违反上述规定的员工，经批评教育仍不悔改者，公司将按有关规定将其除名。

阅读2　上海世博会票务系统推动射频识别产业发展

2010年上海世界博览会（简称“上海世博会”）9种门票的标准票样于2009年3月27日面世，专家认为上海世博会庞大的票务系统将大大推动我国射频识别技术和产业的发展。

射频识别技术是20世纪90年代开始兴起的一种自动识别技术，是一项利用射频信号通过空间耦合（交变磁场或电磁场），实现无接触信息传递并通过所传递的信息达到识别目的的技术。据上海市科技党委书记介绍，射频识别技术被视为“21世纪十大重要技术之一”。从2003年起，上海在射频识别技术的芯片、天线、标签封装、读写器、中间件等关键技术研究方面实现了多项突破，并在物流供应链、食品医药、大型会展电子票务、邮政、交通、先进制造业等多个领域开展了应用示范工程，为射频识别技术的大规模应用积累了丰富的实践经验。

在射频识别技术应用于电子标签门票领域，上海经历了一个从小规模示范向大规模推广的渐进过程。从2005年起，连续四年在上海举行的“大师杯”网球赛，全面采用了电子标签门票，这是世界大型体育竞赛中首次成功实现球票自动识别的案例；2007年在上海举办的“特奥会”上，首次将射频识别技术成功应用于赛事人员识别管理，得到了国际社会的认可和赞扬。这些试点工作都为2010年上海世博会票务系统建设积累了经验。

上海世博会会期半年，预计可吸引全世界7 000万人次的参观者，其票务系统被称为有史以来最大规模的电子标签门票应用案例。

2008年1月1日，由上海市科委科技创新行动计划支持的“上海世博会票务系统RFID门票工程实施研究”项目正式启动。采用射频识别技术电子门票代替传统门票，不仅可以实现人员的快速通过，还可以大大提高门票防伪水平，并实现门票从生产、发行到销售、检票的全过程数字化管理。

（资料来源：http://www.sh.xinhuanet.com/zhuanti/shibo/2009-03/27/content_16083312.htm）

阅读3　票务中心岗位职责及行为规范

下面以泰山风景名胜区管理信息系统的索道站票务管理规定为例，列举景区票务中心岗位职责及行为规范。

泰山风景名胜区的索道站票务工作相关岗位职责

一、岗位设置

售票员：各售票室每班两名售票员（每索道站需售票员8名）。

检票员：各检票口每班两名检票员（每索道站需检票员8名）。

系统维护员：每班次一名系统维护员（每索道站需系统维护员2名）。

电视监控员：每班次一名电视监控员（每索道站需电视监控员2名）。

二、岗位职责和行为规范

1. 售票员岗位职责和行为规范

（1）岗位职责

1）售票员必须严格按照操作程序开启、关闭及使用售票系统，对售票设备进行日常维护。

2）熟练制票机的操作，熟悉有关部门及单位的乘车凭单，准确无误地为游客打制有价票据及免费票据。

3）配合中心票务管理人员做好票款及有效凭单的交接工作。

4）严格按退票程序为游客提供退票服务。

5）交接班时按规定完成售票设备的交接工作。

6）售票室设备出现故障时，应立即与系统维护员取得联系及时修复。

7）下班或因雷雨、大风临时停运时必须切断售票室设备的电源线及数据传输线。

8）确保售票设备不受破坏。

（2）行为规范

1）不使用普通票纸打制导游票。

2）不使用售票设备做与售票业务无关的事。

3）系统维护人员对售票机进行参数设置或数据修改时，售票员必须主动回避。

2. 检票员岗位职责和行为规范

（1）岗位职责

1）熟练掌握条形码票证的检票操作，主动协助游客检票、快速通过检票口。

2）认真核对票卡使用者身份，如发现非本人使用，有责任给予没收处理。

3）熟悉检票机性能及工作原理，每天按程序负责检票机的开启、关闭及加盖防护罩。

4）工作期间有责任确保检票机不受损坏。

5）对于欲从检票口翻越入站的违规行为和破坏检票设备的行为，有责任予以警告、阻止。

（2）行为规范

1）严格各种票卡的核对、检票工作，不徇私情，杜绝任何违规放行行为。

2）检票员严禁在检票机上放物品，不倚靠检票机。

3）检票员严于律己，不得翻越检票设备。

3. 系统维护人员岗位职责和行为规范

（1）工作职责

1）要确保各售票点的售票机与主机间的通信线路畅通，保证整个网络能正常传输数据。

2）负责对各售票机定期进行查、杀病毒工作。

3）检查 UPS 电源的可靠性，保证紧急停电的情况下持续供电，确保数据及时保存。

4）严格控制售票机与检票机的密码交换，确保游客顺利通过检票通道。

5）按授权书的内容，对数据库进行修改操作。

6）定时全面巡视售检票管理系统，检查售票机、制票机及验票机等是否处于安全工作状态；如遇不正常的现象应及时处理，必要时向业务主管部门汇报，由主管部门派专业人员进行维修。

7）负责监督和指导售、检票员正确使用售检票设备。

8）严格按规定进行数据备份，确保数据不丢失。

（2）行为规范

1）必须使用查、杀过病毒的软盘。

2）加强保密意识，严格管理网络系统的密码，确保系统的密码控制，保证系统能正常运行。

3）对数据库的操作，要做到准确无误。

4）在系统受到破坏时能及时恢复系统运转。

5）严格执行系统维护保养制度，巡查到位，及时发现和处理问题。

6）努力钻研，提高自身业务能力，保证系统的正常运转。

4. 电视监控员岗位职责和行为规范

（1）岗位职责

1）熟练使用操作电视监控设备，负责设备的日常维护、保养。

2）负责各监控岗位的监控工作，对各类违规现象进行准确、详细的书面记录，存档备查。

3）负责录制、保存监控录像，向中心以及各索道站提供有效期内任何工作时段的录像资料。

4）保持监控室清洁卫生，一尘不染，严禁闲杂人员入内。

5）下班或因打雷临时停运时必须切断电视监控设备电源线。

（2）行为规范

1）客观记录违规、违纪现象，保证公平、公正，内容真实，不徇私情。

2）严格遵守保密制度，未经分管领导批准不让任何人调看资料，不私自向他人透露录像资料内容。

3）不私自修改、删除录像资料和笔录。

三、违规处罚制度

1）售票员、检票员、保卫人员工作期间有责任维护售检票系统设备不受人为破坏，当设备遭受破坏时，有责任保护设备并报警，向有关部门指证肇事人。如不能保护设备并无法指证肇事人，给予该责任人200元经济处罚。

2）售票员、检票员、电视监控员下班后因未切断设备的电源、数据线而造成设备损坏的，给予该责任人200～1 000元经济处罚。

3）检票员应认真核对年票、导游免票等使用者身份，如对非本票证使用者放行，给予该验票员所通过人数2倍票款的经济处罚。

4）电视监控员有责任对监控岗位违规行为进行真实、全面的记录，如发现监控员漏记、瞒记以及修改录像记录等现象，给予该监控员100元经济处罚。

5）系统维护员有责任保守有关密码，如因密码外传造成经济损失的，按损失情况给予系统维护员100～500元经济处罚。

6）严禁在检票机上放置任何物品，如违规放置的，给予值班检票员50元经济处罚。

7）检票口若有人翻越旋转门，检票员不予制止报警者，每翻越一人给予检票员100元经济处罚，

8）任何员工不得翻越进、出站口旋转门，如发生违规行为，给予该翻越者500元经济处罚。

9）下车区站务员有责任阻止游客从出站口逆向翻入站内，如站务员不制止，每翻越

入站一人，给予下车区站务员100元经济处罚。

10）工作人员工作卡不得外借他人使用，若发现当即没收，并给予该工作卡所有者100元经济处罚。

11）任何人不得违规使用贵宾通道，否则给予违规者500元经济处罚。

12）任何员工不得损坏自动售检票设备，如发生损坏现象，视情节给予损坏者100～1 000元经济处罚，如故意破坏设备给予停职待岗的行政处罚，情节严重者追究刑事责任。

13）任何人不得以任何形式侵占票款，如发现侵占行为，向侵占人追回票款，并给予500元经济处罚，对数额较大者给予停职待岗的行政处罚，对数额巨大者将追究刑事责任。

14）导游票使用专用票纸打印，售票员严禁使用普通纸打印导游票，否则每违规打印一张导游票给予200元罚款。

四、应急措施

1）当检票机出现意外故障无法正常使用时，可使用简易检票出卡机进行检票。

2）如出现意外原因使整个售检票管理系统无法正常工作时，可实行手工售检票，销售情况可以在事后追加录入计算机系统，各索道站平时应储备一定数量的手工票。

3）“五一”和“十一”期间如出现冲击性高峰，一旦应接不暇，可使用预先打出的票，增加人员协助售票。事先打出的票如当天售不完，可作退票处理。

本章小结

票务服务是游客接触景区的第一环节，也是景区留给游客第一印象的关键环节。票务服务从简单的售票、检票流程到目前的订票、售票、检票，票务服务越来越受到各景区的重视，其流程更具体化、深入化，其服务更规范化、细致化。本章主要介绍了旅游景区票务服务中的相关知识、具体流程和工作重点。

知识结构

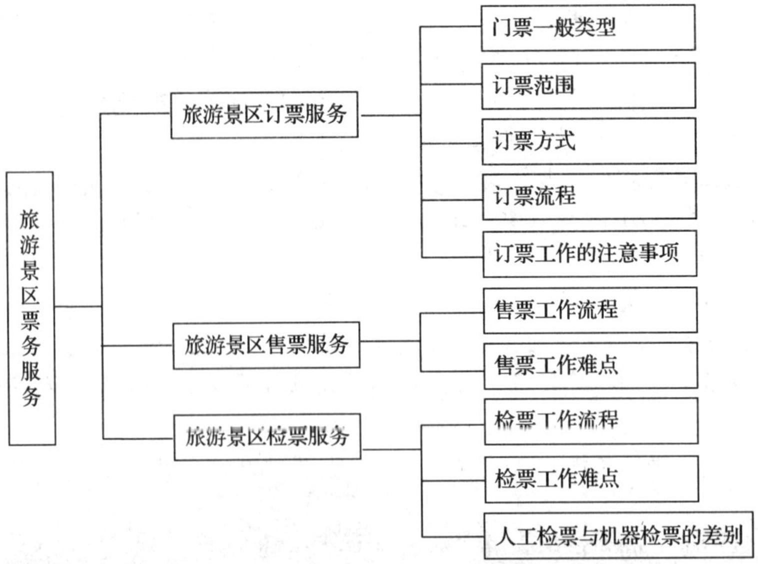

习题与思考

1. 名词解释

1）旅游门票

2）电子门票

3）电子门禁系统

2. 简答题

1）电子门票有哪几种类型？

2）旅游景区规范的订票方式包括哪几种？

3）售票过程遇到假钞问题该怎样合理解决？

4）从工作流程出发，旅游景区售票服务应包括哪些重要内容？

5）景区售票员需要具备哪些素质，掌握哪些技巧？

6）景区检票服务中最容易出现的问题有哪些？

7）什么是门禁票务系统？它对景区来说有何意义？

3. 思考题

人工验票的"人情"关

某景区工作人员甲将两位游客带至检票口检票员乙处，说："这是我的两位亲戚，今天来看看我，顺道到景点里去逛逛，你通融一下，我带他们进去吧。"乙面露难色，但又碍于情面，不好拒绝，只好免票让甲把两位游客带入景点了。

请思考：

1）检票服务中，出现游客情况与规定不符时，检票员该怎样完满解决问题？

2）检票员怎样处理检票服务中游客无票入园的情况？

3）人工检票与机器检票有哪些差异？

案例分析或点评

案例1　儿童身高与规定不符

一天，在H景点"飞流直下"入口的雨衣售票处，来了两位游客，一位是年轻的父亲，一位是他的孩子。以下是售票员与游客之间的对话。

当游客距售票处售票员1米之远时，售票员面带微笑问道："您好！欢迎光临'飞流直下'，这里是雨衣售票处。雨衣三元一件，请问需要几件？"

"两件。"父亲说。

当售票员看到他的小孩身高不符合要求时提出："您好！麻烦这位小朋友先量一下身高好吗？因为我们这个娱乐项目对身高有比较严格的限制，必须在1.3米以上才可以坐。"

量过之后，发现小孩身高才1.25米，售票员面带微笑地说："小朋友，对不起，你的身高不够，为了你的安全，你不能参加这个娱乐项目了，请谅解。"然后，该售票员转向那位父亲说："如果您对这个娱乐项目有兴趣，我可以帮您照看孩子。"

父亲说："我就是带他来玩的，怎么每个项目都不可以玩？走，不玩了。"

售票员看到父亲有些不高兴，便微笑地说："在这旁边还有很多好玩的地方，有'星球大战'，有'小飞鱼'，都适合小朋友玩。"并向这位父亲介绍了具体的路线。

分析：

这个案例说明，作为一名合格的工作人员，除了要具有动人的微笑、高超的服务技巧和热情的态度外，更应具备对景区整体的了解。如，景区哪些项目适合小孩玩，哪些项目老人不可以玩以及整个景区游乐设施的分布等。当游客因为小孩不可以玩而感到烦恼时，工作人员一个小小的建议却是化解游客怒气的良方，也是赢得游客好感的有效手段。

案例2　父母的钞票也要查验

某景区售票处，实习生小王正在值班。这时一对夫妇来到售票处买票准备进景区游玩。实习生小王把收到的大钞放在验钞机下认真地验看。这时，那对夫妇实在忍不住了："孩子，连你爸妈的钞票也要验吗？"原来，这两位游客是实习生小王的父母。看到女儿仔细检查自己的钱，父母觉得心里不是个滋味。小王笑着回答："爸妈，这是制度。我相信你们，但钱不一定是真的。对自己爸妈的钱，也要把好关，咱们不能让景区受损失，我要对景区负责呀！你们说对吗？"一席话说得小王父母不住点头，赞许地说："你做得对，我们支持你，你认真验钞吧！"小王把票交给父母后，掩饰不住内心的欢喜说："爸妈，你们来看我，我真高兴！"原来，小王的父母因孩子第一次出远门，放心不下，特地赶来看望女儿，顺便到女儿实习的景区游览一番。于是，实习生小王查验父母钞票一事在景区传为佳话。

分析：

1）售票员要具有高度的责任感、严谨的工作态度及高水准的职业道德意识。众所周知，售票员每天都要接触大量现金，所以查验钞票是售票员工作中相当重要的环节。稍一疏忽就会给景区和自己造成不必要的经济损失。由于售票员要对大量的钞票进行查验，不仅工作量大且有技术难度。因此，每位售票员只有以高度的责任感，掌握看、摸、弹、听等基本的辨认技巧，才能做到准确无误、万无一失。

2）服务工作是景区的一线工作，会直接接触到游客，也常常会遇到自己的朋友或亲人。案例中的小王父母来看望小王，小王抑制不住满心欢喜。但是，小王在惊喜之余，头脑十分冷静，仍坚持按景区的规章制度办事，一丝不苟地按服务程序接待了自己的父母。这体现了实习生小王坚持原则、公私分明的工作态度。有的工作人员自我约束力差，因私人感情而放弃原则，做出违反景区规章制度、损害企业利益的事情来，导致自己犯错误，甚至被辞退。

案例3　我的孩子这么小，也要买票吗？

H景区入口售票处，一个三口之家高高兴兴地准备买票。父亲对售票服务窗口内的售票员说："买两张成人票。"

售票员目测了一下孩子的身高，对孩子的父母说："您好，我们景区实行优惠票制度，如果您的孩子身高在1.1米以下，您可以享受免票政策。请这位小朋友到这里来测量一下身高。"

售票员微笑着指引方向，请小孩去测量身高。测量结果显示，孩子的身高刚好过了

1.1 米。

售票员礼貌地对他的父母说："您的孩子已经超出 1.1 米了，需要购买半价票。"

孩子的母亲看起来似乎很不情愿，说："你们的尺寸会不会不准，我的孩子这么小，也要买票吗？"并与售票员争吵起来。

分析：

遇到类似上述案例中的情况时，景区售票员应掌握以下原则。

1）不要与游客发生争执，应热情、礼貌地向游客说明门票价格优惠制度，争取游客的理解。

2）向游客解释时，应注意说话的方式，尽量站在游客的角度，选择合适的表达方式。比如，适当赞美游客的小孩，并善意提醒孩子知道自己有多高，不要在孩子心里留下阴影。

3）遇到特别固执的游客，可以灵活处理，比如干脆请他做质量监督员，对景区服务的各个方面提出意见，作为回报，他可以免费入园。这种做法可使双方皆大欢喜，既让游客得到了极大的心理满足，又使景区得到了关于服务质量的第一手资料。

实训题

选择某一景区，了解该景区的多种订票方式，熟悉订票的途径与流程。到当地景区的投诉部门了解有关该景区票务服务的投诉有哪些类型，并了解景区对此类投诉的处理措施。

实训指南

当发现收进的钱有可能存在假钞时——

售票员："对不起，请您稍候。"

经过验证的确是假钞时——

售票员："对不起，先生（女士）！您需要重新验证一下这张钱。"

经游客检验后，如果游客还有所怀疑，请游客将钱放验钞机上测试一下。

游客愿意更换假钞后——

售票员："谢谢您，这是您的票，祝您在本景区内游览愉快！"

疑难提醒

如果遇到已证实是假钞但拒不调换的游客时，可以采取以下方法解决。

- 礼貌劝解，态度合理。
- 及时报告上级主管和通知保安。
- 如果妥协收受，售票员将赔偿损失。

第三章 旅游景区排队服务

教学目的和要求

了解排队过程管理的服务技巧、队列队形的设计；熟悉旅游景区排队服务中对于工作人员的岗位职能及要求；了解旅游景区排队现象产生的原因及排队过程中游客的等待心理；掌握排队过程中的应用服务技巧。

关键词汇

队列（Formation）　　等候区（Waiting Area）
闸口服务（Gate Services）

案例导入

“海神大战恶魔”的排队等待

美国最著名的三个主题公园——迪斯尼、环球影城和海洋世界向来都以“人山人海”著称。即使游客不算太多，体验游乐项目时依然要排一会儿队。美国服务业发达，人们平常很少排队，所以排队对美国人来说是件很枯燥的事情。为了不让游客们等得不耐烦，公园在等候区的设计上花了很多心思，让大家在排队的过程中就能预热，甚至开始进入故事情节。比如环球影城在其许多重点的游乐项目上都采取了主题队列的接待方式，最典型的是水幕电影“海神大战恶魔”。其等候区分三部分，第一等候区为古阿拉伯式的城堡通道，灯光昏暗，让游客们进入了意境；第二等候区为故事情节中的场景，让大家先了解故事的背景；第三等候区为两个预演区，在声光电的配合下，有演员在进行预演，这时所有的游客都会被吸引。这种排队服务和游玩经历，能有效减少游客排队时产生的焦虑情绪，使游客体会到新奇、刺激和兴奋，身心得到极大满足。

（资料来源：http://news.163.com/41228/6/18N1MDSU000//22C.html，有改动）

请思考：目前景区排队管理中存在哪些队列队形？各种队形的优劣势何在？

排队现象在景区内随处可见。排队现象之所以产生，原因在于服务现场抵达者的数量或服务需求量超过服务系统的处理能力。旅游景区中最常见的排队现象出现在旅游旺季时的售票处、景区入口处、景区热点旅游娱乐项目游玩等候处、特色景点摄影处、餐饮场所，甚至在景区内各旅游活动主要场所和旅游集散地的公共厕所门前，都有可能排起长队。排队已成为旅游景区服务的一个瓶颈，景区长队的出现使景区的排队系统管理成为景区研究的一项内容。

第一节　旅游景区队列队形安排

景区入口是游客进入景区的第一印象区，是关系到景区形象的大问题。由于旅游季节性较强，经常会在旅游旺季出现景区入口堵塞的情况，造成游客长时间排队等候。另外，景区内游客必玩项目也很容易出现排长队的情况。如果分流措施不力，会影响游客的满意度，有损景区的声誉。

排队服务是在不同的地方根据游客流动规律采取不同的队形和接待方式。合理的队列结构要满足以下三个要求：第一，使人感到等待时间长度短于实际消耗时间长度；第二，队列秩序有条不紊，不给插队者以更多机会；第三，队列结构要能灵活调整。队列结构一般分为传统单列队、多列队、主题或综合队列等形式。其各有优缺点，也各有最佳应用范围。

一、单人单列

单人单列的队形如图 3－1 所示。

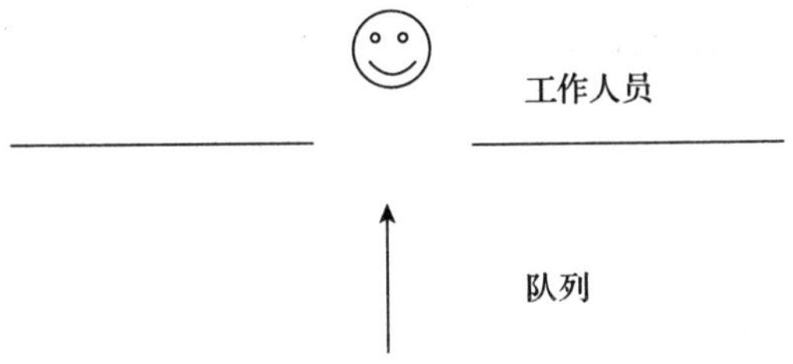

图 3－1　单人单列

特点：一名工作人员。
优点：成本低。
缺点：等候时间难以确定；游客进入景区的视觉有障碍。
改进措施：设置座位或护栏；标明等候时间。

二、多人单列

多人单列的队形如图 3－2 所示。

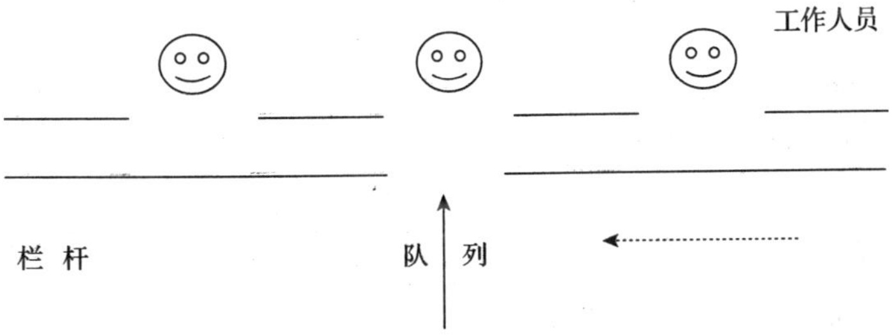

图 3－2　多人单列

特点：多名工作人员。
优点：接待速度较快；较适用于游客数量集中的场合。
缺点：人工成本增加；队列后面的人仍然感觉视线较差。
改进措施：设置座位或护栏；队列从纵向改为横向。

三、多人多列

多人多列的队形如图3－3所示。

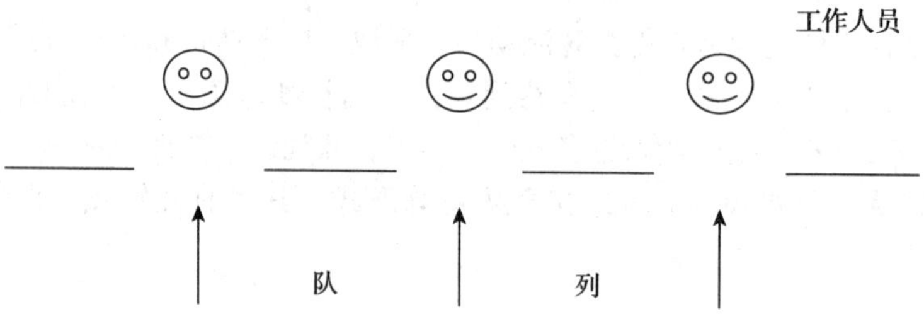

图3－3 多人多列

特点：多名工作人员。
优点：接待速度较快；视觉进入感缓和；适用于游客流量较大的场合。
缺点：成本增加；队列速度可能不一。
改进措施：不设栏杆可以改善游客视觉进入感。

四、单人多列

单人多列的队形如图3－4所示。

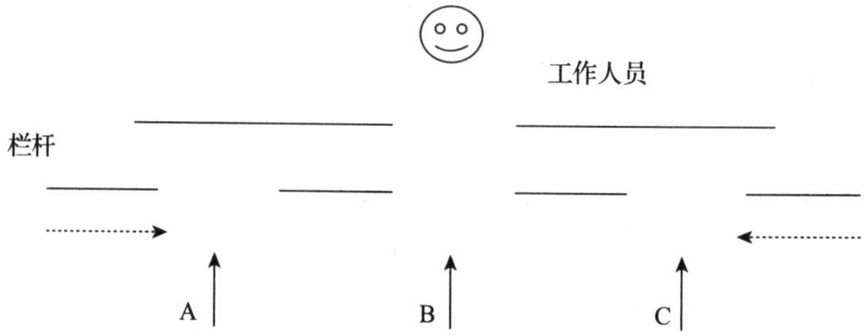

图3－4 单人多列

特点：一名工作人员。
优点：视觉进入感缓和；人工成本低。
缺点：队首是否排好非常关键，栏杆多，成本增加；游客需要选择进入哪一队列。
改进措施：外部队列位置从纵向改为横向，可以改善视觉进入感。

五、主题或综合队列

主题或综合队列如图3－5所示。

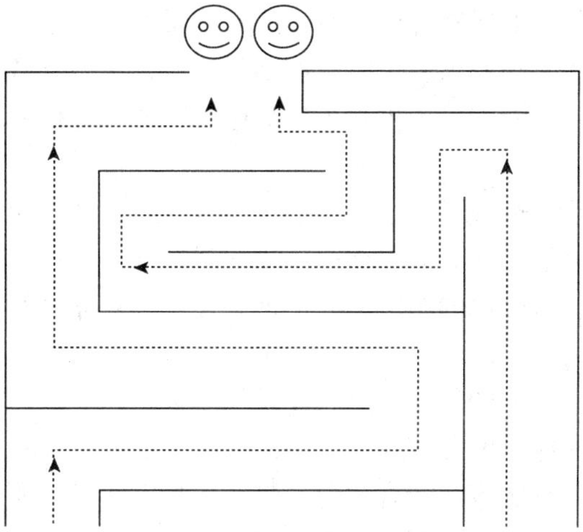

图 3－5　主题或综合队列

特点：队列迂回曲折，一般为单列队，超过两名工作人员。

优点：视觉及时间改善；有信息展示；排队硬件舒适。

缺点：增加硬件建设成本。

改进措施：单列变双列。

总之，愉快、顺畅，加上闸口附近一定的主题设计是景区排队管理的基本思路。目前，很多旅游景区充分利用游客排队等候入园的时间来提高游客的旅游体验。主要方法包括以下两种。① 借助场景设计、小丑表演、图片展示等方式让游客提前感知景区氛围（可将此空间视作引景空间的一部分），消除等候的烦躁感。例如，深圳欢乐谷主题公园在景区内的许多游乐项目都采取了主题队列的导入方式，“雪山飞龙”的游乐项目便是其中之一。“雪山飞龙”是以中国西北大山深处“小红龙”与“长麻鬼”殊死搏斗的故事为背景。其排队区通过外围老宅、古庙、内部曲折幽暗的通道、怪异的装饰等景致以及内循环播放的故事片来营造氛围，使游客在排队的过程中不知不觉地进入故事情节，在不断的环境渲染和情感积累后，游客最终坐上过山车，体验“小红龙”大战“长麻鬼”的惊心动魄。② 采取合理的手段展开对游客的教育，对游客在景区内的注意事项进行提醒，为景区内的游客管理创造良好的条件。自然保护区、世界遗产地、森林公园、旅游度假区等类型的旅游景区，都有其自身的特点。例如，在自然保护区内，基于安全或保护的需要会禁止游客进入某些区域；世界遗产地的某些区域禁止拍照等。

另外，旅游景区也可以采取旺季旅游团预约入园时间（错开高峰期）、通过媒体发布景区入园游客饱和程度、淡旺季差别票价等手段避免景区入口出现人满为患、过度拥挤的现象。

第二节　旅游景区排队过程管理

一、排队产生的原因

服务的生产和消费是同时进行的，需求波动性的存在是必然的。游客的特点是随机到达，并且想立即得到服务。如果游客到达时，所有的服务台都已经被占用，那么游客就需要耐心地排队等待。到达率和要求服务时间都不是均值，这就导致了排队的产生，即游客排队等待接受服务。排队是游客一个挨一个按顺序排列成行等待一个或多个服务平台提供服务。

游客需求的自然波动，造成了景区在某些时间段的服务处于闲置状态，而在某一特定的时间段游客又不得不为接受服务而等待——排队就出现了。近年来，由于旅游浪潮的兴起以及双休日及节假日、黄金周的制定，人们逐渐形成了双休日和节假日出游的习惯，因此在周末和“五一”、“十一”、春节等长假期间形成了集中的出游高峰期。高峰期期间，景区售票处、检票处，景区内的餐饮场所、娱乐场所都排起了长队。

服务不像其他产品那样能够贮存在仓库中以待未来的消费，一个景区在初期的投资中就确定了其服务能力，如景区接待游客数量、景区各景点容量、服务流程，景区经营者每天都要面对动态变化的环境，每天都要调整供给和游客需求之间的矛盾。

二、排队等待的心理

游客在等待中首先感到的是焦虑，“是不是被遗忘了?”“什么时候能轮到?”“能被公平地对待吗?”……无论这些焦虑是否合乎逻辑，都会影响等待者的情绪。其次，游客会感到无聊。在排队期间人们无法做自己喜欢的或有目的的事情，这种空闲或无所事事会让人感觉很难受。此外，排队时只能任凭工作人员摆布，这也会使游客不满。当一位游客看到后来的人比自己更早接受服务，而不知道自己还要等多久时，常常会很恼火，甚至暴跳如雷。在此阶段产生的不必要的恼怒会使游客在游玩时变成一个挑剔、难缠的消费者。

对顾客等待心理的实验研究（Empirical Research）最早可以追溯到1955年。后来美国著名营销学者戴维·梅斯特（David H. Maister）在1984年对排队心理作了比较全面的总结和研究。他提出了被广泛认可和采用的顾客等待心理的八条原则。

1）无所事事的等待比有事可干的等待感觉要长（Unoccupied waiting feels longer than occupied waiting）。

2）过程前后的等待时间比过程中等待的时间感觉要长（Pre-process and post-process waits feel longer than in-process waits）。

3）焦虑使等待看起来比实际时间更长（Anxiety makes waits seem longer）。

4）不确定的等待比已知的、有限的等待时间更长（Uncertain waits are longer than known, finite waits）。

5）没有说明理由的等待比说明了理由的等待时间更长（Unexplained waits are longer than explained waits）。

6）不公平的等待比平等的等待时间要长（Unfair waits are longer than equitable waits）。

7）服务的价值越高，人们愿意等待的时间就越长（The more valuable the service is, the longer people will wait）。

8）单个人等待比许多人一起等待感觉时间要长（Solo waits feel longer than group waits）。

在此基础上 M. Davis 及 J. Heineke 在1994年和 P. Jones 及 E. Peppiatt 在1996年分别对顾客排队等待心理理论又进行了两条补充。

1）令人身体不舒适的等待比舒适的等待感觉时间要长（Physically uncomfortable waits feel longer than comfortable waits）。

2）不熟悉的等待比熟悉的等待时间要长（Unfamiliar waits seem longer than familiar ones）。

针对以上特殊心理，当有些排队现象不可避免时，景区管理者和服务者应该设身处地地为游客着想，一方面提高服务效率，另一方面要掌握排队服务中的技巧，以降低游客的流失率，提高游客的满意度。

三、排队管理的原则

游客是一种加入服务过程的潜在资源，即使每天只流失几个游客，日积月累，景区的营业额在不知不觉中就会下滑，等经营者注意到这个问题时，已无可挽救。因此，制定相应的排队管理战略，缩短游客等待的心理时间，消除游客因等待而形成的负面影响是营运人员的基本职责。

1. 让游客意识到工作人员知道他们在等待

派一名工作人员与等待的游客接触，使游客明白景区工作人员知道他们正在等待。例如，景区可以仿效某些餐饮场所的办法，由领位员发号，按到达的顺序排号。

2. 使等候时间变得令人愉快

设置专门的等候区，并将其布置得宁静、素雅，播放舒缓的轻音乐，并将等候区与游乐区隔开，避免直接的刺激。

3. 景区应有效、自然地利用游客的等待时间

游客在等待时无其他事可做，但会仔细、反复地熟悉周围的环境，会注意每一件细微的事情。因此，管理者要采取一些辅助措施来降低游客在排队过程中的不良感受，如让游客知道需要等候的大致时间或提供娱乐活动转移他们的注意力等。国外许多著名的主题乐园都在排队区设计了许多不同的娱乐项目，如美国迪斯尼乐园入口区有米老鼠和唐老鸭人偶，他们与等候入园的游客拍照，让游客在等候过程中不会觉得无聊。

4. 建立清晰的排队规则

排队规则是在队伍中挑选下一位接受服务的游客。进入景区的游客会领到一个连续的号码，然后等待被叫号。

资料链接

心理认知管理方法的原则和具体措施

在我们设计、实行认知管理方法的时候，应该尽量从顾客的角度来考虑问题，充分了解顾客的心理诉求，这样才能做到有的放矢。

一般而言，我们应该考虑以下几个方面的因素。

第一，公平性原则。确保顾客排队等待的公平性，杜绝在相同条件下个别优先或后来者却先享受服务的现象发生。

第二，重要性原则。如果顾客是老主顾或地位比较特殊，可以考虑开辟专门区域供其使用。如机场提供的贵宾通道，火车站给软卧乘客提供的专门候车地点等。

第三，紧迫性原则。如果顾客有最迫切的需要，可以考虑使其先享受服务。如医院为重病急症患者提供绿色通道，优先提供救治等。

第四，高价优先原则。如果消费者愿意付出高价，则可考虑为他们优先提供服务。

第五，所需服务时间长短原则。如果为顾客提供的服务时间很短，可为所需服务时间较长的顾客开辟专门的服务区域以减少游客的等待时间。如，超市里为一揽子的顾客提供专门的结账付款柜台等。

在考虑以上几个原则后，可以采取一些具体的措施，使顾客对排队等待的时间更有耐心。

第一，景区应积极与顾客进行沟通，并尽可能准确地告知他们需要等待的时间。如果他们认为等待的时间过长，就会选择离开；如果他们决定留下来，则一般会在所告知的时间长度内耐心等待。

第二，为游客建立一个舒适的等待环境。现在很多餐厅都会在室内专门设立一个区域以供顾客等待，并为顾客提供舒适的座位。这样顾客就不需要站立等待，也不会受恶劣天气的影响。在等待的同时，餐厅还为顾客提供免费茶水、报纸、杂志以帮助顾客打发时光。

第三，在顾客等待的时候，为顾客提供相关内容的服务。例如，顾客在餐厅内等待餐桌时，可以先点菜；在医院就医时，可先填写医疗信息表等。这样不仅可以在心理上缩短顾客的等待时间，也可以帮助增强顾客的体验经历。

第四，尽量使顾客等待的时候有事可做，并使等待更为轻松有趣。例如，在候车室，可以提供大的电视显示屏幕，供等待的顾客观看电视节目；在银行，可以提供大的电子显示屏，播放一些新闻和其他信息，分散顾客的注意力，使得顾客对等待的时间更易接受。

第五，不直接参与顾客服务的员工和资源应避免让顾客看到。如果在等待的时候，能够进入顾客视线的每个员工都在忙碌的话，顾客会更耐心一些；相反，如果看到有些资源闲置在一边，顾客会感到不耐烦。

第六，充分利用科学技术，降低队伍的出现率。不用排队等待而直接接受服务对公司和顾客来说都是有利的。例如，电信公司通过数字化的电话服务中心为用户提供缴费、充值、账单查询等服务，以降低顾客到营业大厅进行直接人工服务的概率，从而大大方便用户，也可降低公司的管理成本。

（资料来源：http://www.jinlanmeng.cn）

四、排队管理的法宝

服务需求的波动是一件不可避免的事情，排队是绝对的，不排队是相对的，但服务系统可以通过使用主动和被动的方法来调节需求，降低服务需求周期性变化。

1. 培养工作人员的敬业精神

当服务需求大于服务供给时，工作人员的工作态度、敬业精神就成为游客更为关注的对象，它不但能提高服务效率，更能在安慰游客方面起到重要作用。试想游客在焦急的等待之中，而工作人员还在聊天或做一些与工作无关的事情，当然会引起游客的极大不满。如在一些游乐项目等候处，有些工作人员只在检票时出来检票，其他时间则坐在工作室内，认为队伍变化情况和游客情绪变化情况与自己没有任何关系。

当然，长时间尽职尽责地服务容易使工作人员产生疲劳感，但不能在游客面前有所流露，更不能借此发泄自己的不满与牢骚。作为管理者要尽量安排好工作人员的休息，保证他们在提供服务时有一个良好的精神面貌。

2. 制定排队规则

公正对于每一位排队的游客来说都是非常重要的，景区必须制定出一系列的排队规则，并严格加以执行，以维护排队中的公正性。一般排队等待要遵循以下几个优先。

（1）预订者优先

预订游客已提前确定了服务消费需求，应该对其实行优先服务。

（2）先到者优先

对先到达的游客提供优先服务，杜绝强行插队、熟人插队的不良现象。

（3）团队优先

由于团队的消费规模较大、服务所需时间相对较短，而且团队是由与景区有长远利益关系的中介机构发送的，因此，只要不涉及原则性问题，景区就可以向团队提供排队优先服务。

（4）特殊人群优先

对老人、幼儿、残疾人、军人等社会特殊人群，在排队优先中都应该有不同程度的体现。

3. 加强排队管理

规则制定好后，还必须在日常工作中加强对规则的执行与维护，做好对排队的管理工作。

（1）要有敢于维护正义的精神与勇气

景区工作人员一旦遇到加塞儿现象，不能视若不见，听之任之。工作人员担负的不仅仅是此时此刻维持秩序的责任，更代表着景区在公众面前的形象。对不良现象视而不见，说明景区在游客管理上的低效和无能，说明景区服务质量存在极大的欠缺，给游客的直观感受就是“我没有得到工作人员的重视”，“我被忽视了”。这样的心理体验会影响游客的整个旅游过程。

（2）要有善于维持秩序的经验与技巧

绝大多数游客都是公共秩序的遵守者，他们愿意排队，所以工作人员要善于利用多数人的力量，去打击和杜绝极少数人的加塞儿现象。比如，当有游客挺身而出指责加塞儿现象时，工作人员可以适时出现，以委婉的语气劝解加塞儿者。这时的工作人员不仅代表景区，同时也代表了游客的观点，因此，一般情况下加塞儿者是能接受这样的劝说的。

资料链接

游客心理需求解剖

加塞儿者心态：

——羞耻心理；

——侥幸心理。

指正者心态：

——正义心理；

——渴望得到认同的心理。

4. 设计合理的队列结构

在设计队列结构时要注意以下问题。

1）根据排队游客的人数以及游览、娱乐活动的特殊要求，灵活运用单通道、多通道、混合通道等多种队列通道设计模式。

2）注意队列的流动性和队列方向的变化，给游客以队伍在不断前进的感觉，并用四周的景色舒缓游客等待时的焦急心情。

3）以必要的隔离设施对队列结构进行固定，避免队列秩序的混乱。

有关队列队形设计，请参看前面的叙述。

5. 提供“等待服务”

在游客排队等待时，景区应该提供一些必要的“等待服务”。

1）提供良好的排队环境，以调整游客等待时的心理感觉。良好的排队环境包括舒适的座椅、具有吸引力的可视画面、优美的音乐、丰富的阅读材料、电视录像等，让游客在不知不觉中度过等待时间。

2）等候区的设置。餐饮场所常会专设等候区，放置一些舒适、小巧的沙发、椅子，再附设一个小酒吧，既便于客人聊天，又可提供开胃酒、饮料，增加餐厅的收入。景区有其特殊性，大多数景区的等候区设在室外，因此在设置等候区时应充分发挥室外宽敞、自如的优势，用鲜亮的色彩、抒情的音乐、温馨的环境感染游客；同时还可展示新项目，提供当天的报纸及企业自办的报纸供游客阅读，设置定期更换的企业宣传栏，公布游客来信，张贴优秀员工的照片和事迹，发布促销活动通知等。

3）采用关怀服务。冬天送热饮，夏天送冷饮，为老人搬椅子，为小孩提供手偶玩具，使游客清楚你知道他正在等待，并尽所能安排其顺利游玩。

4）提前开始服务。为等候的游客送上景区的宣传册，介绍正在开办的节目或是正在举行的项目，待游客排到号时可以立即选择自己喜欢的游乐项目或其他服务，缩短等待时间。

5）及时与游客沟通信息，告知真实情况，并鼓励游客去游玩其他景点，避开旅游高峰时段，或者延长票证的使用时间，让游客改天再来。

6）为游客提供等待时的人员服务，组织做一些小游戏，讲一些故事或笑话，猜一些谜语，分散游客的注意力，消除游客的焦虑情绪。

7）及时提醒等候时间，让游客对等待有充分的思想准备。

8）维护排队秩序，避免插队现象的发生。

缩短游客等待的时间、提供快速的服务不仅是企业经营的潮流，同时也是一个企业市场竞争的优势。本节介绍的方法仅仅是排队管理的小技巧，是多数景区很容易做到的或已经做到的。仔细分析游客在景区内的游玩过程，我们会发现：游客等候的时间是从排队等待买票开始，到排队乘坐车辆离开景区而结束，其中等待的时间和内容各不相同，但都是等待。要努力提高景区服务的速度，缩短游客显性和隐性的等待时间。

延伸阅读

阅读1　有效解决排队等待问题

上海世博会参观人数的增加，让中国、沙特、德国、西班牙等热门展馆门前排队长龙更为“壮观”。上海世博会组织方今日召开专题新闻发布会称，自当天起新推《城市名片册》，游客若以此集满城市最佳实践区内的16个图章，就可以在城市广场的问询服务点换领中国国家馆的参观券或沙特阿拉伯馆的参观券。

城市最佳实践区部部长透露，《城市名片册》领取点在城市最佳实践区北面的问询服务点，早晨园区开门就可领取，并且不限当天使用。参观者如果当天集不满16个图章，可改天再次入园收集，兑换参观券仍然有效。

除推出“联动参观”方案分散人流外，园区内多个展馆将采用单馆预约机取代“人肉排队”。据世博局信息化部公布的信息，目前，包括热门场馆与企业馆在内，已经有30家展馆报名参加单馆预约，其中，沙特馆、印度馆、菲律宾馆、泰国馆等已安装好单馆预约机，调试后可在随后一段时间推出单馆预约。

芬兰馆则让参观者通过手机进行预约，从19日起，中国联通、中国移动、中国电信的手机用户，都可以通过手机预约参观芬兰馆。预约成功后，可直接走绿色通道入馆而无须排队。值得提醒的是，一个手机号码一天之内只能预约三次，并且只能预约当天的参观时段，而每查询一次需支付1元的信息资费。

这些方式的实施都有效地缓解了观众排队的压力。

（资料来源：http://2010. qq. com/a/20100518/000355. htm）

阅读2　特殊服务

景区应通过专门的场所，专门的设施、设备和专业的服务人员为老年人、身体虚弱者、残疾人、怀孕妇女、儿童等特殊人群提供有针对性的特殊服务（Special Service）。主要内容为：为各类肢体残疾人和70岁以上老年人提供轮椅和其他无障碍服务；提供盲文手册或指南；为聋哑人提供手语服务；为孕期妇女及其他身体虚弱人员提供休息场所。

1. 走失儿童服务（Lost Children Service）

走失儿童服务的主要内容为：接收14岁以下的走失儿童；接受参观者关于寻找走失儿童等信息；发布走失儿童相关信息，进行走失儿童搜寻。

2. 婴幼儿服务（Baby Care Service）

婴幼儿服务的主要内容有：提供临时休息场所；提供婴儿哺乳、衣物和尿布更换场所，备有更换纸尿裤的小床和暖奶器等设备。

3. 父母/监护人轮换服务（Parent / Guardian Switch Service）

带幼儿的游客可以轮流游玩园内的游乐设施。

4. 轮椅出租服务（Wheelchair Rental Service）

为行动不便的游客提供轮椅。

5. 手语（Sign Language Service）

可以为景区内的现场表演提供实时手语传译服务。

阅读3 “必胜客”让顾客排队是否合理

“大热天的，餐厅内的座位明明没坐满，但还得排队等候，而且规定一定要在原地等待，中途不得离开。”日前，张女士向“时报热线”诉说了不久前在“必胜客”就餐时的这一情景。她是为朋友庆祝生日去“必胜客”A餐厅的，但没想到遭遇了前面这一幕，使用餐心情大打折扣。张女士对“必胜客”这种排队现象颇感疑惑。

针对张女士遇到的这一情况，记者到“必胜客”餐厅调查发现，排队现象确实存在。

周日晚7:00，在“必胜客”B餐厅，有近10位顾客在餐厅边门一侧的过道排队等候，过道里不仅闷热，而且由于没有充足的椅子，大多数顾客都是站着等待，而此时餐厅内却不断有用过餐的顾客走出。当记者走进餐厅，发现有四五张餐桌是空着的，餐厅内并没想象得那么拥挤。

同时，周日中午来到“必胜客”A餐厅发现了一个“有趣”的现象，所有排队候餐的顾客都是顶着太阳在那里等，问及原因，顾客表示，因为服务员说排队后人不能走开，不然，号码过期作废，所以只能排队等着。

为此，记者专门采访了上海“必胜客”公司公共事务部的相关负责人。该负责人表示，“必胜客”餐厅由于受场地所限，每个餐厅的座位只有150个左右，在高峰期的时候确实会存在排队候餐现象，但一般来说公司会尽量采取各种措施为顾客排队提供方便。

问：“既然有空位，为什么不让等候的顾客先进去?”

答：“必胜客为了营造休闲欢乐的用餐氛围，所以要求将餐桌全都收拾好以后，才让等候的顾客进入。这样做是为了保证在里面用餐的消费者有一个比较愉悦的用餐环境。”

问：“在排队过程中，消费者为什么不能中途离开?”

答：“这个应该是可以的，因为我们采用的是叫号等位方式，一般消费者如有事要离开，服务员都会提醒在几分钟之内折回。”该负责人还表示，消费者如果离开，也可把电话留给服务员，到时服务员会电话通知顾客。

该负责人的解释和消费者反映的情况存在一定的差异。“这样做肯定是为制造人气而采用的一种商业营销‘噱头’。”这是大多数消费者对“必胜客”排队现象的普遍看法。

为此，记者采访了某律师事务所的常律师。常律师表示，如果确实证实商家餐厅里有空位，但故意不安排或者有意暂缓安排，给许多消费者造成一种虚假的生意红火的表象，人为地造成排队制造营销“噱头”，这应该说在一定程度上侵犯了消费者的权益。

（资料来源：http://finance.sina.com.cn/roll/20060808/0940845153.shtml）

本章小结

本章重点对景区内容易产生排队现象的地点、产生排队现象的原因、排队过程管理中排队服务的技巧、队列队形的安排进行了介绍，使学生在了解景区排队现象产生原因的同时，进一步学习有关排队过程管理的相关内容，并结合案例对排队服务技巧有较深入的了解。

1）旅游景区中最常见的排队现象出现在旅游旺季时的售票处、景区入口处、景区热点旅游娱乐项目游玩等候处、特色景点摄影处、餐饮场所，甚至在景区内各旅游活动主要场所和旅游集散地的公共厕所门前，都有可能排起长队。

2）排队现象的产生源自服务的生产和消费的同一性导致需求的波动性，服务能力的有限性等原因。

3）游客等待中的心理首先是焦虑，其次是无聊。在此阶段产生的不必要的恼怒，会使游客在游玩时变成一个挑剔、难缠的消费者。

4）排队过程管理中排队服务的技巧，包括培养工作人员的敬业精神、制定排队规则、设计合理的队列结构以及提供“等待服务”。

5）排队服务是在不同的地方根据游客流动规律采取不同的队形和接待方式。合理的队列结构要满足以下三个要求：第一，使人感到等待时间长度短于实际消耗时间长度；第二，队列秩序有条不紊，不给插队者以更多机会；第三，队列结构要能灵活调整。景区队列队形的安排一般分为单人单列、多人单列、多人多列、单人多列和主题或综合队列五种形式。

知识结构

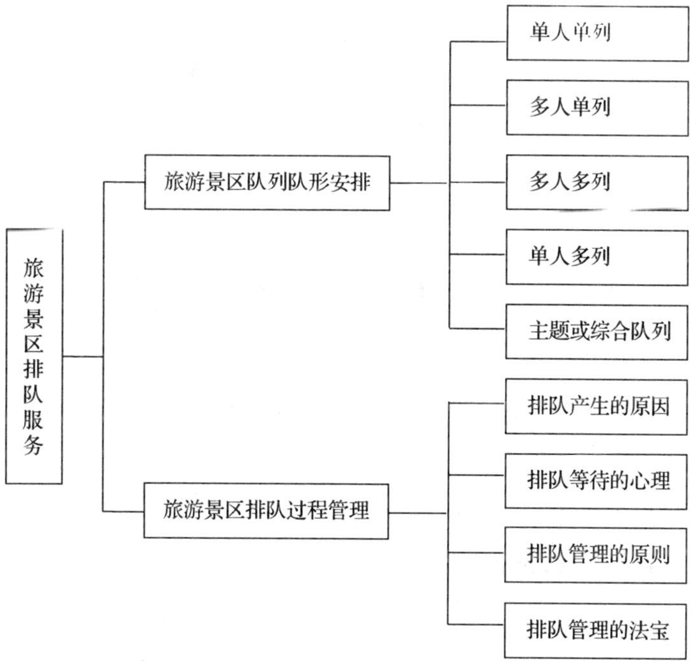

习题与思考

1. 名词解释

旅游景区排队服务

2. 简答题

1）旅游景区排队管理中基本的队列队形有哪些？

2）旅游景区内容易出现排队现象的时间段有哪些？

3）旅游景区内容易出现排队现象的空间点有哪些？

4）旅游景区排队管理的原则有哪些？

5）旅游景区排队管理的法宝有哪些？

6）旅游景区内排队现象产生时游客的心理特征及解决方法有哪些？

案例分析或点评

案例1　原来等待可以变得如此短暂

2007年Z公园迎新春活动中，园内游客爆满，园门外人山人海，可每位等待的游客似乎并不着急，仿佛安排好了自己的时间与行程一样，泰然自若。游客王先生最初也不理解，在门外转了一圈后，他就明白了为什么游客都不着急。当他在园门外等待时，有位工作人员按队列逐个对游客进行登记。他先请王先生出示门票，然后给了他一张“宾客入场证”，并说：“对不起，因为现在是园内的高峰期，为了减少您的等候时间，我们为您准备了这张入场证，请您按上面所建议的时间返回。”王先生拿起手上的入场证，见上面印有建议宾客返回的时间，大约是一个小时后。他放心地离开，准备先到别的地方去转一转。

王先生在周围的商街转了一会儿后，发现一个小时就快到了。他回到园门口，见队伍仍旧排得很长。正犹豫中，听见园区的广播站播放着及时信息：“各位游客，请持有‘宾客入场证’的游客按照入场证上的提示时间，优先进入园区。”王先生忙走上前向工作人员出示了入场证，工作人员认真核对后，礼貌地请他进入。

原来，这是该公园第一次把预订排队进门的“Fast Pass”系统应用在进园门票上。同时，已经有几项备受欢迎的游乐设施也采用这一方式。游客可以在需要等待时领取“宾客入场证”，以减少等待时间；当园内人流情况许可时，持有“宾客入场证”的游客可以享受优先入场。王先生第一次感受到这样便捷高效的等待服务，对此赞不绝口：“原来等待可以变得如此短暂！”

分析：

排队等待既然不可避免，就要研究排队管理的方法。首先，应该培养工作人员的敬业精神。当服务需求大于服务供给时，工作人员的态度、敬业精神就成为游客更为关注的对象。它不但能提高服务效率，还能在安慰游客方面起到重要作用。

案例2　特殊群体的排队等待服务

黄金周，某著名风景区内某景点出口处，游客们游览结束后，正在排队等待走出景点。在这样忙碌的黄金周中，不光入口排起长队，连各景点出口也排起了长队。

这时，队伍中出现一位坐着轮椅的老人，由其女儿P女士推着轮椅车缓慢走过来。他们在进入该景点时，是通过残疾人通道进入的，非常顺利，父女俩很满意，也对出口充满信心，以为不会碰到什么问题。

可是，在从长队的缝隙中走上来时，P女士发现，这里没有任何绿色通道的标志，两条通道都是为常规游客准备的。她疑惑地问出口处服务员："请问我们从哪里出去?"

工作人员在留意到该游客是一位坐轮椅的老人后委婉地对他们说："这里你们肯定是不能出去了，还是再回去从入口出去吧。"

P女士很诧异，表示这是不合适的，并且质疑景点在残疾人通道方面给予的关注太少了。但发现除此以外也没别的办法了，便只好和父亲按原路返回了。

分析：

本案例讨论的是景区排队服务中特殊群体的等待服务问题。案例中的现象不该出现在任何服务场所。导致这种现象发生的原因是多方面的，景区在规划设计时，应充分考虑到特殊群体的需要。景区通道一般都分为正常通道和绿色通道，但规模较小的景区和传统的老景区可能缺少让残疾人通行的特殊通道。以往景区都采用人工检票制，入口和出口比较宽敞，轮椅能顺利通过，但这些年，传统景区检票口都经过了改造，电子检票系统被广泛采用。入口和出口通道都仅限一人通过，这样，轮椅就不能从正常通道通行了。如果景区在改造检票系统时没有充分考虑到特殊群体的需要，就容易导致此案例中出现的问题。

实训题

选择当地一处知名景区或景点，请学生从景区管理工作人员的角度，观察景区在何时何地容易出现排队现象，并提出在景区排队管理上的建议。

第四章
旅游景区咨询与投诉受理服务

教学目的和要求

本章通过介绍旅游景区的电话咨询服务、Face to Face 咨询服务和投诉受理服务，让旅游管理专业的学生和旅游景区的工作人员掌握咨询服务的程序和禁忌以及如何处理好游客的投诉。

关键词汇

景区咨询（Consultation Area）　　投诉受理（Complaints Disposal）

电话咨询（Telephone Consulting）　　Face to Face 咨询（Face to Face Consulting）

第一节　电话咨询服务

作为现代社会中快捷、高效的通信工具，电话已经成为人们在日常交往中交流思想、洽谈业务、沟通信息的重要渠道，也是人们交往过程中使用最频繁的沟通方式。游客在游玩某景区之前，电话咨询是必不可少的，景区电话服务的好坏会影响到景区的整体形象。因此，负责接待游客电话咨询和投诉的景区工作人员应重视电话使用艺术。

一、电话的四要素

1. 问候要素

不管任何时候，景区工作人员在接听咨询电话时，第一句话都要说："您好，这里是××景区为您服务。"面带微笑、语音柔和、吐字清晰，保证让对方能听清名字。夜间值班电话、转接的电话和内线电话同样要做到这一点。

2. 语言要素

接听电话时，电话语言要准确、简洁、得体，音调适中，说话的态度自然，声音甜美，尤其要注意使用礼貌用语。如在姓名之前加上合适的称谓（如"先生"或"女士"）或职称的称谓（如"老师"、"校长"或"经理"等）；还要注意使用"您好"、"请"、"谢谢"、"再见"等，让人听起来感觉舒服。

3. 姿态要素

姿态要素包括接听电话时的姿势和态度。首先，在接听电话过程中绝对不能有吃零食、喝茶、吸烟等行为，即使是懒散的姿势对方也能够“听”得出来。如果景区工作人员接听电话的时候趴在桌子上，游客听到的声音就是懒散的、无精打采的；若坐姿端正，所发出的声音也会亲切悦耳，充满活力。因此接听电话时，即使对方看不见，也要当作对方就在眼前，尽可能注意自己的姿势。

同时要注意自己的服务态度，首先语气要热诚、亲切，语音清晰，语速适中，还要学会微笑，这就要保持自己的良好心情和愉悦的表情。人们常说“闻其声，如见其人”，可见心情和表情可以通过声音来传递。因此要抱着“对方看着我”的心态去应对电话咨询。

4. 内容要素

在回答电话咨询时要理清思路，拟好要点和顺序，切忌含混不清，语无伦次，否则既耽误时间、影响工作，还会破坏形象。

来电咨询的人多半会问这样的问题：“××景区什么时间开门（关门）?”“景区门票是多少？有什么优惠?”等。当不能确定咨询的问题时，适时对来电者的问题予以复述，复述问题要耐心。复述问题的基本用语为“您的问题是……”

景区工作人员接听咨询服务电话时，要尽量将问题解决，解决不了时需要向来电者说明过一会儿会打电话过去，并告知问题的解决结果。其基本用语为“对不起，过××分钟（必须是明确的时间）之后给您回电话，好吗?”

二、电话咨询服务流程

1. 接电话流程

（1）尽快接听电话

电话铃响后，应该放下手中的工作，准备接电话，电话铃响两声之后立即接听。不要铃响的第一声就接听，因为对方可能还没有做好准备；也不要故意拖延；若铃响超过三声后再接，就应先向对方致歉：“对不起，让您久等了。”

（2）拿起电话先问候

接听电话后，第一句话应该是先向对方问好，然后自报单位名称及所属部门：“您好！这里是××景区，请问需要什么帮助吗?”“您好！这里是××景区，很高兴为您服务。”而不是拿起电话就直接问：“找谁?”

（3）接听电话过程

电话接听的过程中，应当注意力集中，耐心倾听对方的讲话，并及时作出反馈，比如可以偶尔插上“嗯”、“好的”等肯定的话语。

（4）处理咨询服务电话

作为景区的咨询服务电话，电话旁边应该备好记录用的办公用品，如景区电话咨询服务记录表（见表4－1）和笔，确保在工作区域内能够随时记录咨询内容和需要转达、通知的内容。如果在服务过程中遇到需要查询的情况，切忌让对方拿着听筒久等，需要较长时间时，应不时用电话和对方说“请您稍等片刻”或“请挂了电话，我过会儿再打给您”。另外，在通话过程中应当边听、边问、边记录。

表 4－1　景区电话咨询服务记录表

日期____________	时间____________（am/pm）
咨询者姓名__________	咨询者职业__________
咨询者居住地____________________	
咨询内容______________________________	
解决情况______________________________	
是否需要回复______________________________	
回复电话______________________________	
	填表人__________

(5) 转接电话

当接电话的工作人员不是来电者要找的人时，若要找的人在附近，请对方稍等片刻后，把话筒轻轻放下，走到受话人身边通知对方。不要话筒尚未放下，就大声喊"×××，你的电话"。这样是很不礼貌的，应当礼貌地对来电的人说"请您稍等"。

如果受话者不在，不能把电话一挂了之，应耐心地询问对方是否需要回电或转告，若需要则记录下来，以便转告。电话留言簿的设计可参照表 4－2。

表 4－2　电话留言簿

致____________	
日期____________	时间____________（am/pm）
你不在时，	
来自____________	来过电话____________
的电话____________	来看过你____________
	回过你的电话__________
留言____________	
____________	请打电话____________
____________	想来看你____________
____________	会再来电____________
	填表人__________

(6) 处理打错的电话

当接到打错的电话时，工作人员不能对其呵斥或很不礼貌地将电话挂掉。应当有礼貌地回答："对不起，您打错了，这里是××景区。"这样既给对方留下了好的印象，还为景区进行了宣传。

（7）通话结束

通话即将结束时，工作人员向对方说“很高兴为您服务”或“祝您玩得愉快”等祝福语后，等对方先挂电话后再轻轻放下话筒，切忌“啪”地扔下电话。

2. 打电话流程

景区工作人员接到咨询电话时，如果不能当即回答，应当问清楚以后，在第一时间回复给咨询者，此时也应按相应的规范操作。具体如下。

（1）确认电话号码

拨打电话前，再核对一下电话号码，确认无误后再拨打。

（2）电话接通

电话接通以后，先问候对方，再确认是否为受话者。“您好！是武汉的周小姐吗？”如果是受话者，则先做自我介绍。自我介绍的内容包括单位的全称或规范的简称和打电话者的姓名。自我介绍完毕后转入正题。“您好！周小姐。我是××景区的×××，针对您刚才提的问题，我经过进一步咨询以后……”如果不是受话者，应感谢对方，并请其让受话者来接听电话。

（3）注意通话时间的长度

通话的时间宜短不宜长，电话礼仪中有一个规则，叫做“电话三分钟原则”，主要是指在工作当中，要注意把握好打电话的时间，工作时间大家都比较忙，打电话时把交代的事情讲明白、说清楚就好。

（4）愉快地结束通话

问题解决以后，在挂断电话前，要感谢对方对本景区的关心，希望对方能对景区多提宝贵意见，然后说再见，等到对方挂断电话后再轻轻放下话筒。

（5）受话人不在

如果打电话要找的人不在，留言请对方转达：某景区的×××已经来过电话，然后问询对方回来的时间再打过来，致谢以后挂断电话。这样既可以体现景区对来电咨询者的重视程度，又可以体现景区的服务态度。

（6）拨错电话

如果拨错电话，也不要急于挂断，应先向对方道歉后，再轻轻挂断电话。

3. 电话使用艺术

接听电话、回答电话咨询时，要热情、亲切、耐心、礼貌。电话是现代生活的必备品和非常重要的通信工具。咨询服务人员经常通过电话与游客交流，如果没有很好地掌握电话使用艺术，很有可能会影响其工作效率和景区在游客心目中的形象。电话使用艺术主要包括以下几点。

（1）直截了当地报上名字或所在部门的名称

无论是接听电话还是打电话，尽快亮明自己的身份是良好礼仪的表现。注意不能称呼自己为女士、先生或加上头衔，这样会让人听起来有妄自尊大的感觉。

（2）让你的谈话得体又有效

说话时语气要柔和。如果没听清楚对方的名字，不要张口就问“你是谁”，应该有礼貌地问：“对不起，我没听清您的名字。您能再重复一遍吗？”还应使谈话围绕对方提出的问题或其关心的事情。如果不能提供直接帮助，也不要只是把问题推回去，而应该表现出愿意为他服务的态度。

(3) 说话要清新而真诚

表达和吐字要清楚，句与句之间要有短暂的停顿。即使一天要说上百次这样的话，也不要说话懒洋洋的或用机械的、不友好的态度重复问候语。记住，即使有些话已经说了许多次，但对方还是第一次听到，所以说话要给人以清新而真诚的感觉。

(4) 说话自然而愉快

带着笑容的通话效果最佳，要语气友好，应答自然。这样，即使没有专业播音员的嗓音，景区工作人员仍可以用声音引起听者的兴趣。

(5) 不要出现“冷场”

景区工作人员应始终用语言表示自己已经听到了对方的话，不要对对方发表的意见没有反应。如果要找资料或看材料，务必告诉对方自己在做什么，可能需要他稍等，以让对方有心理准备。如果要等较长时间，可以建议对方先挂断电话，过会儿再打过去。总之，千万不要把对方晾在一边。

三、电话咨询服务的难点

1. 同事未及时给对方回电话

当接到打给同事的电话，对方要求同事回电话，但是由于种种原因，同事没有及时回电话，对方又来电催促时，再次接到电话应该实事求是、态度诚恳地答复对方。如：“十分抱歉，由于一些原因，他没能按原定的时间赶回来，等他回来以后，我让他马上给您回电话好吗?”或“十分抱歉，我已经将您的留言转交给他，但他回来以后，被领导叫去谈话，现在还没回来，等他回来，我再提醒他一下行吗?”如果是同事忘记回电了，可以婉转地讲些理由，以免对方不愉快和同事难堪，可以说：“十分抱歉，他刚刚回来，正要给您回电话呢。”更好的办法是直接将同事的手机号码告知对方。

2. 对方未及时打电话

如果打电话给对方，对方不方便接听，说再回复过来，可是等了好久，没有回电，此时可以打电话过去，再询问一下，是否还是不方便，如果仍不方便，可以约定一个时间再打。更好的办法是给对方手机留言。

3. 没时间接对方电话

在工作中，可能会有客人来访或者忙于其他紧急的事情而不能接听电话，如果是熟人来电则可以巧妙地告诉对方，自己现在不方便接听电话，等会儿再打过去。如：“小张，你好，昨天我还惦记着你呢，正想今天给你打电话，没想到你先打过来了，可是我现在正有位重要的客人来访，等下我再给你打过去好吗?”这样既提醒来电者现在不便于谈话，同时又可以让客人感觉到自己被重视。如果有客人来电咨询而自己分不开身，可以让周边的同事代接一下。可以告诉来电者：“针对您的问题，我想请一位更有经验的工作人员来回答您好吗?”尽量不要让电话响个不停，而不去接听，也不要把话筒拿起，让对方打不进来，这会让咨询者对该景区或该岗位产生不好的印象。

4. 对方发脾气

在服务的过程中，总会遇到有些来电者对一些服务不满意甚至发脾气，这个时候工作人员要学会适当地安抚来电者，首先要静心地聆听对方的倾诉，在他们倾诉的同时，要说些表示同情的话语，让他们知道你还在听，比如说“我理解您的心情”，“对，是这样的”。同时分析导致其生气或失望的缘由，并提出解决方法。在听明白来电者的抱怨以后，争取和对方一起寻找解决问题的合理方法，若有可行的建议，就马上解决问题。

5. 对方心猿意马或离题

在打电话时，会遇到对方注意力不集中或者离题的情况。如果感觉对方的注意力不太集中，就可以说：“张女士，刚才我说得不是很清楚，我再重复一遍吧。”或者提醒一下对方：“您现在是不是很忙，如果不方便，我先挂掉等会儿再打好吗?”同样在谈话过程中，对方可能会离题，这个时候要学会使用过渡技巧将话题拉回来，如：“是吗? 那刚才我们谈的那个问题，您怎么看?”

6. 如何挂掉对方电话

在电话服务过程中，可能会遇到来电者喋喋不休，毫无挂断电话的意思，为了不影响个人和单位的形象，工作人员可以采用以下三种方法委婉地挂掉对方的电话。

1）金蝉脱壳法。如果已经给了对方一个明确的答复，可以见机说：“很高兴今天能为您服务，对不起，领导正在叫我，我们能否以后再聊?”或者“感谢您的来电，另一部电话正在响，我们以后再聊好吗? 祝您玩得愉快!”

2）总结法。如果打电话的人得到相应的服务后，还想继续聊，可以说：“王女士，我们来总结一下，刚才为您服务的内容，还有什么要补充的吗?”

3）幽默法。如果对方是熟人，为了不影响正常的工作，事情讲完后，工作人员可以这样说：“好了，老朋友，你的三分钟已过，挂断电话吧！否则，你就会多付电话费了。”

第二节 Face to Face 咨询服务

向游客提供咨询服务是景区每一个员工应尽的职责，但其主要是由游客中心（Visitor Center）来完成。游客中心向游客提供接待导览、咨询、失物招领、投诉受理、免费寄存物品、婴儿车出租、医疗救护、电子触摸查询系统、放映厅、展览厅、咖啡厅、旅游纪念品展示和销售等多种服务，“竭尽所能方便游客”是景区设立咨询服务的宗旨。比如在景区的日常工作中，经常会有游客来问卫生间在哪里、餐厅怎么走等，有的服务员就用手指一下，而不管游客能否找到，这只能说是做到了让游客不投诉。如果服务员能够把游客送到他要去的地方，游客就不仅是满意而是惊喜了，因为这超出了他寻求帮助的期望。当然，这样做的前提是处理好与其他工作的关系。

一个优秀的景区都会设有专门的旅游咨询服务中心为游客提供咨询服务。这个服务中心一般设置在景区入口处的接待服务中心内部，但游客在景区内游玩时也会碰到各种各样的问题，这样同样需要咨询服务，如景区内一个旅游项目的方位、开放时间等。因此，景区内除了要有专门的景区咨询服务人员外，同样还要有兼职的咨询服务人员，即其余所有的员工，也就是说，景区的每位员工都有可能会成为游客咨询的对象，因为在景区内部，游客最信任的人就是身着制服的工作人员。

一、Face to Face 咨询服务工作要求

1. 统一着装

一个规范的景区从入门的闸口到景区内部的每一个景点、营销点及卫生间，所有的员工都应该着统一的制服、化妆得体，这既是景区的形象，也便于景区的管理。

2. 学会微笑

正如格言所说："没有面带微笑，就不能说有完整的工作着装。"或者如同玩世不恭者所说："微笑使人们很想知道你想着什么。"用微笑告诉游客，他们来对了地方，并处在友好的环境里。因此，所有的工作人员在面对游客的时候，始终牢记要保持微笑。

3. 保持良好的礼仪形象

工作人员应该保持良好的礼仪形象，因为一个人的外在形象是人的思想感情和文化修养的外在表现，同时也反映了他对工作的态度。因此，工作人员保持良好形象的第一步就是穿着得体。其次，除了微笑以外，一定要有正确的坐姿，应以坐满座位的1/3～2/3为宜，上身要挺直；站着为游客服务时，站姿要典雅，身体正对着客人，腰身挺直，双腿不可抖动，最好与游客保持1.5～3米的距离；在服务时要配上适当的手势指引。

4. 工作态度认真

要本着"顾客就是上帝"的原则，认真地对待每一位游客，准确、仔细地回答每一位游客提出的问题。工作时不要与其他工作人员闲聊或大声说话，私人电话不应通话时间太长。

5. 应用语言技巧

无论是电话咨询服务、当面咨询服务还是投诉处理服务，都需要与游客进行沟通和交流，这一过程中语言得体、应对大方可以给游客留下良好的印象，也可以缓解矛盾冲突，提高服务质量，因此，合理地应用语言艺术是沟通和交流成功的重要保障。其中，最重要的是广泛使用礼貌用语，如"请"、"谢谢"、"您"、"对不起"等敬语，"您过奖了，这是我应该做的"等谦语以及礼貌用语的使用。

6. 熟记景区内外情况

游客的问题肯定是五花八门的，从公共卫生间在哪里到该景区附近还有哪些好玩的景点、好吃的小吃等均可能成为游客咨询的问题。因此，景区内部应当定期对工作人员进行培训，让其了解该景区的现状和景区周围的情况，以便对所有的咨询都能流利回答。

7. 做好工作日志

景区工作人员应对游客提出的问题认真记录，写好工作日志，并且阅读工作日志，了解前一天的游客询问的主要内容。游客提出的问题可能是由于景区内部规划或管理不完善、做得不到位而引发的，因此，可以根据工作人员的记录了解景区内现有资源的不足，以便起到更好地优化景区的作用。

资料链接

"三米原则"

位居全球五百强之首的超级零售巨头沃尔玛公司有一个著名的"三米原则"，即沃尔玛公司要求员工无论何时，只要顾客出现在三米距离范围内，员工必须微笑着看着顾客的眼睛，主动打招呼，鼓励他们向你咨询和求助。同时，对顾客的微笑还有量化的标准，即对顾客露出你的"八颗牙齿"。沃尔玛这些"超过期望"的服务不仅赢得了顾客的热情称赞和滚滚财源，而且为企业赢得了价值无限的"口碑"，为企业长远发展奠定了坚实的基础。游客有下面这些期望。

1）他们期望所面对的人具有专业知识，并受过专门的训练。

2）他们期望立即受到注意。当你有客人来家中时，相信必然会在大门口迎接，让他有被欢迎的感觉。同样的道理，不要忽视了你的顾客。

3）他们期望你能正眼看着他们。正眼看着对方表示尊重对方，同时也表示看重对方。

4）他们期待的不只是口头上的保证，同时还要有实际的行动。

5）他们期望你能始终保持好脾气，即使是他们讲话很冲或不客气时，仍希望你能和颜悦色，保持最大的耐心。

6）他们期望能有出乎意外的惊喜。在派对时，客人们喜欢会场中所布置的气球、装饰、卡片以及可以带回家的礼物。同样的道理，游客喜欢在游览景点时正好赶上了欢乐花车大巡游，住宿的旅馆枕头上摆着巧克力或者玫瑰花，房门下有报纸，用餐时在餐桌的花瓶中插着玫瑰花……

（资料来源：Paul R. Timm，《对客服务艺术》，北京，旅游教育出版社，2002）

二、Face to Face 咨询服务工作程序

1. 主动问候

在岗的工作人员当遇到满脸疑问、迷茫或正准备走向自己的游客时，应该主动迎上前去问询，"您好，请问有什么需要我帮助吗?""您好，我可以为您做些什么?"这样会给处在困难中的游客以温暖的感觉，并留下亲切、热情的好印象。

2. 专心倾听

对于游客提出的问题，应该认真倾听，对于游客提出的问题，工作人员应该以"嗯"等形式给出反应，让游客知道自己听明白了他刚刚说的话；其次，要有优雅的姿态，要始终保持典雅的站姿、正确的坐姿和优美的步态及适当的手势。

3. 有问必答

对于游客的问询，要做到有问必答。若一时答不上来，应该向旁边的工作人员求助或通过电话等形式来解决游客提出的问题；若离开现场去别的地方问询，问清楚后应马上回来，不能一去不复返。

4. 礼貌道别

对待游客的咨询，应当直到其满意为止。当游客准备离开时，应主动向游客道别，并

祝其玩得愉快，可以说："再见，祝您玩得愉快！"

三、Face to Face 咨询服务的难点

1. 多人问询

如果多人同时问询，应先问先答。当回答前面游客的问题时，可以对后面问询的游客点头致意，并说"请稍候"；当遇到游客非常着急，插队到前面来问询的情况时，可先征得先到游客的同意，如果先到游客不同意，而插队游客又非常着急，则可再与先到游客进行协商，可以说："出门在外不容易，大家需要互相照顾，看来这位同志的确很着急，您看?"

2. 了解最新的景区动态信息

景区内的工作人员除了详细掌握本景区内所有的景点布置、游览线路以及景区内的基础设施外，还应该对当天或者定期在景区内开展活动的内容、时间和参加办法等有一定了解，并及时向游客提供游览景点的路线、购物和休息等有关信息，为游客在本景区旅游当好参谋。

3. 回答对本地及周边区域景区情况的询问

游客在本景区游览尽兴的同时，可能意犹未尽，还想到附近其他的地方进行游玩。此时工作人员应该尽量多地掌握景区周围的景点、住宿、购物及通往各大旅游城市的交通路线等情况，为需要的游客提供相应的信息。如有可能，可以备好本地及周围地区的旅游交通图。但是随着景区，尤其是同类型的景区之间的竞争越来越激烈，当其中一个景区的工作人员被咨询到周边竞争对手的情况时，往往就有点不大情愿介绍，或者有意无意地贬低对方。其实这样做很可能会适得其反，因为游客可以通过其他途径获取正确的信息，从而对采取这种做法的景区产生不好的印象。从竞争上来讲，这样的做法也是下策。我们现在所处的时代是一个合作竞争的时代，如果景区之间工作人员能够相互宣传、互设宣传资料，则会做大市场，产生集聚效应，最后获得的将是双赢。

4. 对方固执己见

在景区工作人员的服务过程中，经常会遇到一些固执己见的游客，认为自己是对的、合理的，其他人就得按照他的想法来解决问题。面对这样的游客时，工作人员应该尽量地说服，如果游客提出的要求不违反岗位原则和部门规定，应尽量满足，但如果是在部门规定之外的，那就应该坚持原则，不应退让。其实多数游客是通情达理的，只是需要得到景区的理解和工作人员的认真开导与解释，如果是违反规定的，他们一定会理解并接受。

四、Face to Face 咨询服务的禁忌

在接受游客咨询时，工作人员应避免出现如下的情况。

（1）三心二意

接受游客问询时，应双目平视对方，全神贯注，集中精力，以示尊重与诚意，专心倾听；不可三心二意，不可以有左顾右盼、手指绕来绕去的动作。

（2）说话含糊不清

答复游客的问询要做到有问必答，用词得当，简洁明了，不能说"也许"、"大概"

之类没有把握、含糊不清的话。自己能回答的要随问随答，决不推诿，对不清楚的事情，不要不懂装懂，随意回答，更不能轻率地说“我不知道”。经过努力确实无法回答的，要向游客表示歉意，说：“对不起，这个问题我现在无法回答，让我了解清楚后再告诉您。”

（3）回答问题时怠慢游客

如果多人问询，应先问先答，急问急答，注意客人的情绪，避免怠慢，使问询不同事情的游客都能得到适当的接待和满意的答复。

（4）言谈偏激

在接待游客时应谈吐得体，不得随意探询游客的隐私，言谈不可偏激，避免有夸张论调。

（5）遇急事奔跑

遇急事不要奔跑，以免造成游客紧张。

（6）和某位游客谈话太久

不要和某位游客谈话太久而忽略了其他需要服务的游客。

（7）以貌取人

对游客不能以貌取人，应一视同仁、热情接待。

第三节　投诉受理服务

案例导入

别害怕被投诉

一个旅游景区经过重新规划和建设，在景区内的小溪上新建了一座竹制的小桥，小桥古朴而别致，成为了一道亮丽的风景线，吸引了众多的游客驻足拍照留念。一天，一位游客来到景区的投诉处理中心投诉，投诉原因是他在刚建的这座小桥上经过时，被一颗突在外面的竹楔子绊倒了，人摔在地上不说，牛仔裤被磕破了，手掌也被划破了，游客要求景区对此负责。到场的工作人员看到此情况后，立即向这位游客道歉，并带他到景区的医疗服务中心去检查，同时，派专人去竹桥检查。经检查，游客只是有些皮外伤，其他并无大碍，但竹桥那边传来的检查报告却显示：由于小桥上经过的游客过多，超出其承载量后，竹桥会随时松动甚至断裂，从而产生更加严重的后果。

所幸有惊无险，景区的管理人员听了这一汇报后当即决定：赔偿游客的损失，并对其投诉进行物质奖励——一个丰厚的红包；同时吩咐工作人员对小桥封闭改建，改建以后对游客上桥的人数加以控制。从此，该景区积极认真地对待游客的每一个投诉，因为他们知道游客会帮助管理人员发现一些他们无法发现的问题，并可以及时解决，避免事态进一步恶化。

请思考：

1）你如何看待景区投诉？

2）如何处理景区投诉事件？

一、正确对待游客的投诉

1. 投诉是游客对景区信赖的象征

李维特在《哈佛商业评论》中曾说："与游客之间的关系开始走下坡路的一个信号，就是游客不抱怨了。"中国有句古话："良药苦口利于病，忠言逆耳利于行。"游客的抱怨或投诉就是忠言的一种。如果有游客抱怨或投诉，说明该景区还是值得游客信赖的。因为游客对其产品和服务有着很高的期待，因此，他们有权提出最强烈的抱怨。

游客在游玩、接受服务的过程中可能会产生这样或那样的不满和抱怨，正是这些不满和抱怨成为景区发展过程中的助力。因为它们能让景区认识到现存的不足，然后找出解决问题的办法，从而促进景区的优化。一些游客有了不满或意见，不是找景区投诉，而是向周围的朋友倾诉，或者在景区内没找到合适的投诉环境而到当地的消费者协会、旅游局等监管部门去投诉或反映，这样会对景区造成负面的影响，甚至对景区今后的市场发展不利。据美国华盛顿特区的技术援助研究项目的统计数据显示，每一个不满意的游客将把他的不满告诉至少 15 个人，这是人类的天性。

因此在正视游客投诉的同时，应积极为游客投诉提供机会和环境，如在景区内的不同地点设置专门受理投诉的服务台、投诉电话、意见箱或意见簿等。但是最好的方法是当面投诉当面处理，让游客充分感到受到了重视，同时意见和不满也不会外泄，使其乘兴而来，满意而归。

2. 将游客投诉视为建立忠诚的契机

有研究发现，如果对抱怨的游客给予一定重视，对他提出的问题也尽量圆满解决，其忠诚度会比从来没有抱怨和提出问题的游客高。景区解决问题的热忱会让游客更加信赖该景区，为未来的业务奠定基础。以下是麦肯锡公司所做的统计数字。

1）有了大问题但没有提出抱怨的顾客，有再来惠顾意愿的占 9%。

2）会提出抱怨，不管结果如何的顾客，愿意再度惠顾的占 19%。

3）提出抱怨并获圆满解决的顾客，有再度惠顾意愿的则占 54%。

4）提出抱怨并迅速获得圆满解决的顾客，愿意再度惠顾的占 82%。

注意：与不提出抱怨的顾客相比，会提出抱怨的顾客的购买意愿高了 1 倍（19%:9%）；与不善于处理不满的公司相比，游客重复购买能迅速处理不满的公司的产品的意愿也大为提高（82%:54%）。

因此，景区每一位员工都应该树立这样的理念——游客的投诉是景区发展的机遇，因为它为景区指出了改进的方向。

二、游客投诉的原因

游客投诉的原因比较复杂，投诉的内容也千奇百怪，大致可以分为以下几种类型。

1. 对景区工作人员服务产生的投诉

这一类投诉是由于景区工作人员素质不高、服务水准低下、服务观念存在问题产生的，这类投诉占景区投诉的绝大部分。

（1）服务态度极差

1）不回答游客的询问或回答时不耐烦、敷衍了事、出言不逊。

2）服务动作粗鲁，反应迟钝。

3）对游客的意见不理不睬。

4）服务语言使用不当。

（2）服务技能欠缺

1）工作程序混乱，效率低下，上班时间锁门办私事。

2）账单金额错误，账单记错。

3）上菜、上酒与所点菜单不一样，对菜单不熟悉。

4）不注重个人卫生，手放入杯中或盘中，点完钞票的手又去拿食品。

5）寄放物品遗失或调错。

6）不征求游客的意见，强迫游客坐不愿意坐的位子，住不愿意住的房间，乘不愿意乘的车。

7）漏点或错点游客人数。

2. 对景区服务产品产生的投诉

1）对景区产品价格投诉，如景区门票太高，重复购买门票，商品或服务项目收费过高，没有达到物有所值，随意宰客。

2）饭菜质量太差，口味、卫生不能令游客满意。

3）游客所要物品和样品不一致。

4）最佳观景点被私人承包，拍照得付额外的费用。

5）寄存物品、租车、乘船等不方便，结账方式落后。

3. 对景区硬件及环境产生的投诉

1）没有或缺乏卫生设施，或卫生设施条件太差，如卫生间没有水冲洗等。

2）住宿条件简陋，桌面、椅子、毛巾、地毯、窗帘、碗筷破损，不干净，还美其名曰“体验生活”或“农家饭”等。

3）没有与景区相配套的娱乐项目，如歌舞表演、儿童娱乐设施或其他活动项目，使景区显得没有活力。

4）发生安全事故、意外事件不能及时得到处理，治安状况差，缺乏安全感。

5）游览气氛太差，小摊小贩穿梭其间，向游客强迫兜售。

6）交通混乱，车辆无固定停车位。

在分析游客投诉的原因后，需要运用正确的原则、适当的方法和技巧，巧妙地解决游客的投诉。

三、游客投诉的心理

1. 游客投诉心理分析

虽然引起游客投诉的原因多种多样，但游客进行投诉的心理主要表现在以下三个方面。了解游客的投诉心理有助于景区工作人员正确处理游客投诉。

（1）求尊重的心理

游客求尊重的心理每时每刻都存在。当游客受到怠慢时就可能投诉，投诉的目的就是找回尊严。在投诉之后，游客希望别人认为他（她）的投诉是对的，是有道理的；他们希望得到同情、尊重，希望有关人员、有关部门高度重视他们的意见，向他们表示歉意，并立即采取相应的处理措施。

（2）求平衡的心理

游客在遇到令他们感到烦恼的事之后，会感到心理不平衡，觉得窝火，认为自己受到了不公正的待遇。因此，他们可能就会找到景区有关部门，通过投诉的方式把心里的怨气发泄出来，以求得心理上的平衡。人在遭到心理挫折后，有三种主要的心理补救措施：心理补偿、寻求合理解释而得到安慰、宣泄不愉快的心情。俗话说："水不平则流，人不平则语。"说的就是这个道理，这是正常人寻求心理平衡、保持心理健康的正常方式。

游客之所以投诉，还源于游客对人的主体性和社会角色的认知。游客花钱是为了寻求愉快和美好的经历，如果他（她）得到的是不平等、烦恼，这种强烈的反差会促使他（她）选择投诉来找回他（她）作为游客的享乐权利。

（3）求补偿的心理

在景区服务过程中，如果由于工作人员的职务行为或景区未能履行合同、兑现承诺，给游客造成物质上的损失或精神上的伤害，他们就可能通过投诉的方式来要求有关部门给予他们物质上的补偿，这也是一种正常的、普遍的心理现象。由于职务性行为所带来的某些精神伤害，在法律上，游客是有权利要求物质补偿的。

2. 把握心理服务的要领

（1）尊重游客

尊重他人是人际关系中的一项基本原则。不管游客是外国人还是中国人，也不管游客的肤色、宗教、信仰、消费水平如何，景区的工作人员都应一视同仁地尊重他们。

尊重游客，就是要尊重游客的人格和愿望。游客对于能否在旅游目的地受到尊重非常敏感。他们希望在同旅游目的地的人们交往中，人格得到尊重，意见和建议得到认可；希望在精神上能得到在自己的国家或地区所得不到的满足；希望要求得到重视，生活得到关心和帮助。游客希望得到尊重是正常的、合理的，也是起码的要求。景区的工作人员必须明白，只要当游客生活在热情友好的气氛中，自我尊重的需求得到满足时，为他提供的各种服务才有可能发挥作用。

"扬他人之长，隐其之短"是尊重人的一种重要做法。在游览过程中，景区的工作人员要妥善安排，让游客参与到各项活动中，使其获得自我成就感，增强自豪感，从而在心理上获得最大的满足。

（2）微笑服务

微笑是自信的象征，是友谊的表示，是和睦相处、愉快合作的前提；微笑还是一种无声的语言，有强化有声语言、沟通情感的功能，有助于增强交际效果。

工作人员若想向游客提供成功的心理服务，就得学会提供微笑服务，要笑口常开，"笑迎天下客"。只有养成逢人就亲切微笑的好习惯，才会使游客备感亲切，提供的服务才会使游客满意。

资料链接

游客是“客”

当你邀请客人到家中聚会时，必会竭尽全力招待，准备好各种好吃的、好听的、好看的、好玩的和有意义的活动让他们在聚会中享受，同时以最好客的态度招待他们，使他们能尽兴而归。成功的企业也是用类似的方法来对待他们的顾客，位于美国洛杉矶和奥兰多的迪斯尼乐园就是很好的例子。他们把游客当成贵宾来接待，给予充分的关注和重视，吸引了络绎不绝的各国游客。游客就是景区的客人，他们有下面这些期望。

1）他们期望能有个干净、舒适的环境，能有宾至如归之感。

2）他们期望所碰到的人都是笑脸相迎。遗憾的是，通常只有五至六成的一线员工会以笑脸迎人。

（3）使用柔性语言

所谓柔性语言，就是柔和甜美的语言。俗话说：“一句话能把人说笑，也能把人说跳。”有时，景区工作人员一句话说好了会使游客感到高兴；有时一不当心，甚至是无意中的一句话，就有可能伤到游客的自尊心。因此，景区工作人员在为游客服务时，必须注意自己的语言表达方式，与游客说话时要语气亲切、语调柔和、措辞委婉、说理自然，常用商量的口吻与游客说话。这样的“柔性语言”既使人愉悦，又有较强的征服力，往往能达到以柔克刚的效果。

（4）与游客建立“伙伴关系”

游览活动中，游客不仅是景区工作人员的服务对象，也是合作伙伴，只有游客通力合作，游览活动才能顺利进行，景区服务才能取得良好的效果。要想获得游客的合作，工作人员应设法与游客建立“伙伴关系”。一方面，可通过诚恳的态度、热情周到的服务、谦虚谨慎的作风，让游客获得自我成就感，从而与游客建立合乎道德的、正常理性的情感关系。当然，这种情感关系应是面对每一位游客的，绝不能厚此薄彼。另一方面，在与游客交往时还应把握正确的心理状态，尊重游客，与游客保持平行性交往，力戒交锋性的交往。

（5）提供个性化服务

个性化服务是景区的工作人员在做好规范化服务的同时，针对游客的个别要求而提供的服务。每位游客既希望景区的工作人员能一视同仁、公平相待，又希望对自己能给予一些特别的关照。因此工作人员既要通过规范化服务去满足游客的一般要求，又要根据每位游客的具体情况提供个性化服务，满足游客的特殊要求。这样做会使游客感觉到“景区的工作人员心中有我”，从而拉近了与工作人员之间的感情距离，并产生满足感。个性化服务虽然不是全体游客的共同要求，而只是个别游客的个别需求，有时甚至只是游览过程中的一些琐碎小事，但是，做好这类小事往往会起到事半功倍的效果，尤其是对注意细节的西方游客而言，可使他们感受到景区的工作人员求真务实的作风和为游客分忧解难的精神，从而对其产生信任。“细微之处见真情”所讲的就是这个道理。

提供个性化服务做起来并不容易，关键在于工作人员要将游客“放在心中”，眼中“有活儿”，把握时机主动服务。个性化服务要求工作人员要了解游客，用热情主动的服务尽力满足其合理要求。此外，个性化服务只有与规范化服务完美地结合才是优质的服务。

四、处理游客投诉的原则与步骤

1. 把握正确的处理原则

（1）学会“换位思考”

以“换位思考”的方式去理解投诉游客的心情和处境，满怀诚意地帮助客人解决问题，只有这样，才能赢得客人的信任，才有助于问题的解决。

（2）不要与客人发生正面冲突

在客人情绪比较激动时，投诉接待者更要注意礼仪礼貌，要给客人讲话申诉或解释的机会，控制住局面，而不能与客人争执，发生正面冲突。

（3）维护景区利益

投诉接待人员在处理游客投诉意见时，要注意尊重事实，既不能推卸责任，又不能贬低他人或其他部门，避免出现矛盾，否则，会使客人更加反感。

2. 处理投诉的七个步骤

处理游客投诉是一项需要耐心和技巧的工作，有些没有学会与不满的游客相处的工作人员，可能和愤怒的游客一样失去理智，使矛盾激化，使景区失去游客，甚至使自己失去工作。因此在处理投诉时，不管游客是粗鲁、沮丧、郁闷，还是愤怒，尽量不要使矛盾升级。投诉接待人员要学会使用以下七个步骤来处理游客投诉。

（1）认真倾听

来投诉的游客大多情绪激动，怨气冲天，往往先不说清真相，就先表达对景区或是对工作人员的不满，此时工作人员不要急于解释，要学会耐心倾听。

首先，要做到聆听游客的发泄。面对愤怒的游客，有人可能认为解释最为重要，但事实却恰恰相反。反而是有效的聆听才可以缓解游客的愤怒情绪，同时可以克服沟通中的障碍，如果工作人员认真地听取游客的发泄缘由，就能避免误解、争论、错误和延误。聆听时，应心平气和，不可有任何反感情绪或不自然态度的流露。

其次，应该及时记录和回应，在认真听取游客发泄的同时，还应根据游客的叙述，进行认真的记录，并及时回应，要让游客知道，他的感受得到了重视。可以配合专注的眼神或间歇的点头来回应游客，或者可以加上几句“喔，这样的”，“当时是……”，“那接下来呢?”如果没明白游客的意思，可以说：“对不起，您可以慢点说吗？我没听清楚。”这样会使游客觉得自己的意见受到重视，可以缓解对方的怨气。但当游客在发泄时，绝对不能说“您可能搞错了”，“我们不会”，“我们从没”，“我们不可能”，“你弄错了”，“这是不可能的”，“你别激动”，“你不要叫”，“你冷静一点”。

最后，不要计较游客的说话方式。愤怒的游客在对景区或者工作人员发泄不满的时候，可能言语过激或表达不准确，这个时候不要计较，即使是游客对景区或工作人员产生了误会，也不要打断他们的叙述。应当掌控好自己的情绪，因为打断愤怒的游客，不仅听不清楚问题产生的根源，反而会刺激游客的情绪，不利于问题的解决。

（2）诚恳道歉

“顾客是上帝”，千错万错，游客没有错，这应是景区管理的理念之一。不论是什么样的原因，游客前来投诉，必然有自己的理由，或多或少是因景区服务管理工作不到位造成的。游客来景区消费，过得不愉快、不开心，产生抱怨，景区工作人员就应该向游客表示歉意。

在向游客道歉时，景区工作人员应注意以下两点。

1）对客人表示安慰和同情。

一般而言，前来投诉的游客总是觉得自己受到了伤害，他带着一颗“受伤的心”前来投诉，把接待者当做救世主，要求其主持公道。如果再去触碰“受伤的心”，一定会遇到强烈的反应。这时，投诉接待人员必须对游客表示安抚和同情，比如可以说：“我对您感到气愤和委屈的情绪非常理解，如果我是您，我也会有和您相同的感受。”对投诉的游客作出一些同情和理解的表示，是抚慰其已经受伤的心的最好办法，也是把他的注意力引向解决问题，而不是拘泥于令人烦恼的细节和令人沮丧的情绪的唯一的途径。

投诉者所说的事情有时可能不是真实的，但他仍希望工作人员能够对他表示同情和理解，对于那些夸大其词、喋喋不休的投诉者仍然可以给予他们适当的关注，以安抚他们受伤的心。如果他们还要纠缠不清，可以把他们交给上级主管部门的人员处理，而不能把他们晾在那里，置之不理。

能够说服游客的往往不是严密的逻辑推理或滔滔不绝的大道理，对游客的情绪作出一些同情和安慰的表示，才能唤醒游客的理性，引导事态向着对双方都有利的建设性方向发展。

2）注意道歉的方式。

有些工作人员认为承认错误会使景区显得很丢面子，可实际上其道歉表明了他所在景区对游客的诚意。如果工作人员一再推卸责任，会使游客更加反感、更加生气。在对客服务中，有一句名言：“顾客永远是对的。”但有时完全是顾客错了，然而顾客是对是错又有多大关系呢？作为一名工作人员，其工作就是使顾客感到他自身的价值和重要性，并解决他们的问题。

在道歉时，不仅要注意用语，同时还要表示出一种诚意，可以说：“真的非常抱歉让您遇到这样的麻烦……这是我们工作的疏忽，十分感谢您提出的批评。”“对您在游玩过程中产生的不愉快，我们十分抱歉。”道歉必须是发自内心的，这样才能使游客接受，平息心中的愤怒。

（3）了解相关信息

游客在听到道歉之后，满腔的愤怒可能会得到暂时的平息，但是他们期望的是解决问题的办法，因此应当积极引导游客，进一步叙述出相关的信息。可以用以下方法。

1）复述游客所遇到的问题。

愤怒的游客很难在一个平静的氛围内讲述他们所经历的事情，此时工作人员可以根据记录用自己的话重复游客所遇到的问题，即根据你自己的理解对游客的话作一个总结，然后反馈给他们，这样可以确认工作人员所记录的游客愤怒的原因是否正确和完整，同时可以让游客知道自己的问题和要求已经被了解了。这样做能让游客充分感受到工作人员对自己的重视，有利于问题的圆满解决，也有利于事后存档总结。

2）适当提问。

工作人员在聆听过程中有不明之处，可以通过提问的方式，重新收集足够的信息，以便帮助游客解决问题。

提问有以下三点好处：首先，对方有时会省略一些重要的信息，因为他们认为这不重要或恰恰忘了阐述，所以提问可以更全面地了解问题；其次，很多时候工作人员所理解的和游客所表达的未必是一回事，即“所听非所言”，因此，需要通过提问题来确认；最后，当工作人员注意到游客话题转变时，可向对方提一些问题，使跳跃式的对话回到原来的轨道上来。

但对游客而言，他们可能认为提问给其带来了不便，认为有些问题没必要问，甚至认为问问题是对他们的为难。所以，工作人员一定要使提出的问题表达出一种友好的意图，同时告诉游客为什么要问问题。当然，不要忘了认真倾听对方的回答。

3）积极思考。

在游客的阐述和工作人员的重新确认和提问过程中，工作人员应当根据经验积极思考，判断问题的严重程度，事件影响面的大小，确定投诉事件处理者的有限范围，考虑游客希望获得什么样的处理结果。

（4）提出解决问题的方法

在明确了游客的问题之后，下一步是要解决它。在处理投诉时，既要站在景区的角度又要站在游客的角度，在自己的职权范围内如果当场就能答复或是能解决的，就不要含糊其辞或有意拖延，应给游客提供几种解决的办法供其参考。

首先，在提出解决方案之前，工作人员应根据景区对投诉的处理规定和相关政策，向游客进行解释。不论是游客误解了景区及工作人员还是景区内部本身存在问题，工作人员都应该按照规定或政策给出相应的解释。

其次，提出方案时，根据相关规定和经验，工作人员可以提出几种不同的方案供游客参考，并和游客协商共同寻求解决方法，不可以把自己的处理意见强加于游客。但是如果直接问游客“这事您看怎么解决?”将是一个很不明智的或是很愚蠢的做法。因为如果游客提出更高的要求，再和游客讨价还价就不好了。一般的方法是先对游客说“实在对不起，您看这样处理好不好，我让营销部给您重新换一个同样的商品或者退还现金?”

最后，要注意的是，所提出的方案一定要能兑现。

（5）征求游客的意见

投诉的游客不仅是要你了解问题，更是希望你能解决问题，所以对你的处理方案，他（她）不一定觉得是最好的解决办法。这时你一定要问他（她）希望问题如何解决，如你可以问他（她）：“您希望我们怎么做?”

问这样的问题很重要，因为景区的工作人员认为能令游客满意的做法往往和景区预想的做法不同甚至会差一大截。如果游客的要求可以接受，那就迅速、愉快地完成。迅速是指不要与游客讨价还价，拖拖沓沓；愉快是指不要一脸很不情愿的样子。否则会使游客失去对工作人员的好感，使之前所有的努力都白费了。

如果错误根本不是景区造成的，那又怎样？工作人员大可不必计较，按照游客的要求尽量地做就是了。这种观点乍看似乎很难理解，下面两个案例很好地解释了这一观点。

麦柯司在《留意这家店》一书中讲述了一件他亲身经历的事：有一位妇人，在他店里买了一件镶有手工蕾丝的袍子。穿了一次之后，她又来到店里，说袍子质量不好，穿一次就坏了。麦柯司看出那显然是刻意破坏的，但他还是主动提出给她换一件。可是妇人不满意，于是麦柯司问她：“太太，你的意见是什么?”妇人要求退货并且退钱。麦柯司心想丢了一个顾客比损失 175 美元代价来得大，于是二话不说，神情愉快地把钱退给她。事实证明他的想法是对的——以后的几年里，这位妇人在他们的店里消费了 50 万美元。

再看这个例子：张先生从某商店订购了一箱葡萄酒。当酒被送到家里时，他并没有立即去检查，而是在隔了一个星期后才打开箱子，这时他发现其中有一瓶打碎了。张先生很生气，觉得这家商店的服务真是糟糕。于是，张先生打电话去投诉。商店的客户服务人员耐心地听完张先生的“批评”，很有礼貌地向他道歉，并且说重新补一瓶葡萄酒给张先生。可是张先生觉得这样不足以平息他的不满，他提出商店应该换一箱给他。这位服务人员答应了他的要求。两天后，张先生收到了一箱新的葡萄酒。然而令他内疚的是——几天后，他得知那瓶酒是他的孩子打碎的。于是，他宣布他将是这家商店的忠实顾客。

以上的案例也证实了一项研究结果：去结交一位新顾客所花费的成本要比保持住现有的顾客所需的花费多得多。所以当有投诉发生时，解决问题的关键就是处理问题要干净彻底、令游客满意。

当然，景区和商店还是略有不同的，也有人担心顾客可能会采取类似的办法来欺骗景区。但大部分游客都不会只是为了占便宜而提出过分的要求。如果 1% 的游客来冤枉景区，难道景区就不再信任其余 99% 的游客了吗？况且，从游客口中传播出去的免费广告，给景区带来的好处远远大于爱贪便宜的游客给景区造成的损失。所以，如果工作人员有权处理游客投拆，就尽快解决；如果没有被授权，那就赶快找一位能处理的人。记住，倘若游客不高兴地离开了，将来要想赢回这名游客的机会就非常渺茫了。

在与前来投诉游客的最后交往中，要记得询问其有无其他要求，这能使游客感到工作人员真的很在意他。例如：“先生，我还能为您做点什么呢？”大多数人会想：如果游客不提什么要求，我又何必提呢？这不是自己找事吗？请设想一下，一种情况是工作人员为他解决了问题后他离开，一种情况是工作人员不仅解决了他的问题，而且在他离开之前还询问他是否有其他要求，以便能够最大限度地帮助他。这两种情况哪一种会使游客对该景区终身难忘呢？

（6）表示感谢

游客的投诉对景区工作的改进、对景区今后的发展能起到促进作用。如果游客不来投诉，而是投诉到上一级的主管部门如旅游局等管理部门，或者和朋友抱怨，这些都会给景区带来负面影响。如果是向景区投诉，在处理结果又令人满意的情况下，则会产生良好的积极效应，这叫做“危机公关”。因此景区有理由对投诉的游客表示欢迎和感谢。如可以说“感谢您给我们提出批评和指导意见，我们以后会积极改进的。”“××先生，您及时让我们知道服务中的差错，这一点太好了，非常感谢您。”“××夫人，感谢您指出我们服务项目的短缺和不足，使我们及时发现并得以纠正。”

（7）跟踪服务

绝大多数的工作人员在第六步就“到此为止”。虽然这时游客已经满意地离开，但其服务水准仍然只能称得上“良好”，要想达到“优秀”，还得继续进行第七步——跟踪服务。

跟踪服务的方式一般是电话、电子邮件、信函等。通过这些跟踪服务，景区进一步向投诉的游客了解景区的解决方案是否落实、是否还有其他问题。如果通过联系发现他对解决方案不满意，则要回到第一步，继续这个过程以寻求一个更可行的方法。

别小看一个小小的追踪电话，它可以强调工作人员对游客的诚意，深深地打动游客，并足以让游客对该景区印象深刻，从而加强游客对景区的忠诚度。景区的服务质量正是在这种螺旋式反复中得到了升华。

同时，投诉处理人员应记录全部过程，将整个过程写成报告并存档，还要在此基础上进行投诉统计分析。也就是说，处理完投诉后，工作人员尤其是管理人员应对投诉产生的原因及后果进行反思和总结，并定期进行统计，对典型问题产生的原因和相应的措施进行分析，不断改进服务水平。

3. 处理投诉的难点

（1）如何面对愤怒的游客

当工作人员面对愤怒的游客时，如果处理不当则会使得游客更加愤怒，如果巧妙地处理则可以使愤怒的游客成为忠诚的客户。具体而言，面对愤怒的游客，其处理方式可以采取以下三个措施。

1）情绪的稳定。工作人员应该理解游客的愤怒是合乎情理的，因为每一个人愤怒的时候情绪都异常激动，而且对每一个讲道理的人都会产生敌意。如果游客被进一步激怒，所有工作人员都认真地倾听其愤怒的诉说，其怨气会慢慢得到缓解，因为他本人也会因为发脾气而感到尴尬。

2）心灵的安慰。工作人员可以讲一些肯定性、支持性的话语。比如可以说：“您承受了如此巨大的压力，这种事情的发生对您来说肯定不太好受。”或者说：“我明白这对您来说是一件令人不愉快的事情。”同时工作人员要配合一些身体语言，比如一个关切的眼神、一个轻轻的点头等，这也可以让对方认为你了解他的感受。

3）问题的解决。游客在得到了你的支持性话语以后，会慢慢地平息怒气，并会积极主动地帮助工作人员找出让他愤怒的原因。

（2）如何提供补偿性服务

在对投诉事件提出解决方案的时候，如果是游客在营销部购买的有形商品出现问题的投诉，可以采取保修、调换、退款等方式来解决。对于在景区内享受服务的这种无形产品来说，其局面比较复杂，因此需要有更巧妙的、更艺术的补偿性服务来弥补游客所受到的损失。张先生曾经在悉尼的一家酒店里有过一次难忘的经历。当时，酒店的电子系统出了问题，把给张先生的房间又预订给另外的客人。当张先生已经上床准备入睡的时候，一位陌生女子打开了他的房门。张先生和这位女士都吃了一惊，于是他向酒店投诉反映了此事。这肯定不应该是标准的酒店服务，也不是他所期望的一流的连锁酒店通常的做法。酒店解释说是一些电子设备出了问题，造成电话不好用、客房预订系统出了差错，他们表示非常抱歉。令张先生吃惊的是，几天后他收到了酒店经理的一封信。信中，经理表示道歉，承认他无法挽回造成的影响，也无法补偿张先生那晚被搅乱的睡眠，但他希望张先生能带上三位朋友到他那儿做客，并共进晚餐。最后的结果是张先生成了那个酒店的常客。

这种具体行为的目的是让游客知道，不管是什么错误都是不能原谅的，也要让游客知道这种事情不会再发生，补偿性服务只是对游客的一种弥补，景区更在意与他们继续保持联系。

补偿性服务有以下几种常见的形式。

1）打折优惠。如游客可能会对所住的景区酒店的服务有不满，则可以在住宿价格上打折。

2）免费赠送。赠送的东西可以包括礼物、商品或服务，如果景区的员工与游客发生争吵，则可以给游客赠票或赠送景区纪念品。

3）私人交往。当给游客造成不便时，景区的主管可以打电话给他表示歉意，使其感受到景区对他的重视和诚挚的关心，这种私人交往会重建景区的形象和信誉。通过个人诚意的交往，可以化解所遇到的不愉快，改变景区或管理者在游客心目中的印象。

（3）如何回答过分要求

在与游客的接触过程中，难免会遇到一些故意刁难工作人员的游客，他们可能会提出一些过分的要求。此时工作人员应该沉着、大方地应对，如可以用幽默的方式避开话题或回绝游客，可以说："我觉得这样的问题不像是您这样有品位的人所提出来的。"如果游客还是一再要求，那就可以义正词严地回绝。

（4）如何应对顽固游客

在处理投诉服务时，总会遇到一些自以为是、比较顽固的游客，他们觉得总是别人的错，自己没有任何问题，投诉时一口气不停地说个没完。如果碰到这样的人，可以尝试以下办法。

1）肯定投诉。认真倾听他们的诉说，并从他们的话语中找到原因所在。用自己的话语叙述原因所在，可以说："对不起，您是觉得工作人员速度太慢，让您排队等的时间太久了，所以您才这样生气，是吧？"

2）确定事实。这样可以避免对方过于夸大事实，如果对方说："我已经排了一上午的队了，队伍怎么还这么长啊？"这时您可以确定对方排队等候的具体时间。上海世博会在这方面的工作就做得很好，每一个到世博会游览的游客都会收到短信，告知排队等候的时间。如"昨日园区平均排队时间超过 3 小时的场馆：石油馆、日本馆和德国馆。建议您合理安排参观路线。（世博局）"这样游客就会合理安排自己的游程，避免投诉的产生。

3）提出建议。向对方解释缘由，有必要时应做出诚恳的道歉。如上面的例子，你可以说："这个项目想要玩的人特别多，而且大家都在等，实在没办法。我建议您可以先去玩一些别的项目。"

4）避免纠缠。如果对方仍不听你的建议，你可以告诉他："十分钟以后，有位客人要过来，我希望在此之前，我们能将问题解决好。"这样做可以督促他迅速解决问题，避免纠缠。

延伸阅读

应对游客投诉的一些常用句式

"像您这样有地位的人……"这暗示了对方的社会地位很高，所从事的工作很重要。别害怕往对方的脸上贴金，因为大家都喜欢听到好话和美言。

"如果您可以……我会很感激的。"此话意在征得游客许可，暗示游客有很大的权力表示接受或者拒绝。

"您真的在……方面帮了我一个大忙。"此话暗示游客不仅在整个处理投诉的过程中的地位很重要，而且可以让游客感受到扮演一种"父母兄长般"的长者角色。

"也许您可以在……方面给我一些建议。"这样可以让游客感到他充满思想和机智。

“请您……因为您在这方面有专业知识/因为您是这方面的专家。”这话暗示了一种很高的专业技术水准。把对方看成有智慧的人，这样的话别人爱听。

“像您这样有成就的人……”这句话暗示游客的事业很成功。

“当然您肯定知道（了解）……”这句话暗示对方知识面广、信息灵通。当你知道对方不了解（或无法了解到）这方面信息的时候，讲这句话特别管用。因为谁都不愿意承认自己无知（尽管有些事情他们完全没有理由/完全不可能知道）。

“您说的……（内容）完全正确。”这会起到一种很有效的停顿作用，也可以借此认同顾客提出的观点。这样，顾客在大的问题上也就愿意让步。

“像您这样的大忙人……”这话可以暗示顾客作为“生活要员”的地位，同时也说明问题会很快得到解决。

“如果……我会感激不尽。”这话可以轻轻松松地让人感到愉快，这也算是人的天性。

值得注意的是，上述说法中，有些话语可以“我”字开头。在面对游客时，应尽可能避免使用这一人称代词。但如果对话不带有任何挑战意味时，“我”是完全可以使用的；如果情形出现了某种对立，或准备采取某种“挑战性”态度时，你的话语最好以“您”字来开头。

本章小结

本章通过介绍旅游景区的电话咨询服务、Face to Face 咨询服务、投诉受理服务来说明咨询服务的重要性及其在景区无处不在；在投诉受理服务这一节中，告知读者投诉对景区的重要性，并且分析了投诉的缘由及其处理的方法和技巧。

知识结构

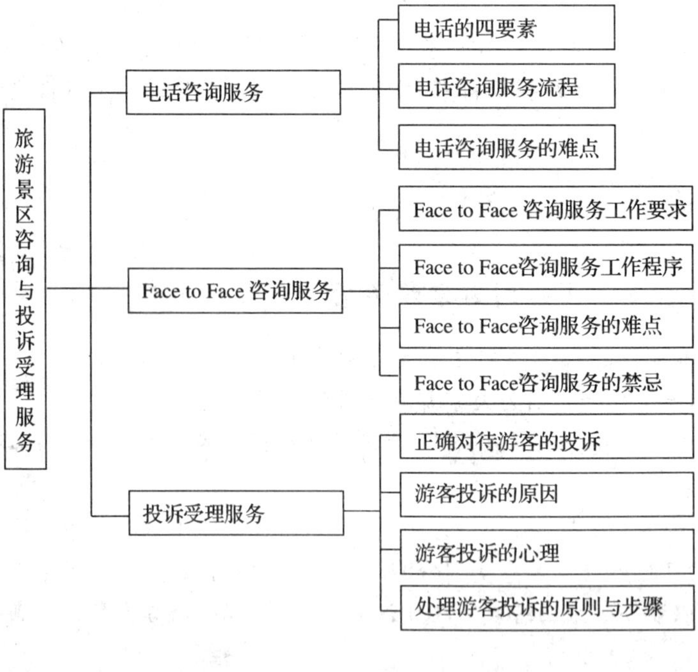

习题与思考

1. 简答题

1）电话咨询服务的四要素是什么?

2）如何挂断对方电话?

3）景区咨询服务对员工有哪些工作要求?

4）你如何看待景区投诉?

5）如何处理景区投诉事件?

6）试分析游客投诉心理。

7）在服务工作中，为什么永远不能说“不知道”、“不行”。

2. 思考题

1）指出下列通话中存在的问题。

电话铃响了一阵，接电话的人拿起听筒，一声不吭。

“喂!”打电话的人呼叫。

“你是谁?”

“我找老张。”打电话的人想了一下说。

“找哪个老张?”

“张 ××。”

“没有张 ××。”

“你是哪里?”

“你要哪里?”

“我要 ×× 景区。”

“不是 ×× 景区。”电话被“啪”地一声挂断。

2）以下是一些比较常见的说话口气，看能否换一种措辞，使你的话语果断、得体并尽可能有效地解决对方的问题。

① 你刚才说你是谁?

---

② 很抱歉，现在不行，你以后再打电话吧。

---

③ 你必须先排队才能买票。

---

④ 你最好 5 点钟之前给我们打电话，否则就下班了。

---

⑤ 没看到我们多忙吗？你先等一下。

---

⑥ 对不起，我不知道，你必须跟我们经理谈。

3）案例题。

一位失望的游客来到景区接待服务中心，工作人员微笑地接待了他。

工作人员："您好，我能为您做些什么?"

游客："我们来了两天了，结果都是阴雨连绵，你们这里的景点都在室外，我们只能待在客房里睡觉。你们附近还有没有别的景区，我们要换地方了，不要在这里浪费时间了。"

工作人员听了游客的话后说："先生，实在抱歉，天气原因给您带来的不愉快，我们也深感遗憾。如果您想换个游玩的景区，我也可以给你们推荐。离我们景区30分钟路程的地方，有个地下溶洞。"

游客："那地下溶洞怎么过去呢?"（游客显然有些想法了）

工作人员："如果您对这个景区感兴趣，我们可以派车专门送您过去……不过我们还是真诚地希望您能留下来，因为据天气预报显示，今天下午天气会由雨转晴，到时您就可以欣赏到我们这里雨后天晴的飞瀑和云雾缭绕的山景，如果可能的话，您还可以看到美丽的彩虹呢!"

游客："那……"（游客开始犹豫不决）

工作人员："现在还下着小雨，我建议您可以先去溶洞游玩一下，您可以乘我们的车前去，下午玩好后，如果想回来，也可以乘我们的车回来。"

游客："车是免费的吗?"（游客已经把刚开始的抱怨忘记了，口气也有所缓和）

工作人员："来回乘车是免费的，门票60元一张，如果不买东西的话，您在那里就不用花费什么了。"

游客："那在哪里坐车呢?"

工作人员："您把您的电话告诉我，等我联系到车辆后告诉您好吗?"

游客被景区接待服务中心的工作人员的真诚服务所感动，本来他就是想抱怨一下的，没想到工作人员有如此细致的工作，他在溶洞玩好后立即回来，正好欣赏到美丽的风景，并且在景区内多逗留了一天，同时还把他的游玩经历告诉了朋友。

请思考：

1）景区中负责咨询工作的人员在工作中应该注意哪些问题？首先应该思考的是什么？

2）假设你是一名景区工作人员，有游客向你咨询另外景区的情况时，你应该怎么回答呢？

案例分析或点评

"五一"黄金周期间，某主题公园为吸引游客举行了很多表演活动。一天，接待部小陈接到一个游客的投诉电话，双方对话如下：

游客（激动、愤怒地）：你们景区太差劲了，有哪些活动我们游客都不清楚。我回到家里以后听人家说才知道，好多表演我都没看上……

小陈（被对方情绪感染）：是吗？我们在入口处有一块大的广告牌，上面有活动介绍和时间表，你没看到吗？

游客（嗓门更大）：我怎么知道？你们又没有跟我说。我们大老远赶来，花了那么多钱买门票进去，结果光看到人多，其他什么也没看到……

小陈（据理力争）：那你当初怎么不问问呢？我们一天要接待好几万游客，总不可能一个一个地说吧。

游客（更加愤怒）：好的，好的，你们就这个态度，我会去告你们的。

小陈：那我们也没办法。

点评：

处理游客的投诉往往是一项令景区工作人员有点害怕的工作，尤其是对刚刚走出校园、工作经验不多的青年员工来说更是如此。但只要掌握一定的方法，是完全有可能把一件坏事变成好事的。

在本案例中，小陈犯了三个错误。首先，小陈对自己作为服务人员的角色认识不清。服务是为了让游客快乐，而不是争论谁对谁错。其次，小陈对游客投诉的重要性认识不足。游客投诉是景区发展的财富，从某种角度看，它是一件好事情，不必感到很紧张。第三，小陈没有掌握处理投诉的基本方法，所以最终不能解决游客的问题。

实训指南

电话语言技巧

接打电话时，要注意语言技巧，不要使用生硬的话语，要尽量用婉转、大方的方式进行交流，这样可以更有利于沟通的进行。因此，接打电话时，要注接打电话时，要注意哪些是不可以说的，又应该怎样说。

不可以说	可以说
你是谁？	请问您是哪位？
你叫什么名字？	对不起，我没听清楚，能再重复一遍吗？
你有事吗？	我能为您做些什么？
请大声点！	对不起，我听不清楚您在说什么，您能否大声一点？
这个我也不清楚。	对不起，这个我现在也不是很清楚，等我确认以后给您回电可以吗？
他出去吃午饭了。	小张刚刚走开，可能要过一个小时左右才回来，要我叫他给您回电吗？
你打电话到接待服务中心吧。	这个信息可能我们接待服务中心更清楚，我很高兴与他们联系，或者我让他们给您回电好吗？
对不起，我帮不了你。	对不起，我这儿没有那些资料，是否需要资料室给您回电？

第五章
旅游景区导游服务

教学目的和要求

通过本章教学，了解旅游景区导游程序，如迎接服务、导游服务、讲解服务及送客服务，学会讲解自然景观和人文景观，并且能够掌握其讲解技巧。

关键词汇

迎接服务（Meeting Services）　　导游服务（Guide Service）
讲解服务（Explanation Service）　　送客服务（See off Services）

案例导入

运用导游技能讲解景区景点

小徐是某旅行社新入职的导游员。一天，小陈接到了工作任务，社里安排小徐作为地陪陪同一名游客自西向东游览长江三峡。该游客在登船之前便告诉小徐，自己对长江三峡仰慕已久，此次旅游的主要目的便是一睹长江三峡的风采。因此，该游客提出，希望通过导游的讲解加深自己对长江三峡的直观感受，并希望小徐可以根据自己的兴趣，重点介绍长江三峡的整体状况，而且该游客也明确指出，自己对传说、典故以及纪念品没有兴趣，只想客观地了解长江三峡的整体面貌，以便自己能够体会长江三峡的自然面貌以及三峡工程的宏伟。

第一节　接待服务

人们投入资金和时间到景区来旅游，为的就是通过体验这里的珍奇景色，优美的环境，以及温馨、舒适的服务，得到净化心灵、消除疲劳、陶冶情操、激发情感等精神的产出，以便更好地投入新的生活。因此，景区接待人员用规范的操作提供优质服务是满足游客需求的一种方式。优质服务的表现是多方面的，但在接待过程中比较重要的是服务态度、服务语言、服务的礼节礼貌和精神状态等。

一、景区优质服务的标准

1. 服务态度

优质的服务态度可以概括为“主动、热情、耐心、周到”八个字。

（1）主动服务

主动服务是指游客来了，要积极主动地提供服务，遇事不管分内分外，均认真对待，发现问题及时予以解决，不拖拉。

（2）热情服务

热情服务则表现在对游客要热情友好，微笑服务。既要文明礼貌，敬语称呼，亲切和蔼，又要稳重端庄，落落大方，不卑不亢，把游客放在首位，一切为游客着想，努力满足游客合理和正当的要求，避免冷淡、粗暴、懒散以及傲慢自大、盲目崇拜、厚此薄彼、低三下四等不良行为。

（3）耐心服务

耐心服务是指在繁忙的接待过程中，始终不急不躁，对事情不推诿，不怕麻烦，在发生矛盾时善于克制，对游客在游览中遇到的问题给予认真答复和解决。

（4）周到服务

周到服务体现在关心病残、一视同仁、妥帖细致等诸多方面，对各类游客，不论其国籍、肤色、职业、年龄、性别等，都礼貌友好，谦虚尊重，热情服务，无论大事小事，都尽职尽责，给予关心和帮助。

2. 服务语言

服务语言包括书面语言、口头语言和形体语言三个方面。在接待游客的过程中，更多的是应用口头语言和形体语言两种。因此，景区对员工的口头语言和形体语言应严格要求。

（1）口头语言

1）在语气语调上要做到亲切柔和，热情而不浮躁，语速要不紧不慢，音量要适中，要以交谈对象能清楚听见为准。

2）用语要规范，要适时使用礼貌语言，使用敬语，切忌使用粗俗的口头语。不要谈论他人隐私，不要随便评论他人。

3）语言要准确、恰当，讲话要讲究语言艺术，说话力求语意完整，语句连贯流畅，讲话要注意场合，语言得体。景区工作人员与游客对话时，应礼貌文雅，当游客在思考问题或与别人讲话时，要在游客允许的情况下，才能与之讲话，不能不礼貌地打断别人的讲话。讲话吐字要清晰，声音悦耳，给人以亲切感。与游客讲话时，语言、表情和动作要协调一致，要注意面向游客，笑容可掬，要正视谈话对象，目光不可游移不定或左顾右盼，心不在焉。讲话时两手自然下垂，距客人一米左右为宜。讲话时不要倚靠他物，举止要文雅，态度和蔼，能用语言表达清楚的，尽量少用手势。要注意进退有序，事毕时先要后退一步，然后再转身离开，以示对客人的尊重。

另外，要尽量掌握一门外语，以便更好地为境外游客服务。

（2）形体语言

形体语言即形体的动作。形体动作直接影响服务的质量。形体语言主要表现在站立、就座、行走、手势、服务操作等方面。对于形体语言，要求做到站立时身体挺直，双脚稍微分开，双手自然下垂，不可倚靠他物，应保持随时向客人提供服务的状态；坐时要端正，不可斜躺、靠椅背、跷二郎腿等；行走时脚步要轻稳，不应三五成群、勾肩搭背，不得跑步；在为游客指引方向时，手臂要伸直，指向目标，上身稍向前倾，以示尊重；谈话时手势不宜过多，幅度不宜过大；在进行服务操作时，形体动作要伸展大方，符合规范。另外，在与游客接触时，禁止在游客面前打喷嚏、修指甲等。

3. 礼节礼貌

礼节礼貌是优质服务的重要体现，景区工作人员要有较高的礼貌修养。礼貌建立在互相尊重的基础上，礼貌不是虚伪的客套，而是发自内心的，表里如一的。因此，景区工作人员要热爱本职工作，热心助人，要以饱满、乐观的精神，全心全意为游客礼貌服务。

4. 精神状态

对每一位景区工作人员来说，为游客服务是职责所在，必须全身心投入到对游客的服务中去。但是为游客服务需要“情感劳动”，它会像体力劳动那样消耗精力，会让工作人员觉得疲惫、无精打采，甚至变得没有耐心。因此，要提供优质服务必须克服这种情况，要使自己保持充沛的精力，精神饱满地为游客提供服务。

二、景区接待服务的特点

1. 接待服务范围的广泛性

从时间范畴上来讲，从游客购票开始直到离开景区为止，接待服务要贯穿始终；从服务内容上来讲，从售票、检票到提供导游服务和提供咨询服务，再到游客意见反馈机制，还有游客投诉渠道及处理等都属于景区接待服务的范畴。由此可见，景区接待服务的范围非常广。

2. 接待服务过程的关联性

景区接待服务不是彼此独立而是相互关联的过程。只有在服务时序上和内容上很好地衔接和连贯起来，才能给游客提供完整的接待服务，任何一个环节出现问题，都将影响游客对整个景区服务的整体印象和满意度。比如，在游客购票进入景区后，紧接着便是景区游览的导游服务；在游览过程中，游客随时可能需要咨询服务；游客意见要及时得到反馈；游客有不满时，投诉要及时处理。

3. 接待服务方式的多样性

接待服务的方式不是一成不变的，根据景区的具体情况可以也应该采取不同的服务方式。对景区门票而言，可以是通票式的，也可以是单个项目的。比如，体验型的主题公园可以一票包含所有的体验游玩项目，也可以根据游客需要自行决定体验游玩项目，入景区后再单个项目购票。对于景区的导游服务而言，可以是导游员讲解，可以是电子设备讲解，也可以使用图纸讲解，游客可根据需要自行选择。

4. 接待服务过程的复杂性

景区接待服务的对象是人，他们既是消费者又是服务质量的最终评判者，这就使接待服务过程变得异常复杂。接待服务主要受以下几个方面因素的制约。

（1）*游客层次*

游客包括了社会各层人士，无论是年龄、职业、教育程度、家庭背景，还是个性爱好都千差万别，所谓众口难调，要让游客满意是一个非常复杂和艰巨的工程。

（2）意外情况

景区接待服务过程中，随时可能发生意外情况。例如，游船事故、索道故障、餐饮食物中毒等都会威胁到游客身心健康乃至生命安全。虽然这些意外情况或事故不是直接的接待服务，但如果处理不当，会导致整个接待过程的中断。因此，景区接待必须考虑各种有可能发生的意外情况，做好预警、预防措施，同时要具备及时处理不良状况的条件和能力。

三、景区接待服务的原则

1. 以游客满意为中心

市场竞争的加剧使得游客满意成为景区保持持续竞争力的重要内容。在对服务感知的基础上，游客会用自己的感受对景区的服务进行投票，服务质量不高的景区接待的旅游者数量必然会减少。因此，从发展战略的角度考虑，景区应该将旅游者需求放在管理决策的重要位置，理解游客当前的和未来的需求，并把它转化为具体的对景区服务的需求。

2. 大力推动全员参与

景区产品以服务为主，而人是服务中的能动性主体。因此，对于景区而言，每一个员工都是景区服务的参与者和组织者，只有全体员工充分参与，才能发挥他们的才干，为景区带来最大的收益。所以，景区应尽量培养员工的服务意识、职业道德意识和游客第一意识，并激发他们的积极性和责任感。

3. 促进服务的持续改进

景区服务改进是指景区服务过程中服务体系有效性和效率的提高。景区服务的改进要在识别当前状态的基础上，根据市场需求建立持续改进的目标，通过服务改进方案的选择和实施来推动景区服务的提升。

第二节　导游服务

一、致欢迎词

在导游服务开始时，景区导游员应向旅游团致欢迎词。致欢迎词是给游客留下第一印象的好机会，应当引起导游员的重视。

景区导游员应当在景区的入口处致欢迎词或将欢迎词作为景区讲解的开场白，对于重要客人，导游员一般在接待室致欢迎词。

欢迎词的内容应根据游客的国籍、团队人数、年龄、具体时间、地点、成员的身份等有所区别，不可千篇一律。致欢迎词应注意适度、真挚，说话符合自己的身份，不能让对方感到不真实、做作，以免产生不良效果。

一般情况下，景区导游员所致欢迎词的内容应包括以下几方面。

1）问候语：各位朋友、各位来宾，大家好。

2）欢迎语：代表旅游景区及本人欢迎游客光临。

3）介绍语：介绍自己的姓名及所属单位。

4）希望语：表示提供诚挚服务的愿望。

5）祝愿语：预祝旅游愉快顺利。

资料链接

欢迎词

各位朋友：

大家好！首先让我代表××旅游景区欢迎各位来此旅游观光。我姓周，是××旅游景区导游，大家也可以叫我“周导”，在参观游览过程中，大家有什么问题和要求请尽管提出来，我将竭力满足，希望大家玩得开心、玩得尽兴。谢谢大家！

二、商议

商议指商定游览行程事宜，主要发生在较大的游览景区。在一般的旅游景点如博物馆等，除了旅行社组织的团队和某些特殊团队之外，其他游客一般愿意听从导游推荐的游览行程安排。商定游览行程不仅表明导游员对游客的尊重和欢迎，而且还可以从商议安排过程中了解游客的主要兴趣，以使游览计划安排更符合游客的需要，这是保证景区导游工作顺利进行的重要一环。不同的游客对同一个景区所感兴趣的内容是不同的。因此，了解游客的需求是非常必要的。

景区导游人员在与游客商议安排游览行程和线路时，应注意以下几个问题。

1. 商议的时间

与游客商议的时间越早越好。越早了解游客的要求，越能尽早有的放矢地安排好游览的程序、线路与节目，调整导游人员的讲解内容。所以，游客一旦到达，景区导游人员就应安排时间与游客商议。若有可能，在游客到达前通过电话等通信工具谈妥更好。

2. 商议的对象

1）接待散客时，原则上应与所有游客商议。

2）对一般的参观团，与团长或领队商谈即可；若领队希望团内某些人士参加，也可以考虑并表示欢迎。

3）对较正式的代表团，若负责人说话有权威性，那么主要与代表团选定的负责人商议即可。

4）对于学术团、专业团，由于团队学者较多，个人意见也很重要，因此，若有可能，应与全体团员共同商议。

5）对于旅行社组织的旅游团，由于有地陪引领（地陪一般不会讲解该景点），因此主要与地陪、全陪商议，必要时可以邀请海外领队参与。

6）对于贵宾团，特别是有一定级别领导（如省级及以上领导）人员参加时，他们的行程应早已定好。在商定行程时，导游员往往不参加，只需听从本单位领导的安排、指示就可以了。

3. 商议的原则

1）尽量使景区已有的安排不作太大的变动。

2）尽力满足游客合理而可能的要求，特别是重点游客的个别要求，尽量照顾一般游客的特殊要求。

3）当出现异议时，本着少数服从多数的原则进行。景区导游人员不要介入旅游团的内部矛盾，不能将团队分裂。

4）对变动内容确有困难、游客要求不能满足时，导游员要耐心解释。婉言拒绝要留有余地，要让游客感到自己的要求虽然没有得到满足，但导游员确已尽最大努力了。

5）对记者、作家的要求应尽可能满足，“满足一位记者要求，便是满足成千上万的读者要求”。

6）对旅行代理商和旅游界知名人士，要努力满足他们的要求，因为接待好他们，可能会带来更多的客源。

4. 商议的方法

在一般情况下，应尽力引导游客按景区原有的方案进行游览。在商谈的时候，可以先请游客提要求，当游客的意见和已有的安排差不多时，导游员便可顺水推舟，表示按大家的要求安排；若意见有一定差距时，导游员要学会引导，通过讲解的艺术技巧，把游客的思路引到既定的安排上来。

第三节　讲解服务

随着旅游业的发展，游客对导游的要求也越来越高。很多游客在踏上旅途之前就已经对目标景点的相关情况进行了相关了解。特别是随着网络的普及与广泛应用，很多旅游者可以通过网络了解到景点的基本情况。个别旅游者已不满足大众化的导游讲解，而是对导游员提出了更有针对性的讲解要求。

旅游景点的魅力就在于能触发游客的艺术想象。由于每个人的阅历、文化和艺术修养不同，得到的艺术想象和感受是千差万别的。去触发游客的审美想象，使他们从中得到一种审美感受，这就是导游讲解的日标。这种认识是永无穷尽的，景点导游应当在自己的导游实践中，不断思索、总结、提高。

一、景区导游讲解的语言

从狭义的角度上看，导游语言是导游员与游客交流思想感情、指导游览、进行讲解、传播文化时使用的一种具有丰富表达力、生动形象的口头语言。

语言是以语音为物质外壳，以词汇为建筑材料，以语法为结构规律而构成的体系。导游语言也是思想性、科学性、知识性和趣味性的结合体。导游员的语言除了要符合语言规范外，还要满足以下基本要求。

1. 导游语言的准确性

导游语言的准确性是指导游员的语言必须以客观现实为依据，即在遣词造句、叙事上要以事实为基础，准确地反映客观实际。

例如，导游员在介绍武汉归元寺的《杨柳观音图》时说："这幅画传为唐代阎立本所绘的壁画，它所体现的艺术手法值得我们珍惜。""珍惜"在这里属于用词不当，而应该改为"珍视"。"珍惜"是爱惜的意思，而"珍视"则为看重的意思，即古画所体现的艺术手法值得好好欣赏。

2. 导游语言的逻辑性

导游语言的逻辑性是指导游员的思维要符合逻辑规律，语言要保持连贯性，并且语言表达条理清晰、有层次感。

例如，导游员在向游客介绍景点时可说："游客朋友们，武汉归元寺罗汉堂供奉着五百尊罗汉，这五百尊罗汉是呈'田'字形状排列的。数罗汉的方法一般有三种：一是男左女右，进罗汉堂大门后男同志从左边开始数，女同志从右边开始数；二是顺其自然，即哪只脚跨进罗汉堂大门门槛，就从哪个方向开始数；三是随心所欲，即在罗汉堂里任何一处挑选一尊罗汉开始数。数到自己年龄的最后一个数字，那一尊罗汉便象征您的性格、气质和命运等。"

这段导游词的语言表达层次分明。首先介绍了罗汉堂所供奉罗汉的数量，再介绍数罗汉的方法，具有严密的逻辑性。

3. 导游语言的生动性

导游语言除了要有准确性和逻辑性外，生动性也至关重要。

下面这段导游词就体现了语言的生动性。"相传四川、湖北两地客人会于江上舟中，攀谈间竞相夸耀家乡风物。四川客人说：'四川有座峨眉山，离天只有三尺三。'湖北客人笑道：'峨眉山高则高矣，但不及黄鹤楼的烟云缥缈。湖北有座黄鹤楼，半截插在云里头。'惊得四川客人无言以对。"

二、导游讲解的风格和目标

1. 导游讲解的风格

当看到大师级的导游员以他们的魅力及知识抓住听众时，产生敬畏感是很正常的。他们的讲解风格是由他们的人格及个人经验所形成的。要成为这样的人是没有捷径可走的，只有对工作热爱，对知识渴求以及对职业有奉献精神，才能成为一个优秀的导游员。

我们可以通过研究一些成功的导游员的风格并从他们的共同特性中学习，以形成自己独特的讲解风格。

2. 导游讲解的目标

在自然景观及文化遗产不断消失的今天，环境讲解更显出它的重要性。环境讲解能让景点设施被游客小心地使用。游客可以通过讲解了解他们在火灾预防、沙丘保育等议题中扮演的角色。以更大的观点来看，游客会成为这个地点的保护者，当有威胁时，他们会支持政府官员保护这个地方。

更重要的是，讲解开启了游客的视野，让他们看到以前所不曾看到过的世界。

三、景区导游员的形象准备

景区导游员美好的自我形象在宣传旅游景点、传播中华文明方面起着重要作用，也有助于在游客心目中树立导游员的良好形象。如深圳世界之窗在培训员工时，告诉员工："我的存在就是一道风景。"因此，景点导游员在上团前要做好仪容仪表方面（服饰、发型和化妆等）的准备。

1）着装要符合导游员的身份，要方便导游服务工作。

2）衣着要整洁、大方、自然，佩戴首饰要适度，不浓妆艳抹。

四、自然景观导游

自然景观是旅游者主要的审美对象之一，也是导游员的重要导游内容之一。自然景观是指一切具有审美学和科学价值，具有旅游吸引功能和游览观赏价值的自然旅游资源所构成的自然风光。较有代表意义的自然景观包括山地景观、水体景观以及植物景观等。对这些内容丰富、变化万千的景观，导游员既要自己学会欣赏，又要恰如其分地引导旅游者欣赏。

1. 山地景观讲解

导游员在导游讲解山地景观时，应引导游客从不同角度观赏山地景观。

我国的风景名胜讲究气势宏大，意境深远，妙在移步换景，一步一景，山地景观讲解是在流动中完成的，不走不动是不行的，不仅"动"，而且还讲究"仰观"和"俯观"。这种从不同角度、不同层次、不同高度，从内到外，从远到近，从横到侧来讲解山地景观的方法，导游员称之为"不同角度法"。在苏东坡的《题西林壁》中就有这种"不同角度法"的运用："横看成岭侧成峰，远近高低各不同。不识庐山真面目，只缘身在此山中。"从远、近、高、低不同的方位、不同的角度可以看到"各不同"的景观。

除此之外，导游员还应该经常提醒游客"回头看"和"向高处看"，因为只有"回头看"才能看清"庐山真面目"，而只有"向高处看"方会"欲穷千里目，更上一层楼"。另外，导游员应提醒游客在游览山地景观时，"看景不爬山，爬山不看景"，即看风景时，不要移步爬山，应驻足看景；移步爬山时，不要看风景，应留神脚下。在观赏山地景观时，应联想丰富。

资料链接

庐山导游词

朋友们，现在游览的是庐山锦绣谷景区。锦绣谷位于庐山西北部，它北靠橄榄山，东接大林峰，南倚花径，西北方向是开阔的谷底峪口。自古以来，谷中奇花异草就特别多。

每当春天来到的时候，山谷中的花儿竞相开放，争奇斗艳，灿烂似锦绣，故得名“锦绣谷”。

锦绣谷中怪石相拥，奇石昂立，首先出现在我们眼前的是谷中第一个景观——天桥。请朝左前方看，一块峭立横空而出的巨石，有如悬在半空中的一座桥，这就是“天桥”。这里古称“仙人盘”，曾经是庐山大林寺历代的大师们悟道参禅的好地方。大家向下看，这里两边崖壁横空相互对峙，与谷底相对高度达六十多米，非常险峻。

相传元代末期，吴王朱元璋和南汉王陈友谅的军队大战于鄱阳湖地区。初战的时候，朱元璋失利，竟被陈友谅打得落荒而逃，当朱元璋感觉耳旁没有风声的时候，才发现他骑的战马已在悬崖绝壁的仙人盘上。前面是悬崖没有去路，回头一望，陈友谅率兵又紧逼而来，就在这千钧一发之际，只见天空金光闪烁，一条金龙自天而降，变成一座石桥，朱元璋顺势策马奔过。飞奔而至的陈友谅坐骑快要赶上朱元璋的马尾巴时，一个惊天霹雳，刹那间桥没有了。从此就留下了“天桥”奇观。

（这一段的导游讲解采取了“虚实结合法”。虚实结合法就是在导游讲解中将典故、传说与景物介绍有机结合，编织故事情节的导游方法。“实”是指景观的实体、实物、史实、艺术价值等，而“虚”则指与景观有关的民间传说、神话故事、趣闻轶事等。“虚”与“实”必须有机结合，但以“实”为主，以“虚”为辅，“虚”为“实”“服务，以“虚”烘托情节，以“虚”加深“实”的存在，努力将无情的景物变成有情的景物。导游员在讲解时还应注意对于所选择的“虚”的内容要“精”、要“活”。所谓“精”，就是所选传说故事是精华，与讲解的景观密切相关；所谓“活”，就是使用时要灵活，见景而用，即兴而发。）

在大家正前方的这个立柱式石头，因其形状像一个探出的巨大的鹰嘴，故称“鹰嘴探壑”，俗称“鹰嘴石”。只因近来世风趋向，许多不明真相的导游们为了迎合当代游客的心愿，让许多游客在这里绕着“鹰嘴石”转圈，一转财运、二转官运、三转桃花运，自2002年以来“鹰嘴石”就变成现在的“好运石”了。

走出锦绣门，路旁大树多了起来。浓浓林荫，让人轻松惬意，好像真的沾了“仙气”一样。这条明代开国皇帝让后人找神仙的路，叫“访仙路”。进入这仙路，迎接我们的就是访仙亭。访仙亭是蒋介石在1930年出资修建的，蒋介石在庐山的时候，常到这里欣赏晚霞，美好的景色让他流连。1946年，美国特使马歇尔为调解国共之间军事冲突事宜，曾在此与蒋介石谈判，故而现在又叫“谈判台”。

大家现在所看到的亭子是后来重修的，大家请看上刻“观妙亭”。那“妙”究竟在哪里呢？细细品味，您就会发现这“妙”就妙在（这里除了山、雾和云之外）什么也看不着。正如亭上楹联所说，“山川吐纳开灵境，文轨交通乐太平”。这种景观是我国古代造园艺人，凭借自然的环境，巧借景外之物，而营造出的这个天人合一的美景，也让朱皇帝发布的“君权神授”广告产生了巨大效益。

“仙人洞”是一座自然天成的砂岩岩洞，洞高7米，深4米。洞顶的崖石有如一只巨大的手掌倒置，掌上五指参差不齐，间落有序。仿佛在招呼我们到洞中坐坐似的。这不是普通人的手，这是“佛”的手。自古佛手摩僧顶，这是仙人洞第一奇观。在仙人洞的洞底有一泉水，分左右两眼，俗称“雌雄泉”。不管洞顶上挂有多少水珠，他始终像有人在调度一样。雌雄两泉同时一滴一滴往下滴，真是“山高水滴千秋不断，石上清泉万古长流”。

这便是《后汉书》上记载的“一滴泉”，其早已成仙人洞镇洞之宝，它是仙人洞第二奇观。

（在这里，导游讲解应用了比拟的手法。比拟是通过想象把物拟作人或把甲物拟作乙物的修辞手法。在导游讲解中，最常用的是拟人。如本资料中就把“崖石”比拟为“佛手”。运用比拟手法时，景点导游员要注意表达恰当、贴切，要符合事物的特征，不能牵强附会；另外，还要注意使用场合。）

仙人洞相传是八仙之一的吕洞宾修道成仙的地方。此洞自从被发现以来，长期是佛教徒们的圣地。

这里的灵泉秀水曾留下了许多佛门大师的身影，淡云浓雾让他们悟出了禅机。“佛手岩”石刻上的题字“宝祐三年”告诉我们，在已过去的千年岁月里，佛教在这里有许多辉煌。斗转星移，物是人非。至清朝后期，道人到此后，为了冲淡佛教的气氛，做了很多的改化工作，首先将吕洞宾又请回洞中供养。汇编出许多故事在民间传诵。“佛手岩”终于变成了“仙人洞”，一派道教世界中的“第八小洞天”又再显出当年的光彩。

2. 水域景观导游讲解

景点导游员在介绍水域景观时，常常会用到分段讲解法、制造悬念法、概述法等。

1）分段讲解法：是对那些规模较大、内容较丰富的景点，导游员将其分为前后衔接的若干部分来逐段进行讲解的导游方法。一般来说，导游员可首先在前往景点途中或在景点入口处的示意图前介绍景点概况（包括历史沿革、占地面积、主要景观名称、观赏价值等），使游客对即将游览的景点有个初步印象，达到“见树先见林”的效果，然后再带团到景点按顺次游览，进行导游讲解。在讲解这一部分的景物时注意不要过多涉及下一部分的景物，但要在快结束这一部分的游览时适当地讲一下下一部分的内容，目的是引起游客对下一部分的兴趣，并使导游讲解环环相扣，景景相连。

2）制造悬念法：是导游员在导游讲解时提出令人感兴趣的话题，但故意引而不发，激起游客急于知道答案的欲望，从而产生悬念的导游方法，俗称“吊胃口”、“卖关子”。这种“先藏后露、欲扬先抑、引而不发”的手法，一旦“发”（讲）出来，会给游客留下特别深刻的印象。

例如，参观世界文化遗产——湖北钟祥明显陵，游客看到陵前的外明塘往往困惑不解，导游员不失时机地介绍：“明塘是显陵的独特设置，不仅有外明塘，里面还有内明塘，那么显陵为什么要在陵前设置明塘呢？请大家边参观边思考，等到了明楼我再告诉大家答案。”这就给游客留下了一个悬念。游客登上明楼后，导游员再告诉游客：“一方面，按风水理论，山为龙的骨肉，水为龙的气血，水有截止龙气流逝的作用。于陵前设置明塘，就满足了吉壤中穴对水的基本要求。另一方面，明塘含有龙珠喻义，如果说神道犹如一条旱龙，那么九曲河就好似一条水龙，两龙交会于明塘，构成了双龙戏珠的奇特景观。”

制造悬念是导游讲解的重要手段，在活跃气氛、制造意境、激发游客游兴等方面往往能起到重要的作用，所以导游员都比较喜欢用这一手法。

3）概述法：是导游员就旅游城市或景区的地理、历史、社会、经济等情况向游客进行概括性的介绍，使其对即将参观游览的城市或景区有一个大致的了解和轮廓性认识的一种导游方法。这种方法多用于景点导游员接到游客后在景区大门口的首次导游讲解中，它好比是交响乐中的序曲，能起到引导游客进入特定的旅游意境，初步领略景区奥秘的作用。

资料链接

云南泸沽湖导游词

朋友们：

我们将去游览美丽的泸沽湖，去领略摩梭人奇特的风情。

泸沽湖位于宁蒗县北部滇川交界的地方，距县城69公里，距丽江290公里，距昆明700公里。泸沽湖水面面积约50余平方千米，水面海拔2 685米，是云南海拔较高的湖泊，湖水平均深度40余米，最深处达73.2米，仅次于澄江抚仙湖，是云南第二深水湖。整个湖泊呈马蹄形状，南北长，东西窄。由于坐落在滇西北横断山区的万山丛中，水质纯净，清澈透明，是人间难得的一汪净水。湖东有条山梁蜿蜒而下直伸湖心，如苍龙俯卧湖中汲引甘泉，形成泸沽湖上一个美丽的半岛，它几乎将广阔的湖面一分为二。半岛前端为山之余脉，似龙头，湖水淹没脖颈，形成小岛，称为永宁土司岛，岛高出水面36米，长约5 000米，宽约200米。旧时为永宁土司消闲游乐之处，现存有戛木女神庙、土司塔，为毁后重建，时常有人乘猪槽船来岛上烧香敬佛，参拜女神，观赏湖光山色。湖内还有另外四个岛，两个属云南，两个属四川。属云南的两个岛，一个叫里格岛，位于狮子山下，紧靠湖的北岸，岛北面坡下地势平缓，居住着几户摩梭人家，全是木楞房，木房沿岛而建，大门面对湖水，景色迷人；另一个岛名叫里无比岛，又名“大堡岛”，距土司岛3公里，岛高出水面43.4米，长450米，宽200米。里无比岛西南坡平缓，藤树生长茂盛，东北方向山坡成台，湖边有小沙滩。里无比岛上曾建有喇嘛寺，今尚存遗迹。

（资料来源：中华人民共和国国家旅游局，《走遍中国：中国优秀导游词精选》，北京，中国旅游出版社，2000）

3. 植物景观导游讲解

植物景观导游讲解重点要从植物分类，植物的形、色、香及声、古、幽、光、影、奇等造景功能，以及植物品质内涵所蕴涵的寓意进行讲解。

资料链接

厦门植物园导游词

万石植物园位于狮山山麓，建于1960年，占地面积2.27平方千米，园区东起将军祠，西至虎溪岩，南达五老峰，北接虎园路。1988年，经国务院批准，园区被列为“鼓浪屿—万石山”国家级重点风景区的主要组成部分。至2000年11月12日，建园已整整40年。建园之初，仅作花圃经营，1961年，厦门市园林处派人从广州引回了数百种植物品种，这是第一次大规模的引种。这时，得到了福建省林业厅的重视和支持，合作建立“福建省厦门树木园”。其后，由于文化大革命期间受到彻底破坏，至20世纪60年代末，一直处于停顿、观望和混乱的状态中。至20世纪70年代，才恢复引种。根据国家城建局局长丁秀的意见，将植物园定名为“厦门园林植物园”，并请著名文学家茅盾题写园名。厦门园林植物园也是福建省第一个植物园。(这里运用的仍然是概述法。)

……

厦门市市花“三角梅”，古称“九重葛”，亦名“南美紫茉莉”，北方多称为“叶子花”、“三角花”，广州、深圳则称为“簕杜鹃”，香港则用译名“宝巾”称之。

三角梅由马偕博士1872年从英国引种到我国台湾，后传入大陆，至今已有120多年历史。三角梅种类繁多，花色鲜艳，有紫、红、橙、黄、白等系列色泽及单花瓣、重花瓣和斑叶多种。三角梅是一种不发生虫害的植物。

1986年10月23日，三角梅被选为厦门市市花，成为厦门城市景观的又一特色，给中外游客留下深刻印象。

(资料来源：厦门市旅游局，《厦门导游词》，北京，中国旅游出版社，2001)

五、人文景观导游

人文景观导游所涵盖的内容比较广泛，它包括城市景观导游、古建筑导游、宗教建筑导游、园林导游和博物馆导游等。在这里主要介绍园林导游、宗教建筑导游、古镇民居导游和博物馆导游。

1. 园林导游

园林是指在一定地域运用工程技术手段，通过改造地形，比如筑山、理水、叠石、种植花草、放养动物、营造建筑、布置园径等途径创作而成的美的自然环境和游憩境域。中国是世界上园林艺术起源较早的国家之一，至今已有3 000年的历史。中国的造园艺术以其独特的空间艺术体现了中华民族崇尚平和协调、淡泊宁静的精神。造园艺术的本质特征是对大自然的山水加以整治，或者在清静的市郊或喧嚣的闹市营造一片模山范水，以再现一个充满诗情画意的大自然生活环境。它的最高境界就是明代造园家计成在《园冶》一书中所指出的“虽由人作，宛自天开”，这也是中国园林建筑的最高法则。

在园林导游讲解中，往往会涉及一些建园背景、历史事件、历史人物及园中一些楹联等知识内容，这种讲解方法即知识融入讲解法。文化层次较高的游人很看重这种讲解方法。

有的园林的建园背景不仅富有知识性，而且还有故事性，如穿插加以讲解，往往会起到引人入胜的效果。比如苏州沧浪园就极富故事性、知识性。北宋庆历年间，在朝廷做官的苏舜钦因遭诬陷，被削职为民，退隐苏州。有一天，他独自到南园一带散心，只见此处有一大块荒地，三面环水，有些杂乱树木，还有些残败的池台亭阁，原来是一处废园。苏舜钦很喜欢这个地方，回头见河边有一船，船上有一老翁在钓鱼，苏便上前和老翁攀谈起来，得知此处曾是吴越国广陵王近戚孙承佑的别墅，后来人败园废，可谓荣华富贵，过眼云烟。这正与苏舜钦不顾高官厚禄，愿过清贫自在的生活愿望相近。于是，他花了四万铜钿买下这个废园，雇工理水叠山，广植花木，建屋造园。苏舜钦望着浩渺烟波，心旷神怡，忽然记起《孟子·离娄》所说：“沧浪之水清兮，可以濯吾缨；沧浪之水浊兮，可以濯吾缨足。”喻皇上英明，则洗净帽缨为其理政；皇上昏聩，且隐居山林之中，洗足自娱。于是苏舜钦把园中最高的亭子叫沧浪亭，并以亭名为园名。园中有亭，不可无联。苏舜钦就给正在酴州做官的好友欧阳修写信求联，欧阳修写好后托人带给苏舜钦，此联为：“清风明月本无价，可惜只卖四万钱。”苏舜钦觉得上联还好，下联粗俗且不对偶，于是他只将上联先挂起来，下联空着。苏舜钦的亲朋好友前来游园，看到只有上联，均不解其意。一日苏舜钦邀请老渔翁在石亭饮酒，望着眼前好景，情不自禁吟诵起诗来：“东出盘门刮眼明，萧萧疏雨更阴晴。绿杨白鹭俱自得，近水远山皆有情。”这时，老渔翁突然喊道：“下联有了，这最后一句正合其意。”于是天然巧合了一副很好的对联：“清风明月本无价，近水远山皆有情。”

通过这样的导游讲解，不但能使游客了解园林景点的设置用意，还能使游客增长许多知识，加深文化修养。

另外，在讲解中，导游员还应注意触景生情和寓情于景等导游方法，力求生动活泼，使游人得到启示和教益。触景生情法就是在导游讲解中见物生情、借题发挥的一种导游方法。在导游讲解时，导游员不能就事论事地介绍景物，而是要借题发挥，利用所见景物制造意境，引人入胜，使游客产生联想，从而领略其中之妙趣。

2. 宗教建筑导游

宗教建筑是反映宗教信仰和文化的有力表现形式，游客走进宗教的殿堂之中，就能油然产生一种神圣和敬畏之情，这是宗教建筑的主题思想。中国的宗教建筑往往建于名山大川之中。一是山岳的清净悠远能够体现宗教的超然脱俗；二是山的自然地势、自然景物有利于宗教建筑增加气势、营造一种虚幻境界，从而增强宗教建筑的崇高感、神秘感。

3. 古镇民居导游

良好的居住条件体现了人类对美的追求。各地人民在长期生产、生活的实践中，创造了适合于本地区、本民族特点的居室类型。如北方多为坐北朝南的四合院，江南水乡为封闭式院落住宅，南方丘陵山区多为高低错落的台基式院落住宅，闽西南和粤东北的客家人为城堡式土楼院落或围垄屋住宅，云南为“一颗印”式住宅，黄土高原地区广泛使用窑洞式住宅等。各少数民族地区的居住形式更为多样。如南方壮族、傣族、布依族、黎族等民族至今保留着干栏式住宅建筑，主要形式有傣族竹楼、拉祜族正方形掌楼、独龙族竹木结构矮楼、海南岛黎族船形屋和纳西族的木楞房等；北方游牧民族多居住拆移迁移方便的帐幕式住宅，主要形式有蒙古族的圆形毡房（蒙古包）、鄂温克族的伞状“希楞柱”、鄂伦春族的圆锥形住宅“仙人柱”等。此外，还有羌族的寨子、渔家居住的船楼舟舍和林区猎户的棚屋、毛棚等。

▶资料链接

婺源紫阳镇导游词

来到婺源县城紫阳镇就如同到了一座半岛，它三面环水，一面依山。镇外是终年碧绿的万亩茶山。小镇上虽可见绿树浓荫中耸立着的高楼大厦，但又处处有古巷交错，青石板砌就的路面被风雨剥蚀得光滑可鉴。

从紫阳镇朝东、北、西三个方向延伸，分布着许多风景点，我们先去东边，到那里的小山村去看看。

这一带农舍一律灰瓦粉墙，飞檐翘角。村舍的排列虽不很整齐，但都背山面水，错落有致。在河对岸的一个个村落与公路之间都用一种别致的木桥相通。这种木桥一般由十几节木排构成，每节木排之间用树藤固定，接头处有两根较粗的树木支撑在水中。上桥时，脚下的木板会发出吱呀吱呀的响声。胆小的人走到桥头会踌躇不前。连接村庄的桥头旁，偶尔还会发现耸立着一块凿有圆孔的石柱。这是用来栓系木船的。有这种石柱的地方多是旧时的码头。据村长介绍，这个村庄分两部分，相隔1公里，共有200多户人家。村里的房屋多系明清建筑。小巷曲曲折折，走在其间分不清东西南北。屋前屋后搭有瓜架，种有果树，环境恬静、幽雅。

村中有一座保存完好的宗祠建筑。宗祠在婺源山乡很普遍，它是旧时封建宗法制度下同族祭祀祖先和村中德高望重的长老召集村民商议大事的地方。婺源的宗祠建筑外部造型雍容大方，内部一般建有庭院、花园、两三个大厅和左右厢房等。房顶的木结构上都雕刻着人物、鸟兽、古代戏文图案。

4. 博物馆导游

博物馆是陈列展出、保护收藏物质文化和精神文化的实物、标本和模型的一种文化教育事业机构。依据收藏内容，博物馆可分为综合型、自然科学、人文科学三大类。每一类又可分作许多专题博物馆。一般地区性博物馆属于综合型，主要收藏与当地有关的各种文物，包括地方历史、地方文化、地方民俗等文物。我国各省市博物馆多属此类。

传统的中国工艺品，如陶瓷、玉器、漆器、丝绣等，不仅是中国旅游商品的重要组成部分，也是博物馆展品内容的一部分，具有浓郁的民族特色和地方特色。下面介绍博物馆中古器物的讲解技巧。

（1）讲解制作工艺，表现出人类的智慧才能

陶器、瓷器和青铜器都是中国古代的伟大发明创造，代表着中国古代生产水平、科学技术和文化艺术的成就，表明中国在人类文明发展史上作出的巨大贡献。景点导游员在讲解古器物时，要给游客介绍古代先民的创造发明，让游客了解数千年前，我国所达到的技术水平和工艺成就。

比如在讲解明丽如霞的唐三彩时，游客一定会问唐三彩那色彩斑斓、绚丽夺目的釉彩是如何形成的。导游员可这样讲解："唐三彩是用白色黏土做胎烧成型后，挂铅釉入窑再经过800℃温度烧制成的。唐三彩所用的釉料配入适量的氧化铜可烧成绿色，配入氧化铁呈黄褐色，配入氧化钴可以得到蓝色。以这几种颜色为基础，又可调配烧制出深绿、浅绿、浅黄、褐黄、天蓝、茄紫、褐红等多种色彩。用在器物上，可一彩、二彩、三彩或多彩，可以随心所欲地配制。由于铅釉的流动性强，在烧制时釉中着色剂向四方扩散流动，各种色彩相互浸润，就形成了这种斑驳陆离、妙不可言的特有色彩，达到了自然天成的艺术效果。从中可以看到唐代工匠的审美趣味和工艺水平是相当高的。"

（2）讲解艺术特点，表现丰富的文化意蕴

陶器、瓷器和青铜器都是中华民族艺术宝库中的瑰宝，有着极高的艺术欣赏价值。面对丰富多彩、神秘而富有美感的古器物，导游员可以从游客观赏的角度切入，抓住其艺术特点讲解，欣赏其外在美和内在美的和谐统一。讲解时可以从不同的角度找出其艺术特点。

1）工艺特点。比如，黑陶作为龙山文化的代表其工艺特点可以归纳为四个字："黑、薄、光、纽"。"黑"是指它乌黑如漆的色彩，"薄"是指器壁很薄，"光"是指它的表面有平滑的光泽，"纽"则是指器物上的鼻、耳、盖纽等饰件。黑陶工艺品中的精品——蛋壳陶是轻巧玲珑的高柄杯，它的特点是："黑如漆、明如镜、薄如纸、硬如壳"。它的制作技术难度极大，但却又如此精妙。蛋壳陶清纯秀雅，只有上等的宋瓷才可以与它相媲美。

2）实用特点。比如在讲解紫砂陶的代表紫砂壶时，可突出其五大优点：其一，用以泡茶不失原味；其二，久用之壶，空壶注入沸水也有茶香；其三，茶水不易霉馊变质；其四，使用越久，茶壶越发光泽；其五，耐冷热急变且传热缓慢。除此实用功能，还可从紫砂壶的质地色泽、造型、款式介绍它独特的文化意蕴、收藏价值以及各代制壶名家们的风格特色。

3）文化特点。介绍器物的文化特点就是把古器物中时代色彩和文化内涵讲解出来。比如在讲解鸟形器物时突出其宗教文化特点。我国东部沿海一带是远古东夷族人生活的地域，在这一地区的考古发掘中，发现的器物很多是仿制鸟形的，而没有别的动物形象。这说明这里的先民是非常崇拜鸟的。

4）娱乐特点。比如在讲解妙趣横生的青铜器——投壶时，可先介绍铜壶是生活中最常见的一种用具，主要用来盛水、酒、油等液体。可是在古代，有一种既不能盛水也不能装酒，而是专门用来进行游戏娱乐活动的壶，这就是战国时期的投壶。然后讲解投壶在造型装饰和功能设计上的与众不同，以此突出投壶游戏娱乐的特点，反映出古代工匠标新立异、别出心裁的创意思想。

5）观赏特点。介绍器物的观赏特点就是以欣赏的眼光讲解古器物美的特色。比如康熙青花瓷的图案题材广泛，画面宏大，往往用整幅山水、历史人物、耕织图、花鸟装饰瓷器。青花的特点是色调鲜明青翠，浓淡适宜，层次分明。制瓷工匠能熟练地运用多种浓淡不同的青料，分染出深浅有别的蓝色色阶变化，甚至在一笔之中也能分出浓淡笔韵，使画面具有丰富的色调，所以享有"青花五彩"之誉。

六、导游讲解服务技巧

1. 身体的运用

1）给游客的第一印象非常重要，所以导游员在接待游客时衣着要整洁，不要忘记戴胸牌以及帽子等必备物品。

2）要时常微笑以拉近与游客之间的距离。

3）要注意站姿。俗话说："站有站相，坐有坐相。"这在一定程度上反映了导游员的信心和领导能力，要避免出现诸如玩弄笔或钥匙等小动作。

4）形态动作要自然大方，既要面向游客，又要与所讲解的景物成45°角。

2. 声音的释放

1）要充满激情和感情进行讲解。

2）讲解时语调要抑扬顿挫。

3）要利用停顿代替平时习惯使用的口头语。

3. 语言的简洁

1）要使用简洁的语言，这对于某些外省和外国的游客很重要。

2）尽量使用通俗的语言，避免使用行话。

3）语言要幽默风趣，可适当开玩笑，只要笑声一起，就可能感染每一位游客，让他们得到放松，并且觉得跟随导游员游览很精彩。

4. 道具的使用

在讲解服务的过程中，导游员要善于利用景区内部所存在的道具。这些道具可以对讲解的内容起到辅助作用，而且可以吸引游客的关注，令游客对所讲解的景物感兴趣。目前，景区内可供利用的道具主要有以下几种：毛皮、骨骼、植物标本、岩石、工艺品、生产工具、服装、仪器、照片、动物标本、书籍、音乐等。

七、编写幽默的导游词

列宁曾说："幽默是一种优美的、健康的品质。"讲话幽默、风趣是导游员语言艺术性的重要体现，它能使导游讲解锦上添花，使听者轻松愉快，既活跃了现场气氛，又提高了游客的游兴。

资料链接

吐鲁番导游词

各位游客，你们好，人们称"南京、武汉、重庆"为三大火炉，而吐鲁番在6～8月间平均气温高出它们8～10℃。因此人们戏说："吐鲁番的县太爷是坐在水缸里办公的。"当然，这不过是一个笑话，但在热沙中做热疗，在石头上烙面饼，在沙窝中烤鸡蛋，却并不是虚传。盆地因内热外寒而形成大风，每年4到7月间刮8级以上大风30多次，因此又有了"陆地风库"的称谓，三大风口之一的达坂城是天山风口。请男士们稍加注意，前方将驶入世界级民歌王——王洛宾老先生的歌中唱到的达坂城了。擦亮眼睛看看达坂城的姑娘是不是"两只眼睛真漂亮"，看到美丽的姑娘了吗？没有？那一定是她们害羞躲起来了，要不都被过往的游客们娶走了。王老的这首歌，人人都爱唱，可是当地的维族同胞对王老有点意见了。他们说，王老把他们写得太傻，姑娘嫁了就可以了，还把妹妹再赔上，那有这样的道理。请大家注意看，窗外的树为什么都向一边歪着？对了，这是百里风区，风口地段，大风常年向一个方向吹的结果。据说，达坂城的男子们的胡子也是向一个方向歪着的，不信？你们找找看……

吐鲁番以"四最"名扬天下，您知道是哪"四最"吗？最低，最干，最热，最甜。最低是指什么呢？它是指吐鲁番盆地的低洼地——艾丁湖，低于海平面154米，是世界第二低洼地，仅次于死海。最干就是指降水量最小，因为雨还未下到地面上，在半空中就被蒸发干了。最热呢？一会儿到了火焰山，您就会亲自体验到什么才叫热。那么，我有一个问题：广州素称"花城"，济南为"泉城"，那么吐鲁番是叫什么城呢？对，叫葡萄城。也许你们中的不少人就是被一曲《吐鲁番的葡萄熟了》召唤来的。的确，能够品尝一串世界葡萄冠军——吐鲁番无核白葡萄，未必不是一件能炫耀的快事。美国加州的游客曾千里迢迢来到这里，专门考证出：吐鲁番的葡萄含糖量世界第一。有民谣说："吐鲁番的葡萄，哈密的瓜，叶城的石榴顶呱呱，库尔勒的香梨人人夸。"到了新疆，大家想不想做一天的新疆人？好，我现在教你们几句在新疆地区能常用到的话，这也是今后向亲朋介绍的资本。"亚克西姆赛斯"（你好），"热合曼提"（谢谢），在巴扎上，如果你能给维吾尔朋友问个好，再说一句"尤达西"（朋友），热情的维吾尔兄弟一定会少要你的"铺路子"（钱）。

这里就是让人们"日啖葡萄三百颗，不辞长作高昌人"的葡萄沟，这高昌人便是今天的吐鲁番人。看，这是马奶子葡萄，这是玫瑰红，这种就是最具盛誉的无核白，你们可以亲自摘下来品尝，一尝忘不掉。这里的葡萄每5米种一株，现在年产量已超过5 450吨，这葡萄长廊也超过6公里长，神仙也不一定见过如此佳景，品尝过如此美味。满目绿色，凉爽宜人，这葡萄甜而不腻，想不想住在这"世界最甜的地方"？今天咱们吃不了葡萄可以兜着走，吐鲁番的美景还多着呢，咱们还得抓紧时间去感受。在每年5到9月的旅游黄金季节，吐鲁番的日温差大，6到8月间日温差可达20℃，人们常说："早穿皮袄午穿纱"，故此这里的葡萄水果最甜。好了，到了吐鲁番不去一趟热极——火焰山体验酷热，多少有点枉来一趟吐鲁番。是不是心动了？那快上车付诸行动吧！马上开往火焰山。

八、导游讲解中应注意的问题

要讲好一个景点，在导游讲解的实践中应该注意以下几个方面的问题。

1. 登高望远，追根溯源

所谓"登高望远，追根溯源"，指的是导游员在讲解景点的时候，不要就事论事，就景点讲景点，而要扩展自己的视野，关注那些全局的、共性的、具有根本性的东西。这样才可以站得高，看得远，剖析得深，把景点讲好。达·芬奇说："凡是能够到源头去取泉水的人，决不喝壶中之水。"讲的就是这个道理。

例如，无论是敦煌石窟、云冈石窟、麦积山石窟，还是龙门石窟、大足石窟，都只是中国佛教雕塑艺术的一个局部。如果导游员按时间先后把它们排列出来，从魏晋南北朝到隋唐、两宋，从新疆的克孜尔石窟、库木吐拉石窟、高昌石窟到敦煌石窟、云冈石窟、龙门石窟、大足石窟，就能明显地感觉到，无论是石窟形制、装饰图案、人物形象、衣饰、器物，还是其表达的思想感情，都在发生明显的变化。可以看到汉风的强劲，看到中华文化如何向外来文化学习，从中汲取营养，加以选择，创造出自己辉煌灿烂的佛教石窟艺术来。导游员就不难领会佛教艺术中国化的进程。在讲解龙门石窟卢舍那佛时，导游员就不会捉襟见肘，反而会游刃有余、挥洒自如地向游客说明，为什么卢舍那大佛是佛教艺术中国化的一个典范、一个标志。如果导游员能再了解一下印度佛教造像艺术如何受古希腊雕塑艺术的影响，形成印度的犍陀罗艺术、笈多艺术、马土腊艺术，导游员就会明白，外来艺术的民族化、本土化是世界艺术发展的普遍规律。任何学习、吸收都不能取代融会和创造；任何外来的东西都只有和当地民族的、本土的东西结合起来，适应当地民族的需要，才可以发芽、成长、开花、结果，这样的学习提高过程，就是导游员一步步揭示景点更深层次文化内涵的过程。导游员把景点的来龙去脉讲得越清楚，揭示得越深刻，越能够受到游客的欢迎，游客从旅游中获得的东西也就越多。

不了解佛教发展的脉络和基本教义，就很难讲清楚各地的佛教寺院。不了解佛教发展的各个不同阶段及变迁的原因，就很难去讲好中国式佛教——禅宗祖庭少林寺。一个连基本的雕塑技法和分类都不了解的导游员，如何带领游客去欣赏中国古代石窟？一个不了解冰川对黄山影响的导游员向游客大谈特谈黄山“四绝”，也不过是只知皮毛，不知就里。一个连生态环境对人类有什么影响都不知道的导游员，又如何能讲得好海南岛？近年来，导游队伍越来越壮大，人员的素质却良莠不齐，一些导游员在导游讲解中讲几个不荤不素的笑话，唱几支流行歌曲，以博游客一笑、敷衍了事的情况时有发生。其原因就在于导游员不愿意下工夫去学习，去读书，去追根溯源。其结果就必然是“举一隅不以三隅反”，“知其然而不知其所以然”。

2. 明确的主题

这里的“主题”是指导游员每讲解一个景点或说一段话时，首先要明白自己表述的主旨，明白自己要达到一个什么目的或要表述一种什么思想；然后围绕这一主旨去组织材料，使用材料，展开叙述，实现自己的导游讲解目标。换句话说，要用观点去“指挥”材料。只有观点没有材料，必然成为“光杆司令”；反之，如果只是堆砌材料，没有观点，则会成为“乌合之众”。只有思想和材料的统一，才显得眉目清楚，条理清晰，游客也才听得明白。

必须指出的是，导游员抓住主题、主旨的目的是方便讲解，使导游讲解言之有物，言之有序，有较强的逻辑性，不至于“东一榔头，西一棒子”，让游客如坠雾中。但这种主题、主旨不是提炼出来的，不是给游客说教，而是面对着祖国的名山大川、名胜古迹，导游员自己的感触、感动，是导游员通过自己的导游讲解，通过自己的遣词用句、抑扬顿挫的语调、起伏跌宕的感情，自然地流露出来的；是导游员将自己的心贴近游客的心，去触发他们的想象，去拨动他们的心弦，在共同参与愉快的审美活动中自然产生的。游客在这样的过程中获得的享受才是愉快的、持久的。

不同导游员的知识深浅、生活阅历有别，每个人讲解景点的切入点自然不会一样。例如，游览长江三峡，可以谈三国遗迹，也可以谈唐宋诗人心中及笔下的长江三峡；也可以谈长江的物产，也可以谈长江的水力资源而进入三峡大坝的话题。景点内涵的多面性和导游员个性、爱好的多样性，必然导致导游员讲解内容的各具特色，应避免导游员的众口一词，千人一腔。那样做，必然会使导游讲解变得越来越没有生气。就像“文无定法”一样，导游讲解也没有“定稿”。鲜活的导游讲解一定是导游员和游客共同创造出来的，每一个导游员都可以去寻找适合自己特点、有利于发挥自己特长的导游方法。

▶ 资料链接

苏州寒山寺的导游词

游客朋友们，说起寒山寺，大家都会想起唐代大诗人张继写的《枫桥夜泊》一诗：

“月落乌啼霜满天，江枫渔火对愁眠。姑苏城外寒山寺，夜半钟声到客船。”这是当年张继进京考试名落孙山，归途中夜泊枫桥写下的千古绝唱。寒山寺的钟声使他消除了烦恼，继续寒窗苦读，后来再次赴京应试，终于得中了进士。因而，便有了苏州寒山寺的钟声能消除人们心中的烦恼，启迪心灵的智慧，寄托幸福的期望，给您带来美好吉祥的预兆的说法。下面请大家跟我一起前往寒山寺游览。

在寒山寺，最使游人感兴趣的就是那口大钟了。寒山寺的钟历来受到诗人们的题咏，这在文学史上是罕见的。相传张继诗中所涉及的钟历经沧桑，在明末流入日本。清末，日本的山田寒山先生四处探寻，欲将此钟归还，但终无下落，便募捐集资，在日本明治38年（1906年）由小林诚等一批工匠精心铸成一对青铜钟，一口留在日本观山寺，一口送来苏州寒山寺，在中日民间文化交流和友好往来史册中写下了美好的一页。在日本，苏州寒山寺几乎家喻户晓，老幼皆知，在日本的小学里，甚至把张继的《枫桥夜泊》一诗作为课文来讲授和背诵。

自1972年12月31日除夕夜，苏州举办首届除夕寒山寺听钟声活动以来，此项活动已连续举办了30届。30个除夕，大批海内外游人来寒山寺聆听夜半钟声。

（这一篇介绍苏州寒山寺的导游词，语言生动，内容丰富，层次。重点写寒山寺及其大钟，突出主题。）

3. 面对完整的情节和精彩的细节

导游员的讲解一定要以事实作为基础，离开了事实，必然成为无本之木、无源之水，胡编乱造，只会失去游客的信任。在讲解自然景观时，尤其是讲解溶洞的时候，一些导游员喜欢添加一些故事和传说。这些故事和传说的真实性无从考证，但对表现主题却起到一定的作用。在讲解时导游员必须慎重取舍，注重格调和品味，注意讲明这些故事产生的时代环境和当时的人民的愿望。

在一些景点，有的导游员讲得很多，也讲得很快，什么都想告诉游客，结果使游客云里雾里，所得不多。因此，作为导游员，不要企望一次、在一个景点把什么都讲清楚，但要在每一个局部给游客留下相对完整的印象。这里讲的“相对完整”是指导游员要学会选取材料和运用材料，让游客从导游员的讲解中了解景点的基本脉络，获得一个完整的认识。比如，讲海南岛的“天涯海角”，导游员必须要讲到中国古人“天圆地方”的宇宙观。天是圆的，自然有沿（即“涯”）；地是方的，一定有“角”。不然就讲不清楚。讲“南天一柱”也是一样的。传说，工怒触不周山，天柱折，天河倒泻，大地一片汪洋。女娲补天，“断鳌足以立四极”。不讲这些，游客就弄不明白那一块并不高的岩石，怎么就变成了“南天一柱”。

在导游讲解中，导游员的着眼点在细节。细节的魅力往往就是生活本身的魅力，也是最能打动游客的地方。在各个景点都必然有这样一些“细节”，导游员一定要找到它，讲好它。

在海南岛，为讲清楚生态环境的保护问题，导游员可从身边的事情谈起，并运用一些生动的细节。如导游员可说：“人类生存需要氧气。地球上30%的氧气来自植物，20%来自海洋中的藻类。如果空气中含氧不足，人就会头晕，不舒服，以至昏厥。生物的多样性其根源就在于遗传基因的多样性。人与恒河猴、狒狒只有一个基因的差异，为这一个基因的产生花了整整5000万年的时间。1972年水稻专家袁隆平在海南三亚的一片沼泽地里，找到了一株野生的雄性不孕稻。以此为文本，从而诞生了杂交水稻，引发了由水稻产生的一场‘革命’。新的杂交水稻使我国的水稻产量每年增产20%，20多年来共增产了4 000亿公斤，可供1.5亿人吃一年。可惜，袁隆平再次来到三亚的时候，沼泽地不见了，变成了公路。面对着什么植物也没有的公路，袁隆平什么都说不出来。时间在流逝，人类在进步，生态在退化……”

听到导游员的这番讲解，游客会受到很深的感触。

在北京的大钟寺（即觉生寺），当游客见到那高大雄伟的大钟时，都会惊呼起来。这时导游员可说：“这座大钟通高6.75米，钟唇厚22厘米，外径3.3米，重约46.5吨，钟内铸满了佛经经咒17种，总计22.7万余字。书法精美，法度谨严，相传出自明初书法家沈度的手笔。古籍上说：‘昼夜撞击，声闻数十里。’有人测过，击钟尾音可达3分钟，钟声传送距离为15公里以上。为什么会传这么远？据科学家测定，在铸造时，钟内铸进了16.5公斤的黄金。”

直到介绍结束，导游员才抛出钟内有黄金这一细节。这样，游客就经历了一个“惊—疑—信”的过程，对此钟会留下深刻的印象。这时导游员可以接着说：“按照当时的常规，悬钟的主梁一般直接挂在立柱上。两大钟楼则重叠架设了三层纵横梁，把主梁承受的重力分散在十个断面上，使八根立柱承受的负荷均衡。更令人叫绝的是，铜纽处用的一根铜穿钉是一根只有1米长、6厘米宽的铜销子。穿钉虽小，但经力学专家计算，其承受力却在安全系数以内。这是因为在它的中心镶进了一根相当于低碳钢的芯子。铜销的两头就藏在两个兽纽的后面。500年了，永乐大钟的钟声还在响着……”

通过这种层层递进的细节讲述，可让游客获得层出不尽的享受和惊喜，也将给其留下长久的思索和深刻的印象。

4. 把握好导游讲解心态

有的导游员，尤其是工作经验少的导游员，准备工作做得很好，但一现场讲解就显得紧张，尤其遇到导游界的同行就更紧张。这中间，很大程度上是心理因素造成的，当然也可能有对景点把握不透的因素。自卑是导游员讲解不顺的最大心理障碍。导游员要在实践中锻炼自己，逐渐培养出一个良好的心态，最重要的是要以“平常心”来对待自己的导游讲解。导游员经常说：“一个导游员既要‘目中无人’，又要‘目中有人’。”所谓“目中无人”，就是当导游员拿着麦克风的时候，要确信自己就是优秀的，要不受干扰地讲下去。居里夫人曾说：“我们应该有恒心，尤其要有自信心。必须相信自己是有能力的，而且要不惜代价把这种能力发挥出来。”讲的就是这样一种心态。所谓“目中有人”，就是不要只顾自己讲，要善于察言观色，用自己的眼睛去观察游客的反映，捕捉对自己讲解的反馈信息，从而修正自己的讲解，满足游客的要求。如果偶有失误或失言，也要努力做到失言不失态，失误而不失格。自然流畅的讲解、舒展洒脱的气质一定会赢得游客的理解和好感，保证讲解的顺利进行。

导游讲解具有明显的互动性，是导游员和游客间相互作用的过程。导游效果是导游员和游客共同创造出来的，导游员对这一点必须具有自觉的认识。导游员和游客间是一种双向的沟通，导游员既是说话人，又是听话人。导游必须注意语言环境的变化和游客的反映，随时调整自己的讲解。导游员越镇静，语言越流畅，游客的满意度就会越高，从而造成一种良好的导游气氛；客人越安静，注意力越集中，导游员就会发挥得越出色，从而达到甚至超越自己平时的讲解水平。因此，舒缓的心态、平常心、自信心是导游员讲解成功的重要保证。

5. 艺术的想象力和联想力

导游员的讲解实际上是一种“二度创作”。在讲解过程中，导游员以情及物，借物抒怀，去实现情与景的对话，情与人的对话，今人与古人以及与历史的对话。通过讲解，赋予客观的东西以充满生活真实的气息，揭示大自然和人文景观醉人的魅力，将自然美、人文美转化为生活美。这既是旅游的目标，也是导游讲解的目标。

导游讲解一定会明显地带有导游员的个人风格（背诵导游词的不在此列），这风格是导游员个人修养和素质的外化，也是对景点理解的再现。这种个人风格越突出，就越能触动游客，引人思考，引人想象，引人回味。

人的美感具有两重性：一方面是感性的、直观的；另一方面是理性的，在感性中包含了长期的人化了的结果，即人从人类文化的陶冶中获得的审美体验。鉴于此，导游员就不应该仅仅满足于对景点表层印象的讲述，而应当揭示更深层次的文化内涵，才能引人入胜。要做到这一点，就必须具有艺术想象力和联想能力。

导游讲解是一门艺术，而不是技术。艺术是非常需要想象力的。没有想象力，艺术就没有翅膀，飞不起来。中国艺术特别讲究一个“神”字：神采、神奇、神妙、神思、神韵……有神则活、则生，无神则板、则滞。身与物化，迁想妙得是为神；精骛八极，心游万仞也是神。有神才有意境，有神才有韵味，有神才生动形象，有神才真实感人。人文景观之佳，山水林泉之胜，得之于目，兴动于心，情与景会，有感而发，顷刻于言，如滔滔江水，奔腾而下，如汩汩泉水，喷涌而出。那时，就不会觉得无话可说，而是有说不完、道不尽的东西了。

导游讲解中的想象力和联想能力并不是什么高深莫测、不可捉摸的东西，很多导游员都在运用，只不过不那么自觉、不那么主动罢了。希望有更多的导游员自觉地运用这一方法，把景点讲活讲好。

对如何讲好景点，上面分五个方面分别作了阐述。但各点之间是具有有机联系的、相互渗透的、相辅相成且不可割裂的。导游员在自己的导游实践中，应联系实际，学习、领会、运用，比较、思索、提高，才能把旅游景点讲解得更好。

第四节　送客服务

一、送别

参观游览活动结束后，景点导游员要有一个简短的欢送仪式，在这一仪式中要致欢送词，其中先要对游客参观中的合作表示感谢，征询游客对导游讲解以及旅游景区的建设和保护的意见和建议，欢迎游客再度光临指导。

资料链接

欢送词

各位朋友：

我们的参观活动到此结束了。在这里，我非常感谢大家对我工作的支持，也谢谢你们带给我的快乐！如果导游讲解中有不足之处请多提宝贵意见，希望我们能再相会。最后祝愿大家一路平安，合家欢乐，身体健康！谢谢大家！

二、总结

送走游客并不意味着导游工作结束，因为还要做好总结工作。

总结工作十分重要，它不仅是提高导游服务效率和导游服务质量的必要手段，而且还可以帮助导游员提高写作水平，填补导游员只动口、不动手的缺憾。

1. 写好接待总结

导游员完成接待服务后，要认真、按时地写好接待总结，实事求是地汇报接待情况。接待总结的内容包括以下几点。

1）接待游客的人数、抵离时间。若是旅游团队，还应记录团队的名称及旅行社的名称。

2）游客成员的基本情况、背景及特点。

3）重点游客的反映。应尽量引用原话，并注明游客的姓名和身份。

4）游客对景区景观及建设情况的感受和建议。

5）对接待工作的反映。

6）尚需办理的事情。

7）自己的体会及对今后工作的建议。

8）若发生重大问题，应另附专题报告。

2. 查漏补缺

导游员在总结工作中，应及时找出工作中的不足或存在的问题，如导游员不清楚的知识、回答不准确甚至回答不出的问题。根据这些问题进行有针对性的补课，请教有经验的同行，以提高今后的导游水平，真正做一个学者型的导游员。

3. 总结提高

在导游服务中，若游客提出的意见和建议涉及导游员，导游员应认真检查，吸取教训，不断改进，以提高自己的导游水平和服务质量；若涉及其他接待部门，应及时反馈到所在单位，以便改进工作。

本章小结

本章通过介绍旅游景区的迎接服务、导游服务、讲解服务和送客服务来了解旅游景区导游服务的程序。

知识结构

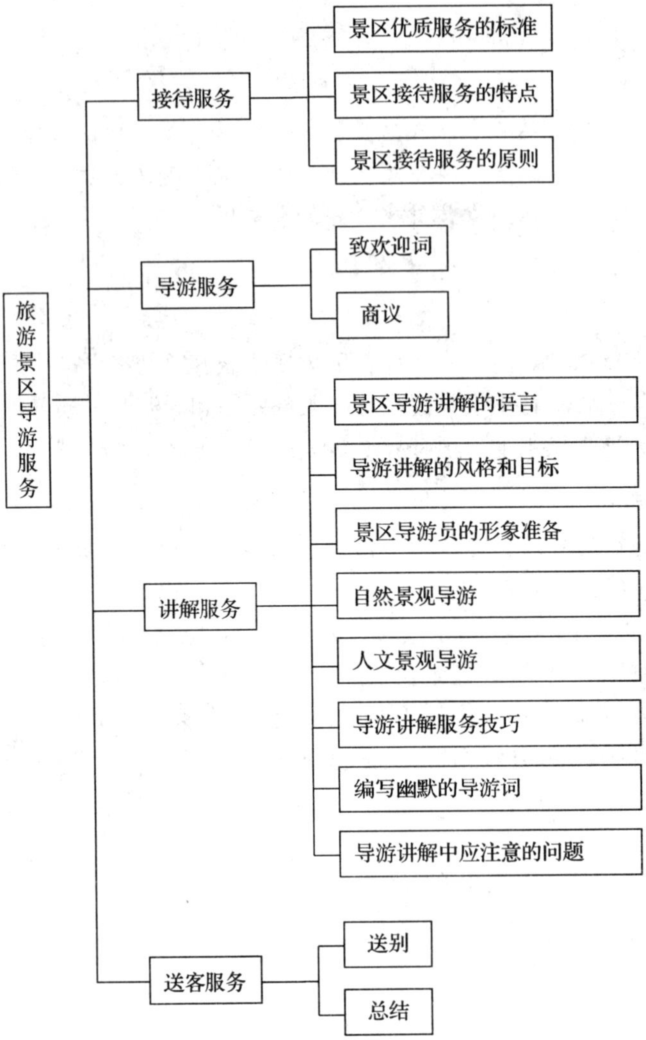

习题与思考

1. 简答题

1）何谓导游语言？导游语言应具备哪些特性？

2）在游览山岳景观时，景点导游员应该提醒游客注意什么？

3）旅游景区导游讲解服务有哪些技巧？

4）请拟写一份欢迎词或欢送词。

5）景区导游工作中，与游客商定游览行程及线路时应注意哪些问题？

6）请说明景区接待服务的特点和原则。

7）景点导游员如何做好上团前的形象准备？

8）进行导游服务之前，景点导游员应从哪些方面做好准备工作？

9）请拟写一篇本地景区的导游词。

2. 思考题

1）西湖导游词片段。

西湖在12 000年前还是与钱塘江相通的一个浅海湾，宝石山和吴山是它的两个岬角，后来由于泥沙的冲击导致淤塞，逐渐形成了一个半封闭的浅水风景湖泊，地质学上把这种现象称之为“泻湖”。一个自然的湖泊形成当然少不了历史功臣对它的疏浚治理，白居易、苏东坡、钱镠、杨孟瑛、阮元都对西湖建设作出了重大的贡献。新中国成立后，西湖得到了人民政府的综合治理，所以西湖的水更净了，环境更美了，群山更翠了，空气更清新了。作为杭州人引以为傲的湖泊，西湖不仅具有游赏功能，而且起到了调节城市环境、保障人民生活的作用，富有时代韵律的美感。

请思考：上述这段导游词主要从什么方面介绍了西湖?

2）灵隐寺导游词片段。

各位朋友，游完整个灵隐寺后，您会发现灵隐寺的造园艺术可归结成一个“隐”字。一般的寺院，前面往往比较开阔，以炫耀法门的气派，而灵隐寺却才处在群山环抱的峡谷中，雄伟的北高峰作为大寺的靠山，嶙峋的飞来峰成了秀美的前屏，一泓清泉流贯寺前，使得“灵山、灵水、灵鹫、灵隐”浑然天成，使人恍如置身于仙灵所隐之地。难怪平生酷爱山水的宋朝诗人苏东坡游灵隐寺后，吟咏出“最爱灵隐飞来孤”之句。各位朋友，您觉得如何呢?

3）祈年殿导游词片段。

……祈年殿参观完了，历史上的封建帝王已经不复存在了，“祭天”、“祈谷”的典礼早已成为历史的过去，但是古代的工匠大师们建造的肃穆而庄严的天坛和宏伟而壮丽的祈年殿，却依然耸立在我们面前，它是古代文化的载体，是古人智慧的结晶，更是世界人类的文化遗产。

请思考：上述两段导游词各有什么特点?

案例分析或点评

案例1 “瞎编”导游员怎得人心?

“我不明白青岛的栈桥景点到底有多少种来历解释，为什么导游员们讲解的都不一样呢?”昨天，从广州来青岛旅游的赵一军先生向记者反映，他和朋友到青岛出差。他们来到栈桥景点游玩时，凑到两个外地来青岛旅行团的导游员身边“旁听”导游讲解，结果听出一件怪事。“两名导游员一个说，栈桥是1937年日本人侵占青岛时修建的；另外一个说，栈桥是1860年鸦片战争后修建的，导游员的讲解把我们给搞懵了。”赵一军说。不同的导游对栈桥景点的讲解竟大相径庭。

为了考证导游员对青岛栈桥景点的了解程度，记者向10名带队在栈桥游览的导游员提出两个问题：栈桥最早是哪一年建造的？修建栈桥的人是谁？结果10名导游员中，只有两名导游员给出了正确答案：栈桥始建于1892年，由当时任清政府总兵的章高元建造。

此外，部分导游员讲解小青岛景点时称：“小青岛是由汉白玉巨石搭建而成，顶端装有一个巨型的水晶球，到了夜晚能放出红色的光芒。”而记者查询青岛文史资料得知，小青岛位于胶州湾入海口北侧的青岛湾内，因其与黄岛遥遥相对，彼黄此青而得名。1900年，德国人在小青岛制高点建灯塔一座，塔高15.5米，呈八角形，洁白如雪，亭亭玉立。每当暮色四合，灯塔闪烁出红宝石似的光辉，为进出胶州湾的船只导航。

点评：

同一个景点，导游员的说法却不一，细心的游客可以轻而易举地听出破绽。破绽一出，就会在游客心中产生消极的影响，从而降低对导游员的认可度。要想成为一名合格的导游员，首先要掌握基本的地域知识，因为导游员是作为一个使者来维系游客和当地旅游城市的关系的，是作为一个窗口来传递某个城市的人文地理、精神面貌的。

案例2　小陈的匆忙

导游员小陈接到通知：第二天早上8点接待外地来的某专业学术团。第二天早上8点，旅游团已在景点门口等候，小陈才匆匆忙忙地赶到，接到团队后她说：“各位游客，你们好！今天由我给各位进行景点讲解，在景点内请大家随我一起游览，不要走失，注意安全。好了，我们开始参观吧。”进入景点内，小陈同往常一样对景点作了一般讲解，其余时间让游客自行参观，她自己则回到景点休息室休息。

试分析导游员小陈在工作中的不足。

分析：

1）导游员小陈未提前到达景点做好准备工作。

2）参观前，没有介绍景点概况、游览线路、参观时间等。

3）没有作自我介绍。

4）景点讲解没有依据旅游团的特点进行安排。

5）没有进行送别服务和总结工作。

案例3　被冷落的导游员

导游员小苏正值青春妙龄，长得亭亭玉立，楚楚动人，家境颇为殷实。而她本人则爱好打扮，服饰装扮总是处在时代潮流之中。

一次，小苏接待了一个来自境外的旅游团，旅游团成员多为30岁左右的女士。小苏认为第一印象十分重要，因此，她精心挑选了一套真丝连衣裙，以十分高贵的形象出现在游客面前。她的出现顿时使旅游团中的女士们黯然失色。再加上在游览期间，小苏名牌“行头”不断变换，更使旅游团中的女士们成为她的反衬者。在游览过程中，小苏讲解生动形象，为人亲切，服务周到，只是不知为什么，那些年轻的女性游客，总不愿与她在一起。小苏自己有一种被冷落的感觉。

点评：

18世纪的西欧，一些上层贵族妇女在物色仆人时，除手脚勤快外，还须相貌丑陋，其目的是让仆人成为自己的反衬者，和自己形成强烈对比，使“美者益美，丑者益丑”。从事服务行业的导游员如果带团时穿着讲究，打扮入时，使游客成为其反衬者，极易引起游客的反感。本案例中，小苏作为导游员，恰恰犯了这样的错误，引起了旅游团中的女性游客的反感，从而受到冷落。

案例4　导游员讲错了导游词

小张是杭州六和塔的导游员，暑假的一天，他负责接待一个来自北京的教师旅游团。在讲解六和塔时，小张介绍说："六和塔建于南宋，即公元969年……"此话一出，有一位教师当即向小张提出疑问："北宋与南宋的年代界限是公元1127年，1127年前为北宋，后为南宋，如果是969年，那应该是北宋时所建……"小张听后，一时语塞，脸也红了。

点评：

上至天文，下至地理，无所不晓，这是导游工作对导游员的知识要求。导游员应该是个"杂家"，他要掌握的知识包罗万象，主要包括语言知识、史地文化知识、社会知识、国际知识、心理学和美学知识、政策法规知识和旅行常识等。头脑中有了丰富的知识，加上良好的口头表达能力，讲解时就能游刃有余，这是其一。其二，导游员所讲的内容还应是"有据"的，不能胡编乱造，信口雌黄，尤其是有关历史事件、朝代、人物、年份的，切不可以搞错。案例中，导游员小张把六和塔的建造年代说成"北宋"，说明他的中国历史知识相当欠缺。游客发觉后当即指出来，这场面当然尴尬，更为不利的是，这样一来游客对小张还会失去信心。

作为一名导游员，必须注重平时的学习，不断丰富自我；另外，做好接团前的知识准备，也能最大限度地避免此类"张冠李戴"事情的发生。应该说，小张还是一位没有太多经验的导游员，智者千虑，也有一失，谁都有讲错或不知道的事情，但有经验的导游员往往能巧妙地应对。当然，如果确实是自己错了，还是应该虚心地接受游客的指正，并对游客表示谢意。带团结束后，则应认真总结，及时弥补知识的不足，以免以后再发生类似错误。

实训题

撰写导游词

实训项目	导游词撰写大赛
实训目的	通过学习自己动笔写导游词，并在课堂上演讲，巩固课堂知识，提高学生根据不同景点和游客写导游词的能力
实训要求	导游词具有特色，讲解声情并茂
实训时间	学生课下准备一个星期，课堂大赛以两个课时为准
实训内容与步骤	1. 将全班同学分成六个组 2. 每个组分头准备导游词，合作完成导游词的撰写 3. 每个组推出一位学生代表，在模拟的导游情境中代表小组进行讲解 4. 老师为每个小组打分，评出最佳团队及最佳讲解员

导游讲解实训测评表

学 号：　　　　　　姓 名：　　　　　　性 别：　　　　　　班 级：

考试要素	讲解内容	导游规范	语言表达	应变能力	职业素养
分 值	30	25	25	10	10
观察要点	讲解内容全面、正确，条理清晰，详略得当；讲解生动、有感染力	能正确、完整运用导游服务规范，具有良好的导游人员服务意识	普通话标准；语速、语调适中；用词准确、恰当；表情及其他身体语言运用得当	在有压力的情况下，思维反应敏捷，情绪稳定；能够妥善、及时处理突发事件和特殊问题	穿着打扮得体、整洁；言行举止大方，符合导游员礼仪礼貌规范
分项得分					
总分					
简要评语	评分人签字： 年　月　日				

第六章 旅游景区配套服务

教学目的和要求

使学生了解和掌握旅游景区配套服务中的工作难点及重点；熟悉旅游景区配套服务中服务人员的岗位职能及要求；掌握旅游景区的旅游娱乐服务、购物服务、餐饮服务、住宿服务和停车服务的内容和工作流程；熟练应用旅游娱乐服务、购物服务、餐饮服务、住宿服务以及停车服务过程中的服务技巧。

关键词汇

景区娱乐服务（Entertainment Area）　　购物服务（Shopping Services）
餐饮服务（Food Services）　　住宿服务（Residential Services）
停车服务（Parking Services）

案例导入

“天涯海角”完善配套服务设施 推进景区升级

近日，由海南省委宣传部和海南省旅游委共同举办新闻发布会，推出海南省各大景区新春精品项目，“天涯海角”作为老景区不断完善配套服务设施，提升景区文化、增加度假元素，使景区能够更好地满足休闲度假游客的需求。在规范旅游交通设施方面，景区在公路沿线规范设立旅游专用交通标志，在大门新建两个公交车候车站；将停车场改造成生态停车场，科学设置停车分区、回车线和出入口，完成停车场规范化和特色化建设；对大门景观大道和景区内游览步行道进行维护，建设新的电瓶车生态游道。在完善游览服务功能方面，景区拆除了原来由钢管和塑料棚建成的大门，将大门按生态、自然、古朴的风格进行重新改造；把原先狭小的游客中心搬迁至大门外，扩建了面积，丰富了服务内容；新建了建设面积900平方米的员工通道，彻底解决了员工和游客争抢大门入口的问题；按照规范化的要求完善服务设施和功能，“天涯海角”增设了七座星级生态文化厕所、邮电通信服务设施、司导休息室、安装音响广播系统、语音导游系统和信息咨询系统、特殊人群服务项目多处特色公共休息区和观景设施等。在提供旅游安全保障方面，全面落实安全机制，完善安全设施，重新修建了景区围墙，安装了监控系统，在危险地段设置100多块安全警示牌；加强安全生产检查和监控管理，确保游客生命财产安全；加强应急救援体系建设，搬迁、改建新的医疗急救站，完善应急救助设施，并积极有效地开展紧急救援和医疗救助工作，切实打造“平安景区”。

（资料来源：http://travel sina. com. cn/china/2010-04-22/1929134180. shtml）

第一节　旅游景区娱乐服务

案例导入

十八滩漂流景区的娱乐服务

十八滩漂流景区位于抚顺市新宾满族自治县，是清王朝发源绵延之地，距离省会沈阳市仅98公里，交通十分便利。该景区重点建设水上欢乐园项目，突出“景观、休闲、娱乐”三大功能，以景区内的景色和古城建筑风格为主，以水上娱乐、竞赛项目为依托，筹划举办特色活动，提高游客的参与性；同时在漂流中途新建多处游客休闲、休息区，增设服务摊点和服务项目。对下游演艺中心、演艺节目重新包装，打造丰富景区内涵。十八滩漂流景区日接待量3 000人，起点与终点均建有专门的服务设施，设有多个大型的停车场，游客休息室、冷热水淋浴更衣室。景区交通便捷，全部为国家二级公路。移动信号全面覆盖，沟通畅通无阻。景区除了度假宾馆、风味餐厅外，还设有会议中心，可供团队培训、开会、联欢等，还有方便游客的购物中心、照相部、冷饮部、烧烤部等；景区建有供游客娱乐的场所，有跑马场、棋牌室、露天歌舞剧场、鱼塘垂钓、休闲运动场等；景区每周都有别具风格的二人转、歌舞表演和篝火晚会，让游客漂流之旅舒适无比。

一、旅游景区娱乐服务概述

景区的娱乐服务是指借助景区的设施给游客提供的各种娱乐活动，使游客获得视觉及心理的愉悦，通常表现为非物质形态的体验。景区娱乐活动项目包括景区结合自身特色举办的、常规性或应急性供游客欣赏或参与各种规模的游乐活动和项目。例如，2010年10月6日，第二届金秋祈福文化节在武汉归元禅寺举行。开幕式上，由国家一级演员周锦堂担任主持人，隆印大和尚率全寺僧众为前来祈福的民众开光洒净；文化节期间，举办了九九归元善缘书画展；举办了佛教音乐会。这些娱乐活动吸引了大量虔诚的佛教游客和旅游观光旅客，使归元寺门庭若市，热闹非凡。

1. 娱乐服务的内容

旅游景区娱乐服务内容纷繁复杂，通常有三种分类方法。

（1）按场地划分

1）村寨类。由于社会经济的飞速发展，许多景区的特色民族文化逐渐消失，为了保持文化的真实性，许多民族聚集地相继建立了以民族村寨为特色的景区。游客在景区内可以体验到该民族的民间游艺活动，获得精神的愉悦和快感。目前，比较成功的如云南民族村、广州的中华民俗村等，该类景区的民族娱乐活动不仅使游客体验到了原汁原味的民族风情，带给人们久违的质朴，更重要的是传承了特色的民族文化。

2）广场类。这是景区最早采用的娱乐形式，是景区为了丰富游客的旅游经历而策划的中小规模的、由游客参与的娱乐活动，活动内容比较丰富，如民族舞蹈、篝火晚会、各类游戏等。

3）街头类。该类娱乐活动内容丰富，主要源于过去或新兴的街头娱乐项目。如套圈、取宝、射击、卖唱、评书、杂技、街舞、素描等，其工作人员多为民间艺人和文艺爱好者。这种类型的娱乐项目可以很好地烘托景区的热闹气氛，可以使老年游客追忆过去，使青年游客陶醉其中，儿童游客参与其中，而且展示并保护了民俗文化。

4）舞台类。利用舞台展示景区特有的文化内涵和民族风情，丰富游客的旅游体验。这种娱乐服务因景区规模和类型而呈现出不同的特色，随着游客多元化需求的不断变化，该类娱乐服务也呈现出多样化的发展趋势。一些景区大型的实景演出不断涌现，带给游客视觉的震撼和精神的愉悦。

5）流动类。该类娱乐活动没有具体的表演地点，而且多为短时的表演，如马戏团、吉卜赛大篷车歌舞等。

6）特有类。该类娱乐活动多是景区为了适应现代人的娱乐需求变化，而不断推出的新型娱乐。如滑沙、蹦极、攀岩、滑翔基地、滑草等。目前，这类娱乐活动更新速度很快，能满足时尚游客的不同需要。

（2）按其产生的时间和主题划分

从娱乐活动产生的时间和主题来看，景区娱乐服务可分成传统娱乐活动和现代娱乐活动两个大类。“水灯节”、“那达慕”、“樱花节”、“孔子文化节”等传统的节庆娱乐活动都有上百年的历史，是民族历史文化的沉积、酝酿，随时间的推移愈久弥香，令人沉醉。冰雪节、艺术节、服装节、旅游节等现代新的娱乐活动也层出不穷，在组织者精密策划之下常办常新。

（3）按照活动的规模划分

1）小型常规娱乐。小型常规娱乐是指景区长期提供的娱乐设施及活动，其规模较小，游客每次的娱乐时间不长，使用员工较少。此类娱乐项目在游乐园和主题公园中比较常见，其特色较弱、复制难度低，所以对中远距离游客的吸引力较小，主要吸引当地和周边居民。小型常规娱乐可以分为三大类。

①表演演示类。表演演示类包括法国“驯蟒舞女”，日本“茶道”、“花道”和我国的川剧“变脸”、唐乐舞、祭天乐阵、楚国编钟乐器演奏、纳西古乐、对歌求偶、绣球招亲、赛马、斗牛、斗鸡、斗蟋蟀、动物算题等。

②参与健身类。参与健身类包括过山车、摩天轮、疯狂老鼠、翻斗乐、八卦冲霄楼、滑翔、射击、赛车、热气球、钓虾、钓鱼、骑马、潜水、滑水、滑草、游泳、温泉疗养、观光果园、观光茶园、狩猎、攀岩、迷宫、保龄球、高尔夫球、桑拿、手工艺品制作、烧烤等。

③游戏游艺类。游戏游艺类包括模拟枪战、卡拉 OK、猜谜、赛跑、踩气球，街头舞蹈、秧歌、竹竿舞等。

在三大类别中，游戏游艺类和参与健身类在景区中较常见。其中，游戏游艺类娱乐是一种过渡形式，如一些比较简单的、对人数要求不多的舞蹈，往往在演示过程中邀请游客模仿参与，因而是一种很能活跃气氛的大众性游戏。

2）大型主题娱乐。大型主题娱乐是指景区经过精心筹划组织、动用大量设备和员工推出的大型娱乐活动，一般在推出前会进行较高频率的广告宣传，是景区小型娱乐基础上的点睛之作，常能吸引大量游客前来一睹为快。按照活动方式，可以将大型主题娱乐划分为三大类。

① 舞台豪华类。舞台豪华类娱乐一般采用最先进的舞台灯光技术，用声控模型、鸽子、氢气球等道具，并辅以施放银色烟火、喷泉等配合舞台演出。节目丰富多彩，集歌舞、服装表演、小品、杂技、相声等于一体，娱乐性极强。舞台服饰多锦衣华服，色彩绚烂。

② 花会队列类。花会队列类娱乐一般与节庆结合，是一种行进式队列舞蹈表演、人物表演活动，在广场或景区内街道上进行，有的以民俗为主题，有的以神话传说为主题，演出服饰夸张怪诞、锣鼓喧天、娱乐性强。例如，深圳世界之窗汇集了文化彩车、扑克方阵、皇家马队等异国文化风情的游行队列。

③ 分散荟萃类。分散荟萃类娱乐多以一定的节庆为契机，围绕一定主题，在景区多个地点同时推出众多小型表演或参与类娱乐活动，从而形成一个大型的主题娱乐活动。例如，上海世博会推出的不同国家的“国家馆日”主题娱乐活动等。

景区大型主题娱乐的三种类型运用大量的声、光、电、视频等高科技手段，并在一定程度上相互交叉，使景区的活动更为丰富、精彩。

2. 娱乐服务的目的及意义

(1) 是旅游景区直接创收的重要途径

作为旅游六要素之一的娱乐项目，其利润空间大，是景区创收的途径之一。

(2) 有利于增加游客的旅游体验，提高其满意度

景区娱乐服务不仅能让游客欣赏精彩的节目表演，同时也能让游客主动参与到娱乐活动中来，在体验的过程中获得美好、愉悦的享受，从而吸引游客重游景区。

(3) 可拉动景区内相关产业的发展，实现景区的间接创收

景区娱乐项目的开发，可以延长游客的停留时间，有效改善景区的收入模式，进而拉动食、宿、购等环节的发展，促进景区经济的良性循环。

到目前为止，我们已对景区娱乐服务有了概念性的认识，那么我们应如何创造一个成功的娱乐项目呢？一个成功的娱乐项目 = 成功的策划 + 成功的运作 + 成功的管理，以下我们将逐步展开此问题。

二、旅游景区娱乐服务策划与运作

纵观当今国内外各类景区的娱乐活动，其发展之迅速令人惊叹，新的娱乐项目层出不穷。在众多的娱乐项目中，有的娱乐项目一出现就被不断地复制，并风靡全球，甚至在经历了一个世纪，乃至几个世纪之后仍经久不衰，深受人们的喜爱，但也有一些景区的娱乐项目逐渐衰落直至被人忘却。景区娱乐项目的成功要素关键在于策划和运作。

1. 娱乐项目策划的原则

景区娱乐项目策划成功的标志就是能够受到游客的喜爱。那么，如何才能使娱乐项目被游客接受呢？从游客的心理分析，一个成功的景区娱乐项目，应带给游客舒适、新颖、刺激或有成就感的旅游经历。这也是景区娱乐服务策划的原则，即休闲性、新颖性、冒险性和挑战性。

（1）休闲性

社会生活的快节奏使得人们的身心承载了前所未有的重负，处于“亚健康”状态的人们越来越多，人们外出旅游就是要“减压”，获得精神上的放松，体验舒服快意的休闲生活。所以，景区在设计娱乐项目时，首先应创造一个轻松愉快的氛围和周到的服务。娱乐设计必须讲究休闲享受。

（2）新颖性

追求新型、奇特的东西是人类的共性，也是人类创造力的源泉，人们总是希望接触新的东西。人们出门旅游，其实也是在不断寻找令自己感到新奇的东西。再成功的景区娱乐项目也会有被游人玩腻了的时候，所以，景区只有不断推陈出新或更新项目内容和形式，才能使游客们常玩常新、乐此不疲。

（3）冒险性

惊险刺激的娱乐项目往往是年轻人的最爱，因为它能满足这一社会群体争强好胜、喜欢冒险的心理需求。越是让人惊心动魄的项目人们对其越有兴趣，人们从这类娱乐中感受到激动和兴奋，享受其带来的刺激与快感，甚至能感受到生命的潜能。这就是景区娱乐策划中的所谓冒险类娱乐策划。目前，景区这一类型的娱乐项目很多，如蹦极、过山车、海盗船等。比如“蹦极运动”，就是从30~50米的高塔架上或是悬崖上纵身一跳。这种近似于跳楼、跳崖的惊险场面和蹦极者发出的一阵阵惊叫声，会把人们的心一下子提到嗓子眼，尽管如此，人们还是会争先恐后地要跳一次，一圆“英雄梦”。这就是娱乐设计中“刺激性设计”所独有的魅力。因此，在进行景区娱乐项目设计时要展开自己的联想，大胆设想，不断创作出满足人们好奇和追求惊险刺激需求的项目。

（4）挑战性

争强好胜是年轻人的天性，所以具有挑战性是景区娱乐活动必备的要素之一。从各种体育娱乐活动的日益火暴可以窥见当今游客的娱乐需求。目前，这类娱乐项目已非常多，如打气球、打水战等，都有着很强的挑战性。

以上是景区娱乐项目策划应考虑的四个基本原则。这是从游客的心理角度出发，分析了景区娱乐项目所应有的特点。而娱乐项目能否成功，还取决于项目的背景以及所处的社会环境、民族文化习惯等多方面因素的影响。

2. 娱乐服务的运作

一般大型的景区娱乐活动持续时间长，涉及的范围广，在策划过程中注重时间和空间的结合，可以更好地展示活动主题，给游客切身的体验，产生更大的轰动效应。旅游景区娱乐服务运作应主题明确，打造标志性的娱乐活动，使之成为景区的形象标志，有利于景区的宣传促销；同时，还应形成不同时间尺度、不同规模等级的系列娱乐活动。成功的景区娱乐活动，要有鲜明的主题，要富有特色，打造景区标志性的娱乐活动主要可运用以下三大运作策略。

（1）品牌化运作策略

1）产品化，把娱乐活动打造成景区的品牌。随着景区娱乐产品的不断发展，品牌将成为景区经营中最为重要的因素。景区娱乐产品生产与消费的同时性，使游客无法在购买前分辨娱乐产品的优劣，因此，品牌对游客的选择行为具有巨大的影响。景区娱乐产品竞争激烈，而且出现大量的模仿现象，只有精品才能对游客产生强大的吸引力。

2）制度化，建立和完善景区娱乐产品开发与创新体系。创新是景区娱乐活动的生命，只有不断创新才能使景区娱乐产品保持长久的生机和活力。娱乐活动的不断推陈出新，让游客不断产生新鲜感和新的游兴，不仅可以延长娱乐活动表演产品本身的生命，而且可以增强景区的生命力和吸引力。

3）产权化，要对景区的娱乐活动实行品牌注册和知识产权保护。这将在一定程度上减少其他景区对该类娱乐产品的模仿。

（2）市场化的运作模式策略

举办景区娱乐活动的重要目的之一就是使景区获得良好的经济效益和社会效益。因此，娱乐活动的举办应当遵循一定的市场规律，把娱乐活动纳入市场经济的轨道，进行市场化运作。市场化运作模式主要有以下两方面的作用：一是可以节约成本。在娱乐活动举办过程中，时间、地点选择等方面按照市场的需求来做，可以大大地节约成本。二是可以做到效益最大化。这里的效益既包括参加活动的企业的利益、政府的形象收益，也包括给当地带来的其他社会效益。

（3）提高美誉度和知名度策略

成功的景区娱乐活动不仅要内容丰富，而且应具有一定的美誉度和知名度，只有这样的娱乐产品才能受到游客的欢迎。

三、旅游景区娱乐服务管理

景区娱乐项目众多，更新周期快，工作环节和程序较复杂。因此，景区应加强娱乐服务的管理，既为游客提供良好的体验，又要特别重视游客的安全。

1. 组织结构专门化

为推动娱乐活动的发展，景区可以成立专门的委员会，该组织要在娱乐活动的产品管理、营销管理等方面给予全面的指导和协调，可把娱乐活动有关信息提供给旅行经销商，使其做到有的放矢地设计不同的线路。

2. 旅游服务人性化

景区为保证娱乐项目的正常运行，其旅游服务要个性化，应制定一套完备的规章制度，作为全体娱乐服务工作人员的行为规范和依据。因为不同的娱乐项目具有不同的运作模式和规律，所以不同的项目具有不同的服务程序和要求。

3. 服务管理制度化

应该制定严格的娱乐服务管理制度，内容包括以下几个方面。

（1）保证各种娱乐设施、设备的完好

服务人员平时应加强对设施、设备的定期维护和保养，并且必须在每天上岗前认真检查所有的设施、设备，使其处于良好的使用状态，以保障游客的人身安全。

（2）提供清洁、卫生的娱乐环境

服务人员应保持娱乐项目所在地的清洁、卫生，每天上岗时、下岗前要进行认真打扫，为游客提供一个清洁、卫生的体验环境。

（3）注重服务人员的素质培养

服务人员应具备良好的职业道德、文明素质、娴熟的技能和良好的心理素质，为游客提供热情、周到的服务，满足游客的需求，为游客提供美好的体验。

(4) 做好娱乐项目的配套服务工作

服务人员应耐心、细致地为游客提供相应的配套服务和帮助。对于某些激烈、刺激的娱乐项目，应事先告知游客活动的危险性，并提醒其注意安全。

总之，景区应保证为游客提供舒适和安全的设施和设备、清洁卫生的娱乐环境、热情周到的服务，使游客有宾至如归的感觉，对景区的服务感到满意。

4. 幕后工作规范化

景区娱乐活动的幕后工作是其得以顺利开展的重要保障。娱乐活动带给景区的不仅仅是经济、环境等方面的发展，同时也带来许多隐患，而这些隐患往往被人们所忽视，这在一定程度上威胁到娱乐活动乃至整个景区的可持续发展。因此，保障娱乐秩序、维护景区环境、保证娱乐安全、善后及时是景区幕后工作的主要内容。

第二节　旅游景区购物服务

一、旅游景区购物服务策略

虽然绝大部分游客有购物的动因，但这些动因还需要有一定的条件才能转变成现实的购物行为。因此，景区要在分析游客购物动机和购物行为特点的基础上，有针对性地制定景区购物服务策略，为游客提供良好的服务。

1. 游客购物心理分析

游客购买某种商品是由一定的购买动机所决定的。由于游客的个体背景千差万别，其购买动机也就不同。根据游客购买动机的共性，可以将购买动机分为以下几种类型。

(1) 满足馈赠需要

人们外出旅游时购买旅游商品，其中一个重要的动机就是赠送他人。这在人情味很浓的我国是很普遍的，人们旅游归来后都要送给亲戚、朋友和同事一些在旅游地购买的商品。即使有些商品在本地也能买到，但从旅游地带回来的商品肯定别有一番心意在其中，它表达了对亲朋好友的感情和关爱，既可以增进彼此的友谊，也可以提高自己的声望。在其他国家和民族，这种现象也是很常见的。

(2) 满足纪念需要

游客一般喜欢购买具有代表性或象征性的旅游商品，以作为曾到过某地旅游的纪念或凭证。这一方面可以重温难忘的旅游生活，另一方面可作为曾到某地旅游过的一种证明，证明自己的旅游经历，赢得人们的羡慕和尊重。例如，到南京的雨花台买雨花石，游长江三峡买三峡石，到广东肇庆买端砚，到江苏宜兴买紫砂壶，在西安买一些兵马俑复制品，还有一些旅游者从北京回来后穿上了印有“我登上了长城”字样的文化衫，以此来证明自己是一名好汉。

(3) 满足珍藏需要

这是游客为了满足个人特殊兴趣、嗜好而形成的购买动机。游客的个人嗜好千差万别，如有人收集火柴盒、香烟盒、服装商标；有人收集各国邮票、旧式手表；有人收藏古玩字画。有的游客对具有保存价值的工艺珍品、名人字画和传世古董等，不惜高价购买，以作珍藏，这类游客以官员、大企业家、学者、外国雅士等居多。

（4）满足审美需要

这种购买动机是以注重旅游商品的艺术价值和欣赏价值为主要目的。游客不仅希望在旅游活动中看到美丽怡人的风景，而且也希望买到精致美丽的旅游商品。很多游客在购买商品时都会考虑到商品的美观和艺术性，重视商品对人体的审美作用、对环境的装饰作用、对精神的陶冶作用。他们非常喜欢具有民族特色、地方特色、艺术特色和审美价值的旅游商品，尤其是对那些具有艺术美、色彩美和造型美的旅游商品更是感兴趣，购买的旅游商品往往是名人字画、精美陶瓷、漂亮首饰、工艺品、民族服装等。

（5）满足实用性需求

实用性的要求是人们购买商品的一个普遍性的心理需求。虽然游客来自不同的国家和地区，有着不同的爱好和风俗；但对旅游商品实用性的要求是普遍存在的。游客在购物时特别注意商品的品牌、质量、功能和实用价值，买的东西不管是自用、收藏抑或是馈赠亲友，首先看它是否具有实用的价值，能否在生活中派上用场，或作为艺术装饰，或作为日常生活的用品，然后再考虑是否要购买。例如，有些日本、韩国和东南亚等国的游客到中国旅游，喜欢购买中国的名贵中药和地方特产，如六神丸、地造丸、鹿茸、人参等，这些都是从实用的角度考虑的。

（6）满足求新求异需求

这是以注重旅游商品的时尚、奇异、新颖为特征的购买动机。标新立异、追新猎奇是许多游客固有的心理需要。他们对异国他乡有新奇性的物品一般都喜欢购买，在购买旅游商品时，追求新奇和与众不同。他们还特别重视商品的外观、造型、款式、装饰等，对落后陈旧、毫无新意的商品不愿问津。买点地方特产，是旅游者的普遍心理。地方特色商品不仅具有纪念意义，而且正宗又有价格优势，如云南的民族服饰，杭州的龙井茶，海南的椰子，内蒙古、西藏的哈达等都可以购买后留作纪念或送给亲朋好友。

以上是游客购物的几种主要动机。在游客的购买行为中，可能同时存在两个或两个以上的具体购买动机，且相互交错，相互制约。由于具体情况不同，游客购物的动机也不同，从而出现不同的购物选择。

2. 旅游景区购物服务策略

（1）做好商品推销工作

1）准备工作。参加班前会，按规定着装，佩戴工作牌，仪容整齐，化妆得体；不佩戴手镯、饰环、戒指等首饰。不吃生葱、大蒜等异味食品；查看商场柜台门窗、保险柜、验钞机等设备及柜台内商品是否正常；搞好商场柜台内外的清洁卫生工作；根据需要到财务部兑换钱币，保证每日所需的零钞。

2）交易工作。主动热情地迎接游客，耐心、周到地服务；主动介绍商品特点、性能、用途、产地、价格等情况；耐心解答游客提出的各种问题，不能表现出不耐烦的情绪；在游客多的情况下做到“接一应二联系三”，让游客感觉到你时刻都在关注他们；当游客犹豫不决时要多为其提建议，为游客当好参谋；当游客购买某商品后，要将商品进行包装，包装要美观大方且要牢固；当做了许多工作游客未买下商品时，也不能对游客进行埋怨、责备、讽刺、挖苦等，当游客因不能购买商品向工作人员说“对不起，我再转转，先不买了”时，工作人员要有相应的应答语，说“没关系，您再随便看一下吧。”否则会让客人感到难为情；游客离开柜台或商场时，工作人员要说“再见”、“欢迎下次再来”。

3）售后工作。临近下班仍有游客时，不能提前清扫地面、整理柜台，以免使游客产生被驱逐的感觉；做好每日每月盘点工作，保证账款相符，做到准确无误，并认真填写相应的报表；结束营业后，将当日报表及钱款交景区财务部门；记录好工作日记，搞好卫生，关闭门窗、保险箱等；最后，切断电源，下班。

（2）商品推销技巧

1）抓住时机接待并服务游客。商品部的工作人员要善于与游客沟通。一般来说，游客刚一进店，工作人员不可过早同游客打招呼，因为过早接近游客并提出询问，就会使游客产生戒心，而过迟则往往使游客觉得工作人员缺乏主动和热情，使游客失去购买兴趣。接触游客的最佳时机，是在游客认知与喜欢商品之间。通常表现为：游客突然止步盯着看某一商品，或者长时间凝视某一商品，或者用手触摸某一商品，或者从注意的商品上抬起头来，或者像是在寻找什么，或者游客的眼光和自己的眼光相碰的时候，工作人员一旦发现这样的时机，应马上微笑着向游客打招呼。

商品部的工作人员必须善于察言观色，通过对游客的言行、年龄、穿着、神态表情等外部现象的观察，学会揣摩游客的心理，分辨游客性格类型与购物喜好，有针对性地为其服务。如对于目光集中、步子轻快地直奔某个商品柜、主动提出购买要求的游客，工作人员要主动热情地接待，否则游客容易不耐烦；又如，对于神色自若、脚步不快、无明显购买意图的游客，工作人员应让其在轻松的气氛下自由购物。

2）热情介绍商品，增进游客信任。当游客对某一商品产生喜欢情绪并对商品进行比较、评价的时候，工作人员应适时地介绍商品知识，如名称、特性、产地、厂牌、种类、价格、原料、式样、颜色、大小、使用方法、流行性等。

所谓适时介绍，就是在分析游客心理要求的基础上，有重点地说明商品，以便“投其所好”。事实表明，工作人员积极热情、详细生动地介绍，可以激发游客的购买欲望，做成生意。有时，游客不一定要买什么，但由于工作人员的主动热情，多方介绍，使游客对商品有了更多的认识，或者因盛情难却，最终达成了交易。反之，工作人员若漫不经心，不主动介绍商品，就可能失去做成交易的机会。

3）展示商品特征，激发游客购买兴趣。接近游客之后的重要工作就是向游客展示商品，让游客观看、触摸、嗅闻，目的是使其看清商品特征，对商品质量产生信任，引起其购买欲望。

展示商品是一项技术性较高的工作，需要工作人员具有丰富的商品知识和熟练的展示技术。在展示时工作人员的动作要敏捷、稳当，拿递、搬动、摆放、操作示范时动作不可粗鲁、草率，否则会显得对工作不负责任，对商品不爱惜，对游客不尊重。

二、旅游景区购物商品销售

对于游客来说，购物可能不是其到某地观光的首要动机，但购物却可以增加一个旅游地的吸引力，使旅游活动更加丰富。对于景区而言，旅游购物可能不是景区的主要收入来源，但其在增加景区收入上的作用却是不容忽视的。本节从景区购物环境的营造、商品选售的原则这两方面来分析景区应如何做好购物商品的销售。

1. 旅游景区购物环境的营造

（1）购物区、购物点选址布局

根据旅游者的购物消费习惯，旅游用品和旅游消耗品的购买一般在游览活动之前，旅游者的购物往往发生在游览活动结束之后。购物区、购物点应该分布在游客流相对较集中的地方，那么购物区、购物点设置在景区的入口和出口（景区的出入口往往是同一个）处是最合适的。景区应当有一个或者若干个集中购物区，各种各样的旅游商店在这里均匀分布，品种齐全、琳琅满目，游客可以购买到各种旅游纪念品、旅游用品和旅游消耗品。

当然，并非只能在景区的出入口设置旅游购物点，旅游者在游览过程中必然有休息停顿的时候，在游客休息点建设购物网点，将购物网点与景区中的休闲、游憩设施结合起来，既增加游客休息娱乐的情趣，方便有购物需要的游客，又增加其购买旅游商品的可能性。另外，在景区内特定的活动区内可以设置旅游购物网点，如景区内的野炊区域就可以设置出售食品、饮料、野炊用具的购物店，在景区内的展览馆等处可设置与展览主题相关的纪念品销售处，满足游客的购物需求。比如西双版纳热带植物园向游客提供旅游购物服务，在园区一些重要景点、停车场、游客中心等处建有较为完善的商业服务设施。停车场处的小商品市场拥有80多个商业摊点，是一个销售当地特色小吃、旅游纪念品等商品的综合购物市场。

（2）营造良好的购物环境

1）外部环境营造。为了保证旅游景区的环境，旅游景区商业店铺的建筑和布局要做到统一规划、统一布局，尽量使其成为富有特色的旅游商业街，最好能将这些旅游商店统一规划，周密设计，使其位置适当，数量合理。比如湖南南岳大庙附近就建了宗教文化物品一条街，体现出南岳独特的宗教文化特色。

在规划景区商业店铺时，应注意以下几点：① 不能破坏景区内的主要景观；② 不能与旅游者抢占道路和观景空间；③ 不能阻碍旅游者的游览；④ 购物场所的建筑造型、色彩、材质与景观环境相协调；⑤ 最好不要设置外来的广告标志，以免影响旅游景区的景观。

旅游景区的商店往往融入旅游景区中，和景区风光构成一体，因而允许每个店铺具有不同风格的同时，必须保证店铺和旅游景区风光和谐一致。要通过店铺的建筑使景区锦上添花，增加旅游景区的魅力，而不能破坏旅游景区的风光。在一些名山大川，其建筑则应以与风景区相适应的亭、台、楼、阁及至竹楼、茅草屋等为主，营业人员也应身穿当地或民族服装，并以民族礼仪和民族风情向游客提供特色服务，使游客更深入地领略地方独有的文化韵味。在一些以历史文化遗产为主的旅游景区内，店铺应以仿古建筑为主，店内的工作人员的服饰也应该以仿古服饰为宜。

2）内部环境营造。购物场所应有集中的管理，环境整洁、秩序良好，无围追兜售、强买强卖现象，商品陈列方式合理，购物商店装饰色调适宜，室内照明均匀、光线柔和、亮度适宜，室内空气新鲜、流动充分，温度和湿度宜人，有供游客游玩休憩的场所。

购物环境的好坏很大程度上影响着旅游商品对游客的吸引力。现代市场经济的发展也告诉我们，购物不是以往的简单商品交换活动，如今消费者越来越重视购物环境、购物设施的现代化、特色化、人性化，购物已经成为现代人的一种休闲消费方式，现代人对环境的要求也越来越高。旅游景区内那些摆放杂乱的摊点，商品雷同的小店，难以激起游客的购买欲。旅游景区发展旅游购物时，除了要注重提供有特色的旅游商品之外，必须配套相关的购物设施，提高人员素质，从而营造一个有特色、人性化的购物环境。

旅游景区可建立旅游商品一条街，在游客较为集中的集散地设立旅游购物中心及特色旅游商品专卖店。购物场所的布置可呈现出不同的风格。店铺的装潢应赋有艺术感染力，与旅游景区的特色相融合。同时，提高旅游商品经营者的服务技巧，搞好送货、托运、邮寄等售后服务工作。营造一个良好的购物环境，这样才能让游客买得舒心，买得放心。

2. 旅游景区购物商品选售的原则

（1）独特性原则

俗话说，物以稀为贵。这句话同样适用于景区旅游商品的经营。这也是景区旅游商品能够对旅游者产生吸引力的最根本原因。景区选取具有独特性的旅游商品，有利于景区旅游商品的销售。如上海世博会销售各种“海宝”形象的纪念品，深受游客喜爱；一些旅游景点利用木雕制成的一些小工艺品，如小佛手、小火腿等，挂在钥匙扣上，别致可爱，深受游客的喜欢。

（2）文化性原则

文化内涵是旅游商品的生命力和魅力所在，景区要选取独具特色的旅游商品。旅游商品的文化特征越鲜明、文化内涵越高、地域特征越明显，它的价值就越高，就越受欢迎。如以我国春节文化为依托的年画、以盛唐遗风为元素的唐装，云南、贵州的民族服饰，苏杭的刺绣和荷兰的木鞋，加拿大的枫叶纪念品，古巴的雪茄，都因具有鲜明的地方特色而受到各国游客的喜爱。

（3）审美性原则

随着人们生活水平的日益提高，其生活品位也越来越高。现在人们在购买旅游商品时，早不像以前那样只注重旅游商品的实用性，而是更强调旅游商品的艺术性，如中山陵推出的“中山包”、“中山服”等特色旅游商品就深受游客的喜爱。

（4）市场导向原则

任何产品都必须遵循市场导向原则，因为没有了市场需求的产品就会被其他适合市场的产品排挤出产品流通领域，失去存在的价值，旅游商品也不例外。景区销售旅游商品也必须了解市场需求，分析游客的需求偏好、购买动机、心理动机等，将市场需求与旅游商品特色结合起来，这样才能获得丰厚的收益。

（5）原产地原则

原产地原则就是以当地自然资源、名胜古迹、历史人物、民俗风情为依托，利用当地特有材料进行艺术加工来开发、生产、就地销售的原则。利用当地的自然风光、历史传说和典型建筑设计、组合、造型，并利用当地特产的材料来制作的旅游商品，突出了民族特色和地方风格。景区销售该类旅游商品，很容易形成品牌优势。例如，广西北部有灿烂多彩的民族文化以及丰富的竹林资源，将两者巧妙地结合起来，可以开发出富有民族和地方特色并深受游客喜爱的旅游纪念品，如竹雕酒具、微缩侗族风雨桥、壮乡吊脚楼、竹子工艺筷、竹画等系列商品。

第三节　旅游景区餐饮服务

一、旅游景区餐饮服务特点

旅游景区的餐饮是旅游业的重要组成部分，它不仅反映着当地人特有的饮食习惯，也反映着该景区旅游业的发展状况。其具有以下特点。

1. 消费层次高

旅游景区因客流量大以及地理位置特殊，人均消费比一般餐饮点高。随着人民收入逐渐提高，游客对餐饮服务质量的要求会越来越高。

2. 经营方式灵活

旅游景区餐饮服务的经营方式具有灵活性，主要有景区自助经营、承包经营、特许经营等多种经营方式。

3. 管理难度大

旅游景区餐饮服务因其经营方式灵活而缺乏有效的管理制度，所以管理难度很大。旅游景区的小餐饮店多数为夫妻店或家庭作坊，环境卫生得不到保证，从而使很多顾客望而却步。管理制度不健全就会造成管理混乱，食品加工、贮存和运送食品的工具卫生得不到保障，会直接影响到食品的新鲜度，如果食品的新鲜度差，极易造成食物中毒。目前在旅游景区的餐饮行业中存在低值高价、偷工减料、以次充好的现象，景区急需加强对餐饮业的管理制度建设，游客在消费时能放心。

二、旅游景区餐饮服务管理

景区内的餐饮单位包括中餐厅、西餐厅、茶室、酒吧、果汁店、冷饮店等。旅游景区餐饮服务的管理包括单位的选址、设计、经营方式的选择、餐饮服务基本要求、餐饮服务流程等方面。

1. 景区餐饮单位的选址

景区内的餐饮单位不同于一般的餐饮单位，要考虑到景区特殊的环境和功能。景区餐饮单位的选址应该遵循以下两个原则。

（1）不破坏景观

景区是游客游玩赏景的地方，优美和谐的环境是吸引游客的主要因素，餐饮单位的选址和建设不能破坏景观的美感，其建筑风格不能与周围环境冲突，应该避开景观优美、环境脆弱的地方。

（2）不污染环境

餐饮单位的废弃物会给景区带来一定的环境污染，应该将其带出景区进行无害处理。餐饮单位的规模也应该受到限制，应以快餐式服务为主。一方面游客来景区的目的是游览，其餐饮消费量不会太大，所占时间也有限；另一方面可以减少对景区造成的环境影响。因此，景区的餐饮点应该设置在景区内人流相对较多、游客进行休憩并且环境不敏感的地方，比如景区的出入口，景区内游客集中休憩的区域，景区内的娱乐活动区域。例如重庆大足的“荷花山庄”，巴渝特色鲜明、气氛浓烈，客人们三三两两坐在一艘花艇内，观看艇外各式荷花，品尝巴渝小吃，接受穿着古朴渔家服的“渔家女”热情淳朴的服务，令宾客仿佛来到了世外桃源。这个例子显示的是环境特色的经营理念。舒适的环境能营造一个良好的就餐氛围，使食客心情舒畅、食欲大增，同时也让其得到享受和尊崇感。餐饮环境的营造是餐厅的无形资产投入。

2. 景区餐饮单位的设计

景区内的餐厅、饮品店的设计应该符合景区的主题，建筑风格和材质应该与景区环境协调一致，不能造成视觉污染，其设计风格还应该为景区起到锦上添花的作用。

（1）外观设计

根据以上原则，景区餐饮单位的外观设计应该和周围环境相协调，不能太突兀而影响到景观的美感，要做到醒目而不抢眼；在色调和材质上要慎重选择，做到既不会影响景观，又可以使其本身的结构、造型成为景观的一部分。此外，还要尽量减少广告宣传牌以及霓虹灯箱等。

（2）内部环境

景区内的餐饮服务单位在一定程度上还起着休息点的作用，游客在游览一段时间后需要适当的休息，这往往也是进行饮食消费的时候，此时，游客需要一个舒适的环境休息恢复体力。旅游景区的餐饮单位与景区外的餐饮单位不一样，旅游本身就是游客追求闲适的过程，因此，游客对景区餐饮环境的舒适度要求很高，因而餐饮服务单位的环境应该舒适、典雅，通风条件良好，光线柔和，以自然采光为佳。同时，内部的装修和配饰应该突出景区特色。在门窗的设计方面，应该尽量做到使游客在就餐的同时还能欣赏到外面优美的环境。

（3）气氛营造

景区餐饮单位应营造闲适、恬淡的气氛，在体现整个景区特色的同时，注重整体色调、装饰、光线和音乐等氛围的营造。

3. 景区餐饮服务经营方式的选择

（1）景区自主经营

景区开展餐饮服务的方式之一是自主经营，即景区拥有餐饮单位的所有权和经营权。这种方式有利于景区的统一管理和控制，有利于实现风格的统一，形成品牌，但是增加了景区运营的经济成本和管理成本。

（2）承包经营

景区餐饮承包经营是指将在景区内经营餐饮的权利授予个人、公司或者其他实体，双方签订相关契约，经营者自负盈亏，并向所有者（景区管理单位）缴纳一定比例的费用。这种经营方式灵活，有利于餐饮企业服务质量的提高和技术的改进，但对经营者的社会、环境责任感要求较高。将经营权转让出去，容易造成景区对其监管不严，使经营者出现短期利益行为，破坏景区形象，甚至危害景区环境。

（3）特许经营

特许经营是指政府按照有关法律法规的规定，通过市场竞争机制选择某项公共产品或服务的投资者或经营者，明确双方的权责关系，允许特许经营者在一定期限和范围内经营某项公共产品或者提供某项服务的制度。景区餐饮服务可以采用特许经营，这样既可以减轻景区管理部门的经营负担，又可以有效地对经营者进行监督管理，避免不良后果的产生。

4. 餐饮服务基本要求

进入餐厅，游客最关注的是环境的卫生、食品的味道、合理的价格、便利的位置与舒适的环境、良好的服务。

（1）环境卫生

客人十分看重就餐时的卫生条件，这也是客人对安全需要的一种反映，同时，它对客人情绪的好坏产生直接影响。只有当客人处在清洁卫生的就餐环境中，才能产生安全感和舒适感。客人对餐厅卫生的要求体现在环境、餐具和食品几个方面。客人总希望在餐厅吃的食物都是新鲜、卫生的，餐具都经过了严格的消毒，餐厅的环境整洁雅静，空气清新，在安全、愉快、舒适的环境中，品尝各种美味佳肴。

（2）公平合理

只有当客人认为在接待上、价格上是公平合理的，才会产生心理上的平衡。如果客人在就餐的过程中，并没有因为外表、财势或消费金额上的不同而受到不同的接待，在价格上没有吃亏、受骗的感觉，他们就会觉得公平合理，就会感到满意。因此，餐厅在制定价格、接待规格上都要注意尽量客观，做到质价相称，公平合理。

（3）快速上菜

客人到餐厅就餐时希望餐厅能提供快速的服务。其原因有以下几个方面：①一些客人就餐后还有很多事要去做，所以，他们要求提供快速的餐饮服务；②现代生活的快节奏使人们形成了一种对时间的紧迫感，养成了快速的心理节律定势，过慢的节奏使人不舒服，也不适应。心理学的研究表明，期待目标出现前的一段时间使人体验到一种无聊甚至痛苦，客人饥肠辘辘时如果餐厅上菜时间过长，更会使客人难以忍受。

为了满足客人求速的需要，可采取以下服务策略：①客人一进餐厅，服务员要及时安排好客人的座位并递上菜单，让客人点菜；②客人坐定后，先上茶水以安顿客人，使他们在等待上菜过程中不会感到太无聊或觉得上菜太慢；③备有快餐食品，为那些急于就餐者提供快速的服务；④客人用餐结束，账单要及时送到，不能让客人等待付账。

（4）尊重客人

根据马斯洛的需要层次理论，宾客外出对餐饮食品和饮料的需要出于两个原因：一是为了替代家中日常的进餐活动；二是把在餐厅进餐看做是消遣和娱乐活动。宾客对餐厅的需求实际上隐含了客人对情感、社交、自我实现等较高层次的需要。

俗话说“宁可喝顺心的稀粥，决不吃受气的鱼肉”，道出了尊重客人在餐厅服务中的重要性。尊重客人体现在客人用餐服务的各个环节，如微笑迎送客人、恰当领座、尊重客人的饮食习惯等。

5. 餐饮服务工作流程

（1）准备工作

参加班前会，按规定着装，佩戴工作牌，仪容整齐，化妆得体；查看餐厅门窗、保险柜、验钞机等设备及餐厅内餐桌椅是否正常；搞好餐厅内外的清洁卫生工作；根据需要到财务部兑换钱币，保证每日所需的零钞。

（2）点餐工作

做好等待中的预订工作；礼貌迎接顾客，做好引导工作；礼貌询问，送茶递巾，准备免费食物；介绍菜点，当好参谋；接受点菜，开单下厨；补撤餐具，送上酒水；按序上菜，介绍菜点；餐间服务，照顾周到；客人结账，迅速办理；用餐完毕，礼貌送别。

（3）餐后工作

收拾餐桌要做到手脚轻放，动作麻利；临近下班仍有客人时，不能提前清洁地面、整理柜台，以免使客人产生被驱逐的感觉；做好每日每月盘点工作，保证账款相符，做到准确无误，并认真填写相应的报表；结束营业后，将当日报表及钱款交景区财务部门；做好工作日志，搞好卫生，关闭门窗、保险箱等，切断电源，下班。

第四节　旅游景区住宿服务

一、旅游景区住宿服务概述

1. 旅游景区住宿服务的概念

旅游景区的住宿服务是指景区服务人员向游客提供住宿设施和各项服务，以满足游客在景区内的住宿、休息等需求，同时也满足游客其他相关需求。景区提供的住宿服务设施多种多样，其中宾馆、饭店、度假村、民居旅馆、野营地、疗养院等是主要的类型。

2　旅游景区住宿服务的内容

住宿服务主要包括两个方面的内容：前厅部服务和客房部服务。其中，前厅部的服务内容包括客房预订服务和接待服务，包括入住登记服务、问讯服务、前厅收银服务、前厅销售服务、礼宾服务、总机与商务中心服务等等，客房部服务包括清洁卫生服务（清洁整理客房、更换补充物品、检查保养设备）、对客服务。

3. 旅游景区住宿服务的目的及意义

旅游景区的住宿服务同景区内的餐饮服务以及其他辅助服务相互配合，为游客在景区内的旅游活动提供了基本条件，能够满足和保障他们的基本需求，获得心理安全感。设施齐全、高质量的住宿服务同样可以为游客带来美好的体验，延长游客在景区的停留时间，提高游客的满意度和重游率。

二、旅游景区住宿服务管理

旅游景区住宿服务管理的任务就是设计并良好地运作景区内的住宿服务体系，实现景区内游客接待的预期目标。

1. 旅游景区客房服务基本要求

（1）安全

安全感是愉快感、舒适感和满足感的前提，客人是把自己出外旅游期间的安全放在首位的。安全感不仅限于卫生方面，还包括防火、防盗和防人身意外伤害。客人在住宿期间，希望自己的人身与财产安全得到保障，能够放心的休息和生活。因此，客房的安全设施要到位，以确保游客安全。服务人员没有得到召唤或允许，不能擅自进入客人房间，绝对不能去干扰客人。有事或清扫服务要先敲门，在得到允许后才能进入，工作完成后即刻离开。日常清扫时绝对不许随意乱动客人的物品，尤其在进入房间时不可东张西望，以免引起客人不安。

（2）整洁

对客房清洁卫生的要求是客人普遍的心理状态。作为客房服务人员，在整理客房时，要做好清洁卫生工作，做到客房内外清洁整齐，使客人产生信赖感、舒服感、安全感，能够放心使用。清洁卫生是反映客房服务质量的一项重要内容，是宾馆档次、等级的一个重要标志。

客房是客人单独拥有的空间，他们对客房整洁方面的要求比较高。服务人员清理客房应该遵循一定的程序，一般情况下，清理客房要在客人不在时进行。如果客人有特殊要求，可以随机处理。客房服务人员在清理客房时，必须保证客房及各种设施、用具的卫生，即使是空房间，也要时刻保持清洁，准备迎接客人。客人到达客房后再去清扫，会给客人留下不好的印象。另外，服务人员可以采取一些措施来增加客人心理上的卫生感和安全感。比如，在清理后贴上“已消毒”标志，在茶具上套上塑料袋等，这些措施能起到一定的心理效果，但一定要实事求是，不能欺骗客人。

（3）安静

客房环境的安静是保证客人休息的重要因素。由于现代都市生活的丰富性，一些客人可能喜欢过夜生活，而在白天睡觉，所以，客房对安静的要求不是单纯指夜间这一段时间。即使没有客人休息的情况下，客房环境也要保持安静。这会给人舒服、高雅的感觉。

保持客房安静也就是要防止和消除噪声，这要从两方面入手。首先必须做到硬件本身不产生噪声，宾馆选择设备的一个标准就是它产生的噪声要小；另外，在硬件上要保证隔声性，能阻隔噪声的传人和传导。其次，在软件上也要不产生噪声，服务人员必须做到“三轻”——走路轻、说话轻、操作轻。“三轻”不仅能减少噪声，而且能使客人对服务人员的文雅服务产生亲切感。同时，服务人员还要以自己的言行去影响那些爱大声说笑的客人，用说服、暗示等方式引导客人自我克制，放轻脚步，小声说笑。

（4）亲切

客房服务是客人每天接触和享受的，当客人入住宾馆以后，客房服务就成为客人感受到的最重要服务。住店的客人希望自己是受服务人员欢迎的人，看到的是服务人员真诚的微笑，听到的是服务人员真诚的话语，得到的是服务人员热情的服务，并希望服务人员尊重自己，在入住期间真正体验到“宾至如归”的感觉。

客房服务人员亲切的服务态度，能够最大限度地消除客人的陌生感、距离感等不安的情绪，缩短客人与服务人员之间情感上的距离，增进彼此的信赖感。客人与服务人员情感接近了，会使其对宾馆的服务工作采取配合、支持和谅解的态度。这样有利于服务人员顺利完成日常的服务工作，也有利于提高饭店的声誉。

2. 旅游景区客房服务流程

旅游景区客房的客源集中在到景区观光、游览、度假的客人上，客源相对较为单一，并且易受景区旅游淡旺季的影响，因此，景区客房的规模相对较小，功能也不全面，需借助景区别的部门（如餐饮部、娱乐部等）进行弥补和配合。

景区客房服务部门在业务上和内部管理上与饭店管理差别不大，下面就以总台接待服务和客房服务为例介绍相关服务程序和要求。

（1）总台接待服务

1）总服务台的基本功能。合理调整房间床位价格，进行宣传促销，促使客房顺利销售；及时了解客房出租、会议安排、接待团队等信息；最大限度地利用每间客房，合理进行安排协调，提高客房入住率；建立和接转客人账务，这直接关系到景区的经济利益能否得到保证；综合服务总台肩负着协调景区各部门工作的任务，各部门要根据总台的接待情况、游客类型和服务要求，进行组织和安排；整理和保存入住客人资料，为景区进行销售预测和制订经营计划提供依据。

2）住宿登记制度。旅店行业属于特殊行业，为了安全和治安保卫，同时也为了提高服务质量，热情周到地为旅客服务，了解服务对象的各方面情况，必须进行旅客登记。因此，游客在景区入住必须进行登记。“住宿登记卡”的填写要求：旅客自行填写“旅客住宿登记卡”，工作人员填写店簿；12 周岁以上或身高 1.3 米以上的少年，要填写登记卡；店簿要逐项填写，字迹要清楚；旅客离店时，应及时注销店簿并注明离店时间、去往地点；店簿要长期保管，不能缺损、遗失。

3）交接班制度。景区服务人员昼夜工作时，各班次应做好交接班手续，确保能紧密衔接，职责明确，防止出现混乱现象。上下班交接的主要内容应包括：客人退租结算房间床位情况及已收账款；空房、空床情况及原有和新来客人的一般情况；客人交办未了的事项，如详细交代要求、时间及已处理情况；患病客人的病情及照护情况；来访宾客的留言或委托转交事项及外来电话留言；家具设备的变动或处理情况；夜间值班的人员应注意客人的叫早时间。

4）总台接待服务人员的工作要求。

① 掌握预约客房信息。掌握当天或未来几天内所能腾出的房间数，热情接待并明确答复预约者（包括来人、来函或电话预约）提出的要求，做出妥善安排。如果住房客满，应表示歉意，并协助联系其他的住宿单位。

② 验证登记。客人走近柜台，登记人员应微笑迎候，介绍客房种类、位置、条件及房价，征求客人住宿意见。办理手续时，验证要仔细，登记要迅速，语气应和蔼可亲。接待团体客人应预先把房间分好，并请陪同人员协助安排，统一登记。对特殊客人可让其先进房间，后办理手续。

③ 客房分配。全面掌握客房的方位及档次条件，分配时尽量满足客人要求。如不能满足客人要求时应耐心解释，并表示歉意，有条件时再进行适当调整。

④ 账目结算。审核填写时应认真细致，发票字迹清楚，收找款时应唱收唱付。结账后，向客人道谢，并请再次光临。

⑤ 客人查询。礼貌应答，不清楚时，应向有关部门查询，不能用“大概”、“也许”、“可能”等含糊不清的语言作答，更不能敷衍了事。

⑥ 代办事项。客人函电、留言应及时传递，夜间叫点服务应准时无误。客人委托代办事宜，要认真办理，做到及时准确。

（2）客房接待服务

客房是饭店的主体，是人们外出旅行下榻或暂时居住的场所，也是饭店经济收入的主要来源。客房服务的目的是努力为客人创造一个清洁、美观、舒适、安全的理想住宿环境，为饭店创造最大的利润。

客房一经出租就属于住客的私人居所，因而进房及整理房间时必须严格按照操作规程，任何粗鲁或者疏忽都可能造成很坏的影响及难堪的后果。整理客房时，如遇客房门口有“请勿打扰”的牌子，则可跳过去整理别的客房，但要做好记录，并过一段时间再去看看。正常情况下进客房要注意以下几个方面。

1）敲门时手指弯曲，以中指第二关节轻敲两次，每次三下，每次间隔3秒，并报称“客房服务”。

2）按铃同时清晰地报称“客房服务”，并等客人反应，一般有间隔地按两下。

3）客人有回音时，服务员应答：“我是客房服务员，请问我能现在进来为您清洁房间吗?”并等客人开门，如房内无动静，服务员方可用钥匙开门，并再次报称“客房服务”。

4）当使用磁卡或钥匙开锁时，注意开门后必须将磁卡马上放回裤袋或将钥匙挂在身上，以免丢失。在开锁过程中，身体与门保持30厘米左右的距离。

5）开左边门用左手，开右边门用右手，把门轻轻推开。

6）打开房间后，把“正在清洁”的牌挂在门把手上，然后巡视一遍房间，以确定房间是否有人或其他特殊情况。

第五节　旅游景区交通服务

案例导入

山东蓬莱完善自驾游配套服务 提升景区进入性

山东蓬莱以“人间仙境、葡萄海岸”的城市品牌吸引了来自全国各地的自驾车游客。随着自驾游市场渐成规模，该市从基础设施建设、公共信息服务、市场秩序整治入手，着力为自驾车游客营造便捷、安全的出行和游览环境。

蓬莱完善自驾游引导体系，在市区交通干道设置旅游标志杆20根，安装更换旅游标志牌30个，并使标志牌首次实现了“统一规格、统一标准、整齐划一”，大大提升了景区可进入性；加强信息服务，在蓬莱旅游资讯网站添加电子地图，为自驾车游客提供交通指南，设立“在线留言”专栏，及时回复游客咨询；拓宽停车场地，在现有景区停车场约50 000平方米的基础上，今年在蓬莱阁景区西门外增建停车场约10 000平方米，目前，已投入使用4 000平方米；严格车辆管理，以“旅游市场秩序整治百日会战”为抓手，围绕核心景区和游客集散地进行综合整治，规范乱停乱放旅游车辆，在停车场醒目位置标明各类车型收费标准以及物价、旅游投诉电话，规范停车场服务。

（资料来源：http://www.chinanews.com）

一、旅游景区交通服务管理

1. 旅游景区交通服务的要求

景区交通服务是景区向游客提供的重要服务，应满足以下要求。

（1）准时性

由于旅游景区交通服务带有严密的连贯性，前一阶段的误点和滞留会影响下一阶段的旅游活动，由此会产生一系列的连锁反应，最终有可能产生一系列的经济责任事件，如房费、餐费和交通费的结算问题。对于国际旅客还可能诱发一定的涉外事件，如有些入境游客不能按时出境返回其国家，影响就业、工作等。从根本上说，景区交通服务的准时性是衡量旅游景区服务质量优劣的重要标志。

（2）节奏性

进出景区的客流量在时间上具有变化大的特点。一般来说，早晨进入景区的客流量大，傍晚离开景区的客流量大，中午出入景区的客流量少。一周之中，周末进出旅游景区的客流量大。我国实行“黄金周”的休假方式之后，客流量在“黄金周”期间会大幅度增长，这要求景区注意这一特点，提供优质、高效的交通服务。

（3）多样性

大多数旅游景区内的交通方式具有多样性的特点，即使同一种交通方式也会有高、中、低档的差异。不同的旅游景区其景区交通方式也不同。这一特性决定了景区的管理者和从业人员应该优化组合旅游景区内的交通服务并增加游客的可选择性。

（4）多层次性

游客的人员结构具有多元性，对于景区交通方式的要求也不尽相同。例如，国外游客或收入较高出于精神享受需要的游客，要求豪华型高档次的交通服务方式，对价格较高的民营运输服务方式也非常受青睐。因此景区管理者和从业者对不同层次需求的旅游交通服务方式要进行运量和运力的合理考虑，以满足游客的不同需求。

2. 旅游景区交通服务的设计原则

景区管理者对景区交通线路进行规划和布局时应遵循以下原则。

（1）环境保护优先

旅游景区的交通布局应将环境保护放在首位，以利于景区的可持续发展。

（2）景观完整性

景区在规划和布局交通方式时，一定要考虑景观观赏的效果。将交通看做景区景观的一个组成部分，否则就会有破坏景观整体观赏效果的败笔出现。近几年来，很多景区大上索道工程，初衷是为了减轻游客体力的负担，以便吸引更多的游客进入景区。可是往往事与愿违，这些工程不但破坏了原有景观，同时也引发了游客的强烈不满。

（3）多种方式结合

一般的景区不单纯存在一种景观，往往是水、陆、空结合的立体景观，为了使游客能够体会到不同的景观和风情，体验风格各异的交通服务，管理者要在布局交通网络时，遵循多种交通方式相结合的原则。

(4) 安全、方便、舒适性

游客出来旅游，首先注重的是安全，所以，景区的交通布局一定要保证安全，将安全放在第一位。景区的交通在很大程度上起到一种将客人从一个景点转移到另一个景点的作用，这是交通的基本功能。因此，景区交通的布局一定要遵循方便的原则。同时，交通服务是旅游者旅游活动的一个重要组成部分，尤其是特色的交通方式。这就要求其具备舒适的特点，同时对于大部分出来旅游的游客来说，舒适也是其追求的一个重要方面。

(5) 最大连通性

景区的交通布局一定要达到使游客“进得来、散得开、出得去”的目的，这就要求管理者在交通布局时一定要遵循最大连通性原则。也就是说，景区内的各种交通方式要互相配合，各种交通工具之间要互相合作，使交通道路畅通无阻。

二、旅游景区停车服务管理

1. 停车服务基本要求

(1) 便捷

为景区游客上下车提供便捷服务，是停车服务的第一要旨。旅游景区一般都配有专用停车场，大多位于景区入口不远处。停车场面积的大小应根据旅游景区游客接待的容量合理建设。在停车场必须设立停车线，使汽车按车位停放。要对每个车位进行编号，便于停车服务和车辆管理。在停车场上应进行分区，一般分为大车停车区和小车停车区。大车停车区主要是供大型旅游车、大型公交车和卡车停放；小车停车区主要是供轿车、中巴车等小型汽车停放。为了使停车场里的车辆出入有序，不产生混乱、堵塞现象，须设立明显的回车线，使司机能根据回车线的指示有秩序地在停车场里出入。回车线主要采用地面硬化指示或灯光指示两种方式设立。景区的停车场应分别设立汽车的出口和入口，以便汽车有序地从入口进入和从出口出去，同时也便于停车场管理人员对进出汽车进行服务和管理。大型的旅游景区可在停车场设立一个汽车维修、保养点，主要是为到景区的旅游汽车提供汽车维修及汽车保养服务，同时在维修点上设立汽车清洗服务，为自驾车到旅游景区旅游的游客提供免费清洗汽车的服务。

(2) 安全

对于大型景区的大型停车场，在入站口设立游客下车站，游客先在该站点下车，然后司机再去停车。同时在出站口设立游客上车站点，游客游览出来后司机将车开到上车站点，游客在此上车。这样可以避免游客在停车场里走动带来的安全隐患。

按消防的要求及规定，停车场须设立数量足够的消防设施设备，以便在发生火灾时能及时灭火。另外，保安部必须定期检查防火、灭火装置及设备，并训练停车场的员工掌握灭火设备的使用方法和灭火技能。

(3) 规范

要规范景区内停车服务和管理，停车地点、停车时间、停车凭证及停车服务人员，都应达到规范管理。目前，不少景区停车地点不集中、乱停车、停车时间随意、停车票据不清，以及停车人员不属于景区管理、私自代收停车费和代客泊车者无规范驾驶技术等不规范现象严重。

2. 停车服务流程

（1）准备工作

停车场管理人员应佩戴明显标志。检查停车场场地：地面要平整坚实、环境卫生整洁，停车位画线要清楚。

（2）停车服务

入口指引指挥车辆进入；泊车引导合理停放，保持车道畅通，不发生堵塞现象，车辆分类停放，整齐有序；签停车单提醒收费依据和时间；安全巡视保持场内畅通安全；取车引导指挥车辆出场，保持车道畅通，不发生堵塞现象；停车收费要合理，并出具正式票据；做好记录。

（3）后续工作

做好每日每月盘点工作，保证账款相符，做到准确无误，并认真填写相应的报表；结束营业后，将当日报表及钱款交景区财务部门；做好工作日志，搞好卫生，关闭门窗，切断电源，下班。

延伸阅读

价格公道 购物自由

——三亚旅游景区规范购物环境成效显著

2010 年，海南旅游界为游客营造了一个放心购物的新环境。

无人强迫购物

来海南前，很多人都劝游客李蕾“购物要谨慎”、“不要被导游牵着鼻子走”等。但来到海南后，李蕾小心谨慎购物的“弦”却逐渐放开了。从天涯海角景区里面往大门口走，细心的李蕾发现出口路牌并没有指向正大门，而是指向了旁边的购物商场。然而，一些游客并没有走向商场，还是从正大门直接走出去，但导游和景区员工并没有进行干涉。李蕾说，一路上，导游从未强迫游客一定去购物。好奇心和购物欲还是让李蕾走进了商场。商场分为两部分，前部分售卖珍珠、精包装特产类，后一部分则是售卖水果、小饰品等的扶贫摊位。商场导购人员笑脸相迎，李蕾说了句“随便看看”后，导购人员便点头客气地走开了。除了几句客气的打招呼外，李蕾说自己没有被任何人缠着买东西，也没有看到导游在后面“盯梢”。“这个购物中心就像超市一样，客人来去自由，购物环境很不错!”

价格游客认可

李蕾的团友老李要买一包香烟，看到 11 元的标价后，他二话没说便付了钱。“红双喜在三亚市区也要卖 10 元一包，这里只加了 1 块钱，算是很公道了。”老李说，加上运输成本、管理成本等，普通商品在景区加价售卖是正常的。到了景区的扶贫商场，李蕾像是发现了“新大陆”：合成水晶手链 5 元一条，金椰 4 元一个……“真不敢相信，有些物品价格甚至比超市里的还便宜!”李蕾一行人来了兴致，开始了大采购。“我们的宗旨就是薄利多销。比如合成水晶手链的进价是 4 块钱，5 块钱卖出当然会有很多人来买。”摊主麦明康笑呵呵地说。3 年前，他和很多村民都是在天涯海角景区里流动卖商品。由于游客投诉多，市场不规范，景区特意建造了扶贫购物中心，修建了 100 多个扶贫摊位，免费出租给以前的流动商贩，形成了小商品市场。麦明康说，以前是追着游客买东西，现在是等着游客来买东西。市场规范了之后，麦明康每月的赢利并没有减少，与游客的摩擦也没有了。

摊贩管理到位

“每一个摊位都要做到‘五个统一’。”天涯海角景区市场部扶贫摊位负责人高斌告诉记者，摊主要做到着装、工牌、执照、标价、物品摆放等五项统一，才能成为一名合格的员工。在商场里，这些来自附近天涯镇、凤凰镇的村民们整齐地穿着粉红色上衣或海南岛服，各类小商品整齐地摆放在摊位上，物价部门审核后的价格牌贴在每类商品的正下方，由工商部门颁发的营业执照摆放得非常端正。凤凰镇的回族村民马少英说，从流动商贩到固定摊主，起初是有些不适应。但是在规范的管理下，大家都遵守规则，做生意没有以前那么辛苦了。

海南省旅游委有关负责人介绍，自年初开展旅游市场专项整治行动以来，强迫游客购物的现象得到了有效遏制。在三亚，因旅行社安排购物引起的旅游质量投诉明显下降。在一日游市场上，游客旅游满意度显著提高，曾经的三亚一日“购物游”正在演变成“纯玩游”。李蕾说，自己沿途在琼海博鳌、万宁兴隆等地都买了很多特产。他们的导游是名副其实的“导游”，为出游和购物都提供了很多中肯的建议。看着几大包买来的特产，李蕾笑着说，“这次黄金周海南游，玩得高兴，购得也高兴！”

（资料来源：http://hnrb.hinews.cn/html/2010-10/05/content_281471.htm，有改动）

本章小结

本章重点对旅游景区娱乐服务、购物服务、餐饮服务、住宿服务、交通服务等各种配套服务的内容和工作流程进行了介绍，并对景区配套服务管理进行了阐述。

知识结构

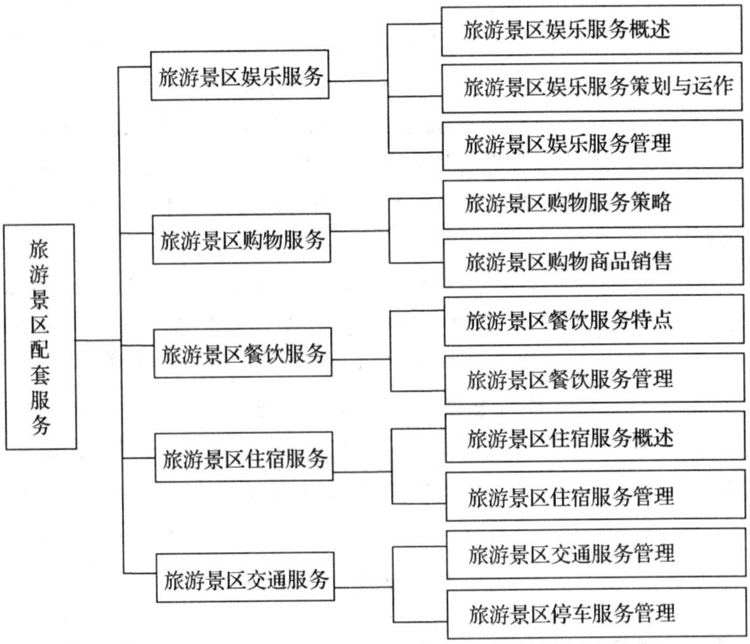

习题与思考

1. 选择题

1）旅游景区娱乐需求特点是（　　）。

A. 休闲性　　B. 刺激性

C. 新颖性　　D. 挑战性

2）小型常规娱乐可以分为（　　）。

A. 表演演示类　　B. 参与健身类

C. 游戏游艺类　　D. 挑战探险类

3）旅游景区交通布局的原则是（　　）。

A. 环境保护优先　　B. 保持景观完整性

C. 多方式结合　　D. 安全、方便、舒适性

2. 简答题

1）按照场地划分，景区娱乐活动可以分为哪几类？

2）旅游景区娱乐服务策划的原则是什么？

3）旅游者的购物动机有哪些？

4）旅游景区餐饮服务的特点是什么？

实训题

选择一个景区，分析其现有娱乐活动存在的问题。

第七章
旅游景区管理概述

教学目的和要求

了解旅游景区管理的基本理论与内涵；掌握旅游景区管理的基本模式；了解国内外旅游景区的管理模式；掌握旅游景区管理的基本内容。

关键词汇

旅游景区管理（Management of Tourist Attraction）　管理模式（Management Mode）
环境保护（Environment Protection）

案例导入

景区管理乱　游客似逃难

7月15日，在锦州笔架山风景区里，特地开车从北京赶来的刘女士，抖动着湿透的裙子，气愤地说："没想到出门旅游竟成了'逃难'，这地方我是再也不会来了！"。

同她一样，记者和另外500多名游客也刚刚经历了一次"危险之旅"。

这一天，记者同朋友来到坐落于渤海之中，距海岸1 600米的笔架山避暑休闲。上下快艇时，只见一些本地妇女头戴三角巾，嘴捂大口罩，指指点点在计算人数。待到下午3时30分左右准备返回时，却再也见不到一艘快艇。候船的游客越积越多，半个小时之后，才见一艘游船缓缓靠岸，放下由两块一尺多宽的木板绑成的踏板。由于无人组织，这条仅能容纳100多人的船，上人用了20多分钟。

好容易又来了一条木船，满怀希望的游人刚围过去，它却只搭载着七八个身着蓝色制服，胸别"笔架山风景区管理处"标牌的工作人员扬长而去。焦躁不安的游人想买瓶水解解渴，却发现刚才还只是4块钱一瓶的矿泉水，此时却被摊主喊到了7块；想坐在椅子上歇歇脚，却又被告之10块钱一位。

又过了30多分钟，那条游船终于回来了。游客们在它刚才靠岸的地方排好了队，它却泊到了另一处。人们蜂拥着挤往狭窄的踏板，挤不上的从船帮连扯带拽地往上爬。有人鞋带断了，有人被踢伤了，还有人被挤到水里，一时间吵闹声、哭喊声响成一片。一位青年女子刚踩上踏板，船就开动了，滚到水里的她，又扑向踏板，却再次落入水中。一位中年男子千辛万苦上了船，却发现别在腰上的手机不知何时只剩下一个卡子，气得他一下把它扔到了海里。

此时，仍有一半的游客滞留在山上，而管理处的值班人员却无动于衷。谁去问他，都只是一句话。“别着急，都能走。”

又经过两轮的“冲锋陷阵”，在将近晚上7点钟的时候，记者才和朋友们上了船。登船踏板也光荣地完成了历史使命，拦腰折断。十几分钟后，船终于靠岸了，一个船工把船栏打开一条小缝，守在一旁，另一个则跳上码头大叫“准备好7块零钱，交钱下船。”这时已经涨潮，船身晃动得厉害，又找钱又下船，很是危险。但他们视而不见，只管收钱，连张收据也没有。

据了解，这里的35艘快艇和1条游船都属于私人。何时发船，发多少船都由他们定，而属于锦州市经济技术开发区的景区管理处却只是收费而已。

时值暑假，本应是海滨城市的旅游黄金季节，但有些地方开发旅游资源的时候，却不注意搞好景区的管理工作，使得到此一游的人们在饱览大自然美景的同时，还不得不品尝一番“突出重围”的苦涩滋味。这种因“软件”太差造成的恶劣印象，损害的恐怕不仅仅是旅游业。

（资料来源：李薇薇，《新华每日电讯》，2000.7.15，第四版，有改动）

过去，我国旅游景区由于体制复杂、政出多门的宏观管理格局，使大部分旅游区微观主体机制落后，观念保守，景区管理和服务的专业化水平较低，旅游区的整体服务功能、服务质量、管理水平和资源与环境保护力度都与我国旅游业实现跨越式发展的要求不相适应。我国的旅游景区在发展过程中存在专业化管理水平低、市场经济适应性差等问题，难以适应可持续发展旅游的要求，也难以满足地方经济社会发展的要求。而旅游景区作为旅游业的核心要素和主要的旅游吸引物，在旅游业的发展过程中起到了举足轻重的作用，因此也受到了广泛关注。因此，对旅游景区的管理进行研究也成了当今旅游业发展的重点问题。人们迫切希望能寻找到适合旅游景区持续发展的、符合人们利益的管理模式。

第一节　旅游景区管理基本理论

一、可持续发展理论

1. 可持续发展理论的提出

可持续发展理论产生于20世纪。1962年，美国女生物学家莱切尔·卡逊（Rachel Carson）发表了一部引起很大轰动的环境科普著作《寂静的春天》，作者描绘了一幅由于农药污染所引起的可怕景象，惊呼人们将会失去“春光明媚的春天”，在世界范围内引发了人类关于发展观念上的争论。

10年后，两位著名美国学者巴巴拉·沃德（Barbara Ward）和雷内·杜博斯（Rene Dubos）的著作《只有一个地球》问世，把人类生存与环境的认识推向一个新境界：可持续发展的境地。同年，一个非正式国际著名学术团体——罗马俱乐部发表了有名的研究报告——《增长的极限》，明确提出“持续增长”和“合理的持久的均衡发展”的概念。1987年，联合国世界与环境发展委员会发表了一份报告——《我们共同的未来》，正式提出“可持续发展”概念，并以此为主题对人类共同关心的环境与发展问题进行了全面论述，受到世界各国政府组织及舆论的极大重视。1992年，在“联合国环境与发展大会”

上可持续发展要领得到与会者的共识与承认。

2. 可持续发展理论的内容

《我们共同的未来》指出：可持续发展就是把发展与环境结合起来，使我们取得的经济发展，既满足我们当代人的需要，又不危害子孙后代满足他们自己需求的能力。它可表示为

保持生态稳定 + 有控制的经济增长 = 可持续发展 + 社会平等的增加

可持续发展理论的内涵有以下几点。

（1）共同发展

地球是一个复杂的巨系统，每个国家或地区都是这个系统不可分割的子系统。系统的最根本特征是其整体性，每个子系统都和其他子系统相互联系并发生作用，只要一个系统发生问题，就会直接或间接影响到其他系统，甚至会诱发系统的整体突变，这在地球生态系统中表现得最为突出。因此，可持续发展追求的是整体发展和协调发展，即共同发展。

（2）协调发展

协调发展包括经济、社会、环境三大系统的整体协调，也包括世界、国家和地区三个层面的协调，还包括一个国家或地区经济与人口、资源、环境、社会以及内部各个阶层的协调，持续发展源于协调发展。

（3）公平发展

世界经济的发展呈现出因水平差异而表现出来的层次性，这是发展过程中始终存在的问题。但是这种发展水平的层次性若因不公平、不平等而引发或加剧，就会因为局部而上升到整体，并最终影响到整个世界的可持续发展。可持续发展思想的公平发展包含两个纬度：一是时间纬度上的公平，当代人的发展不能以损害后代人的发展能力为代价；二是空间纬度上的公平，一个国家或地区的发展不能以损害其他国家或地区的发展能力为代价。

20 世纪 80 年代以来中国旅游业发展迅猛，经过近三十年的发展，旅游产业成为国民经济中发展速度最快的行业之一，产业形象日益鲜明，规模不断扩大，国际竞争能力优势不断凸现。但同时也出现了一些严重的问题：旅游景观破坏严重，甚至有些景点已经消失。这主要是由于旅游景区超负荷开放、客流量过高、景区规划不合理、开发过度等原因造成。另外，旅游景区内水土流失严重，使得地貌和植被遭到严重破坏。

过去人们认为："旅游业是无烟工业，不像其他产业那样对环境造成污染。"结果导致旅游景区过度开发，游客人满为患。但实际上，旅游作为一种产业，也会生产各种废物，它不仅产生传统工业废物，而且产生的"旅游公害"对一个旅游区来说是致命的威胁。

要想实现旅游产业的可持续发展，必须正确处理旅游资源与发展的关系，同时强调资源的合理开发利用和维持生态平衡，促使资源的不断增值和后续利用，其实质就是环境与经济、社会协调发展。另外，应促进生态旅游的发展。生态旅游是指旅游开发和旅游活动应以不违反生态规律为限度。各旅游景区要坚持旅游经济管理和旅游环境管理一起抓，使旅游生态发展真正落到实处。

持续发展是人类发展的理想模式，也是旅游业发展的必由之路。

二、旅游地生命周期理论

1. 产品生命周期理论的内容

产品生命周期理论是1966年美国哈佛大学教授雷蒙德·弗农（Raymond Vernon）在其《产品周期中的国际投资与国际贸易》一文中首次提出的。

产品生命周期是产品的市场寿命，即一种新产品从开始进入市场到被市场淘汰的整个过程。弗农认为，产品生命是指市场上的营销生命，产品和人的生命一样，要经历形成、成长、成熟、衰退这样的周期。就产品而言，典型的产品生命周期一般可以分成四个阶段，即介绍期（或导入期）、成长期、成熟期和衰退期，如图7-1所示。

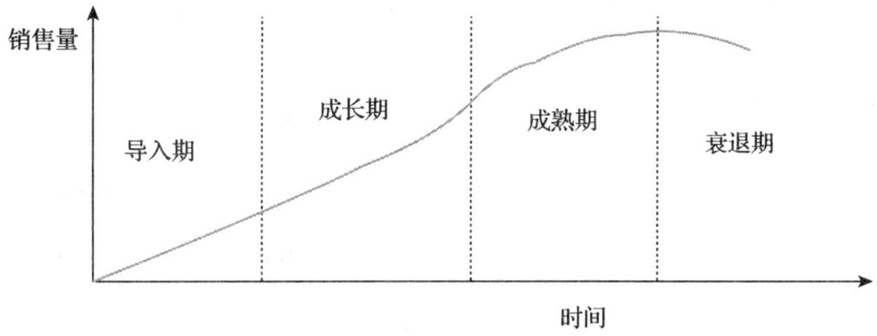

图7-1 产品生命周期

（1）第一阶段：介绍期或导入期

介绍期（或导入期）是指产品从设计投产直到投入市场进入测试阶段。新产品投入市场，便进入了介绍期。此时产品品种少，顾客对产品还不够了解，除少数追求新奇的顾客外，几乎无人实际购买该产品。生产者为了扩大销路，不得不投入大量的促销费用，对产品进行宣传推广。

（2）第二阶段：成长期

当产品进入导入期，销售取得成功之后，便进入了成长期。成长期是指产品通过试销效果良好，购买者逐渐接受该产品，产品在市场上站住脚并且打开了销路。这是需求增长阶段，需求量和销售额迅速上升。生产成本大幅度下降，利润迅速增长。

（3）第三阶段：成熟期

产品走入大批量生产并稳定地进入市场销售，经过成长期之后，随着购买产品的人数增多，市场需求趋于饱和。销售增长速度缓慢直至转而下降，由于竞争的加剧，导致同类产品生产企业之间不得不加大在产品质量、花色、规格、包装服务等方面的投入，这在一定程度上增加了成本。

（4）第四阶段：衰退期

衰退期是指产品进入了淘汰阶段。随着科技的发展以及消费习惯的改变等原因，产品的销售量和利润持续下降，产品在市场上已经老化，已不能适应市场需求，市场上已经有其他性能更好、价格更低的新产品，足以满足消费者的需求。此时成本较高的企业就会由于无利可图而陆续停止生产，该类产品的生命周期也就陆续结束，以至最后完全撤出市场。

2. 旅游地生命周期

1980 年加拿大学者巴特勒（Butler）系统化地对旅游地生命周期进行了阐述，旅游地生命周期理论由此诞生。如图 7－2 所示为旅游地生命周期六阶段说。

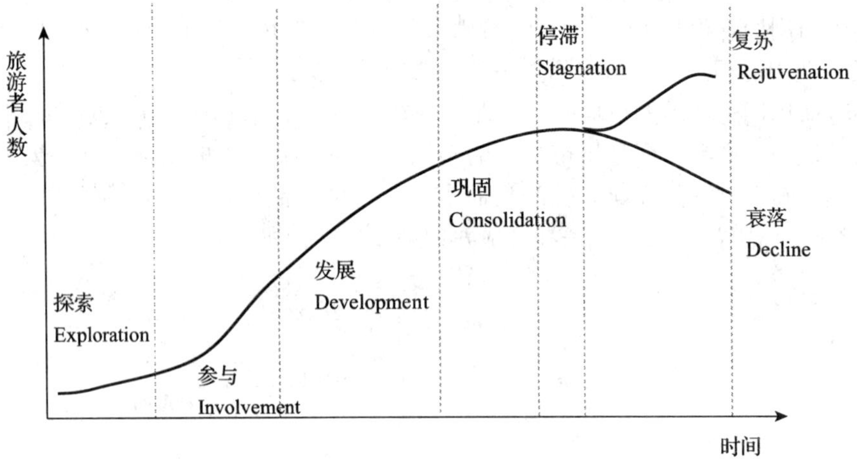

图 7－2　旅游地生命周期六阶段说（Butler，1980）

巴特勒的旅游地生命周期理论指出旅游地演化要经历六个阶段：探索、参与、发展、巩固、停滞、衰落或复苏阶段，每个阶段均有其典型的特征。

（1）探索阶段

旅游地只有零散的游客，没有特别的设施，其自然环境和社会环境未因旅游的产生而发生变化。南极洲的大部分地区、拉丁美洲和加拿大的北冰洋地区便处于这一阶段。

（2）参与阶段

当地投资于旅游业；具有明显的季节性；旅游地进行广告宣传；旅游客源地形成；公共部门投资于旅游基础设施。太平洋和加勒比海的一些较小的、次发达的岛屿正处于这一阶段。

（3）发展阶段

明确的客源市场地，大量的广告宣传；外来投资并占据控制地位；人造景观出现并取代自然的或文化的吸引物。墨西哥的部分地区，北非和西非海岸便属于这一阶段。

（4）巩固阶段

增长速度减缓；广泛的广告宣传以克服季节性和开发新市场，本地居民对大量游客的到来和为游客服务而修建的设施产生反感和不满。大部分加勒比海和北地中海地区便属于这一阶段。

（5）停滞阶段

游客人数达到顶点，达到容量限制；旅游地形象与环境相脱离，旅游地不再时兴；严重依赖回头客；所有权经常变换；向外围地区发展。

（6）衰落或复苏阶段

衰落阶段的特征为：客源市场在时间和数量上减少；对旅游业的投资开始撤出，当地投资可能取代撤走的外来投资；旅游基础设施破旧，并可能代之以其他用途。复苏阶段的特征为：或者以全新的吸引物取代了原有的吸引物，或者开发了新的自然资源。英国和北欧的许多旅游目的地属于此类。

资料链接

旅游地生命周期理论的应用

1）具有广域旅游市场的国际级旅游地。

以北京颐和园为例。其基本特点是规模宏大、富丽堂皇的皇家园林与优美灵秀的自然环境相互融合，堪称我国古代皇家园林中的杰作和历史文化宝库中的瑰宝，具有特殊的价值。

以生命周期理论来考察颐和园，由于皇家园林的特殊性，使其没有探索阶段和参与阶段，从开放之日起，就开始了一个相对长的发展阶段。可以认为，1949—1985 年是颐和园的发展阶段，1985 年之后，颐和园进入巩固阶段和停滞阶段，但由于其不可取代的地位，除非发生特大自然灾害或社会经济动荡，颐和园这样的旅游地不会进入衰落阶段，其演化可以脱离巴特勒理论的后续阶段，进入维持时间较为长久的成熟稳定阶段。因此，可以将 1985 年以后称为颐和园的稳定成熟阶段。

像颐和园这样的旅游地，在一定的社会经济条件下均会走向稳定成熟阶段。在这个阶段，旅游地在规划建设和管理方面重要的是保持自己持久连贯的旅游形象，控制好旅游环境容量，尽量避免负面影响。只要能保持住自己的旅游形象，这样的旅游地将维持长久的稳定成熟阶段。

2）具有区域旅游市场的国家级旅游地。

以肇庆七星岩风景区为例。由于湖光山色交相辉映，七星岩历来被誉为“集桂林阳朔之山，聚杭州西湖之水”于一身的岭南第一奇观。

以生命周期理论来考察七星岩风景区，1980 年之前是发展阶段，1980—1984 年经历了一个衰退期，1985 再次出现高峰，1985 以后进入了一个缓慢的衰退阶段。其衰退原因为：一是 20 世纪 80 年代中期以后，七星岩已不再时兴；二是无论是吸引范围还是游客量已不能跟深圳、珠海特区相竞争。

至此，肇庆七星岩没有新的具有轰动效应的旅游资源可以开发，只能选择延缓衰退的办法，利用广告、改进产品、降低成本和价格等办法，保持好的旅游形象来达到延缓衰退的目的。

（资料来源：http://wenku.baidu.com/，有改动）

三、游客期望值理论

期望理论是北美著名心理学家和行为科学家弗鲁姆（V. H. Vroom）于 1964 年在《工作与激励》中提出来的激励理论。弗鲁姆认为，人之所以能够从事某项工作并达成目标，是因为这些工作和组织目标会帮助他们达到自己的目标，满足了自己某方面的需要。

期望理论用公式可以表示为：

$$M = V \cdot E$$

式中 M——激励力量，这是指调动一个人的积极性，激发出人的潜力的强度；

V——目标效价，指达到目标后对于满足个人需要其价值的大小；

E——期望值，这是指根据以往的经验进行的主观判断，达到目标并能导致某种结果的概率。

弗鲁姆的期望理论辩证地提出了在进行激励时要处理好三方面的关系，这些也是调动人们工作积极性的三个条件。

1. 努力与绩效的关系

这两者的关系取决于个体对目标的期望值。期望值又取决于目标是否合适个人的认识、态度、信仰等个性倾向，以及个人的社会地位，别人对他的期望等社会因素，即由目标本身和个人的主客观条件决定。

2. 绩效与奖励的关系

人们总是期望在达到预期成绩后，能够得到适当的合理奖励，如奖金、晋升、提级、表扬等。组织的目标，如果没有相应的有效的物质和精神奖励来强化，时间一长，人们的积极性就会消失。

3. 奖励和个人需要的关系

奖励什么要适合不同人的不同需要，要考虑效价。要采取多种形式的奖励，满足各种需要，最大限度的挖掘人的潜力，最有效的提高工作效率。这三方面管理可以用图 7－3 表现出来。

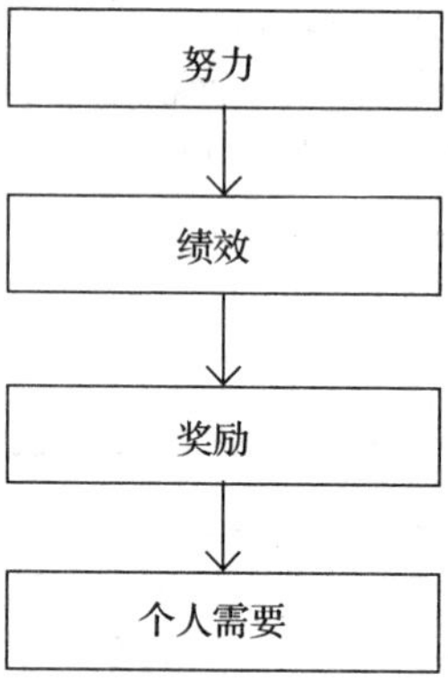

图 7－3 努力、绩效、奖励和个人需要的关系

对期望理论的应用主要体现在激励方面，这启示管理者不要泛泛地采用一般的激励措施，而应当采用多数组织成员认为效价最大的激励措施，而且在设置某一激励目标时应尽可能加大其效价的综合值，适当加大不同人实际所得效价的差值。在激励过程中，还要适当控制期望概率和实际概率，加强期望心理的疏导。期望概率过大容易产生挫折，期望概率过小又会减少激励力量；而实际概率应使大多数人受益，最好实际概率大于平均的个人期望概率，并与效价相适应。

第二节　旅游景区管理基本内容

一、旅游景区游客管理

游客是旅游活动的主体，是旅游景区的“主角”，也是“上帝”。因此，旅游景区的大部分工作都是围绕游客开展的。游客在旅游景区内必须遵循相应的法律法规、道德标准和行为准则。如何管理好游客是旅游景区的核心工作之一。游客管理的基本内容包括与游客建立良好的沟通机制、正确引导游客的行为、服务型管理与控制性管理相结合等内容。

二、旅游景区人力资源管理

旅游景区的人力资源是指运用现代管理学、人才学、社会学、心理学等原理，对景区人力资源进行有效利用和开发，来提高工作人员的素质和景区的劳动生产率。

三、旅游景区服务管理

旅游景区的服务是有形产品和无形产品的结合，是景区在旅游者观光、游览过程当中提供的各种服务。随着旅游业的竞争日益激烈，是否能够提供真正优质的旅游产品，已成为决定旅游景区生存和发展的重要因素，并直接影响到景区的经济效益，也关系到旅游消费者合法权益的维护。

四、旅游景区资源与环境管理

环境问题是当今全球面临最严峻的问题之一，对于中国的旅游景区，更是应该把环境管理列为重中之重。旅游景区环境的管理直接关系到旅游者旅游体验的质量，以及景区和景区所在区域旅游业的可持续发展。景区环境管理是为了保证生态旅游景区的可持续发展和旅游者及当地居民的身体健康所必需的环境质量而进行的各项管理工作。其包括景区卫生管理、景区绿化管理、野生生物保护与管理、制定环境保护政策法规和处理环境压力与社会经济之间的关系。

五、旅游景区安全管理

旅游景区安全管理是指根据国家旅游安全工作方针政策，为确保景区和游客的人身及财物安全，在企业接待服务过程中所采取的一系列制度、措施方法等管理活动的总称。它是维护景区声誉、提高服务质量，保证景区接待服务活动正常开展的重要条件。从旅游业运行的环节和旅游活动特点看，旅游安全贯穿于旅游活动的六大环节，可相应分为饮食安全、住宿安全、交通安全、游览安全、购物安全、娱乐安全六大类。而旅游景区安全管理的基本涵义概括起来则是通过行政、法律、教育、经济、技术等多种途径和手段，来达到旅游景区对各类伤亡事故、灾害事故以及职业危害有效控制的活动。管理的主要职能之一是控制，由控制而产生控制机构和人员，控制目标与措施，控制体制与机制等一系列问题。

第三节 旅游景区管理基本模式

一、国外旅游景区管理基本模式

国外旅游景区的管理模式主要以国家公园为主。国家公园是自然保护区的一种形式，世界上第一个正式建立的国家公园是1872年美国的黄石国家公园，它开辟了保护自然环境和满足公众欣赏自然的途径。1969年，国际保护自然及自然资源联盟（International Union for Conservation of Nature and Natural Resources，IUCN）给国家公园下了定义："一个国家公园是这样一片比较广大的区域：一个或多个生态系统，通常没有或很少受到人类占据及开发的影响，这里的物种具有科学的、教育的或休憩的作用，或者这里存在着具有高度美学价值的自然景观；在这里，国家最高管理机构一旦有可能，就会采取措施，在整个范围内阻止或取缔人类的占据和开发，并切实地尊重这里的生态、地貌或美学实体，以此证明国家公园的设立；到此观光需以游憩、教育及文化陶冶为目的，并得到批准。"

国家公园是各国政府根据本国的自然资源和文化资源特征，从国家政府的层面上统一管理本国国家级的自然资源和文化资源。其最大的两个特点是：体现国家的国家级统一管理体制和体现公园的服务于社会的公益性事业。本节旨在介绍国外典型的国家公园管理方面的内容。

1. 美国的国家公园管理

国家公园的概念起源于美国。国家公园是指面积较大的自然地区，其自然资源丰富，也包括一些历史遗迹，公园内禁止狩猎、采矿和其他资源耗费型活动。目前美国的国家公园系统包括十大类：国家公园（National Park）、遗址/纪念地（Monument/Memorial）、国家公墓（National Cemetery）、遗产地（Heritage Area）、历史公园（Historic Park）、国家公园大道（Parkway）、河流及娱乐区（River/Recreation Area）、河岸/湖岸（Seashore/Lakeshore）、历史风光小径（Trail）、战场及军事公园（Battlefield/Military Park）。

（1）美国国家公园管理概况

1916年8月美国依法在内政部设立国家公园管理局（National Park Service），专门负责全国的国家公园管理事务，现有工作人员1.7万人。美国政府每年拨给国家公园管理局的预算达到24亿美元，用于管理388个国家公园。国家公园管理局下设7个地区局，实行分片管理，总部设在华盛顿，为中央管理机构。各国家公园设有公园管理局，具体负责本公园的管理事务。这样国家公园管理局、地区国家管理局和公园管理局三级管理机构实行垂直领导，与公园所在地方政府没有业务关系。国家公园管理局代表国家直接管理全国国家公园的行政、规划建设、业务技术、旅游经营、人事任免等事宜。公园园长负责具体的国家公园日常管理、公园建设和保护规划实施。

1）国家公园规划管理。美国国家公园规划包括资源评定、规划设计和实施等内容。规划的机构是国家公园管理局，由其统一组织管理，组织实施。国家公园管理局为每一个国家公园制定一整套发展规划，包括知名国家公园性质、发展方向和保护管理框架性规划和其他详细的专项规划。规划者应具备"景观设计学的知识"，并对

“国家公园有正确的理解”。因此，美国国家公园建立了“与自然和谐相融”、“完善的基础设施”的规划指导思想。美国国家公园规划的主要内容包括：基础资料文件、总体管理规划、项目管理规划、战略规划、实施规划、年度运行计划等，如表7－1所示。

表7－1 美国国家公园规划内容

规划名称	期限（年）	内容	目的
基础资料文件	10～15	确定国家公园发展任务、目标、意义、并阐明公园主题等	为未来国家公园的发展、规划编制和决策提供依据
总体管理规划	10～15	阐明国家公园自然、文化资源的现状、游客的游览体验、制定国家公园管理的内容和职权范围等	明确国家公园发展和游客的游览体验的管理措施，确定公园管理和维护的评价指标等
项目管理规划	1～5	对国家公园保护和游客管理进行更加深入、具体的管理计划，包括资源管理的人力资源分配规划等	国家公园单项发展规划，如森林保护规划、野生动物保护规划等
战略规划	1～5	用于规定公园的发展方向、任务、目标	明确国家公园年度报告制度框架体系，明确国家公园自然文化资源保护、游客体验、公园运营能力等目标管理规划的实施效果评估
实施规划	1～5	对于一些单项公园开发管理项目制定的具体规划项目	实施规划有助于国家公园整体长期目标的实现
年度运行计划	1	年度运行计划包括国家公园当年的工作目标、年度工作计划和工作成果的评价等	衡量公园当年度的工作效果，考核公园园长的工作绩效

（资料来源：美国国家公园管理局官方网站，www. nps. gov）

美国国家公园的建设项目由国家公园管理局组织实施和管理。公园的建设项目中90%的工程采用特许经营的形式，由国家公园管理局通过向长期合作者进行投标的形式，向外承包。

规划要明确怎样对公园的资源进行保护；怎样利用公园以及开发公共休闲娱乐；公园规划要促进与其他部门的合作和利益；公园规划必须考虑对公园资源、设施等决策的公共性。国家公园管理局的规划由公园管理委员会向社会和国会公告。

2）国家公园管理体系。美国是世界上最早建立国家公园与国家公园管理体系的国家。美国的国家公园与国家公园管理体系是两个相互联系的概念。国家公园指面积较大的自然地区，自然资源丰富，也包括一些历史遗迹。公园内禁止狩猎、采矿和其他资源耗费型活动。美国的国家公园管理体系则是指美国内政部国家公园局管理的陆地或水域，包括国家公园、纪念地、历史地段、风景路、休闲地等。从数量上看，国家公园不是国家公园管理体系的主体，但从占地面积上来看，国家公园是国家公园管理体系的主体。美国国家公园管理体系有如下特点。

① 中央政府垂直管理。美国国家公园系统由联邦政府内政部下属的国家公园管理局直接管理，国家公园管理局将全国50个州划分为7个大区，分别管理全国300多个不同

类型的国家公园，每个国家公园都是独立的管理单位，公园的管理人员都由总局直接任命、统一调配，直接对国家公园管理局负责。所有国家公园的规划设计统一由国家公园管理局下设的丹佛规划设计中心全权负责。

美国的国家公园和州立公园分工明确，国家公园旨在保护国家自然文化遗产，并在保护的前提下提供全体国民观光机会；州立公园主要为当地居民提供休闲度假场所，允许建设较多的旅游服务设施。

② 资源管理、处置权专一。美国的国家公园的资源处置权非常专一，国家公园内的土地资源只有经国家公园管理局批准方可进行使用。1916 年国家公园管理局《组织法》、1970 年国家公园管理局《一般授权法案》及 1978 年的《红木修正案》规定："国家公园管理局改善和规范国家公园、国家纪念地、国家保护区的联邦土地的利用方法和手段，通过这些方法和手段确定国家公园、国家纪念地、国家保护区的基本目的，这个目的就是保护风景、自然和历史遗存、野生动植物，让人们以保护的态度和方法欣赏它们，并让它们得到子孙后代的永续利用"。

1978 年《红木修正案》强调："内政部部长有绝对的权力，即不折不扣地按照 1916 年组织法法案的规定，不管采取什么样的行动，不管采取什么样的方法，都要保证国家公园系统的安全。"

国家公园管理部门不参与公园内的经营项目，专注于资源管理。1965 年美国国会通过《特许经营法》，要求在国家公园体系内全面实行特许经营制度，即公园的餐饮、住宿等旅游服务设施向社会公开招标，经济上与国家公园无关。国家公园管理机构是纯联邦政府的非营利性机构，专注于自然文化遗产的保护与管理，日常开支由联邦政府拨款解决。

③ 法律监督体系的完善。美国的国家公园保护建立在较为完善的法律体系之上，几乎每一个国家公园都有独立立法，美国国家公园局的设立及其各项政策也都以联邦法律为依据。多部联邦法律，几十部规则、标准和执行命令保证了美国国家公园作为国家遗产在联邦公共支出中的财政地位，也避免了美国国家公园局与林业局、国防部等之间的矛盾。当然美国国家公园管理的相关法律监督是一个不断完善的过程，从 1916 年成立国家公园管理局开始，几乎平均每 4 年有一部相关法律法规出台（见表 7－2）。

表 7－2　美国国家公园立法历史沿革

颁布年份	法律法规（中译名）	法律法规（英文原名）
1872	《黄石国家公园法案》	Yellowstone National Act
1906	《古迹遗址保护法案》	Antiquities Act
1916	《组织法》	Reorganization Act
1933	《组织修正法案》	Organic Act
1935	《历史纪念地保护法案》	Preservation of Historic Sites Act
1963	《户外娱乐法案》	Outdoor Recreation Act
1964	《野生动物保护法案》	Wilderness Act
1964	《地和水资源保护法案》	Land and Water Conservation Fund Act
1966	《国家历史保护法案》	National Historic Preservation Act

续表

颁布年份	法律法规（中译名）	法律法规（英文原名）
1968	《国家小径系统法案》	National Trails System Act
1968	《自然风景河流法案》	Wild and Science Rivers Act
1969	《公园志愿者法案》	Volunteers in the Parks Act
1970	《国家环境政策法案》	National Environment Policy Act
1970	《一般授权法案》	General Authorities Act
1973	《濒危物种法案》	Endangered Species Act
1974	《考古及历史保护法案》	Archeological and Historic Preservation Act
1976	《历史恢复信用法案》	Historic Rehabilitation Tax Credit Act
1978	《国家公园及娱乐法案》	National Park and Recreation Act
1978	《红木修正案》	Redwood Act Amendment
1979	《考古资源保护法案》	Archeological Resources Protection Act
1980	《阿拉斯加国家土地保护法案》	Alaska National Interest Lands Conservation Act
1990	《美国印第安人洞穴保护法案》	Native American Graves Protection and Expatriation Act
1998	《国家公园系列管理法案》	National Park Management Act

④ 不断发展与完善的管理体系。

美国现有国家公园管理体系是一个不断发展与完善的过程。在国家公园的萌芽阶段（1832—1916 年），国家公园的倡导者们主要是反对伐木、采矿、修筑水坝等开发活动对资源的破坏，呼吁成立国家公园。国家公园管理局设立后，国家公园进入成型阶段（1916 — 1933 年），公园管理的任务主要偏重于景观保护与适度旅游开发的管理；1933 年《组织修正法案》颁布后，国家公园进入发展阶段（1933—1940 年），国家公园的数量迅速增加，国家公园管理局对历史文化资源和休闲地管理方面的力度得到加强。第二次世界大战期间，国家公园管理局成功抵制了军事制造业、水电业对国家公园资源的使用要求。随着战后旅游需求的急剧增长，国家公园管理局启动“66 计划”，即从 1956 — 1966 年的十年时间内，花 10 亿美元彻底改善国家公园的基础设施和旅游服务设施。这期间国家公园的旅游接待基础得到大幅改善，但生态环境也遭到不同程度的破坏，在一些环保主义者的批评下，国家公园管理局进入注重生态保护阶段（1963—1985 年）。此前因为缺乏生态意识在公园内引进的外来物种等生态问题得到逐步解决。1985 年后，国家公园进入教育拓展与合作阶段，使公园的教育功能得到进一步强化，同时国家公园管理局也开始寻求与其他政府机构、基金会、公司和其他私人机构开展合作以解决资金问题。

（2）美国国家公园管理案例（以黄石国家公园管理为例）

美国黄石国家公园是世界上第一个国家公园，也是世界上最原始、最古老、最大和最著名的国家公园。它地处以“美洲脊梁”著称的落基山脉，位于怀俄明、蒙大拿和爱达荷三州交界处，占地 8 987 平方千米，于 1978 年被列为世界遗产。全境 99% 尚未开发，是一片广袤而洁净的原始自然区，黄石国家公园是因黄石河两旁的峡壁呈黄色而得名。从 19

世纪初始这里就留下了探险者的足迹。

1970 年，美国通过的《国家公园事业许可经营租约决议法案》规定为“国家公园”不管现在还是未来，由内政部长通过国家公园管理局管理的以建设公园、文物古迹、历史地、观光大道、游憩区等为目的的所有陆地和水域。

美国国家公园的管理人员一律由国家公园管理局任命、调配，有固定员工和临时员工的区别，一般要求有较高的学历，统一着装，配备先进设备，以保证国家公园的资源保护和服务质量。

黄石国家公园的管理特点有以下三点。

1）保护资源。公园的所有工作人员都参与公园资源的保护工作：包括所有的雇员、游客以及垂钓者。另外，还有 5 个全职的资源运营协调员履行监督资源状况、添置设施设备、教育游客等职责。在对野生动物、本地植物、地质资源的保护方面，公园制定了完善的保护措施：禁止给野生动物投食，15 岁以上的游客必须在购买了垂钓证件之后才允许在公园内钓鱼，及时抓捕越过公园边境的北美野牛并送回公园，及时移走有危害性的外来物种等。

2）教育与科研。每年有数以千计的关于公园方面的书面咨询、电话问询、电传或电子邮件被转入黄石国家公园的全体员工手中。各种各样的正式或非正式的私人交往、室内外的展示、出版物、多媒体等方式来增进公众对公园价值和资源的理解和好评。还有一个讲解专家在网站上开展了对景点的“真实”游览，详细介绍黄石国家公园等活动，这大大地提高了该网站的访问次数和受欢迎程度，而且这还将公园的服务范围向非传统的、各种类型的公众拓宽。讲解和教育的形式多样，用多媒体向游客陈述公园的地质演变、野生动物等是一个很有效的教育途径。每年黄石国家公园还针对来访游客和其他公众出版大约 60 种读物。各种各样的实验室也纷纷在黄石国家公园安家。

3）旅游与休闲。黄石国家公园的旅游活动如今已是包罗万象、丰富多彩。项目包括初级守护者、野生动物教育—探险、寄宿和学习、现场研讨会活动、徒步探险、野营和野餐等。其目的是使游客在欣赏黄石国家公园美景的同时，通过参与各式项目，体会到保护动物、保护自然资源的意义。

黄石国家公园的大部分资金用于员工的薪水和津贴。另一部分用于公园环境保护，设施改善，聘专家搞新项目和培训员工。黄石国家公园的资金来源主要包括以下几个方面：基本基金、门票收入、特殊项目酬金、项目的拨款、建设项目、私人捐赠等途径。如今，黄石国家公园越来越依赖志愿者的帮助以弥补其自身人员和经费预算的不足。无偿劳动的工作包括：在信息咨询台前回答游客的咨询、野营地的维护、搜集和分析数据以便于资源管理者和研究者使用。

1995 年黄石国家公园因为公园东北界外 4 千米处采矿，以及违规引入非本地物种与本地物种竞争、道路建设与游人压力、野牛的普鲁氏茵病等原因被世界遗产委员会列入《濒危世界遗产名录》。黄石国家公园正式被列入《濒危世界遗产名录》，迫使美国政府于 1996 年以 6 500 万美元收购了计划采矿的私人土地，有效地解除了金矿对黄石国家公园的威胁，黄石公园于 2003 年正式从《濒危世界遗产名录》中被删除 。

从黄石国家公园列入《濒危世界遗产名录》的理由可以看出，美国国家公园管理体制仍存在两个弊端：不能对遗产地周边地区可能对遗产地产生负面影响的活动进行干预，协调能力不足；专业技术监督不够，由于缺乏足够的专业技术监督，国家公园管理者仅根据自身判断，强调景观保护，引进外来物种，却忽视国家公园（世界遗产地）的生态系统的保护，最终导致了生态破坏。

2. 日本的国家公园管理体系

日本的国家公园是指那些全国范围内规模最大并且自然风光秀丽、生态系统完整、有命名价值的国家风景及著名的生态系统。国家公园原则上应该有超过20平方千米的核心景区，核心景区保持着原始景观。除此之外，还需要有若干生态系统未因人类的开发和占有而发生显著变化、动植物种类及地质地形地貌具有特殊科学教育娱乐等功能的区域。日本的世界自然遗产地也大多属于国家公园。

（1）日本国家公园管理体系的特点

1）日本国家公园的合作管理。由于历史的原因，日本很多土地属私人所有，因此无法保证某一区域划为国家公园时，其土地所有权全部归政府所有，这就形成了国家公园土地管理分区制。因此，日本的国家公园由环境厅与都道府县政府、市政府以及国家公园内各类土地所有者密切合作进行管理。国家公园的管理就是与公园的其他用途使用者达成某种程度的合作，通过合作管理体系来对自然环境进行保护。但近年来，由于与私人合作的困难，日本政府正通过不断向私人购买土地的方式来对国家公园进行保护。

2）资源管理权和处置权的管理。根据日本的国家公园相关法律，为保护国家公园优美的自然景观，不同的公园规划出了"特别保护区"、"特别区"和"海洋公园"。每个区域的活动都要与自然保护一致，未经环境厅批准的诸如建房、开矿、伐木、割除植物、收获植物、向河流排污等活动均不得进行，未经环境厅允许，禁止任何有可能破坏国家公园自然美景的活动。但是，另一方面由于土地所有形式和分区体系的原因，日本的国家公园建设往往是由政府与私人合作进行的。通常情况下基础性工作如道路、自然小径、野餐地、停车场、野营地和厕所由政府负责建设，而能够收费的设施如客房和交通设施则由私人投资建设，在很多情况下私人投资建设不受政府控制，政府经常被迫将公园"特别保护区"等区域避开私人所有地域，另一方面加强对私有土地的收购工作。

3）法律监督体系完善。为了有效地保护和充分利用日本的自然风景区，日本颁布了《自然保护法》、《自然公园法》、《都市计划法》、《文化财产保护法》等16项国家法律，以及《自然环境保护条例》、《景观保护条例》等法规文件，这些形成了日本自然保护和管理的法律制度体系。日本国家公园的保护和利用法规由国家环境厅制定，每5年修订一次，准国家公园适用的法规仿照国家公园的标准，由国家环境厅、都道府县制定。

（2）日本公园管理模式（以广岛中央森林公园为例）

日本的公园按其景观起源分为营造物公园和自然公园两种。其最大区别在于：前者是人为制造景观，供公众使用的区域；而后者则是保护和利用自然景观，并对园内的一切行为作出相应限制的指定区域。自然公园类似我国的森林公园或风景名胜区。

1957年，日本制定并开始执行《自然公园法》。在该法总则的第一条中，明确指出了制定该法的目的："为了保护自然的风景地，充分利用自然风景资源，为国民提供一个保健、休养以及科普教育的优美场所。"《自然公园法》的主要内容有在严格保护的前提下，适当开发、合理利用；针对被指定成为国立、国定和都、道、府、县立自然公园的风景地，制定出公园计划和管理计划的有关规定；并明确公园内利用设施的有关要求和居民、游人的相应行为限制。自此，日本的自然公园管理模式便初露头角。

1）广岛中央森林公园概况。该公园位于广岛县西南部丰田郡本乡町，毗邻广岛县国际机场，距广岛市约40公里。全园属典型的丘陵地貌，最高海拔370米，最低海拔250米，森林覆盖率大于90%。公园建于1986年，面积约2.87平方千米，总投资324亿日元（约合2.7亿美元）。广岛中央森林公园的建园目的是保护广岛县国际机场周边优美的自然环境，充分发挥机场缓冲地带森林多功能防护效益，为全县居民提供一个环境清洁，风光优美，具有保健、休养、科普教育等功能的场所。

2）广岛中央森林公园管理机构。森林公园日常管理办事机构称为“广岛县中央森林公园事务局”，下设局长、次长，管理课、事业课、公园整备课等机构，如图7-4所示。

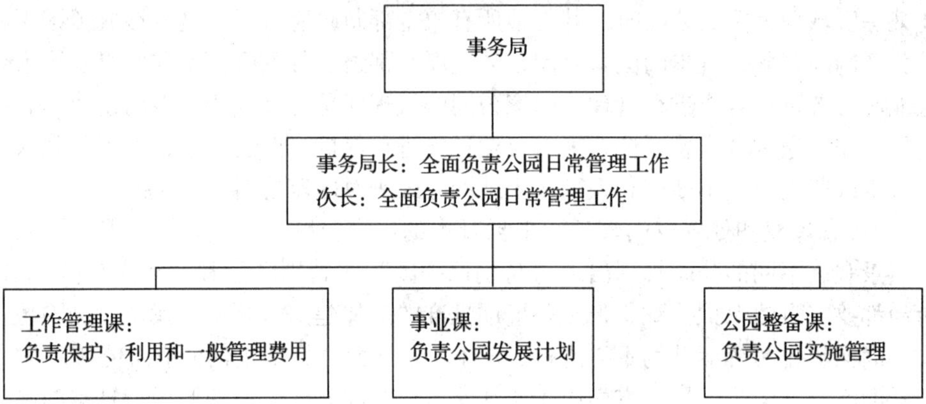

图7-4　广岛中央森林公园管理机构

3. 加拿大自然保护区管理模式

加拿大国家公园管理局创建于1911年，这使得加拿大成为世界上第一个具有国家公园政府管理机构的国家。加拿大的自然保护区包括一个庞大的系统，在国家这一层次有国家公园、国家海洋保护区、国家野生动植物保护区、国家候鸟禁猎区、国家首都保护地、加拿大遗产河流系统等；在省级有省立公园、荒野保护区、省立自然保护区、鸟类禁猎区和生态保护区等；还有地区级和地方级的保护区。

加拿大的自然保护区管理有三个基本理念：“生态完整性”、“纪念完整性”和“可持续发展”。“生态完整性”不仅指保护某一生态系统完整无损，还要保证与其毗邻的生态系统处于完整的联系与平衡之中。“纪念完整性”适用于自然遗产和文化遗产地，即将历史的发生和发展有效地呈现给公众，使遗产价值受到尊重。“可持续发展”是布伦特兰委员会所使用的概念，已取得世界各国的共识，而早在布伦特兰委员会之前，加拿大的《国家公园法案》就要求对公园的利用必须控制在“不损害后代人享用”，这也成为保护区管理的一个基本准则。

加拿大的国家公园要经议会批准立法建立，同样对其管理规划也有法律要求。其规划包括系统规划、综合的管理规划、资源管理规划、服务规划、设施/景点规划等如图7-5所示。

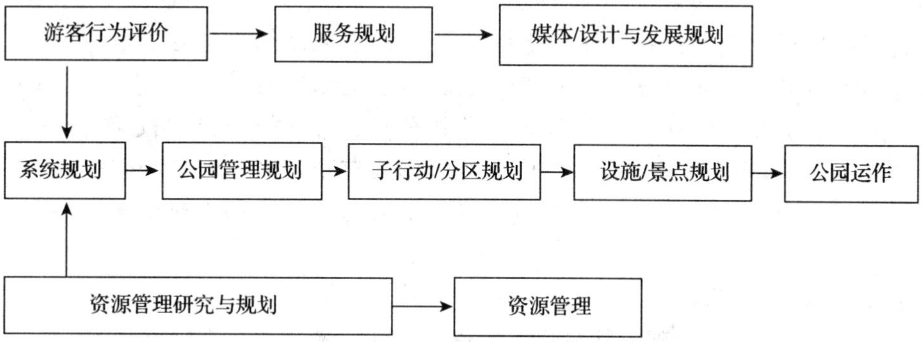

图7-5　加拿大国家公园管理规划系统

如图7-5所示，公园管理规划处于核心地位，在此规划中体现和贯彻国家公园的方针；框图下侧的资源管理和上侧的游客行为管理研究为系统规划这个决策机构提供信息。依靠上述各项规划的有效实施，公园业务得以运转并实现国家公园保护与发展的长期目标。

二、国内旅游景区管理基本模式

1. 从经营角度分类

我国旅游景区的管理模式体系共包括十种，按其经营的市场化程度从高到低依次排列，如图7-6所示。

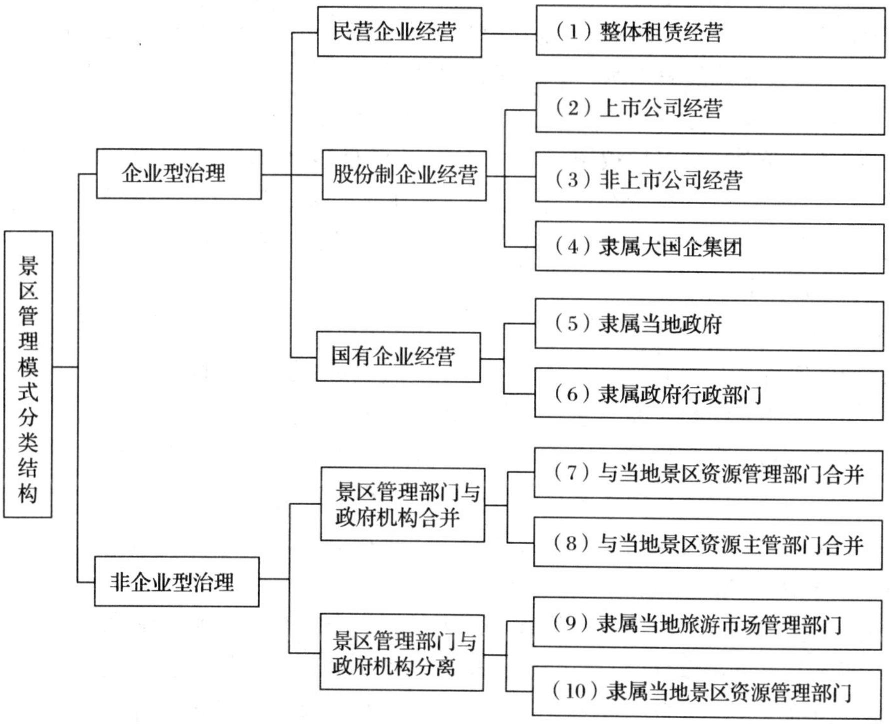

图7-6　中国旅游景区管理（治理）模式

(1) 整体租赁经营模式

旅游景区实行企业型治理，民营企业或民营资本为占绝对主导的股份制企业。其代表性景区是四川碧峰峡景区，重庆芙蓉洞景区、天生三桥景区及桂林阳朔世外桃源景区。在这一模式中，景区的所有权与经营权分离，开发权与保护权统一。景区的所有权代表是当地政府，民营企业以整体租赁的形式获得景区 30～50 年的独家经营权；景区经营企业在其租赁经营期内，既负责景区资源开发，又负责对景区资源与环境的保护。

(2) 上市公司经营模式

旅游景区实行企业型治理，其经营主体是股份制上市公司。其代表性景区是黄山风景区和峨眉山风景区。这一模式中，景区的所有权与经营权、资源开发权与保护权完全分离。景区的所有权代表是地方政府设立的景区管理委员会，它作为政府的派出机构，负责景区统一管理和资源保护，景区经营权是上市股份公司通过向景区管理会交缴景区专营权费的方式取得的，上市公司负责资源开发利用。

(3) 非上市股份制企业经营模式

旅游景区实行企业型治理，其经营主体是未上市的股份制企业。它可以是国有股份制企业，也可以是国有与非国有参与的混合股份制企业。其代表性景区有青岛琅琊台景区，浙江桐庐瑶林仙境景区，浙江柯岩景区及曲阜孔府、孔林、孔庙景区。在这一模式中，景区的所有权与经营权分离，但资源开发权与保护权统一。景区的所有权代表是作为政府派出机构的景区管理委员会等，景区经营由政府委托给股份制企业；景区经营企业既负责景区资源的开发，又负责景区资源的保护。

(4) 隶属企业集团的整合开发经营模式

旅游景区实行企业型治理，其经营主体是国有全资企业，但隶属于当地政府的国有公司。其代表性景区有陕西华清池、华山等文物景区及海南天涯海角景区、桂林的七星公园等景区。这些景区均由国有的旅游景区公司负责经营；这一模式中，景区的所有权与经营权分离，但资源开发权与保护权统一。景区的所有权代表是政府，旅游经营由国有全资的景区经营企业掌管。景区经营企业既负责景区资源的开发，又负责景区资源的保护。这一模式的优势是能够按照旅游市场的需求，全面整合各旅游景区的资源，通过整合开发，以全面促进当地旅游景区的发展。

(5) 隶属地方政府的国有企业经营模式

旅游景区实行企业型治理，其经营主体是国有全资企业，且直接隶属于当地政府。其代表性景区有浙江乌镇和江苏周庄，它们均由国有的旅游开发公司直接经营，分别隶属于当地县人民政府和镇人民政府。这一模式中，景区的所有权与经营权分离，但资源开发权与保护权统一。景区的所有权代表是政府，旅游经营由国有全资的景区经营企业掌管。景区经营企业既负责景区资源的开发，又负责景区资源的保护。

(6) 隶属政府部门的国有企业经营模式

旅游景区实行企业型治理，其经营主体也是国有全资企业，而它隶属于当地政府的有关部门，而不是直接隶属政府。其代表性景区有南宁的青秀山景区及宁夏沙坡头、沙湖景区，它们均由国有的旅游景区经营公司直接经营，分别隶属于当地国有资产管理局和当地旅游局。在这一模式中，景区的所有权与经营权分离，但资源开发权与保护权统一。景区的所有权代表是政府，旅游经营由国有全资的景区经营企业掌管。景区经营企业既负责景区资源的开发，又负责景区资源的保护。

（7）兼具旅游行政管理的网络复合治理模式

旅游景区实行非企业型治理，经营主体是景区管理机构，但同时，景区管理机构与当地旅游局合并，使得景区管理机构不但要负责景区的经营管理，还要对景区负有行政职责。这一模式中，景区的所有权与经营权、开发权与保护权对外统一、对内分离。景区管理机构既是景区所有权代表，又是景区经营主体；既负责景区资源开发，又负责景区资源与环境保护。但在景区内部，管理职能与经营职能、开发职能与保护职能由不同的部门或机构承担。其代表性景区是长春净月潭景区、江西龙虎山景区、山东蓬莱阁景区等。这些景区的管理机构都与当地旅游局合并为一套班子、两块牌子，在承担景区的经营管理职责时，还负责当地旅游业的管理，对促进当地旅游业发展负有重要责任。这一模式是近年各地旅游景区体制改革与机制创新的成功实践，具有较强的发展优势和良好的发展前景。

（8）兼具资源行政管理的复合治理模式

旅游景区实行非企业型治理，经营主体是作为当地政府派出机构的景区管委会或管理局（以下简称“景区管理机构”）。但同时，景区管理机构与当地某一资源主管部门合并，使得景区管理机构不但要负责景区的经营管理，还要对景区负有行政职责。这一模式中，景区的所有权与经营权、开发权与保护权对外统一、对内分离。景区管理机构既是景区所有权代表，又是景区经营主体；既负责景区资源开发，又负责景区资源与环境保护。但在景区内部，管理职能与经营职能、开发职能与保护职能由不同的部门或机构承担。其代表性景区是泰山。泰山管委会与泰安市文化局合并成一套人马，在负责泰山景区的保护、开发、经营、管理的同时，对全市文化事业和文化市场进行管理。目前，这一模式在景区经营中逐步退缩。

（9）隶属旅游主管部门的自主开发模式

旅游景区实行非企业型治理，经营主体是景区管理机构，但景区管理机构隶属于当地旅游局。这一模式中，景区的所有权与经营权、开发权与保护权互不分离。景区管理机构既是景区所有权代表，又是景区经营主体；既负责景区资源开发，又负责景区资源与环境保护。这一模式也是近年各地为理顺旅游管理体制而进行的改革与创新。在这一模式中，旅游景区的经营总体上以市场为导向，以谋求旅游景区的发展为主要目标。其代表性景区有河北野三坡景区、重庆四面山景区等。

（10）隶属资源主管部门的自主开发模式

这是一种传统的景区经营模式。在这一模式中，旅游景区实行非企业型治理，经营主体是景区管理机构，并且隶属于当地建设、园林、文物等旅游资源主管部门。这一模式中，景区的所有权与经营权、开发权与保护权互不分离。景区管理机构既是景区所有权代表，又是景区经营主体；既负责景区资源开发，又负责景区资源与环境保护。这一景区经营模式主要集中于传统的大型文物类旅游景区，如北京故宫、颐和园、八达岭长城景区等。

上述十种旅游景区管理模式，都是我国目前旅游景区经营中较为普遍采用的模式。特别是民营企业整体租赁经营模式、股份制企业经营模式、上市公司经营模式、旅游集团企业整合开发模式、兼具旅游行政职能的网络复合治理模式，都是近年各地为适应旅游业发展需要，发挥旅游资源优势，促进当地国民经济增长和人民生活水平提高而进行的不断探索。这些模式，都是发展的需要、改革的结晶、实践的创举。当前，我国旅游景区开发建设和经营管理正处于关键的改革时期，一些新的景区治理模式正在各地探索、酝酿和创新。可以预见，随着我国旅游业的蓬勃发展和改革开放的不断深入，新的模式将层出不穷。

2. 从保护和开发的角度分类

（1）资源保护型模式

该模式适用于国家垄断资源，如世界遗产、国家级风景名胜区、国际级自然保护区与森林公园和国际级文物保护单位等。这类景区以资源保护型为主，严格遵循政府的监管。与国外同类景区相比，国内的此类旅游景区的政府拨款大大低于国外同类旅游景区的政府拨款。但这类景区可以通过对竞争性业务，如餐饮、旅游休闲等的经营权的拍卖、招标、转让等方法来吸引外来的经营者，以此来获得景区的经营收入；还可通过社会团体的捐赠等形式获得资金。

（2）经济开发型模式

该模式适用于主题公园、旅游度假区之类以经济为主要目的的景区，这类景区主要是以人造景观设施的开发为主，迪斯尼乐园就是这类景区的典型代表。其开发强度深、范围广、竞争激烈。因此，此类景区的关键是要满足游客的需求。

（3）中间模式

该模式是介于前两种模式之间的一种模式。在经营方式上，采取企业管理、政府监管的方式，以经营创收为主。在资源开发过程中，积极引进民营资本和外来资本的投资，还要注重旅游资源的保护。

延伸阅读

阅读1　旅游景区的细微服务

目前，许多旅游景区只把注意力关注在有形产品上，忽略了无形产品——服务。

1. 旅游业的细微服务

细微服务，它是对传统的服务理念和服务意识的扩展和深化，也是一个新的服务理念。同时，面对消费者日益多样化和个性化的需求，旅游景区如果仅仅依靠标准化、规范化的服务，已经远远不能满足消费者的需求了。所以善于捕捉服务的细节，从服务的每一个细节入手，不断地完善服务，提高服务的针对性，就成为旅游景区的制胜法宝。对于旅游景区而言，要做到细微服务，首先我们先来了解一下它的四个特征。

1）细节问题要重视。细枝末节的问题往往被人忽视，也往往是容易出纰漏，使服务质量打折扣。

2）多关注身边小事。服务过程的大事大家也想到了，也都有人做。只有那些不起眼的小事，人们认为不要紧，从而不愿做，不想做。

3）做好眼前不空想。言必有信，行必有果。

4）个性服务见行动。以规范化服务为基础，提升个性化服务。有了个性化的需要，就应有个性化的服务。沃尔特·迪斯尼曾说：“我们不用考虑钱的多少，我们需要考虑的是东西的好坏。我的理想是——只要东西好，我们就可以把大众吸引过来。”因此，在建造加州迪斯尼乐园时，为了做到尽善尽美，迪斯尼乐园的预算突破了原来的700万美元，达到1100万美元。不过，这也使迪斯尼乐园成为任何一个竞争对手都无法超越的目标。洛杉矶迪斯尼乐园建造时，沃尔特·迪斯尼经常亲临现场细致检查，严格要求每一件事，从乐园布局、演出节目直到音乐的选择，甚至垃圾箱也不放过。在他的要求下，垃圾箱和周围环境协调得很好，简直成了一件装饰品。有时他会蹲下来，感觉一下儿童是否也能看得见园内的景色。

2. 如何做到细微化服务

1）牢固树立“以人为本”的服务理念。坚持“以人为本”，设施实现国际标准化。在天坛公园的祈年殿等殿堂陈展和设施升级改造中，坚持便民利民的原则，导游牌、景点说明牌、揭示牌全部实现中英文对照，款式、规格、色泽全部协调统一；增设路椅311处；全园38%的厕所为三星级以上厕所。自1997年开始，公园为游客在院内设置了10部公用电话；设置了清洁饮水设施；添置环保电动观光游览车6辆；新建免费公益健身设施达28项，解决了游客在院内的通信、饮水、交通、健身等问题。

2）坚持“以人为本”，开展周到细致服务。在游客集中的南门和北门设立导游讲解班、游人服务中心、急救点、报栏和科普宣传栏，在北门外增设了精神文明宣传栏等，并为游客提供轮椅。

（资料来源：高媛，《浅谈旅游景区细微服务》，载《科学大众》）

阅读2 黄石国家公园——研究气候变化实验室

由于处在人类影响鞭长莫及的区域，黄石国家公园的生态系统几乎完全保持了其原始、自然的状态。正因如此，当科学家研究全球变暖的生物学效应时，黄石国家公园便会成为他们的自然选择。

黄石国家公园占地220万亩，在管理人员科学精致地照料下，园内生态系统几乎完全保持了其原始、自然的状态。在北美洲，像黄石国家公园这样的地区已经为数不多了。联邦政府严格的保护政策使得黄石国家公园成为了一些濒危物种的避难所，因为这些动植物在公园里的生活不会受到局部地区工业污染的影响。

黄石国家公园野生动物学家凯利·莫非（Kerry Murphy）说：“黄石国家公园的大部分区域都处于其原始状态，我们很幸运能够拥有这样一个自然的实验室。在美国，只有为数不多的几个地区能够允许自然进程自由地运作，黄石公园便是其中之一。”

黄石国家公园是美国国家生态系统观察站项目选定的20个区域之一。黄石国家公园内的观察站用于广泛收集生态系统数据和气候数据，这些数据将与来自其他观察站的数据进行比较，并被用于详细描述和预测大规模生态系统变化和气候变化。

（资料来源：人民网 http://env.people.com.cn/GB/10610765.html，有改动）

本章小结

掌握旅游景区管理的基本技巧必须先掌握与理解相关的基础理论，熟悉国内外主要的管理模式，吸取其中的经验和教训。本章主要介绍了旅游景区管理的基本理论，阐述了国内外景区的主要经营管理模式。

首先分析了可持续发展理论，并从其背景入手，阐述了可持续发展的内容及核心内涵，并相继阐述了旅游地生命周期、游客期望值理论，然后介绍了旅游景区管理的基本内容；选取了美国、日本、加拿大等国家的景区管理模式，分别从景区管理的内容和景区管理体制等方面给予了说明；最后根据不同的分类方法，介绍了我国景区的管理模式。

知识结构

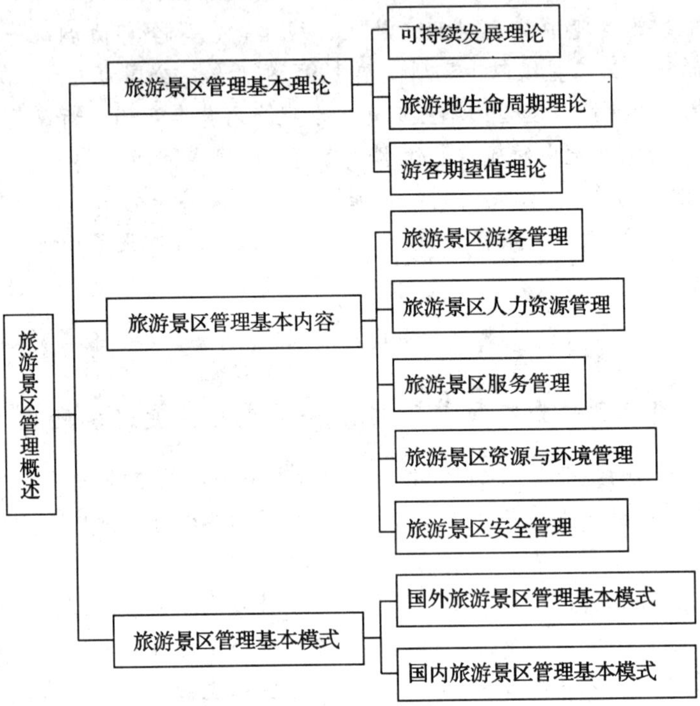

习题与思考

1. 名词解释

1）可持续发展理论

2）游客期望值理论

3）生命周期理论

2. 简答题

1）美国国家公园管理模式的典型特征是什么？

2）加拿大国家公园管理有哪些可取之处？

3）简述我国旅游景区的管理模式。

实训题

考察一家旅游景区，分析其管理体制及运作特征，找出管理弊端并提出对策与建议。

第八章 旅游景区营销管理

教学目的和要求

通过对旅游景区营销的市场定位及基本理念的介绍，使学生了解景区营销组合策略的制定，掌握景区品牌的塑造，学会景区节庆活动的策划与组织以及如何处理景区与顾客的关系及其管理。

关键词汇

基本理念（Basic Ideology）
营销组合（Marketing Mix）
景区品牌（Attraction Brand）
节庆活动（Festivals）
顾客关系（Customer Relationship）

案例导入

杭州“宋城”主题公园

杭州宋城旅游景区位于西湖风景区西南，北依五云山，南濒钱塘江，是中国最大的宋文化主题公园，它由杭州世界城宋城置业有限公司投资兴建。宋城是杭州反映两宋文化内涵的第一个主题公园，它主要分为“清明上河图”再现区、九龙广场区、宋城广场区、仙山琼阁区、南宋风情苑区等部分。

宋城的营销模式是“统一策划、统一营销、统分结合、相互分工”。营销是宋城集团品牌经营的重要环节。

1）整个公司的广告策划与营销由集团公司统一管理，在旅游公司、广告公司大力协作下，六大景区整体推出，以提高旅游产品在市场的整体竞争力。

2）以鲜明的文化个性作为产品宣传口号，满足消费者需求的价值取向。“给我一天，还你千年”，这个宣传口号既表达了宋城景区以千年文化为主线，怀古寻根的主题，又显示出企业的一种营销理念，即对消费者的承诺和对自己产品的信心。通过中央电视台等传媒及户外广告的整体宣传，已广为人知。

3）以杭州旅游市场为核心，以上海及华东地区为目标，积极扩大在“西湖一日游”市场中的占有率，在华东建立500家旅行社的委托代理网络，使长期客户占游客量的50%以上。

4）注重企业公共关系，组织各种有冲击力的社会公关活动。为开辟上海市场，企业组织“暑期乐，杭州新景亲子游”，请100户上海家庭免费到杭州游宋城。该活动共收到

15 万封上海人来信，企业的宣传在上海产生了巨大的影响；与政府有关部门积极合作，举办各种大型文化艺术及会展活动，扩大影响，提升公众注意力。

5）把在景区举办各种大型节庆活动和文体竞赛作为营销的重要手段。通过举办活动既更新了景区文化活动，丰富了文化内涵，又使活动本身成为吸引游客的一大亮点。杭州乐园2001 年5 月1 日举办的“200 万寻宝大行动”，3 天内吸引游客20 万人次；2001 年10 月宋城火把节、杭州乐园狂欢节，分别吸引15 万人次和22 万人次的游客。

宋城集团的营销模式是具有现代经营理念的“整合营销”。整合营销的信息的横向传播，用“沟通”来取代“促销”，使产品反映消费者的需求。在实施过程中，注重不同传播工具及手段优势的整合，降低企业营销成本，使企业的价值形象与信息在最短的时间内传达给消费者。

宋城的整合营销效益十分明显，宋城景区投入4 年接待游客700 万人次，3 年收回全部投资。2000 年“五一”黄金周，宋城集团所属景区接待游客42 万人次，门票收入2 200 万元，首次超过西湖景区，占杭州旅游总收入的40%，开创了杭州及浙江旅游的新格局。

第一节　旅游景区营销基本理念

市场营销对旅游景区在市场中的生存和发展影响巨大，它是寻找市场机会的钥匙，是实现景区营销目的的根本保证，也是合理调节旅游市场供求关系的准则。旅游景区要想获得合理的经济利益，吸引更多的游客，扩大市场份额，市场营销是关键。

一、旅游景区营销的特点

旅游景区的市场营销是景区以消费者需求为出发点，有计划地组织各项经营活动，为消费者提供满意的商品或服务而实现景区目标的过程。这里的消费者不仅指广大的旅游者和潜在的消费者，还包括旅游中间商。

由于旅游景区产品是一种特殊的产品，它属于服务产品，和一般的实物产品不同，其特征对其销售方法有着很大的影响。因此，景区营销具有以下特点。

1. 营销目标多样化

不同于其他企业的营销目标，旅游景区的营销目标除了考虑经济指标外，还必须考虑环境目标和社会目标，这是由景区的产品特点决定的。资源型景区，如风景名胜区、自然保护区、森林公园、湿地公园等，除了为游客提供服务外，还担负着保护资源的责任，因为资源是吸引游客的重要因素，环境目标因此成为景区能否持续发展的重要方面；内部或外围影响范围内有居民的景区，如民俗村等，还必须为因旅游开发而失地的农民提供就业机会，景区发展必须为社区居民增收范围，景区的社会目标越来越受到各界关注。

2. 营销主体多元化

旅游活动是由一地向另一地的转移目的地的模式，使一般景区很难仅仅依靠自己的力量推销自己。景区所在地的政府、行业主管部门，如旅游局，通常把景区纳入统一设计运作的目的地营销系统中，或并入统一设计的旅游线路中，与其他旅游企业一起联合推销，这时政府或行业主管部门成为景区的营销主体。

3. 营销环境复杂

旅游业是一个综合性、交叉性、敏感性都很强的行业，景区企业的营销活动受内外部环境的影响特别大。景区营销的外部环境复杂多变且难以预料，国家的宏观政策、地方的经济发展、市场的竞争状况、社会的文化心理、国家的外交政策、卫生的安全等诸多因素都可能给景区营销带来无法估量的影响。内部环境比其他行业更加复杂。景区产品的共享使用与生产、消费同步性特征，使游客的态度和行为相互影响、互为消费背景。因此，游客成为内部营销环境中一个新的要素，对游客的行为引导和管理是景区营销面临的一项挑战。

4. 营销对象消费行为多样化

旅游者消费行为的发展和变化是促进营销发展变化的重要因素之一。个性化是现代旅游者的一大特征，许多旅游者已经明显地进入到个性消费阶段。互联网在传统信息渠道之外，为旅游者提供了更多的信息和更多的选择机会，旅游者早已不再被动接受他人的观点和信息，不再消极地购买和消费，而要求更多地参与、掌握主动权，并在满足个体需求的同时，更注重保护景区生态环境、景区社区环境等。

二、旅游景区营销的基本理念

营销观念是指导景区从事营销活动的思想观念和经营哲学，是景区一切经营活动的出发点，也是景区制定营销战略和策略的根本指导思想。受管理体制的长期影响，我国景区的市场营销观念还停留在比较初级的阶段。树立适合现代市场竞争特点的营销观念是景区营销工作的重要问题。

1. 需求导向观念

需求导向观念以市场需求为中心，以研究并满足市场需求为重点。我国景区最早应用这一观念是在20世纪90年代。我国第一批主题公园在经营过程中，被迫面对供不应求的状况，不得不研究市场需求，不得不引进在制造业中已成功应用的需求导向观念来指导景区的营销活动。持需求导向观念的经营者主张：游客需要什么，我们就生产什么，销售什么。对于景区而言，从开发建设到经营管理都渗透了需求导向观念，实现资源条件与市场需求的最佳匹配，景区主题定位体现市场需求，是需求导向观念在景区营销中的主要表现形式。

2. 社会营销观念

社会营销观念以市场需求和社会效益为中心，以发挥企业的优势，满足消费者和全社会的长远利益为重点。这一观念的产生，源于20世纪80年代开始的旅游开放，当时的景区不顾社会整体利益，造成社会资源的巨大浪费，民风民俗受到严重破坏。在全球兴起可持续发展热潮，我国建设开发项目审批制度进一步规范的形势下，旅游景区开始反省自己的开发经营行为。在追求自身利益最大化的同时，也要兼顾社会利益，以争取更多的公众支持和良好的发展环境，寻求景区与社区、与自然环境的和谐发展。社会营销观念是一种全新的营销观念，它主张景区的经营活动不仅要满足游客的欲望和需求，还要符合游客和全社会的长远利益，要由“以游客为中心”转型为“以社会为中心”。

3. 绿色营销观念

绿色营销是指企业在经营管理过程中，将企业自身利益、消费者利益和环境保护利益三者结合起来，并以此为中心，对产品和服务进行构思、设计、制造和销售。其核心是根据环保与生态原则来选择和确定营销组合的策略，是建立在绿色技术、绿色市场和绿色经济基础之上的、对人类的生态环境关注给予回应的一种经营方式，最终目的是在保护生态环境的过程中，获得商业机会，在实现企业利润和消费者满意的同时，达成人与自然的和谐相处。旅游景区对生态和环境质量依赖程度高，环境质量是景区旅游吸引力的重要组成部分，绿色营销观念一经提出，就在景区营销中得到了广泛应用。其主要内容有在建设开发中采用生态设计方案和生态技术，设计生态旅游（自然旅游）产品；培育生态旅游文化；通过公关活动进行绿色促销等。

4. 网络营销观念

网络营销借助于互联网、电脑通信技术和数字交互式媒体技术来实现企业营销目标。互联网是网络营销得以实施的平台，通过互联网，企业可以跨越时空，在全世界范围内寻找市场，全天候不间断开展营销活动，并可以在网上完成交易，在网上实现与消费者的互动交流，拉近与消费者的距离，可以真正实现“一对一”营销。网络营销的特征包括跨越时空、互动交流、直接销售、降低营销成本。它成功地将营销组合中的4P与4C进行充分的结合，使消费者成为营销活动的主导，使营销成本降低，使营销系统使用方便和沟通充分。

第二节　旅游景区营销市场定位

一、旅游景区营销的市场定位概述

1. 市场定位的概念

市场定位是企业及产品确定在目标市场上所处的位置。市场定位是在上世纪70年代由美国营销学家艾·里斯和杰克特劳特提出的，其含义是指企业根据竞争者现有产品在市场上所处的位置，针对顾客对该类产品某些特征或属性的重视程度，为本企业产品塑造与众不同的，给人印象鲜明的形象，并将这种形象生动地传递给顾客，从而使该产品在市场上确定适当的位置。

市场定位并不是你对一件产品本身做些什么，而是你在潜在消费者的心目中做些什么。市场定位的实质是使本企业与其他企业严格区分开来，使顾客明显感觉和认识到这种差别，从而在顾客心目中占有特殊的位置。

2. 景区营销市场定位的要点

现阶段，无论是对于新的市场切入者还是已经进入市场者来说，其营销策略、品牌宣传，都必须有其独到的定位，才能在相对来说竞争激烈的旅游行业分一块蛋糕。目前，在旅游景区分化的今天，进行市场定位是非常重要的，只有进行市场定位，锁定目标消费群体，才能获得较大的发展空间。市场定位是建立在市场调查的基础上。旅游景区的调查应收集当地人群的旅游消费习惯、地域环境、交通情况，以及竞争对手的情况（包括旅游项目、经营策略、价格、消费人群及竞争对手的合作伙伴——旅行社的情况）。只有对这些资料进行调查分析，才能制定有效的经营策略与市场定位。通过市场定位，找到空白市场，这样，旅游景区才有发展空间，才能获得较宽松的发展环境。

与一般企业营销的市场定位相比，旅游景区营销的市场选择有以下几个要点。

（1）景区要先以地域为界去选择市场，实施等级区域措施

旅游景区目标市场的选择不会只是针对某一个地区或者某一个城市，从地域范围来说，可以根据不同的地域界限分为不同的目标市场，从而实施等级区域措施。在以地域为界选择市场时，应该遵循由近到远、逐步扩大的原则展开市场营销。以四川省宜宾市兴文县石海景区宣传营销市场定位为例，该景区根据不同的地域界限，确定了 A、B、C 市场区域等级。

A1：大成都市场。大力发展大成都市场，确保景区游客量稳定上升，属川南三景区共同开发重点市场，在市场推广手段上应尽量区域联合，同时加强与各销售渠道有力合作。

A2：泸州。作为地级市示范性重点市场在明年大力发展，并加大宣传力度，加强渠道合作，重点企业单位攻坚。

A3：重庆。属川南三景区共同开发重点市场，市场潜力大，找准市场宣传切入点，适当投入宣传推广，重点通过三景区制定有效激励政策，鼓励旅行社加强推广。

B：省内其他地级城市。内江、自贡、资阳、德阳、绵阳等景区，形象宣传推广主要依靠《华西都市报》等省级媒体所产生的辐射能力，加强旅行社有效合作，针对单位和老年、学生等特殊市场，加强联络促销工作。

C：以西北为代表的省外市场。区域联合、依靠政策推动，不直接投入广告宣传资金。

该景区根据不同距离的目标市场，确定了不同的营销措施，针对性强，有利于该景区的未来目标市场维护和新市场的开拓。

（2）景区营销要瞄准中心城市

如果以景区所在地为中心，以距离远近为半径，按地域把旅游市场划分为近、中、远三个梯次，分别对应于景区企业市场发展的近期、中期和长期规划，要注意无论哪个梯次都要以该区域范围内的中心城市为主攻目标市场。因为消费也有梯次传递的规律，一般是从大城市到中等城市，再到小城市，最后到农村。时尚消费更是如此。旅游是一种时尚消费，所以重点要抓中心城市旅游市场。

二、旅游景区营销的市场定位步骤

市场定位的关键是企业要设法在自己的产品上找出比竞争者更具有竞争优势的特性。根据企业营销市场定位的基本原理，我们也可以将景区营销的市场定位按以下三个步骤来进行。

1. 分析目标市场的现状，确认潜在的竞争优势

由于旅游资源的特殊性，旅游景区营销的市场定位和一般的企业营销市场定位不同，要确认景区潜在的竞争优势，首要的任务就是要将同区域内的旅游资源进行分析比较，从

而找准自己的特色，这个与众不同的特色就是景区的潜在竞争优势。比如我国几大名山景区，同是山体旅游景区，但是各自具有鲜明的特点，“泰山天下雄”、“黄山天下奇”、“华山天下险”、“峨眉天下秀”、“青城天下幽”吸引着不同偏好的旅游者。

在进行资源优势的比较后，结合景区经营的特殊性，我们还可以从景区的可进入性、品牌意识、政府政策对景区发展的支持等方面来进行分析，从而能更好的进行市场定位。以云贵高原西部的泸沽湖为例，将云南省不同区域的旅游资源进行比较后，找出泸沽湖景区的潜在竞争优势。

表8-1 云南省不同区域旅游资源比较

旅游地内容比较	昆明	香格里拉	大理	丽江古城	泸沽湖
资源特色	文化自然资源均衡，知名度很高，吸引力很强	文化资源一般，但自然资源非常突出，吸引力很强	历史文化资源最为突出，自然资源特色鲜明，同区域内相互替代性强	文化自然资源均衡，特色鲜明，且有标志性旅游吸引物	文化自然资源均衡，特色鲜明，且有标志性旅游吸引物
可达性	好	一般	较好	较好	较差
外资引入	较好	一般	较好	好	刚开始
品牌意识	较强	很强	一般	很强	很强
政府作用	宏观管理很强，微观放开，旅游发展保障良好	宏观管理较强，微观管理较弱，把资源优势转为经济优势能力有待加强	宏观调控不足、微观管理过细，科学引导、管理旅游市场能力有待加强	宏观管理很强、微观放开，引导管理旅游市场的能力很强，效果很好	丽江市政府领导强调长期规划，但泸沽湖部分问题需和四川相邻县市协调
旅游前景	已经进入成熟期，增长减缓，但拥有稳定的客源市场，前景广阔	由缓慢成长期向快速成长期过渡；旅游经济指标保持较高增长速度，经济效益一般	已经进入成熟期，增长放缓；在滇西北地区逐步被丽江、香格里拉取代，成为旅游通道，但经济效益还能维持。需调整旅游发展方向	由快速成长期向成熟期过渡；旅游业将以较高速度发展，然后逐渐放缓	由缓慢成长期向快速成长期过渡；旅游业将以较高速度发展。丽江古城增速放缓后，将成为拉动丽江未来旅游的发动机之一

泸沽湖与周边地区相比，尤其是与香格里拉和四川稻城亚丁的高原草甸相比，该地区的突出亮点在于高原湖泊景色——泸沽湖。泸沽湖最突出的景色有两个：一是泸沽湖的水体，属于一级水体，清澈透明；二是泸沽湖中的湖心岛和周围山色。这是泸沽湖最具特色的两个景色，也是吸引游客最突出的自然风光。

目前泸沽湖景区的主要卖点是泸沽湖以及摩梭人的走婚习俗。泸沽湖整个景区所辖面积不大、纵深较浅，属于一个中小景区。泸沽湖拥有独特的摩梭人文资源，资源具有稀有、独特、脆弱的特点。有限的旅游资源十分宝贵，资源特征也作为定位的重要依据。因此泸沽湖不适合发展大众化、流量型的旅游观光项目，而适合走精品化的道路。

2. 准确选择竞争优势，对目标市场初步定位

竞争优势表明企业能够胜过竞争对手的能力，这种能力既可以是现有的，也可以是潜在的。针对景区营销的市场定位工作，我们应该分析景区目前的目标市场类型，然后再结合第一步骤中所确认的景区潜在竞争优势，对景区营销进行切实可行的市场定位。还是以泸沽湖为例，根据市场调查的结果，目前泸沽湖的游客主要有以下三类。

1）观光、猎奇型。这部分人群对当地的自然风光、摩梭婚俗文化感兴趣。通常是大团队行动，在当地住一两天。他们大部分来自当地或者短途顾客，对宾馆需求较少。该群体需要参观当地最吸引人的自然景观、了解摩梭婚俗。

2）度假型游客。因工作关系或度假而到泸沽湖的散客或者团体，一般规模较大、人数多、消费水平比较高、购物欲望强。他们一般是来自区域外的顾客，需要在泸沽湖过夜，并需要泸沽湖能提供宽带上网、传真、会议室等齐全的公务设施，对住宿以及餐饮条件要求比较高。

3）生态、文化体验型。生态旅游顾客一般对住宿和餐饮设施要求不高，他们对当地的生态旅游怀有强烈的兴趣，生态旅游侧重于对自然环境的审美欣赏。文化旅游的顾客一般具有较高的教育背景，属于高收入阶层。据美国和加拿大的统计，对文化旅游感兴趣的消费者有如下的特征：① 愿意在度假期间花费更多的钱；② 度假期间在一个地域待更多的时间；③ 更可能需要住宾馆；④ 更可能购物；⑤ 更多来自女性，且年龄偏大。这部分人群对导游的专业知识要求较高。他们可能对泸沽湖景区的艺术、建筑、民俗、考古、自然景观、摩梭文化特别感兴趣，愿意支付高昂的进入费，通常是小团队行动。

鉴于泸沽湖地区脆弱的生态环境，该地区适合发展以度假、文化研究和文化体验为目的、能为泸沽湖地区带来高知名度或高经济收益的中高端旅游者，在环境承载力许可的条件下可有限度地满足一般观光者。

目标市场主要有以下几个。

1）以文化研究和文化体验为目的的高端顾客群。

2）以观赏自然风光、体验文化和休闲度假为目的的核心顾客群，主要有高端商务游客、高阶层人士等。

3）以观赏风光和了解异族文化为目的的国际游客。

4）对摩梭文化感兴趣的普通观光游客。

3. 宣传促销活动，将其独特的竞争优势准确传播给目标顾客

这一步骤要求旅游景区首先应使目标顾客了解、知道、熟悉、认同、喜欢和偏爱本景区的市场定位，在游客心目中建立与该定位相一致的形象。其次，景区通过各种努力强化在游客中的形象，稳定目标游客的态度和加深目标游客的感情来巩固与市场相一致的形象。

例如，在根据泸沽湖景区市场定位、开发旅游产品时，应当依托泸沽湖和摩梭文化等资源，改变传统的只注重观光型产品的旅游产品开发方向，将重点放到文化和生态旅游产品的开发上来，从而实现泸沽湖旅游产品的提升。

为了实现泸沽湖旅游产品的提升，针对独特的泸沽湖母性文化，在具体产品的开发上，从近期，可以把原来单一的观光旅游转化为主题旅游，如打造中国式的情人节、打造新婚旅游地的爱情之旅，体验民族音乐的音乐之旅，体验和探究摩梭文化的千古母性文化之旅等主题旅游；也可开发生态旅游，如具有很好扶贫作用的村寨旅游，目的是积累财富，增强当地村落参与度，积累经验。

从长期来看，尽管泸沽湖有世上仅存不多的母性社会文化，但在国际上知名度并不高，或者只有模糊的概念，要加强民俗文化的翻译工作，尤其对于独特的女性文化、母性社会的独特习俗系统对外加以介绍。为了有助于宣传，政府可以出面组织一些基于研究的专题旅游产品，邀请国内外知名专家来泸沽湖旅游，对相应课题开展研究，或者就泸沽湖景区的摩梭文化、宗教、民俗、饮食、保健等文化加以研究，并就某一主题出版专业书籍，召开相应专题会议。为此，当地需要加强基础设施建设，可以建立一个泸沽湖文化交流中心，一方面为民族文化的研究人员和专家学者的调查研究提供一个交流探讨的场所，另一方面为各类会议的召开提供固定的地点。强化泸沽湖地区为有关妇女课题研究的基地，争办国际上以妇女为主题的各类会议。通过这些手段，泸沽湖的女性文化才会在世界上广为传播，丽江泸沽湖地区的世界女性文化基地的地位才能逐渐确立，以文化传播促进当地经济发展的目的才能达到。

三、旅游景区的产品定位

旅游景区要想在纷争的旅游市场中取得优势，就得在信息传递中把自己的突出特色宣扬给广大消费者，并能牢牢抓住消费者，让自己的产品占据一定的市场地位。旅游景区可以采用以下方法定位。

1. 攀附定位

攀附定位是一种“借光”定位方法。它借用著名景区的市场影响来突出、抬高自己，比如把三亚誉为“东方夏威夷”，把小浪底水库誉为“北方的千岛湖”。采用这种定位方法的景区并不去占据攀附对象的市场地位，与其发生正面冲突，而是以近、廉、新的比较优势去争取攀附对象潜在顾客群。采用这种定位方法的景区不可与攀附对象空间距离太近，因为这种定位是吸引攀附对象景区的远途的潜在顾客。另外，对于已出名的旅游景区和具有独特风格的旅游景区不能随便采用此种定位方法，这是景区经营之大忌。出了名的景区，市场已经赋予其特定的位置，仅需要维护和保持这种特色位置不失去就可以，而不能贸然地只为一时一地的市场开发而别出心裁地突出另外特色，这样会丧失自己原有的特色，动摇原先的市场地位。对于新开发的旅游景区，如果能从与其他景区的比较中找出自己突出的、有特点的风格，就不要贸然采用攀附定位。因为攀附定位永远做不到市场第一，并且会掩盖景区的真正特色。但利用名人、明星、名流、偶像，甚至权势来制造轰动效应也不失为一个好方法。姚明在浙江的太湖源景区拍摄婚纱照时，就深深地被景区内良好的生态环境所吸引，不时发出“这水好清”的感慨。由于姚明的“名人效应”，赴该景区旅游和预约拍婚纱照的客人猛增，数量与黄金周持平。看到此商机，该景区开始酝酿投资开发婚纱摄影基地，延伸旅游产业链。

除了婚纱摄影基地的打造，太湖源景区还计划在景区边上投建一个篮球场，免费向公众开放，借助姚明和奥运看点，吸引人气，未来谋划与一些专业篮球队合作，不定期举行篮球比赛，以提高太湖源景区的品牌知名度。

2. 心理逆向定位

心理逆向定位是打破消费者一般思维模式，以相反的内容和形式标新立异地塑造市场形象。例如，河南林州市林滤山风景区以“暑天山上看冰堆，冬天峡谷观桃花”的奇特景观征服市场。深圳野生动物园一改传统动物园将动物囚禁在笼中观赏的做法，采取游客与动物对调的方式，人被囚禁在车中，而让动物在笼外宽阔的空间自由活动。这种模拟动物野外生活环境的动物园打破了消费者对动物园的惯性思维，从而赢得了市场的认可。

3. 狭缝市场定位

狭缝市场定位是旅游景区不具有明显的特色优势，而利用被其他旅游景区遗忘的旅游市场角落来塑造自己旅游产品的市场形象。比如河南辉县有名的电影村郭亮村，本来是一个普普通通的太行山村，自从著名导演谢晋在此拍过一次电影后，山村开始走旅游发展道路。他们以洁净的山泉水、清新的空气、干净卫生的住房条件，用比市场低得多的价格（包食宿每天 10 ~ 20 元）去占领附近城市的休闲旅游市场和美术院校校外写生市场。

4. 变换市场定位

变换市场定位是一种不确定定位方法。它主要针对那些已经变化的旅游市场，或者根本就是一个易变的市场而言的。市场发生变化，景区的特色定位就要随之改变。比如，深圳在改革开放初期是以“改革开放窗口”为特色，吸引全国各地的游客前来参观学习，以后改革开放全面铺开，原有特色影响力迅速衰退，于是深圳又推出了以人造景观为主的大型游乐主题公园，重拾快速发展的道路。

不过，一般的人造景观如主题公园类型的旅游景区，面对的却是一个变化的市场。对于变化的旅游市场更要采用变换的定位方法，不断改变旅游产品的内容和形式，让游客常游常新，以变取胜。

我国的主题公园大都存在市场趋淡问题。以深圳锦绣中华为例，该景点在 1989 年 9 月开业，当年人流如潮，每日有8 000名游客入园，这种状况一直维持了 3 年，如今这一数字已降到3 000。面对这样的问题，景区一般有两种选择的道路，一是走规模扩张的道路，扩建新景区，以新带旧，壮大声势；二是走内涵变换的道路，即采用变换市场定位策略，即改变和增加景区活动内容、赋予主题新的含义。锦绣中华的业主——深圳华侨城集团选择了前一种道路，连续建成了中华民俗文化村、世界之窗和欢乐谷。虽然取得了良好的经济效益，但这样靠资金和土地支持的道路总有尽头，终究还要回归到变换市场定位的道路上来。

四、旅游景区的市场拓展

旅游景区虽然受地域限制，但发展市场的空间还是无限的。旅游景区可以采取两种发展模式：一种是内涵型发展模式，另一种是外延型发展模式。

1. 内涵型发展模式

内涵型发展模式是指旅游景区在景区内开展多种经营，全方位满足目标顾客的需要，提升景区服务档次和扩大服务内容。旅游的六大要素——食、住、行、游、购、娱是游客的基本需要，随着旅游消费的档次提高，进而发展到健（健身）、教（教育）等需要。这些都是主流需要，此外还有诸多个性化的需要。按照市场营销理念的认识，需要就是市场，这么多的需要给景区服务提供了无限的空间。旅游产品是综合性的，所有服务项目组合在一起能发挥更大的乘数效应。服务的项目越多、越全面，就越有可能留住游客、越能刺激游客在景区消费。景区服务完善了，又会很大程度影响目标顾客群的口碑，引发更多游客前来游玩。因此，旅游景区应在景区服务质量和服务项目上多做文章，多下工夫，以此为主线扩大经营，发展壮大企业。

2. 外延型发展模式

外延型发展模式就是指景区企业在景区以外发展经营活动。这种发展模式是根据企业的经营战略来实施的。一般可分为以下几种。

（1）主业延伸发展模式

这种发展模式也叫一体化发展模式，就是将景区业务向有联系的行业发展。面对旅游市场向前延伸到旅行社、旅游交通行业开展业务，向后延伸到饭店业、旅游商品生产行业开展业务，横向则投资开辟新的景区。这种模式不管向哪个方向发展，都离不开景区原有的经营主业，都是以原先的主业为中心向外围逐步拓展的。这种市场发展模式需要景区投入资金，是一种投资发展模式，因此需要慎重对待。

（2）围城支援模式

这是一种多元化发展模式。其意不在于主业的转移，而是要在跨行业的两个行业领域同时经营，利用相互的影响作用取得综合经济效益。最成功的例子是浙江宋城集团。宋城集团是中国最大的民营旅游开发投资集团之一，其投资方向以旅游休闲业为主，同时涉及房地产开发、高等教育、电子商务等领域。宋城集团 1995 年起步，先在杭州动工兴建主题公园宋城，短短几年间，相继又在萧山等地投资开发了杭州乐园、美国城、山里人家等景区，总共开发的旅游景区面积达 26 万亩（约合 1. 73 亿平方米），年接待游客达到 400 万人次。集团在开发旅游景区的时候大量购置周围土地，开发房地产，围绕景区建成一批宾馆、温泉度假村、高尔夫俱乐部、网球俱乐部等度假休闲配套项目，在景区经营火起来的时候，房地产价值也一路攀升，短短 5 年已成为拥有 13 个项目企业 、40 亿元资产的大企业集团，董事长黄巧灵也荣登 2001 年“福布斯内地百富豪榜”第 34 名，获得了极大成功。

（3）管理输出模式

这是一种经营效益出色的、有名的旅游景区企业利用专业化管理技术，向同行业扩张的发展模式。这种模式一般不需要直接投资，是一种把无形资产效益化的发展模式，但有时也会以参股、抵押承租、保证金等形式部分投资，这要视具体情况而定。

五、旅游景区市场开拓与营销策略

中小景区的市场目标群主要是开拓两个大的市场，一是针对旅行社，作为景区来说旅行社是主要客户来源，因此，景区在市场开拓上应把重点放在与旅行社合作渠道的建设上。如果景区能与各旅行社建设好合作关系，其市场份额也得到了保证。当然，与旅行社合作，关系到彼此的利润分配问题，因此，景区在给旅行社定价时应充分考虑到这一点。二是散客。随着旅游意识的提升，散客也日益成为一个庞大的市场。为抓住这一客源，景区必须靠营销活动，才能带动这一消费群体。

在景区营销策略上，一般实行事件营销、优惠促销。事件营销因为其特殊性，常常能引起公众的注意力。如某动物世界在2005年春节举办“天启·星空马戏”；某乐园举行“生存技能大挑战”。又或者有利用别人的资源和优势，比如电信行业进行客户推广活动、举办国际性的挑战赛之类的事件营销以吸引着众多的旅游消费者，这种方法也能提升品牌的形象。优惠促销则是一种比较普遍的营销手段，如实行折扣优惠，这种方式较常用，但操作的效果并不是很明显。

针对目标消费群体，运用有效的市场开拓与营销手段，才能进一步扩大市场份额。

第三节　旅游景区营销组合策略制定

一、营销组合概述

1. 市场营销组合的定义

市场营销组合指的是企业在选定的目标市场上，综合考虑环境、能力、竞争状况对企业自身可以控制的因素，加以最佳组合和运用，以完成企业的目标与任务。市场营销组合是企业市场营销战略的一个重要组成部分，是指将企业可控的基本营销措施组成一个整体性活动。市场营销的主要目的是满足消费者的需要，而消费者的需要很多，要满足消费者需要所应采取的措施也很多。因此，企业在开展市场营销活动时，就必须把握住那些基本性措施，合理组合，并充分发挥整体优势。

市场营销组合是制定企业营销战略的基础，做好市场营销组合工作可以保证企业从整体上满足消费者的需求。市场营销组合是企业对付竞争者强有力的手段，是合理分配企业营销预算费用的依据。

2. 市场营销组合——从4P到11P

1960年，麦卡锡提出了著名的4P组合。麦卡锡认为，企业从事市场营销活动，一方面要考虑企业的各种外部环境，另一方面要制定市场营销组合策略，通过策略的实施，适应环境，满足目标市场的需要，实现企业的目标。麦卡锡绘制了一幅市场营销组合模式图（见图8-1），图的中心是某个消费群，即目标市场，中间一圈是四个可控要素：产品（Product）、地点（Place）、价格（Price）、促销（Promotion），即4P组合。

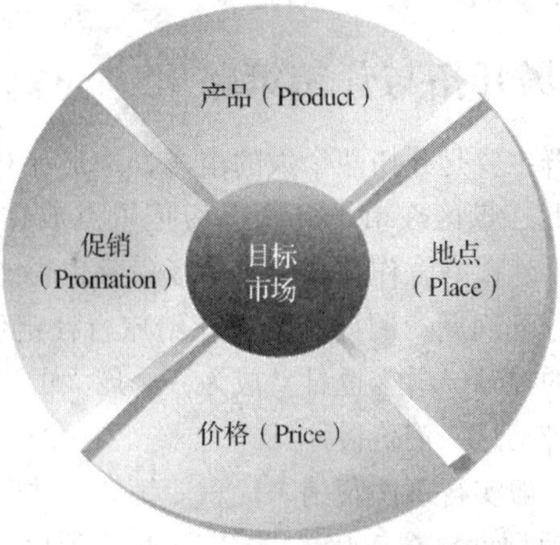

图8－1　麦卡锡4P市场营销组合模式图

在这里，产品就是考虑为目标市场开发适当的产品，选择产品线、品牌和包装等；价格就是考虑制定适当的价格；地点就是要通过适当的渠道安排运输、储藏等把产品送到目标市场，促销就是考虑如何将适当的产品，按适当的价格，在适当的地点通知目标市场，包括销售推广、广告、培养推销员等。图的外圈表示企业外部环境，它包括各种不可控因素，包括经济环境、社会文化环境、政治法律环境等。麦卡锡指出，4P组合的各要素将要受到这些外部环境的影响和制约。

考虑到服务的特性，1981年布姆斯和比特纳提出了7P服务营销组合模型，即在传统的产品、价格、地点和促销四个因素的基础上，又增加了三个“服务性的P”，即：人/参与者（People/Participants）、过程（Process）、有形展示（Physical Evidence）。随着适用范围的扩大，4P理论也随之扩展，美国的阿拉斯塔·莫里森（Alastair Morrison）于2002年提出了8P营销组合，以前述4P营销理论为根本基础，再扩展加上后4P分别为：人（People）、规划设计（Programming）、有形展示（Physical Evidence）及包装（Packaging）等营销组合。

从服务的复杂性出发，格罗鲁斯主张服务营销不仅需要传统的4P外部营销，还要加上两个营销要素，即内部营销和互动营销。内部营销是指企业对内部员工进行培养和激励，以员工为“顾客”的营销，使他们更好地为外部顾客服务。互动营销是指企业员工与顾客接触时，双方之间发生的互动过程。外部营销、内部营销和互动营销构成了服务营销三角形。

二、营销组合策略的特殊性

旅游景区首先要对自己的旅游产品有所认识，根据旅游景区所提供旅游产品的主要内容和特征，形成完备的营销组合，然后再来考虑其营销策略的制定。

1. 景区产品的组合因素

（1）旅游景区吸引物

旅游景区吸引物就是景区内标志性的观赏物。它是景区旅游产品中最突出、最具有特色的景观部分。旅游从某种角度讲也可称为“眼球经济”，游客正是为观赏旅游景区某一特定物才不远千里、不怕车马劳顿出来旅游的。这是旅游景区赖于生存的依附对象，是旅游景区经营招徕游客的招牌和幡帘，是景区旅游产品的主要特色显示。没有这个吸引物，游客就不可能来景区旅游消费，尤其在今天旅游市场竞争日益激烈的情况下，吸引物不仅靠自身独有的特质来吸引游客，还要有一个良好的形象塑造和宣传才能起到应有的引力效果。

（2）旅游景区活动项目

旅游景区活动项目是指结合景区特色举办的常规性或应时性供游客或欣赏或参与的大、中、小型群众性盛事和游乐项目。景区活动的内容是非常丰富的，如文艺、体育表演、比赛，民间习俗再现，各种绝活演艺，游客参与节目，寻宝抽奖等。这些活动不仅是景区旅游产品的一部分，而且还可作为促销活动的内容。

（3）旅游景区管理与服务

旅游景区产品表达形式尽管呈多样化，但其核心内容仍是服务。服务的特点就是它的生产与消费常常处于同一时间段，每一次服务失误就是一个不可“回炉”修复的遗憾的废品产出。在服务过程中的管理尤显重要，实际上管理就是最核心的服务。旅游景区管理包含两个层面，一是对员工的管理，二是对景区的管理。不管是哪种服务，都要以最大限度满足游客需要为宗旨，尊顾客为上。

（4）旅游景区可进入性

可进入性指的是旅游景区交通的通达性。由于很多景区处在交通不方便的偏僻地区，使得游客进出旅游景区大受限制，甚至交通成为营销瓶颈。旅游景区的产品销售过程与有形商品销售不同，是景定人动，顾客必须来到景区享受服务，经营要靠大量的客流。目前，在国家交通条件改善的情况下，影响旅游景区可进入性的不仅仅是主干交通，往往是旅游景区门前的最后“十公里”，必须引起重视。

2. 营销策略制定依据

（1）景区旅游资源的特色与品位

一个景区必须要有自己的特色资源，或许以“桂林山水甲天下”而著称，或许以“黄山归来不看岳”而名扬，特色是景区凸显于游客心中的前提。或许在一个地方有名，或许在全国独有，或许世界罕见，这种特色将最终决定自己的品位。品位的高低，直接影响客源。所以说，在市场营销策略制定时，第一个问题便是对景区旅游资源特色与品位的定位是否准确。这种定位一定要与旅游市场的需求与发展结合在一起，否则，又会出现全国一片“西游宫”，最终一败涂地。

（2）景区客源市场的范围

这里指的客源市场范围包括三个方面：一要看是团体客人还是散客；二要看客源的来源地是城市还是农村，是以城市为中心辐射周边还是扇状辐射等；三是指客源身份、年龄、性别、收入等，是以工薪阶层为主还是针对白领。了解这些，就需要景区先期对市场进行一番细致的调查分析，中期再在景区内调查，后期要有一个游览景区后的反馈调查，从中测算出满意度，找出差别。不管用加权累计法还是拓扑统计法，千万不要走进专家的“数字迷宫”。对于一个景区来说，最实质的效果就是要增加客源。

（3）旅游产品的特殊性

景区的旅游产品是无形与有形劳动的结合，也是现在与将来，存在与潜在客源的结合。景区市场营销从第一天开始，已经在“买商品”，千万不要认为购票才是真正“买商品”，其实好多游客从知道这个景区开始就已经从心里偷偷购买了，任何一个环节，包括乘车、食宿等原因都可导致他（她）不购买您这个景区“商品”。

三、制定景区营销组合策略

1. 打造标准化服务，实施“口碑”营销

根据构筑服务的各种有形要素，标准化服务包括服务人员的标准化以及设施、环境的标准化。旅游景区不仅要通过严格的标准化培训规范服务人员的服务质量，使游客能愉快的接受服务，满足自身需求，还要为游客制定科学合理、易于执行的规章制度，以人性化的劝诱方式，规范游客在景区内接受服务的行为；同时，及时更新、维护景区各项硬件服务设施，清除垃圾障碍，美化服务环境，为游客游览、等待和接受服务提供良好的条件。对于旅游季节明显的景区，要明码实价地标明淡旺季不同的价格和季节特色，通过价格杠杆来调节游客的需求，以达到供需平衡，保持服务质量的稳定。

许多景区现在都在通过培训或招聘专业化的人才来提高景区的服务质量，有的还导入ISO 9000服务质量体系，推行标准化和人性化服务，实现零投诉，或者干脆免费导游讲解，让游客一传十，十传百，通过“口碑”促销。这种亲朋好友间的人际传播，信服度高，很容易招徕游客。相反，如对游客照顾不周，所造成的负面影响比正面影响更大，对景区的损失不言而喻。

2. 打造有形化服务

离开人力、设施、环境等各种有形要素，旅游景区的服务就无法实现。服务的提供必须借助一定的硬件设施，让消费者真真切切感受到服务产品的存在，并享用旅游服务产品的价值。打造有形化服务，必须从以下方面考虑。

（1）有形的一线服务人员

一线服务人员作为与游客直接接触者，其服务素质、言行举止、办事效率及方法态度等代表着景区的形象和水平，影响着游客对景区的评价。为了保证景区服务质量及服务营销实施的有效性，景区应从自身需求出发通过一系列服务技能培训，打造出一批素质过硬、态度良好的一线服务人员，以提高景区竞争力，实现景区服务目标。

（2）有形的服务环境

服务环境是景区为游客提供服务的具体场所，在这里，游客能享受到服务产品以及服务方营造的服务氛围，它是景区服务产品存在的必要条件。

（3）有形的服务产品

数字化导游系统、电脑触摸屏、特殊人群使用设施、ATM自动取款机等先进的技术和设施，对于景区实施标准化、自动化、规范化服务并保持稳定的服务质量有较大作用。这些技术、设备的使用使得大多数人群都能享受到无差别的高效服务。同时要增加景区服务的透明度与信息对称性，增强游客对景区服务的感知能力，使无形服务有形化。如在门票上注明或入口处公示游客在景区可能享受到的服务利益，对服务进行明确划分，使游客一目了然。

3. 产品升级，新票制提升景区人气

近年来，随着旅游的发展，越来越多的景区开始通过各种各样的听证会，上涨门票价

格。殊不知，这一举措不仅未提升景区在游客心目中的地位，反而会招致人们的质疑。事实上，提升景区人气，应该不断创新，通过产品升级，实行更加有利于游客的新票制，将原有的景点游改为景区游，以人为本，从游客的角度出发来提升产品质量。

从 2005 年 6 月开始，武夷山景区将实行新票制，将武夷山景区门票分为三类，即 110 元人民币的一日有效票、120 元的二日有效票和 130 元的三日有效票，九曲溪竹筏漂流票价未发生变化，还是每人 100 元。与原先的 111 元景点通票或 126 元的所有景点票相比，新票制在价格上并未发生太大变化，只是把原先的景点游改为景区游，这样可更有效兼顾到景区、游客、旅行社等各方的利益，实现“多赢”。实行新票制后，游客无论买任何一种门票都可游览景区所有景点，且多次进入景区不需重复购票，从三类门票的价格上看，旅游天数越长越划算，真正体现“游超所值”，同时也可避免游客受蒙蔽未游精华景点，减少游客投诉。按原来旅行社设计的游览线路，游客通常在武夷山平均逗留一天，而实行新票制之后，游客在武夷山至少逗留三天，这无疑给旅行社增加了收入。不仅如此，武夷山还将采取资金补贴的形式，鼓励国内外旅行社组织游客包机和旅游专列到武夷山旅游观光。

4. 活动促销

活动促销因游客参与性强，正成为越来越多景区采用的市场营销方式之一。我国深圳华侨城、美国的迪斯尼乐园等均是采取推陈出新、变幻莫测、频繁举办的精彩活动来吸引人。现在举办的“滑雪节”、“登山节”以及西安 2003 年举办的“世界小姐美眼看西安”、“金庸华山论剑”等均是以活动促销，来提升一个景区乃至一个城市的形象。只不过，举办一次活动费时耗力，尚需要大量资金，另外有些景区还在利用名人效应，一旦名人有负面影响，景区也将跟着遭殃。

5. 展会促销

展会促销具有受众面广、展示内容全面、展示形式多样等特点，不论是对知名景区，还是对需要进一步提升其知名度的新开发景区，都具有较大作用的促销作用，如旅游博览会、华中/华南/西北等某个地区的旅游展会等。2010 年，最大的展会莫过于上海世博会，虽然不是专门的旅游博览会，但是在上海世博会上，无论是各国的国家展馆，还是国内的地方展馆，我们都可以看到其宣传本国家、本地区的旅游资源的痕迹。可见，展会促销对景区来说确实是一种有效的宣传方式。

6. 网上促销

网上促销是一种大胆的尝试。景区在进行网上促销时，除了一些基本资料的介绍和有关网站链接外，最起码要与网上游客互动，实现有问必答，而且回答要让网友满意，最后还要实现网上订票和购票功能，这样才实现了网上促销的目的。另一方面，通过网上促销，还能从网友那里得到对景区服务质量、资源特色、综合治理、环境保护等方面的意见反馈，便于以后加以改进。网上促销对于一些探险型的景区可能效果要好一些，一般“驴友”喜欢这些自然景区。

7. 特许（专营）旅行社经营

一些景区为了保障主要提供客源旅行社的合法权益，进行特许（专营）旅行社垄断经营，这对稳定市场客源和门票价格起到了很好的作用，这种市场营销策略一般针对知名度高，外地组团客源多的景区而言。一般中小型景区不宜采用，因其垄断性，导致其他旅行社因利润或其他原因不愿为景区送客源，另一方面，也丧失了旅行社之间的公平、合理竞争的基础。例如，武夷山市政府与中国康辉旅行社集团签署了“年度协议书”，双方商定，在2005年6月1日至2006年5月31日期间，中国康辉旅行社集团将向武夷山发送客源达6万人次，其中，预计福建省内游客达5 000人次。武夷山给予中国康辉旅行社集团的系列旅游团以景区优惠门票。如此大规模的团购项目在福建省旅游界尚属首次，在国内也尚属罕见，团购销售模式有利当地旅游业做大做强。这种短渠道的销售方式既给旅游地以客源保证，又在一定程度上降低了产品成本，有利于实行强强联合共创品牌，在经济利益上能达到双赢。

第四节　旅游景区品牌塑造

案例导入

新兴景区品牌宣传与市场定位

广东省某乐园属于新兴的野外拓展运动场地，开业前一年，因为乐园的名气不大，市场开拓不力，所以，一直是惨淡经营。2008年，乐园的老板确定了以提升品牌知名度带动人流量，促进销售额的发展思路，并且计划投入重金，进行品牌宣传。

在这种情况下，乐园经过充分调查之后，进行市场细分，确定目标消费群，进行有效的品牌宣传与活动策划。运用二手抓的原则：一手抓品牌宣传，一手抓市场开拓。在这种新思路的策略运营几个月后，乐园的游玩人流量大大增加，并且逐步扩大了珠三角的市场份额。

市场经济条件下，“好酒不怕巷子深”的古训不灵了，皇帝女儿也愁嫁。企业、学校、医院、银行、媒介、酒店、旅游景区……无不需要“形象与特色”的支持。实质上，品牌就是给人家一个选择的标准和理由，是一个“参考构架”，否则，可选择的对象那么多，凭什么对你慷慨解囊？旅游景点那么多，人家又凭什么去这里玩？因此就要进行品牌塑造，赋予品牌以个性、独特点，从千人一面中跳将出来，卓尔不群。如众多城市为了吸引旅游者的眼球，纷纷给自己赋予了特色鲜明的“城市名片”，CCTV的广告榜上已经有“永远是春天”的昆明、“塞外明珠”银川、“东方威尼斯”苏州、“白云黄鹤的故乡”武汉等。

“未来的营销是品牌的战争——品牌互争短长的竞争。商界与投资者将认清品牌才是公司最可宝贵的资产，拥有市场比拥有工厂重要得多。而唯一拥有市场的途径，就是拥有具有市场优势的品牌”——营销专家Larry Light对品牌的这一论述非常精到。品牌建设与管理是一项科学的系统的工程，需要专业化运作。

（资料来源：http://www.yewuyuan.com/article/200506/2005060200005.shtml）

一、品牌与品牌塑造

市场营销专家菲利普·科特勒博士将品牌定义为“一个名称、名词、符号或设计，或者是它们的组合，其目的是识别某个销售者或某群销售者的产品或劳务，并使之同竞争对手的产品和劳务区别开来。”

品牌塑造（Brand Building），是指给品牌以某种定位、并为此付诸行动的过程或活动。品牌塑造是一个系统长期的工程，品牌知名度、美誉度和忠诚度是品牌塑造的核心内容，大企业可以凭借雄厚的财力、物力通过炒作、广告轰炸、大规模的公益和赞助等循序渐进地进行品牌塑造，通过建立品牌优势来刺激和吸引消费者的购买冲动。

二、品牌的作用

1. 消费者或用户记忆商品的工具

不仅要将商品销售给目标消费者或用户，而且首先要使消费者或用户通过使用对商品产生好感，从而重复购买，不断宣传，形成品牌忠诚。消费者或用户通过品牌，通过对品牌产品的使用形成满意的结果，就会围绕品牌形成消费经验，存储在记忆中，为将来的消费决策形成依据。一些企业更为自己的品牌树立了良好的形象，赋予了美好的情感，或代表了一定的文化，使品牌及品牌产品在消费者或用户心目中形成了美好的记忆，比如“麦当劳”，人们对于这个品牌会感到一种美国文化、快餐文化，会联想到一种质量、标准和卫生，也能由“麦当劳”品牌激起儿童在麦当劳餐厅里尽情欢乐的回忆。

2. 识别商品的“分辨器”

品牌的建立源于竞争的需要，是消费者或用户用来识别某个销售者的产品或服务的。品牌设计应具有独特性，有鲜明的个性特征，品牌的图案、文字等与竞争对手的区别，代表本企业的特点。同时，互不相同的品牌各自代表着不同形式、不同质量、不同服务的产品，可为消费者或用户购买、使用提供借鉴。通过品牌，人们可以认知产品，并依据品牌选择购买。例如，人们购买汽车时会想到这样几个品牌：奔驰、沃尔沃、桑塔纳、大众。每种品牌汽车代表了不同的产品特性、不同的文化背景、不同的设计理念、不同的心理目标，消费者和用户便可根据自身的需要，依据产品特性进行选择。

3. 质量和信誉的保证

企业设计品牌、创立品牌、培养品牌的目的是希望此品牌能变为名牌，于是在产品质量上下工夫，在售后服务上努力。同时品牌代表企业，企业从长远发展的角度必须从产品质量上下工夫，特别名牌产品、名牌企业，于是品牌、特别是知名品牌就代表了一类产品的质量档次，代表了企业的信誉。比如“海尔”，作为家电品牌，人们提到优质“海尔”就会联想到海尔家电的高质量，海尔的优质售后服务及海尔人为消费者用户着想的动人画面。再如“耐克”作为运动鞋的世界知名品牌，其人性化的设计、高科技的原料、高质量的产品、为人们所共睹。“耐克”代表的是企业的信誉、产品的质量。

4. 企业竞争的武器

树品牌、创名牌是企业在市场竞争条件下逐渐形成的共识，人们希望通过品牌对产品、企业加以区别，通过品牌形成品牌效应，通过品牌扩展市场。品牌的创立，名牌的形成正好能帮助企业实现上述目的，使品牌成为企业的有力的竞争武器。品牌，特别是名牌的出现，使用户形成了一定程度的忠诚度、信任度、追随度，由此使企业在与对手竞争中拥有了后盾基础。品牌还可以利用其市场扩展的能力，带动企业进入新市场，将新产品打入市场；利用品牌资本运营的能力，通过一定的形式如特许经营、合同管理等进行企业的扩张。总之，品牌作为市场竞争的武器常常带来意想不到的效果。

5. 企业的“摇钱树”

品牌以质量取胜，品牌常附有文化，情感内涵，所以品牌给产品增加了附加值。同时，品牌有一定的信任度、追随度，企业可以为品牌产品制定相对较高的价格，获得较高的利润。品牌中的知名品牌在这一方面表现最为突出，如海尔家电，其价格一般比同等产品高；耐克运动鞋，比李宁运动鞋、安踏运动鞋高出几百元。由此可见品牌特别是名牌给企业带来的较大的收益，而品牌作为无形资产，已为人们认可。

三、品牌在市场营销中的作用与意义

1. 品牌可以缩短消费者的购买决策过程

选择知名的品牌，对于消费者而言无疑是一种省事又减少风险的方法，尤其在大众消费品领域，同类产品可供消费者选择的品牌一般都有十几个，乃至几十个。面对如此众多的商品和服务提供商，消费者是无法通过比较产品服务本身来作出准确判断的。这时，在消费者的购买决策过程中就出现了对产品的“感觉风险”（即认为可能产生不良后果的心理风险）的影响。这种“感觉风险”的大小取决于产品的价值高低，产品性能的不确定性以及消费者的自信心等因素。消费者为了回避风险，往往偏爱拥有知名品牌的产品，以坚定购买的信心。而品牌在消费者心目中是产品的标志，它代表着产品的品质和特色，而且同时它还是企业的代号，意味着企业的经营特长和管理水准。因此，品牌缩短了消费者的购买决策过程。

2. 造就强势品牌能使企业享有较高的利润空

在传统的市场竞争中，当消费者形成鲜明的品牌概念后，价格差异就不会显得重要。当给不同品牌赋予特殊的个性时，这种情况就更为明显。曾有调查表明，市场领袖品牌的平均利润率为第二品牌的四倍，在英国则为六倍。强势品牌的高利润空间在市场不景气或削价竞争的条件下表现出了重要的作用。事实上，这种优势不仅仅得益于通常我们认为的规模经济，更重要的是来自于消费者对该品牌产品价值的认同，也就是对价格差异的认同。

3. 品牌可以超越产品的生命周期，是一种无形资产

由于需求的变更和竞争的推动，除了少数产品，极大多数产品不会长久地被消费者接受。一般而言，产品都有一个生命周期，会经历从投放市场到被淘汰退出市场的整个过程，包括投入、成长、成熟和衰退四个阶段。但是品牌却不同，它有可能超越生命周期。一个品牌一旦拥有广大的忠诚顾客，其地位就可以经久不变，即使其产品已历经改良和替换。波士顿咨询集团研究了30大类产品中的市场领先品牌，发现“在1929年的30个领袖品牌中有27个在1988年依然雄居市场第一。在这些经典品牌中有象牙香皂、坎贝尔汤和金牌面粉”。像我们熟悉的一些海外著名品牌，也都是有悠久的历史，如吉列（始于1895年）、万宝路（始于1924年）、可口可乐（始于1886年）、雀巢（始于

1938 年)。同样，我国的不少老字号在今天的市场竞争中依然有着品牌优势，如同仁堂、内联升等。

由此可知，品牌的概念比产品本身要广泛得多。它可以随着市场变换加以调整，只要能跟得上市场变化和消费步伐，通过改进或创新产品以及保持品牌个性始终如一，可使品牌长期延续下去。也正是因为品牌可以超越生命周期，因此就使品牌从开始的依附在产品身上慢慢地发展到与具体产品相对独立开来，并可使消费者长期积累对它的认同和偏好，从而使品牌作为一种无形资产成为可能。它本身也可以作为商品参与市场交易。而且，品牌与产品的相对独立，就导致了品牌延伸的出现，同一品牌拥有众多类别的产品，品牌成为了产品的核心。例如，当娃哈哈生产儿童营养液时，品牌名只是作为产品的一部分，但发展至今，娃哈哈品牌无疑成为了企业产品的统帅。

四、塑造品牌的三大法宝

1. 广告语

广告语是品牌、产品、企业在市场营销传播的口号、主张和宣传主题及理念，包括品牌定位。品牌的所有主张或服务承诺就是通过广告语来承载、体现的。广告语按其性质可分为：理念、科技、服务、品质、功能等五大类。海尔的“真诚到永远”，海信的“创新就是生活”当属理念类；诺基亚的“科技以人为本”和商务通的“科技让你更轻松”是在诉求科技；农夫山泉的“农夫山泉有点甜”，碧桂园“给您一个五星级的家”的服务承诺等。常见的知名品牌广告语都在某种程度上交叉含有其他类型的含义，有口语化的趋势。比如阿迪达斯的“Impossible is nothing”等。一条有穿透力、有深度、有内涵的广告语其传播的力量是无穷的，而且往往成为目标消费者的某种生活信条，甚至是生活方式。高起点的广告语就是该品牌的精神和思想，具有深刻的内涵，与通俗化并不矛盾，它所主张和诉求的价值理念与目标消费者的价值理念是高度和谐与对称的。

2. 形象代言人

形象代言人是品牌的形象标志（最好自制卡通，明星风险大，成本又高）。形象代言人最能代表品牌个性及诠释品牌和消费者之间的感情、关系，致使许多形象代言人成为该产品的代名词。万宝路的牛仔形象没有肤色和语言的障碍通行世界。麦当劳叔叔带给全世界小朋友的何止是欢乐！美的北极熊憨厚可爱，你还能说生活不是美的吗？形象代言可拉近品牌与消费者之间的关系，像朋友，又像邻居，像家人一样毫不陌生、亲切熟悉，品牌个性具象之致，甚为传神。

3. 实效 VI

实效 VI（Visual Identity，视觉识别）的优势在终端市场很是明显，运用声光电形成的立体效果，使品牌区别于同类其他品牌。如超市里的宝洁品牌区、可口可乐、百事可乐区、背背佳矫姿带，当你购物时，它们的气势、氛围、亲和力一拥而上，互动沟通的色彩甚为浓重，徘徊其间不仅仅是购物，简直就是一种休闲享受。品牌推广形象的统一，是一个品牌所有资源集中整合的直接再现，使大量资源有了“主心骨”，使其立体化，与消费者的沟通也就更容易，渠道问题、推广问题也可迎刃而解。

五、旅游景区品牌塑造的营销过程

旅游景区品牌的塑造离不开营销的具体工作，它包括了解旅游市场状况，找出景区品牌概念，并有营销费用的支持。

1. 深入旅游市场调查

1）了解旅游消费者对旅游品牌的心理需求。景区品牌塑造首先要进行景区品牌的定位，也就是说要明确景区品牌的核心价值是什么，能给旅游消费者带来什么利益，如何体现景区特点。要知道把握住景区品牌的核心价值和旅游消费者心理需求，就可以确定景区品牌的定位。

2）进行旅游市场细分，凸显景区品牌个性。这对于处于成长期和成熟期旅游市场上的景区尤其重要，因为旅游市场上的同类景区很多，竞争非常激烈，有些已经具有很强的品牌优势，因此，进行旅游市场细分，找出特定旅游市场和景区品牌特色，使景区品牌凸显个性，是非常重要的。

2. 从景区特点上寻找并保持一致

1）找准景区概念，满足旅游者的欲望与需求。确定景区概念和景区品牌概念是景区市场部人员的重要工作，景区概念就是景区品牌概念、景区个性和特色景观。景区品牌的塑造不能离开景区的概念，景区品牌概念必须跟景区概念有某种联系。比如生态养生类景区概念就是能让游客感受健康、生态、养生的环境，而景区品牌给我们的感觉是“自然、有氧、疗养”。

2）不要急于求成，景区品牌塑造要有阶段性。许多景区在进行品牌塑造时容易犯的错误就是急于求成，在旅游消费者还没有接受景区概念时，就开始做景区品牌的推广，结果往往是旅游消费者对广告一头雾水，不知道这个景区到底有何特点，结果推广效果大打折扣。

3）注重景区品牌概念的塑造。很多景区忽视了对品牌的塑造，结果是旅游消费者虽然对景区很认知，但对景区品牌没有概念，不知道这个景区品牌的个性和特点是什么，甚至不知道景区名称，很多游客在旅行社咨询时，都说想去电视广告上的那个洛阳的什么什么沟。洛阳栾川地区就有养子沟、重渡沟、倒回沟、石龙沟等，难怪游客记不得。

3. 找好景区品牌定位

1）景区品牌定位的过程其实也就是找准目标市场的过程。景区品牌定位是景区品牌塑造的前提，没有正确的定位只能使景区品牌塑造之路越走越偏，达不到效果，因此，我们首先需要对自己的景区品牌进行清晰的定位。比如，我们在提到云南旅游时，一下就能想到彩云之南、民族风情等目的地旅游品牌的形象。

2）景区品牌定位要着眼于潜在旅游市场。不少景区在做景区和景区品牌定位时，往往看到的是目前的旅游市场需求状况，而没有考虑3年、5年甚至是10年后旅游市场的状况，所以景区品牌的成长性有限，无法发展壮大。

4. 营销费用的支持

1）景区品牌是一个大的概念，不仅包括景区的景观资源，还包括品牌概念和服务等许多要素，因此需要景区的很多努力，包括推力与拉力的结合运用，如果单靠推销，是无法使景区品牌的定位和概念迅速深入人心的，也很难成功。

2）大胆的投入和周密的计划是分不开的。许多景区都认为广告能够塑造一个景区品牌，其实这是一种误解。因为景区品牌从旅游消费者开始认知到最后的忠诚乃至口碑相传是有一个阶段和过程的，很多景区认为自己已经成功塑造了一个景区品牌，其实只是让旅游消费者认识你而已，并没有在旅游消费者心中形成美誉度和忠诚度，还不能算是个真正意义上的景区品牌。在进行景区品牌推广计划时，不少景区也有许多误区，其中最主要的就是认为景区品牌推广就是做广告，因此把景区品牌推广计划等同于景区广告计划，外包给广告公司，可是很多景区并没有找准景区概念和景区品牌概念，而一般的广告公司对景区概念和景区品牌概念的理解也不是很准确，对营销的推广策略也不是很专业，因此导致广告效果不佳。

所以说，景区品牌的塑造一方面需要大量的资金投入，另外还需要制订周密的计划，确保在不同的阶段，达到不同的效果，包括广告计划、促销计划、推广计划、渠道计划等。

六、旅游景区品牌塑造攻略

1. 注重服务品质、创新和细节

2007 年桂林的乐满地度假酒店荣膺全国金叶级绿色旅游饭店。为了更好的维护乐满地 5A 级旅游景区，5 星级度假酒店的品牌形象，乐满地将 2008 年定为“感动·服务年”。

一位来桂林度假的台湾客人住进乐满地，1 月 2 日到阳朔看完“印象·刘三姐”已是晚上 10 点多，有人劝她当晚就近住下，她却执意要回乐满地。她说，她喜欢乐满地度假酒店的被子那种被太阳晒过的温暖的味道。这一细节让她宁愿奔波 2 小时。

漓江古东景区也善于从游客的角度去思考，利用一些细节之处打动游客的心。景区游览的一大内容是登山，考虑到游客游玩时间长了，可能产生疲倦心理，景区在下山的山阶上刻了许多桂林方言，让疲劳的游客看到这些有趣的方言后，立刻能有讨论的话题，使其兴奋起来，并且在快乐中学到知识。

2. 注重旅游企业 VI 形象

国内景区要想上升到品牌的高度，首先需要具有美观独特的设计和艺术的内涵。在旅游界，成功导入 CIS（Corporate Identity System，企业识别系统）的企业应首推广之旅，正是企业品牌战略的成功运用使广之旅从默默无闻的广州市旅游公司一跃成为全国旅行社十强之一。

近几年，成都、杭州、大连、武汉等城市，都在树立自身品牌形象方面进行了尝试。其中成都的“东方伊甸园”、杭州的“休闲之都”、大连的“浪漫之都”、广州的“南国商都”、武汉的“东方芝加哥”等已有一定影响。

黑格尔曾经说过，艺术“能把一切可能的材料都穿上艺术的外衣，呈现给知觉和情感。”

国内旅游业的促销，是从“老三篇”开始的，即：导游图、宣传册、录像带。随着旅游业的进一步发展，在此基础上又增加了“新三篇”，即：交易会、说明会、VCD。

中国从来都不是一个缺乏艺术的国度，我们需要的是将艺术与旅游经营融合。问题在于，我们景区的旅游规划、景观设计、活动策划、品牌设计、形象代言、市场推广等环节融入了多少艺术的内涵?

3. 与大品牌特别是国际品牌合作

与大品牌的合作有利于提高自己旅游品牌的形象，特别是在做宣传公益活动时更要尽可能的靠近。接近大品牌，不只是提高品牌知名度，另一方面更能学习他们的管理、营销服务和做事的态度。

据悉，芒果网联手中国银联并联合香港旅游发展局、中国农业银行、中国建设银行、中信银行、深圳发展银行、上海银行等成员银行整合商户资源，推出银联标准香港旅游信用卡。而芒果网则成为该卡唯一推荐的旅游产品供应商，将为赴港旅游的持卡人提供从机票、门票、住宿、交通，甚至手机电话卡购买等全套专业的、最优惠的服务，以及上千家店铺 VIP 折扣礼遇。随着此次国内首张银联标准香港旅游信用卡发行，叠加芒果网的港澳旅游优势资源，持卡人能享受到的将是整合的、跨行业、更加便捷的金融服务与个性旅游服务。同时也意味着芒果网透过各大银行的渠道，迅速发展了一批拥有相当消费能力和全新消费观念的优质旅游客户，从而领跑在线港澳旅游市场。

4. 要具备“新闻眼”

在业内，有不少旅游企业善于利用媒体的不同版块，适时推出不同的宣传主题。交广传媒旅游策划营销机构建议中小景区尽可能地利用新闻方式来扩大自己的知名度，积极做好隐性广告。

2006 年 3 月份，新乡关山“黄雪莲”在一次偶然事件中惊现关山景区，一经发现就引起了国内众多媒体和诸多植物专家的高度关注。经植物专家们的共同鉴定：被当地老百姓传说中的“关山雪莲”正名叫“侧金盏花”，属国家一级保护植物。关山“黄雪莲”作为濒临灭绝的珍稀物种在高纬度地区尤为稀少，在中原中纬地区的关山国家地质公园内被发现更是罕见。为加强“关山‘黄雪莲’”这一珍稀物种和珍贵的植物资源，关山景区管委会对“黄雪莲”采取了铁丝网封闭和专人看护等有效保护措施，以供游人观赏。

新闻媒体总是在寻找新闻眼，什么是第一，什么是热点，他们最为关心。当你的品牌能产生新闻，它就有了新闻的价值。2005—2006 年，当新乡关山炒作雪莲花的时候，也引起了新闻的炒作，产生了不小的新闻效应。

5. 做好售后服务

旅游景区售后服务是指景区为游客在完成旅游活动之后所提供的一系列个性化服务。目前，售后服务基本上还是旅游景区管理和营销的一片空白。

虽然旅游活动的结束意味着旅游服务、经历、过程的终止，但游客对旅游服务的认同或抱怨仍然存在，游客的出游计划没有终止。另外，随着旅游业的发展，景区间竞争日趋激烈，游客在景区的选择上也更加理性，“有景便游”的盲目出游现象将会淡出旅游市场。

加强旅游景区的售后服务将成为必然的趋势，也将是旅游景区营销的一大方向。

资料链接

旅游品牌设计——云南丽江玉龙雪山5A国家风景名胜区

玉龙雪山品牌标志与企业标志不同，作为旅游品牌的标志肩负着品牌及景区对外传播与推广的使命，因此标志如何有利于旅游景区的传播与推广，是标志的设计原则。在设计中，最直接、最有效、最准确地体现品牌的方式是运用文字，调查丽江旅游品牌资源时我们发现“丽江”的知名度、认知度、美誉度在国内旅游品牌中具有强势地位，所以我们有效的利用这一资源，玉龙雪山旅游品牌标志的核心文字为“丽江·玉龙雪山”，以强势品牌带动玉龙雪山品牌便于传播中对品牌的认知，同时也指明“玉龙雪山在丽江”、“丽江的玉龙雪山”这两层含义。标志图形是配合“玉龙雪山品牌”未来推广中更好的诠释品牌重要的视觉图形，我们根据东巴象形文字中精心设计了名为“恩赐”的辅助图形。

七、旅游景区品牌的宣传

在竞争激烈的旅游市场，品牌形象的建设已成为经营策略的重点。如何通过品牌形象的建设培育忠诚的消费者是品牌建设的核心。中小旅游景区的品牌建设，相对于其他行业来说，还处于一种萌发阶段，各地区都形成了各自的区域性品牌，而缺少行业中的强劲品牌。当然，这里所指的是中小旅游景区而言，对于像“五岳”、张家界等因地形地貌形成的旅游景区，对于国内的人来说无须宣传，因为我们从小接受的教育中都可能会涉及，应另当别论。

中小旅游景区相对来说，投资规模小，资金不是很充足。因此，在品牌的宣传上，无法与大品牌巨额广告费投入相比。但只要掌握诀窍，把有限的资金用在刀刃上，对其品牌进行有效宣传，还是可取的。宣传方法有以下几个方面。

1. 区域广告宣传

中小景区的主要客源，是在其景区附近的人群。因此，在广告宣传上，可选择区域性的媒体，集中优势，重点突破。在媒体的选择上，也是多样性。现在每个城市，针对每个行业，都有行业的DM杂志。选择DM杂志，一方面是因其有针对性，可免费投递到旅行社、高档写字楼、事业单位、住宅小区、酒吧等这些具有一定消费水准的准客户手中；另一方面，DM杂志相对于公开发行的媒体来说，广告宣传费用要低一些，而且对中小景区的品牌宣传也能起到一定的作用。在节假日，可在报纸媒体上投入广告。这样，DM杂志的窄众传播与报纸媒体的大众传播相结合，使景区在区域品牌宣传上形成较强优势。

2. 软文宣传

这就要求中小景区与媒体建立起良好的关系，通过媒体这一平台，把中小景区的游乐项目的优势、核心的业务，运用系列化的图文结合，向消费者灌输，从而引起其注意，进而产生游玩的欲望，以拉动消费市场。

3. 户外广告宣传

户外的墙体广告，在一些城市是限制的，但失去这一宣传载体，并不是说户外的广告宣传就没有载体。我们还可以选择车体广告、候车亭广告等宣传载体。在选择这一类宣传载体时，也需考虑是否有针对性。一般来说，要考虑其客源量、地域性。

大卫·奥格威说："任何一个广告都是对广告品牌的长期投资，广告的诉求重点应具有长远性。"品牌形象的建立不是一朝一夕就能完成的，而是一个长期的、系统的工作，因此，在品牌的宣传上，我们应进行系统性、阶段性的品牌宣传。

第五节　旅游景区节庆活动策划与组织

随着我国旅游经济的迅速发展，许多地区已开始从单一的旅游观光产品过渡到多样化的旅游产品，其中较为突出的是开发利用当地的社会人文资源举办旅游节庆活动。旅游节庆活动是旅游活动的一个重要方面，其在城市旅游和经济发展中所起到的重要作用逐渐被人们认识，在开发旅游的热潮中，旅游节庆备受瞩目。而旅游节庆活动的策划和组织，更是旅游策划中不可缺少的组成部分，它不仅系统性强、涉及面广，而且工作难度也很大，专业素质要求相当高。

说到有关旅游的节庆活动，很多人都会联想到德国的慕尼黑啤酒节、巴西的里约热内卢狂欢节、西班牙的斗牛节、日本的札幌冰雪节……这些名闻世界的特色节庆活动与它所在城市的名字紧密联系在了一起。这些城市不仅因这些多彩节日的举办而展现出城市的个性与魅力，声名远播，而且这些特色节庆活动还为所举办的城市带来了丰厚的经济回报。近年来，国内的不少城市也策划了许多独具特色的节庆活动，为自己城市知名度的提高、相关产业的发展、文化品位的提升起到了强有力的助推作用。作为旅游体系中最基本的组成单位——旅游景区，也应有意识地策划和举办一些节庆活动。

一、旅游景区节庆活动的内涵

中国人有着传统的"节"情缘。节一作"结"，人聚结在一起，意味着热闹、放松，而有"节"必有"庆"，即喜庆、欢庆。

近年来，随着旅游业的蓬勃发展，作为旅游活动重要内容的各种旅游节庆活动纷纷应运而生，为聚集旅游人气、宣传特色旅游资源、推动当地旅游业发展起到了较大作用，也使传统旅游产品的面貌有了较大的改观。

节庆是指某地区特有的资源，包括以历史、文化和艺术、传统竞技、体育、风俗习惯、地理和气候优势、遗址、胜地、古迹等为主题，自发而周期性举行的大型的庆祝活动。旅游节庆是"旅游"与"节庆"的综合体，"节庆"是旅游节庆的外在表现形式，本身只是文化传承的载体，而"旅游"是旅游节庆的本质内涵。节庆也可以说是一种旅游资源，是旅游地开发旅游产品的一种形式，策划成功的节庆活动本身就是一种旅游产品，节庆为旅游提供良好的发展平台，旅游可以借助节庆展示旅游特色、宣传旅游文化。

然而，相对于传统节庆来说，旅游节庆则较为灵活，可以因地制宜，适时开展，比如傣族的泼水节、蒙古族的那达慕节等，都可以根据游客的人数和要求随时随地开展，让更多的人可以在更多的时间中感受这些传统节庆。另一方面，传统节庆具有持久性，常年举办，甚至作为一种地方风俗可以传承上百甚至上千年，而旅游节庆活动往往需要常变常新，根据旅游市场需求，不断添加新的内容，以对游客产生持续不断的吸引力。

二、旅游景区节庆活动的类型

1. 民族宗教型

中国是个多民族、多宗教的国家。但是由于历史的原因，无论是民族节庆还是宗教活动，长期以来都保持低调，除了当地民族或宗教组织之外，一般不大扩展或张扬。但为了发展旅游，这个传统就发生重大改变，有些活动是试图吸引外来的旅游者而有意张扬造势的。中国一些著名的民族节日活动很多，像傣族的泼水节，维吾尔族和回族等少数民族的古尔邦节、蒙古族的那达慕大会，以及龙舟节、各种庙会和其他祭祀活动等。还有一些地方风俗性的活动已经长期不开展了，现在也开始恢复，为旅游所用。

2. 文化艺术型

除了民族性和宗教性的节庆活动之外，一些地方又举办了其他一些文化性和艺术性的节庆活动，例如，歌会、灯会、锣鼓节、唢呐节、年画节、杂技节、武术节、书法节和电影节、戏剧节、木偶节以及只是根据地方命名的艺术节。这些节庆活动主要也是依附于当地的文化传统。如四大道教名山之一的武当山每年都举办武当武术节，在2010年7月，又推出了“相约武当”活动。武当山活动处还组织若干武术小分队，分别在南岩宫、紫霄宫、太子坡、琼台中观以及逍遥谷的龙泉湖畔进行武当武术展演；为使中外嘉宾能近距离观看武当武术、学习武当武术，武当山还组织武当太极拳传人在不同的地点与中外游客、嘉宾互动。

3. 地方特产型

我国地大物博，很多地方因其当地的特产而出名，这些地方也想利用这些特产发展旅游。例如，糖球节（青岛）、风筝节（潍坊）、陶瓷节（景德镇、宜兴）、茶文化节（杭州、安溪）、荔枝节（深圳）、西瓜节（北京大兴）、啤酒节（青岛）、杜康节（河南伊川）等。这些节庆活动是围绕某一特产而延伸，一是向交易会延伸，将产品的生产与销售联系起来；一是向文化方面延伸，把生产过程与产品和文化联系起来。

4. 旅游娱乐型

还有一些新的节庆活动，完全是出于旅游发展的需要而创造出来的，通过这样的活动来提高当地的知名度和增加人气，这些活动并非完全与当地的传统有很大的关联。例如，文化节、美食节、老人节、赏花节、民间艺术节、冰雪节、冰雕节、沙雕节等。

三、旅游景区节庆活动的作用

1. 节庆活动是景区营销的重要手段

旅游景点景区，素有“三分靠景色、七分靠宣传”之说。在人们原来固有的生活环境和模式下，要促发人们对一个旅游地产生兴趣，心生向往并进而付诸行动探访体验，在不失真实的、不损害公众利益前提下，一定程度的宣传是十分必要的。对于那些资源禀赋价值较高、景色优美但先前却并不“广为天下知”的旅游景区而言，尤其如此。结合景区实际，策划一些既富有景区特点又有针对性的节庆活动，作为旅游景区宣传的载体，是吸引媒介和公众注意力自然而理想的手段。一次组织得当、形式新颖、风情浓郁的节庆活动，通过媒介的传播，对当地知名度的提高、客流的增加、经济的拉动等，无疑都将起到良好的促进作用。

2. 增加旅游景区的文化内涵，提高景区品牌含金量

目前全球旅游市场特别是国内旅游景区间竞争日益加剧，要使景区的人气越来越旺，培育景区的核心竞争力至关重要。但是，当前旅游市场正逐步从观光主导模式向度假休闲类型过渡，旅游产品的本质、旅游景区的文化内涵等问题，开始深为业内人士所关注。当游客不再满足对旅游地景色的单纯欣赏和对景区设施的粗浅游览，当消费者的心理已经从“我想看到些什么”向“景区赋予我什么”、“我想体验些什么”转变，景区本身更多时候则成为他们的旅程体验中的一个背景，景区本身所承载的文化内涵及其“参与其间”的人文体验，反而成为他们选择旅游景区景点的重要的因素之一。因此，现代意义上旅游景区核心竞争力，更大程度上在于景区文化的特质及内涵。例如“夜泊绍兴风情游”，便是将传统的观光旅游转化为体验旅游，增加了旅游的趣味性、文化性和情景性。游客通过坐乌篷船、品绍兴酒、看社戏、写兰亭书法等一系列活动，切身感受到了绍兴浓郁的水乡风情和古城风味，使绍兴江南水乡文化在游客心中鲜活了起来，从而提升了绍兴旅游品牌内涵。

3. 整合旅游景区的项目资源

一个综合性的旅游景区，其本身就是由多种多样的旅游资源来组合而成的，这些旅游资源之间往往存在着很大差异，开发的程度也不尽相同。而一个旅游景区策划一个大型综合节庆活动，通常需要对全景区各项资源进行充分挖掘与调集，对旅游景区以一个整体来进行设计和“打包”，进行宣传和推广。这样，节庆活动往往就起到了盘活旅游景区内原有资源、整合推广各类旅游项目的作用。由于节庆活动的综合性和关联性，以及主办者“文化搭台、经济唱戏”的通行做法，也常会给景区发展提供新思路，带来新机遇，利用旅游节庆活动催生新的经营项目和旅游产品，从而促进和带动本地区域经济发展。

四、旅游景区节庆活动的现状和问题

1. 数量众多，但多数节事活动知名度低，举办届数少，影响力有限

说到旅游节庆活动，几乎每个人都能略举一二，可是如果谈到知名度高、吸引力强、能持之以恒继续的旅游节庆活动，则为数不多。一些主题公园、景区景点推出的诸如漂流节、滑雪节、美食购物节等，这类形形色色的所谓“节”，其实只是一种促销手段。很多地方所谓的“旅游文化节”仍然是一堆节庆活动的随意组合，尚未形成最核心的吸引力，本身还不足以成为一个旅游吸引物，自然很难引发大量的人员流动，不仅对举办地的经济影响有限，在举办时想得到企业自愿的赞助也就显得困难重重。

2. 内容重复，缺乏创意

尽管国内的各景区涌现出旅游节庆热潮，但是有创意的旅游节庆活动寥寥无几，跟风现象严重，像各类的以花卉为主体的桃花节、荷花节等，仿佛举办节庆的都是花卉之乡。这样的景区没有充分挖掘自己的地方特色，主题不鲜明，也体现不出举办地传统的独特魅力和文化氛围。没有差异化，也就吸引不来游客。

3. 存在安全隐患

旅游节庆活动的举办是否成功，一个重要的衡量标准就是能否保证所有参与者以及场地设施等的安全。简而言之，就是一个高峰期管理问题。比如这个景区平时就接待两千人，由于旅游节庆活动的举行，突然变成两万人了，两千多人的吃、住、行、游变成了两万多人的吃、住、行、游，由此产生了一系列的问题，任何一个环节协调不当，都有可能产生安全隐患。比如曾多次报道过的由于景区组织协调不力，出现的游客死伤的事故，原本是快乐的节庆活动，最终以悲伤收场，作为相关从业人员，我们必须要对节庆活动的安全引起绝对的重视。

五、旅游景区节庆活动的策划和组织

1. 创意创新，凸显特色

旅游景区在进行旅游节庆活动策划中，要体现举办地的当地特色，寻求创意，坚持创新，把握时代脉搏。不能看人家搞什么自己就搞什么，导致大部分节庆活动内容都大同小异，彼此雷同，最后都不能长久。如“绍兴春季赏花大会”，在以绍兴悠久的历史、丰厚的人文底蕴的旅游品牌基础之上，突破常规思维，主打绍兴“花”品牌，通过整合城市相关资源，推出了全新的绍兴春季旅游形象，丰富了绍兴旅游的内容。

2. 文化内涵深刻，主题突出

旅游的最终目的之一是寻求文化体验，而没有文化便失去了旅游节庆活动应有的内涵和感染力。文化性不能简单地理解为“文娱表演”，而是旅游者通过参与这些活动，有自己的文化感知，要能够增加知识，增加兴趣，对外地和境外旅游者来说，要感受到文化的差异性，而对当地人来说，要增强其文化的认知和自豪感。如“淳安千岛湖秀水节”标志性演出活动，融杂技、舞蹈、表演等多种艺术形式为一体，表演中较好地融入了当地民俗、戏曲文化，是当地民俗文化的现代演绎，起到了为景区聚集了人气，提升景区文化内涵的良好作用。

3. 合理安排节庆项目，丰富活动内容

主题鲜明、创意独特而又具有深刻文化内涵的旅游节庆活动，如果没有对活动项目合理的安排和组合，即使再有特色，也很难让游客感知其内涵。旅游节庆活动的成功实施，必须要以丰富多彩的活动项目为内容，比如以休闲娱乐为目的的节庆活动，在项目安排上就要丰富多元，尽量满足游客多层次和差异化的旅游需求。2010 年的浙江余姚农家乐乡村旅游风情节，以体验、生态、休闲、运动为诉求，开展了一系列与主题相关的活动项目：民俗文艺大巡游，民间技艺、特色小吃展示，余姚农家乐休闲旅游精品线路发布，农特、农副产品展销，农家特色菜推介以及四明山山村休闲旅游发展论坛。通过参与这些活动项目，游客们对此次乡村旅游风情节的内涵有了更加深刻的了解。

4. 塑造品牌，提升旅游节庆活动的产业性

对于旅游业发展来说，旅游节庆活动往往只被当做一个吸引物，或者只是作为提高知名度的一个公关活动，其实这是不够的。应当从长远的观点去考虑，精心的设计和经营。旅游节庆只有通过品牌化运作和管理，才能形成持久的综合效益，只有品牌化的旅游节庆活动才具有持久的生命力。品牌是唯一的、独特的，品牌的构建需要深入挖掘景区的文化内涵、创新文化表现形式。具有较长历史的山东潍坊风筝节，把一个小镇变成了国内风筝出口的“大户”，风筝艺术、风筝技术、风筝文化与风筝制作、风筝贸易紧密地联系在一起。青岛的啤酒节则是以产品为特色的旅游节庆活动的典型。啤酒品尝、喝啤酒擂台、啤酒交易、啤酒文化、啤酒狂欢以及相关的购物、餐饮消费结合在一起，成为这个城市旅游的一大亮点。

5. 选择恰当的宣传媒介进行宣传

“好酒也怕巷子深”，旅游节庆活动需要利用各种媒介进行宣传造势，可以运用新闻发布会，现场采访报道，跟踪报道，人物专访等方式把节庆活动的主题、宗旨、意义等让公众知晓，提高社会公众对旅游节庆的关注程度，以全面提升旅游节庆的影响力与参与度。

6. 做好各部门组织工作，提升旅游节庆活动的保障和安全机制

旅游节庆活动具有参与性强、开放度高、规模较大、人员聚集等特点，一旦出现安全问题，将引发严重后果。首先要落实安全工作责任制。各地要按照谁主办、谁负责的原则，进一步明确节庆活动安全保障的政府领导责任、主办方主体责任和部门监管责任，采取有效措施，层层落实责任制，事事落实责任人，建立起横向到边、纵向到底的安全保障工作责任网。其次，要对各类节庆活动进行全方位、全天候的动态安全监管。加大对各类大型活动的人员聚集场所、临时搭建设施、消防设施、安全出入口、疏散通道、隧道涵洞等的安全检查和动态监控，及时消除各类安全隐患。在人流、车流高峰地段和时段，要采取有效手段进行疏导和控制，并加大安全保卫和巡查力量，以严防拥挤踩踏事件发生。另外，还要完善各类旅游节庆活动的应急预案。针对各类节庆活动的特点，制定和完善各部门的应急预案。对人流、车流和气象等情况进行预测和信息发布，制定人流疏导、车辆引导、消防及特殊气象等各项应对措施。

第六节　旅游景区顾客关系管理

市场营销的起点是顾客需求，市场营销的终点是顾客满意。景区要做好市场营销，必须围绕顾客管理做文章，营销就是要通过与顾客的沟通实现交换。

一、顾客关系管理的意义

顾客关系管理是现代市场营销管理的主要内容之一，其主要思想就是对顾客进行系统化的研究，以改进对顾客的服务水平，提高顾客忠诚度，并由此为企业带来更多的利润。对于景区而言，受旅游活动特点的制约，最终消费者——游客的回头率一般比较低，景区与游客的关系一般停留在满意度、口碑的层面。这里的顾客关系更多地指的是与中间商的关系。

顾客关系管理对景区的效益来自忠诚顾客不断向景区输送游客、营销成本的减少、忠诚顾客对价格的敏感度降低以及忠诚顾客的合作行为。营销成本减少的根源在于，维持一个顾客比创造一个顾客成本低，而且通过忠诚顾客的口碑所传播出来的有关景区的赞誉之词还可以创造新的顾客，同时忠诚顾客不太会因为价格的原因而转向别的产品，他们的购买量通常也比类似的非忠诚顾客大。

景区的顾客类型可分为以下几种。

1）销售量小且对景区不忠诚的顾客。这些顾客是没有价值的顾客，景区对待这类顾客的对策就是该淘汰的就淘汰，不淘汰差的顾客，就没有足够的资源培养好的顾客。

2）销售量大但对景区不忠诚的顾客。这些顾客常常会成为景区最危险的敌人。

此类顾客“挟市场”或“挟团款”以令景区，他们以自己的销售额为资本向景区讲条件、提要求，景区不满足他们的愿望，他们就扰乱市场或长期拖欠团款，给景区造成巨大的资金压力。如果对这些顾客的关系管理稍有疏忽，他们就会给景区造成很大的损失。景区一定要严格控制中间商中这类顾客的比重。

3）销售量小但对景区忠诚的顾客。这是可以培养的明日之星，对此类顾客，景区要多扶持、培养，帮助中间商旅行社提高销售能力，努力使其成为一个好顾客。

4）销售量大且对景区忠诚的顾客。这是景区最宝贵的财富。一个景区拥有这类中间商顾客越多，市场就越稳定，越有发展潜力。

二、建立紧密顾客关系的方法

景区用什么方法才能使中间商顾客非常满意，并与其建立起非常紧密的关系呢？这里介绍三种方法以供选择。

1. 给顾客关系增加经济利益

旅游业中最早实行顾客价值捆绑的是航空公司和饭店，他们的常客计划通过类似消费积分的形式把顾客牢牢吸引。景区的“常客计划”就是为一定时期达到一定销售量的中间商制定奖励、津贴计划，鼓励他们多向景区输送客源。

2. 给顾客关系增加社会效益

景区营销人员通过了解每个顾客的需求与欲望，将各种社会利益结合到一起，然后针对中间商送来的游客提供定制化的产品和服务：安排优秀的景区员工负责接待该中间商送来的游客，使游客感受到他们是这一特殊顾客关系的受益者，同时为中间商和景区增加口碑。

3. 给顾客关系一个结构性联系

这一方法的最早应用在航空公司，航空公司为旅行代理机构开发专门的预定系统，对常客提供电话专线，为头等舱顾客开发躺椅、豪华车接机等服务。景区要安排善于关系管理的营销人员专门负责关键顾客的联系，为他们开通联络专线，专为他们印制宣传品，为他们开通快速服务通道、增加特别服务、赠送小礼品等。

三、实现价值最大化

为了实现价值最大化，让游客在旅游过程中得到满足，景区管理当局和经营企业必须从游客收益和成本支出两大方面努力。

1. 提高游客收益

（1）进行旅游市场调研和细分

游客的需求具有很大的差异性，例如，同样是看雪景，老人、孩子和一般中青年的需求是不同的。这就要求景区经营者用科学的方法，系统地收集、记录、整理与分析有关旅游市场的情报资料，找到游客的价值诉求点，了解游客要买什么、在哪里买、为什么买和什么时候买。游客是为了回归自然，还是追求一种新的生活体验，是求新、求异，还是求知、求美、求乐，只有真正了解游客需求的全部，并认真研究景区的市场范围和市场层次，根据景区的规模、性质和区位，确定目标市场，才能真正满足游客的价值需求。同时还必须通过市场调研，了解竞争对手是谁，其资源优势是什么，有何特色，经营战略对策是什么，在此基础上考虑本景区如何能够树立自己的特色，增加游客的价值体验。

（2）提供满足游客价值需求的旅游产品

旅游是一种体验，因此游客在旅游过程中追求的是一种集食、住、行、游、娱、购为一体的综合价值。游客满意与否是指从出门到回家的整体感知。所以，旅游产品在整体上看，是一种组合型的产品，它由旅游资源、旅游设施、旅游服务和旅游购物品等多种要素构成。在整个旅游过程中，旅行社、目的地景区经营企业、交通运输部门、旅馆酒店、当地政府等相关部门实际上都是旅游产品的提供者。其中，景区特色景观（吸引物）是旅游产品中最重要的组成部分。由于历史地理及文化上的原因，景区内的自然或人文景观具有很强的异质性和不可模仿性，因此旅游景区内的风景名胜自然是景区旅游产品中最突出、最具有特色的景观部分。游客正是为观赏旅游景区的某一特定物才不远千里来旅游的。这是旅游景区赖以生存的最基本资源，是景区旅游产品的主要特色所在。在旅游市场竞争日益激烈的情况下，特质景观也需要良好的形象塑造和促销宣传，把景区最吸引人的、最突出的特色表现出来，才能起到应有的引力效果。进一步打造还可以形成景区的品牌，进而形成旅游市场的名牌。世界上著名的旅游胜地都是以其独特的地貌景观、建筑景物、历史遗迹、风俗民情等来吸引四面八方的游客前往游览。如埃及的金字塔、美国的自由女神像、中国的长城和故宫等。应注意的是，这个特色是游客在长期的旅游消费中体验出来和认可的，并不是景区自身定义的。所以，对于新开发景区而言，塑造景观特色，首先要考虑是不是符合游客的价值需求，能不能形成特色尚需经历一个游客认可的过程，产品创新并不能脱离游客价值需求而盲目进行。

正是由于旅游产品是一个整体概念，旅游过程又是服务的面对面接触过程，每一瞬间接触的服务都构成了顾客收益的一部分。景区接待中每一设施、环境、活动服务项目，每一人员服务过程中的仪表、态度、身体语言、语调、关注程度，都会影响游客对整个旅游过程的价值判断。但景区经营者所能控制的只是此过程的一部分，而游客却会视其经历为一个整体，游客不会区分哪是景点责任，什么超出景区控制范围。因此，景区营销应关注的是游客的整个旅游过程。这就需要景区经营者和景区内各个相关的服务提供者、景区外相关的服务提供者密切配合，树立整体营销观念，让游客在旅游过程中得到全方位的满足和满意。

2. 降低游客成本

游客成本不但是指购买旅游产品的货币支出，还包括旅游过程的时间耗费、精力和体力耗费以及风险承担（因信息不对称导致的游客所获收益与其预期收益产生差异而带来的损失）。其中，货币支出是游客成本的主要部分。营销理论告诉我们，游客可接受的价格是旅游景区制定经营成本的决定因素，经营者应首先了解游客满足需要与欲求愿意付出多少成本，而不是先给旅游产品定价，即向游客要多少钱。景区企业要想追求更高的利润，就必须进行经营方式的创新，设法降低经营成本。据报道，2007 年春节期间，福建省旅游公司、康辉国旅、福建康泰、福建中青旅等 36 家中外旅行社分别与泉州清水岩风景区签订组团协议，包括了门票价格和组团价格让利、合作宣传、共同开拓客源市场、打造旅游精品线路等具体内容。旅行社与景区“联姻”，为旅行社带来新的价格空间。由于多家旅行社与景区共同签订合作协议，使旅行社形成了“团体采购”优势。迫使景区景点降低门票，同时，旅行社在地接费用、酒店价格等方面赢得更多价格优惠，使游客得益。景区与旅行社合作后，单个游客支付的门票价格下调，但借助这种合作，客源得到了扩大，总体利润增加了。对景区而言，由于合作有相对固定的地接社和对接酒店，也使地接社和对接酒店的业务量上升。这种捆绑经营模式，将有助于实现景区、旅行社、游客三方的“共赢”。

而降低游客的时间耗费、精力和体力耗费，就是方便游客，为游客提供全方位的服务。便利原则应贯彻于营销全过程。在旅游产品销售前，企业应及时向游客提供充分的关于景区景观特色、设施、服务等方面的准确信息；在旅游过程中，应给游客以最大的方便；在旅游过程结束后，应重视信息反馈，及时答复和处理顾客意见。

延伸阅读

张家界“傍”上《阿凡达》旅游景区网络推广的经典案例

从2009年末开始至2010年，旅游胜地张家界人气节节攀升，从张家界著名景点“擎天柱”改名为电影《阿凡达》中悬浮山的名称“哈利路亚山”，到景区惊现老虎，再到天门山高空索道的走钢丝比拼，张家界凭借着三起极富节奏感的网络推广策划事件在三个月内保持着极高的曝光率，吸引了全世界的旅游者来到张家界，掀起了全球范围内的张家界旅游热潮，旅游区也因此获得了巨大的经济收益，在国际上树立了“张家界”这一旅游品牌。

张家界在如此之短的时间内取得如此之大的经济效益和品牌效应，没有细致完善的网络推广策划是不可能达成的。张家界幸运地搭上《阿凡达》这辆顺风车是偶然事件，而之后张家界旅游热潮则是周密计划后的必然结果。如果认真分析2010年年初的张家界现象，抛却景点改名带来的争吵甚至谩骂，这就是一次完美的网络推广营销。借助社会热点引起争议，增加关注度，并且网络推广策划其他活动在一定时间内保持这种关注度，从而达到品牌和经济效益的最大化，我们可以将这种网络推广营销手段称为“张家界模式”。在众多旅游景区苦于不知怎样增加自己的知名度和旅游客源的时候，张家界为我们提供了一个很好的范本。

那么，“张家界模式”能否复制呢？点石时代网络营销策划机构阿任称，只要经过精心策划、在热点事件上找对切入点，其他旅游景区是可以根据自己的实际情况来策划一系列的事件的。张家界最厉害的一点就是抓住了《阿凡达》这个全球性的话题。现在《阿凡达》方面包括导演卡梅隆已经承认悬浮山的取景确实是来自中国的张家界，相信当初电影方面到张家界景区取材的时候张家界已经嗅到了市场的味道，做好了前期准备工作，然后就是对外宣传《阿凡达》影片中的悬浮山原型为张家界的景点“乾坤柱”，并将“乾坤柱”改名“哈利路亚山”引起争议，成为大家关注的焦点。借助《阿凡达》在全球范围的影响力，张家界顺势吸引了来自全世界的旅游者，之后景区又推出了“潘多拉神奇之旅”、“悬浮山神秘之旅”等阿凡达揭秘路线，成功将自己推向了全世界。阿凡达事件尚未结束，景区又现老虎，之后两位江湖高手在亚洲最高的索道上面比拼走钢丝绝技，可谓噱头十足。

本章小结

旅游景区的市场营销是景区以消费者需求为出发点，有计划地组织各项经营活动，为消费者提供满意的商品或服务而实现景区目标的过程。

营销观念是指导景区从事营销活动的思想观念和经营哲学，是景区一切经营活动的出发点，也是景区制定营销战略和策略的根本指导思想。

绿色营销是指企业在经营管理过程中，将企业自身利益、消费者利益和环境保护利益三者结合起来，并以此为中心，对产品和服务进行构思、设计、制造和销售。

市场定位是企业及产品确定在目标市场上所处的位置。

市场营销组合指的是企业在选定的目标市场上，综合考虑环境、能力、竞争状况对企业自身可以控制的因素，加以最佳组合和运用，以完成企业的目的与任务。

品牌塑造是指给品牌以某种定位、并为此付诸行动的过程或活动。

顾客关系管理是现代市场营销管理的主要内容之一，这里的顾客关系更多的是与中间商的关系。

知识结构

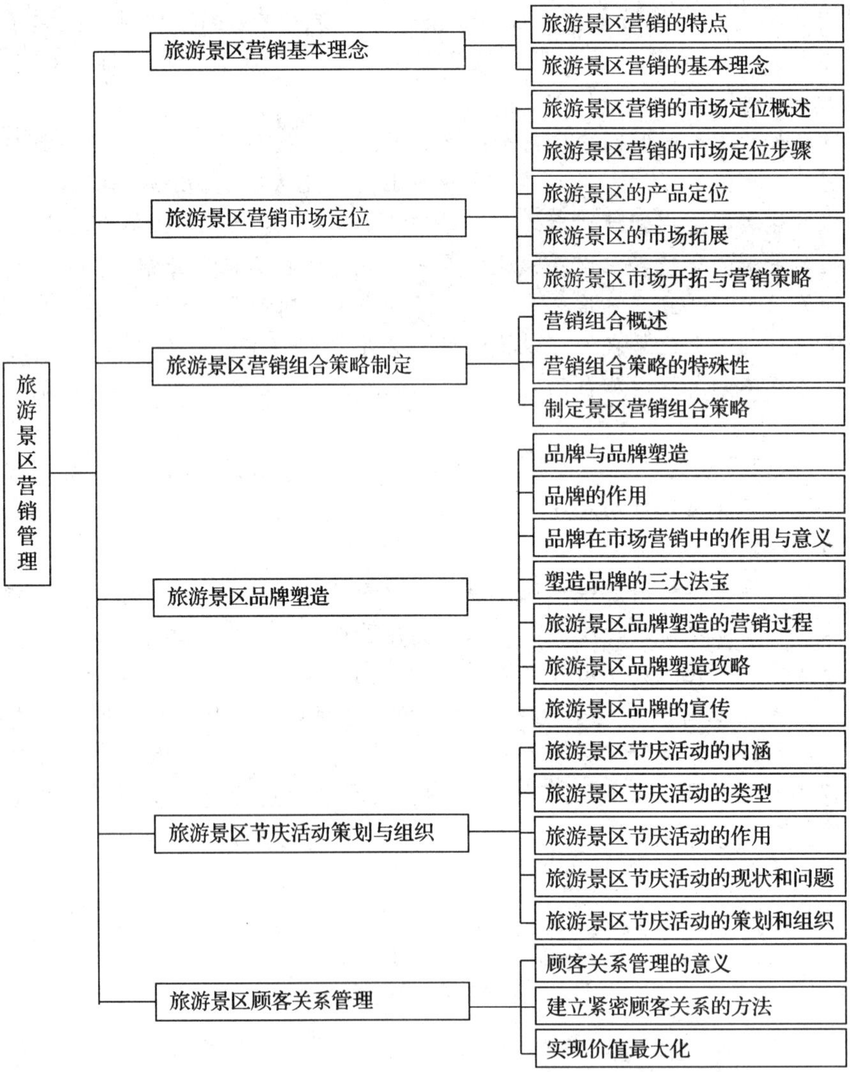

习题与思考

1. 简答题

1）何谓旅游景区的市场营销？景区营销具有哪些特点？

2）何谓营销观念？请说明景区营销的基本理念。

3）举例说明景区营销市场定位的步骤。

4）如何制定景区营销组合策略？

5）何谓品牌塑造？品牌有哪些作用？

6）品牌在市场营销中有哪些作用与意义。

7）请举例说明景区品牌塑造攻略。

8）如何做好景区节庆活动的策划和组织？

9）何谓顾客关系管理？如何建立紧密顾客关系？

2. 思考题

你认为珠海御温泉的品牌塑造与维护案例，对同质旅游景区有哪些借鉴意义？

案例分析或点评

案例1　乔家大院的影视营销

乔家大院是祁县乔家“在中堂”的宅院，“在中堂”是闻名海内外的商业资本家乔家第三代乔致庸的堂名。它地处山西晋中盆地，位于祁县城东北12公里处的乔家堡村，距省会太原54公里，与祁县的中华周易宫、延寿寺、九沟风景区、渠家大院、明清街巷、长裕川等景点形成一日游格局。

1986年，乔家大院作为北方清代民居的代表，祁县将其辟为祁县民俗博物馆正式对外开放。以俗缘、农俗、时岁节令、生活习俗、人生礼仪、商俗、陈设、民间工艺等为主题的42个展室，2 000余件展品，较系统地反映了明清时期山西晋中一带的民间风俗。乔家大院还展示了当地的晋商老街及坐商、行商经商之道。

乔家大院为国家级文物保护单位，国家4A级景区，山西省十佳旅游景点之一。到2006年已接待国内外游客1 000万人次，有50多部电影、电视剧来大院拍摄、选景。1990年由张艺谋执导、巩俐主演，红极一时的《大红灯笼高高挂》就是在乔家大院拍摄的。2006年2月随着电视剧《乔家大院》在中央电视台的热播，乔家大院又不断迎来大批游客。

分析：

乔家大院之所以能够成功，主要是借助于影视进行景点营销，表现在如下几个方面。

1）新颖的产品设计，借助影视传播效应提高知名度。乔家大院虽然设计新颖，但在20世纪80年代的知名度并不算太高。但是，自从著名导演张艺谋在这里完成了其电影名作《大红灯笼高高挂》，并在1990年的国际电影节一举成名，乔家大院便名扬天下。

2）从借助拍摄背景的影视宣传，到以量身制作的电视剧创建文化品牌，提高了景点的美誉度。“大院热”的兴起，使山西晋中的大院增加到6处，即灵石县王家大院、太谷县曹家大院、孔祥熙院、榆次常家庄园、祁县渠家大院和乔家大院。如何从同类产品的竞争中脱颖而出呢？仅靠一部和乔家历史毫无关联的电影外景拍摄是远远不够的。因此，从

2003年开始，祁县政府有关部门联系影视公司打算拍摄一部以“乔家大院”为名的影视剧。经过多方的努力，电视剧《乔家大院》在2004年3月开拍，在2006年初播出。

3）如果说是《大红灯笼高高挂》使海内外游客发现了乔家大院，那么，为乔家量身制作的电视剧《乔家大院》则赋予了“在中堂”以活的灵魂，它吸引着无数游客远道而来，兴起一轮旅游热潮。2006年“五一”黄金周期间，大院单日接待人数超过8万，7天的门票收入达420万元，比2005年5月全月的门票收入还多出180万元。

晋商是中国商业、金融史上的奇迹；乔家的发达，是晋商创业史上的奇迹；乔家双喜字的大院，是北方民居建筑的奇迹；乔家大院名扬四海，游人如织，“日进斗金”是当代中国文化旅游发展中的奇迹。这个借助影视渠道营销的成功案例或许能给我们一些启迪。

四川师范大学某教授曾撰文写道：“影视营销的方法，一是拍摄前与影视制作者协议开展合作，二是拍摄过程中和上映后将景点与影视进行联合宣传，三是精心设计影视旅游产品内容。”由此看来，乔家大院在前两个方面做得不错，但在第三个方面还需要进一步努力。

案例2　珠海·御温泉

——中国休闲旅游品牌塑造与维护

珠海御温泉度假村位于珠海市斗门黄杨山西麓，1998年2月28日开业，是集温泉度假、休闲、养生和娱乐于一体的四星级度假村，也是我国第一家露天温泉。

御温泉的建立成为了珠三角甚至全国的温泉消费热点，取得了巨大成功。本世纪初，广东及全国各地不断兴建各种温泉娱乐景区，但御温泉并没有在激烈的市场竞争中溃败，虽然市场份额在下降，但收入并没有下降，因为市场总量在上升。

御温泉的销售模式是在各客源地建立自己的办事处，如在广东省广州、深圳、珠海、佛山、东莞、中山六大城市设有办事处。不同的客源地采用不同的销售策略，并针对不同的客源地进行市场细分，与旅行社建立紧密的联系，广告投入比较及时但不大，取得了比较好的效果，年均接待游客50多万人次。

御温泉以“盛唐新风、尊贵独有”的个性特征，超前的温泉休闲旅游理念，为游客提供一个健康、休闲的养生之地，成为度假旅游、健康休闲、知己聚会和商务会议的首选之地。

分析：

珠海御温泉多年来领先中国温泉旅游行业，创中国第二代休闲度假温泉旅游文化之典范，其品牌创建的成功之处表现在以下几点。

1）率先运用品牌战略。御温泉度假村在开业前，经过市场调查和充分论证，认识到温泉景区资源大多只有同质性，而且数量众多，仅广东省就有300多处；虽然市场需求旺盛，但供给量也大，市场竞争不可避免，只有走品牌化大多市场道路，才有可能在竞争中取胜。

2）品牌设计差异化，突出“御”式服务核心。景区徽标设计以“御”字为中心，产品设计突出皇室服务核心价值，向市场传递独特的“情”字风格的“御”式服务经营理念，从而确立了品牌技术与文化含量较高，别人难以逾越的品牌差异化道路。

3）以产品质量巩固品牌。御温泉在温泉行业首创“六福汤N次方”、“太医五体全息调法”、“中唐草本泡头”、“健康养生宴”等独领风骚的项目和产品。

4）休闲文化树品牌。御温泉在“雅”文化和“异国风情”文化上大做文章，如建造的国家首批4A级绿色酒店——御瀛庄，采用欧陆式改良风格设计装修，室内全部安放榻榻米，员工着唐服，整个环境充满浓厚的异国风情。在温泉文化上，致力于宁静、舒适、精致和专业的温泉养生，把温泉的乐趣与意境融为一体。

5）扩张品牌，步步为先，才能维护品牌。珠海御温泉度假村经营者认识到，资源同质、市场同质景区的竞争，实质上就是品牌竞争；品牌时刻充满危机，维护品牌比创造品牌更难；只有不断进取，才能铸造辉煌，保护品牌。为了确保领先，维护品牌，经营者不敢有丝毫懈怠，通过不断努力，御温泉先后荣获“全国用户满意服务”、“中国十大最具影响力品牌”等称号。

第九章 旅游景区人力资源管理

教学目的和要求

通过本章的学习，学生应了解景区人力资源的配置原则和内容，熟悉旅游景区员工的素质要求；熟悉旅游景区人力资源预测内容和方法，了解旅游景区人才招聘的原则、途径，熟悉人才招聘的基本流程，熟悉旅游景区人力资源培训内容、类型；了解景区人力资源考核的目的和内容，熟悉考核方法方式和考核的具体环节；了解景区人力资源激励的作用和基本原则，熟悉景区人力资源激励的方法。

关键词汇

景区人力资源（Human Resources in Scenic Spots）　配置（Deployment）
开发（Training and Development）　考核（Assessment）
激励（Motivation）

案例导入

天山天池景区出台人力资源配置规划

2009年，新疆天山天池景区出台了《新疆天山天池管委会2009—2012年人力资源配置规划》，旨在以提高现有人力资源素质和能力为重点，造就一支与天池景区发展相协调的、结构合理、素质优良的人力资源队伍。

天山天池景区是新疆首批国家5A级旅游景区，拥有联合国教科文组织颁发的博格达"人与生物圈"保护区牌匾，国家建设部颁发的国家风景名胜区牌匾，国家林业局颁发的国家森林公园牌匾，国土资源部颁发的国家湿地公园牌匾等多个世界和国家级牌匾。

天山天池景区拥有100多名景区工作人员和100多家旅游经营户，每年景区都对工作人员和经营户进行培训，要求其提高文明服务质量。

近年来，天山天池景区提出打造人文天池、数字天池等"五大天池"战略，但是天山天池景区存在人力资源结构不合理的情况，主要表现为管理队伍的梯队结构失衡。天池景区管理人员的平均年龄为40.4岁，其中40岁以上的有20人，40~35岁的有7人，35岁以下的有2人，30岁以下的管理人员，后继乏人。高学历层次人员比重偏小，本科以上学历45人，占单位总人数的23.6%；专业技术人员中大学本科及以上学历14人，数量偏少，占专业技术人员的30%。另外，从管委会职工工龄结构上看，工龄在10年以下的有35人，占17.4%，整体队伍出现人力资源断层，后续人力严重不足。

据了解，天山天池景区专业技术人员有46人，占单位总人数的22.7%，中、高级职称人员有21人，占单位人数的11%，远远低于专业技术人员要达到编制总数的70%以上的标准。另外，管理类高学历人员主要集中在各处室，以行政事务管理类居多，涉及景区管理、资源开发利用、文化宣传等方面的人才少；工勤人员主要集中在森林管护、汽车驾驶、烹饪、服务员等岗位，水暖、电工、导游等方面的较少。

为此，天山天池景区组织相关人力研究制定了《新疆天山天池管委会2009—2012年人力资源配置规划》，提出必须充分认识人力资源配置工作的极端重要性，必须着力于优化调整现有人力资源结构，提高人员整体素质，以人力资源的优势提升天池景区的综合竞争力，以人力资源的积累支撑天池景区的跨越式发展。

该规划提出，通过优化内部结构、挖掘现有人力资源潜力和引进人才三者有机统一，逐步使管理人员、专业技术人员、技能人员三支队伍整体素质明显提高，使人力资源资源保障和智力支持适应天池景区又好又快发展的需要。到2012年，要求天池管委会科级干部中具有大学本科以上学历的人达到70%，其中具有研究生学历的人达到10%；干部职工大学本科以上学历由23%提高到40%。

（资料来源：http://managing. hotelproper-tychina. com/shtml/200916/20090916151658. shtml）

旅游景区的人力资源管理是旅游景区管理的重要内容。作为景区最重要最活跃的成长要素，人力资源在旅游景区发展中起着越来越重要的作用。旅游景区只有建立科学、合理的人才体系，选用知识与技能兼备的人才，才能立于不败之地。

第一节　旅游景区人力资源配置

人力资源是指在一定时期内组织中的人所拥有的能够被企业所用，且对价值创造起贡献作用的教育、能力、技能、经验、体力等的总称。

由于旅游景区的等级、性质、特色、服务项目、岗位复杂程度及管理过程不同，人力资源也各有特色。具体来说，景区人力资源有以下特点。第一，需求量大。旅游景区一般设有参观游览、商业、餐饮、娱乐、住宿等多种服务项目，所以对人力资源的需求量较大。第二，需求层次丰富，技术能力差异要求大。景区的工作岗位繁杂，有高级管理工作岗位、各部门的经理岗位、各班组的主管岗位及基层员工岗位等多层次的岗位。景区的服务项目众多，需要具有园林保护、导游、餐饮、住宿、商业、安全、卫生、财务等多种能力的人力资源。

旅游景区的人力资源管理是指一个旅游景区为有效利用其人力资源而进行的制定景区人力资源管理战略和人力资源计划，并在其指导下，进行人员安排、业绩评定、员工激励、管理培训及确定报酬和劳资关系等一系列活动。

景区人力资源管理工作的目的是通过对人力资源的有效管理、挖掘和激励，使其得到优化组合，最大限度地发挥景区人力资源的积极性，从而提高景区的经济效益和社会效益。具体来说，景区人力资源管理包括以下内容。

1）制定人力资源规划，以实现旅游企业的战略目标。

2）工作分析，即对某项特定的工作作出明确规定，并确定完成这一工作所需要的知识、技能等资格条件的过程。工作分析为合理地选拔人才、培训、绩效考评、薪酬管理提供了明确的依据。

3）员工招募与选拔，即旅游企业根据制定的人力资源规划，通过一定的招募途径和选拔方法，选择、雇佣和填补旅游企业内具体职位的人力资源管理过程。

4）员工培训与开发。这不仅可以帮助员工胜任目前的工作岗位，提高职业发展需要的各种能力，还可以增强员工对工作的责任感和对企业的归属感，构建健康和谐的企业文化，提高生产效率。

5）绩效考评，指在一定时间内对员工的工作态度、工作过程以及工作结果的评价过程，是旅游企业组织培训、晋升、奖惩等人事决策的重要依据。

6）薪酬管理，包括工资、奖励和福利的分配和管理。旅游企业的薪酬制度是管理者用以激励员工最有效的手段之一。

7）劳动关系管理，主要指企业所有者、经营管理者、普通员工、工会组织之间在企业的生产经营活动中所形成的各种责权利关系。

一、人力资源配置的含义及任务

人力资源配置是指人力资源管理部门按各岗位的任务要求，将其招聘的员工分配到企业的具体岗位上，给予员工不同的职位，赋予他们具体的职责、权力，使他们进入工作角色，开始为实现组织目标发挥作用的过程。简言之，人力资源配置是指为每个岗位配备合适人员的过程。合理的人力资源配置是景区人力资源管理的良好开端。

人力资源配置的任务可以从组织角度和个人角度两方面分析。

1. 从组织角度分析

保证组织机构的每个岗位都有合适的人选，使组织系统能有效地运转；为组织发展培养后备人才，尤其是管理干部；通过人员配备稳住人心，留住人才，维持员工对组织的忠诚感。

2. 从个人角度分析

通过人员配备，使每个人的知识和能力得到公正的评价、承认和运用；通过人员配备使每个人的知识和能力得到不断发展，素质不断提高。

人员配备的主要内容和任务是通过分析人与事的特点，谋求人与事的最佳组合，实现人与事的不断发展。

二、人力资源配置的原则

1. 效率第一原则

效率第一原则即在机构设置和人员配备上要做到精简、实用，做到按需设岗、按岗设人。

2. 合理配置原则

合理配置原则即从旅游景区的现有条件和景区内工作人员的水平能力特点出发，在保证景区工作正常运行的前提下进行合理配置。

3. 动态调节原则

动态调节原则指当人员或岗位要求发生变化的时候，要适时地对人员配备进行调整，以保证始终使合适的员工处于合适的岗位上。岗位和岗位要求是在不断变化的，人也是在不断变化的，人对岗位的适应也有一个实践与认识的过程。一次定位，一职定终身，既会影响到景区工作的顺利进行，又不利于景区人才的培养。

4. 内部为主原则

景区在使用人才，特别是高层次人才时，往往觉得人手不够，本单位人力不足。其实，每个单位都有自己的人才，关键是要在景区企业内部建立起人力资源的开发机制，使用人才的激励机制。从内部培养人才，给有能力的人提供机会与挑战，适当造成紧张激励的氛围是促进旅游企业发展的动力。

5. 可持续发展原则

旅游景区进行人力资源配置除考虑保证景区的政策运行外，还应具有发展的眼光。通过预测景区未来的发展，可以提前配置一些对景区发展有利的部门和人员，保证景区的可持续发展。

三、人力资源配置的内容

1. 景区机构配置

旅游景区管理机构的部门设置有多种构建方式，往往由领导层和其他管理部门构成，大致可分为行政机构和业务机构。行政机构包括人力资源部、计划财务部、企业发展部、总经理办公室等。业务机构包括市场营销部、景区市场管理办公室、后勤服务部、工程部及旅游部、旅游商品部、旅游运输部等。

2. 景区人员配置

景区人员包括经营管理人员和工作人员两部分。不同的岗位对人员的要求也有所区别。

（1）经营管理人员

经营管理人员包括总经理、各部门经理或部门负责人、主管、班组长等。这类管理人员担任一定的管理职务，不仅要具备扎实的基础知识和企业管理、旅游管理、酒店管理、市场营销等专业的相关知识，而且还要具有一定的管理技能和经营谋略，具备管理者的胸襟与高瞻远瞩的视角。

（2）工作人员

工作人员主要包括技术人员、服务人员和其他工作人员。这类工作人员必须具备与各自工作领域相关的专业知识，能独立处理工作中的各种日常事务和突发事件。这类工作人员主要包括以下几种。

1）导游员或讲解员。其具体职责包括导游讲解、安全提示及向游客宣传环境、生态、文物保护等相关知识，应具备的基本素质包括良好的思想品德、深厚的文化底蕴、出色的语言表达能力、较强的组织接待能力、较高的讲解技巧和良好的心理素质。他们是景区重要的工作人员，其工作以向导、陪同游客游览、讲解沿途景点为主，其工作的优劣是影响游客游览质量的重要因素。

2）接待服务人员。主要包括提供售票服务、检票服务、咨询服务和投诉受理等服务的人员。

3）公关营销人员。以宣传、推广、促销产品为主要职责，要求具有良好的沟通能力、市场洞察力和社会活动能力。

4）旅游规划人员。根据旅游景区的特点、结合营销人员搜集的市场信息，开发新的旅游项目与旅游线路，这类工作人员应具备一定的旅游规划基础知识。

5）商业人员。包括餐饮、住宿、游乐场所、交通设施、商品购物等服务人员，商业人员应具备良好的职业道德、文明素质、娴熟的技能技术和良好的心理素质。

6）安全人员。包括保安人员、医疗救护人员、紧急救生人员等，其主要职责是保障游客及所有景区工作人员的生命财产安全。

7）保洁人员。负责对景区内建筑物、卫生间、通道、游客经常触摸的设施设备及物品等进行清扫、擦拭，保持景区环境整洁，要具有耐心、细心和踏实吃苦的素质。

四、旅游景区工作人员的素质要求

旅游业代表着先进文化的前进方向，景区作为一个国家和地区的窗口，其员工队伍素质的高低在一定程度上代表了国家和地区的形象。因此，景区工作人员应具备较高的素质，并且通过不断的培训，适应现代旅游业的要求。员工队伍素质的高低是景区可持续发展的关键。

1. 景区工作人员的基本素质要求

基本素质是指景区工作人员必须具备的基本要求和条件。基本素质的高低影响着旅游景区管理队伍其他素质的发展和提升。景区工作人员的基本素质要求如下。

1）道德素质。道德素质包括树立正确的世界观和人生观，具备高尚的道德情操和修养，遵守基本职业道德等三个方面。

2）心理素质。旅游服务中更多的是与消费者面对面的服务，而且旅游企业都是把“一切为游客着想”、“游客总是对的”等口号作为旅游服务的宗旨，因此特殊的职业对景区工作人员的心理素质有着特殊的要求，如外向、勤奋、负责、热情、乐观的性格，自觉、果断、坚韧、自制的意志等。

3）基本文化素质。景区的岗位种类繁多，现代化设备使用率高，各岗位所需的专业知识不尽相同，但每个工作人员都应具备较强的文化修养、较高的知识层次，特别是对旅游产业、本景区及本职工作有较强的把握能力。

4）语言表达能力。语言是景区管理人员工作中不可缺少的交际工具。景区工作人员应熟练掌握普通话和部分方言，能熟练地运用语言技能与游客进行交流。另外，多掌握一门外语，多了解一种文化，有助于开阔眼界，提高管理水平。

5）健康的体魄。特殊的职业特点使景区工作人员长期承担着高负荷、高压力的工作，良好的身体条件是做好工作的前提和基础。

2. 景区工作人员的专业素质要求

专业素质是指实施景区管理，保证景区工作顺利进行的必备素质。景区工作人员的专业素质要求如下。

1）科学的管理理论。景区工作人员，尤其是经营管理人员必须具备科学的管理理论。这样才既能保证景区的日常运行，又能使景区实现可持续良性发展。

2）全面熟悉景区业务。只有全面熟悉了解景区的各项业务，才能做到统筹规划，部门协调、团结发展。

3）具备较丰富的自然和人文科学知识。

4）具备良好的导游讲解技能、导游服务技能和处理突发事件的灵活应变能力。

5）创新意识。

五、人力资源配置的过程

1）识别招聘需求。

2）准备岗位职责与任职资格描述。

3）选择招聘渠道和方法。

4）获得候选人并进行简历筛选。

5）选拔与评价。

6）讨论并作出初步录用决定。

7）确定工资水平。

8）入职体检。

9）正式录用决定和入职准备。

10）签订劳动合同。

第二节　旅游景区人力资源开发

景区人力资源开发是指景区在现有的人力资源基础上，依据景区发展目标、组织结构变化，对人力资源进行调查、分析、规划、调整，提高景区现有的人力资源管理水平，使人力资源管理效率更好，为景区创造更大的价值。人力资源开发包括人力资源需求与供给预测、人力资源供给预测、人才招聘以及人力资源培训。

一、人力资源需求预测

景区人力资源需求预测是指景区根据发展规划和内外条件，选择适当的预测技术，对人力资源需求的数量、质量和结构进行预测。

1. 预测内容

（1）旅游景区人力资源存量与增量预测

这种预测主要是根据旅游景区人力资源现状，对景区未来拥有的不同层次人力资源数量的推测与判断。存量是指景区人力资源的自然损耗和自然流动引起人力资源的变动，增量是指随着景区经营规模的扩大带来人力资源新的需求。通过存量与增量预测，及时补充新的不同层次的人力资源，满足景区未来发展的需要。

（2）旅游景区人力资源结构预测

随着社会人力资源结构和经济结构的变化，旅游景区人力资源将发生相应的变化。适时对景区的人力资源结构进行预测，能确保景区在任何时候都有最佳的人力资源结构组合，满足景区发展需要。

（3）旅游景区特种人力资源预测

旅游景区对特种人才和资源需求进行针对性预测，满足景区对特殊人才的需要。对所需特殊人才可以采取特殊方法。

2. 预测方法

（1）德尔菲法

德尔菲法是采用背对背的通信方式征询专家小组成员的预测意见，经过几轮征询，使专家小组的预测意见趋于集中，最后得出符合市场未来发挥在那趋势的预测结论。德尔菲法的特征有如下几点。

1）吸收专家参与预测，充分利用专家的经验、学识。

2）采用匿名或背靠背的方式，能使每一位专家独立自由地作出自己的判断。

3）预测过程几轮反馈，使专家的意见逐渐趋同。

这种预测法具有可操作性，且可以综合考虑社会环境、旅游景区战略和人员流动三大因素对旅游景区人力资源规划的影响，因而运用比较普遍。但其预测结果具有强烈的主观性和模糊性，无法为旅游景区制定准确的人力资源规划政策提供详细可靠的数据信息。

（2）统计预测法

统计预测法是根据过去的情况和资料建立数学模型，并由此对未来趋势作出预测的一种非主观方法。常用的统计预测法有比例趋势分析法、经济计量模型法、一元线性回归预测、多元线性回归预测、非线性回归预测等。

（3）工作负荷分析法

这是一种对旅游景区的人力资源需求的数量的短期预测方法。用工作负荷分析法进行短期人力资源需求预测的基本步骤是：由销售预测决定工作量，按工作量制定生产进程，然后决定所需人力的数量，再从工作力分析入手，明确旅游景区实际工作力和需要补充的人力。

综合上述三种方法，对旅游景区人力资源需求预测的具体步骤如下。

1）根据职务分析的结果，确定职务编制和人员配置。

2）进行人力资源盘点，统计出人员的缺编、超编及是否符合职务资格要求。

3）将上述统计结论与部门管理者进行讨论，修正统计结论。

4）该统计结论为现实人力资源需求。

5）根据旅游景区发展规划，确定各部门的工作量。

6）根据工作量的增长情况，确定各部门还需增加的职务及人数，并进行汇总统计。

7）该统计结论为未来人力资源需求。

8）对预测期内退休的人员进行统计。

9）根据历史数据，对未来可能发生的离职情况进行预测。

10）将步骤8和步骤9的统计和预测结果进行汇总，得出未来流失人力资源需求。

11）将现实人力资源需求、未来人力资源需求和未来流失人力资源需求汇总，即得出旅游景区整体人力资源需求预测。

二、人力资源供给预测

旅游景区人力资源供给预测是人力资源规划中的核心内容，是预测在某一未来时期，组织内部所能供应的（或经有培训可能补充的）及外部劳动力市场所提供的一定数量、质量和结构的人员，以满足旅游景区为达到目标而产生的人员需求。通过预测，可以分析公司目前的人员状况，如部门分布、技术知识水平、工种、年龄构成等；可以分析公司目前人员流动的情况及其原因，预测将来流动的态势；可以掌握公司人员提拔和内部调动的情况，保证工作和职务的连续性；可以分析工作条件（如休息制度、轮班制度）的改变和出勤率的变动对人员供给的影响；可以掌握公司人员的供给来源和渠道。

1. 预测内容

在预测未来的人力资源供给时，要明确旅游景区内部人员的特征，如年龄、级别、素质、资历、经历和技能等。必须收集和储存有关人员发展潜力、可晋升性、职业目标以及采用的培训项目等方面的信息。技能档案是预测人员供给的有效工具，它含有每个人员技能、能力、知识和经验方面的信息，这些信息的来源是工作分析、绩效评估、教育和培训记录等。技能档案不仅可以用于人力资源规划，而且也可以用来确定人员的调动、提升和解雇。

2. 供给来源

从供给来源看，人力资源供给分为外部供给和内部供给两个方面。

1）旅游景区人力资源内部供给预测。根据企业内部人员信息状态预测可供的人力资源以满足未来人事变动的需求。内部人力资源供给预测的方法有人员核查法（所以平时要做好员工的工作能力的记录工作）、人员替换图、马尔柯夫转移矩形法（此方法基本思路是找出过去人事变动的规律性，以此来推测未来的人事变动的趋势，从而预测出人力资源的供给数量以及有关人力资源供给需求的平衡问题）。

2）旅游景区人力资源外部供给预测。对人力资源外部供给进行预测是必要的，尤其当内部供给不能满足需求时更有必要寻找外部供给的资源。很多因素会影响到外部人力资源供给，比如人口变动、经济发展状况、人员的教育文化水平、对专门技能的要求、政府政策失业率等。

外部人力资源供给预测可参考公布的统计资料，如每年大学毕业生的人数，企业的用人情况等，预测某些人员的市场供给情况是供大于求还是供小于求，以便于采取相应的对策。

3. 预测方法

1）人力资源盘点法。对景区现有人力资源数量、质量、结构等进行核查，掌握现有人力资源状况，对短期内人力资源供给作出预测。具体步骤为：设计人事登记表，做好日常记录工作，定期核查现有人力资源状况，预测未来内部人力资源供给。

2）退换图法。通过绘制退换图，预测景区未来退换空缺职位的人力资源供给情况。

三、人才招聘

旅游景区要得到所需的人才，往往通过人才招聘实现。旅游景区人力资源招聘是指景区人力资源部门按照科学的方法，运用先进的手段，选择岗位所需人才的过程。

1. 人才招聘的原则

为确保人才招聘的有效性，人才招聘必须遵循以下原则。

1）公开原则。

2）竞争原则。

3）公平原则。

4）全面原则。

5）择优原则。

2. 人才招聘的途径

旅游景区人力资源获取途径分为内部招聘和外部招聘两种。

（1）内部招聘

内部招聘可以为员工创造提升机会，激励员工工作积极性，减少招聘环节，降低招聘成本，充分利用现有的人力资源。但是，内部招聘不易吸引到优秀的人才。如果内部招聘不公平、公正，反而会挫伤员工的积极性。

内部招聘通常以发布公告的形式向员工公布招聘信息，公告中详细说明所需的职位名称、报酬以及任职资格，员工向所在部门提出申请，景区以公开、公平为原则，按照严格的筛选程序进行人员的选拔。

（2）外部招聘

外部招聘可以扩大人才招聘范围，为企业招聘到最优秀的人才，同时为景区注入新的活力和工作理念，但是也会增加景区的招聘成本。

外部招聘途径很多，常见的有大学校园招聘、员工推荐、媒体招聘、职业介绍机构招聘、人才市场招聘和网络招聘等途径。

3. 人才招聘的基本流程

旅游景区人才招聘的基本流程是景区为某个或某些部门选拔人才所制定的关于行动进程的一套完整过程，具体说明选择什么、何时选择、由谁来选择、用什么方式选择以及如何选择等问题。其具体流程如下。

（1）确定招聘岗位

景区业务领域的扩大、业务量的增加或本身员工的离退休、晋升、降级等会产生职位空缺。这些空缺岗位会先在景区内进行调整，对不能调整的空缺岗位可确定为将要招聘的岗位。

（2）组建招聘团队

招聘工作由分管人力资源管理部门和人才使用部门组成。人才使用部门主要从专业角度出发，多方面、深层次考查应聘者资格，人力资源部门主要负责组织初选、面试、结果分析、建议录取人员，并协助应聘者办理人事档案，协助新员工准时上岗。

（3）职位分析

根据不同部门、不同职级、不同工作类别确定招聘岗位所要求应聘者应该具备的基本条件，以便应聘者能有针对性地应聘不同岗位。

（4）发布招聘信息

发布招聘信息要考虑到覆盖面广、信息及时、针对性强。信息内容包括招聘岗位、招聘人数、岗位要求、岗位待遇、招聘时间、招聘地点、招聘程序等。

（5）应聘者的甄选

这一过程包括填写求职申请表、核查资料、初次面试、测试、任用面试、审查批准及体检等具体环节。甄选方法有专业笔试法、面试法、情景模拟法、心理测评法等。

（6）录用决定

通过甄选，人力资源部门会同用人部门最终确定录用人员。无论录用与否，景区要本着诚信原则，及时将相关信息反馈给应聘者。录用者及时办理录用手续，办理人事档案挂靠以及签订劳动合同等。

四、人力资源培训

旅游景区的人力资源培训是指景区通过各种途径和方法对员工进行职业道德和专业技能训练和教育。培训可以强化服务意识、提高服务质量；提高工作效率、降低损耗；提高员工的工作能力，并最终达到提高组织整体绩效的作用。

1. 培训内容

（1）职业道德培训

职业道德是从事一定职业的人员在职业活动过程中必须遵循的行为规范和行为准则，是社会道德在职业生涯中的具体体现。旅游业属于服务行业，对职业道德要求更为注重。在培训过程中，加强员工对职业道德的认识，在服务过程中树立正确的价值观和道德观，发扬爱岗敬业的精神，并把遵守职业道德的情况作为考核、奖励的重要指标，养成良好的职业习惯，增强员工的责任感和使命感。

（2）知识培训

知识培训包括基础知识培训和专业知识培训。对基层员工应进行适当的基础知识培训，以提高员工的基本素质；对管理人员主要应进行专业知识培训，要求有一定的理论深度和广度。

（3）能力培训

能力培训是指根据不同的工作岗位所要求的能力进行针对性培训，对于管理人员重点培训管理能力、管理方法和管理技巧，对于专业技术人员重点培养创造素质和工作能力，对于景区员工重点培养服务能力、实际操作能力和应变能力。

2. 培训类型

（1）岗前培训

岗前培训是指旅游景区在新员工上岗前所做的培训工作，分为一般性岗前培训和专业性岗前培训。一般性岗前培训主要由人力资源部门组织实施，培训内容主要为介绍景区的基本概况、组织机构、规章制度、报酬福利等，参观了解景区的内外部环境。专业性岗前培训主要由用人部门进行针对性培训，使新员工在上岗前掌握将来岗位的工作流程和基本技能，能够很快适应新的工作岗位。

（2）在岗培训

在岗培训指景区对在职人员进行提高综合素质的不脱产培训，是岗前培训的延伸。在岗培训是一项长期、持续不断的工作。

（3）岗外培训

岗外培训是指景区为了发展和员工的职务晋升，安排员工暂时脱产进行的专门培训。一般由景区以外的专门培训机构、行业协会或大专院校组织实施。主要方式有脱产进修、参加培训班和研讨会、参观学习等。岗外培训可使员工更新观念，学习到更多的专业知识和先进经验，对景区和员工的发展起到非常积极的作用。

3. 培训工作的实施

实施人力资源培训的过程主要有四个部分：确订培训需求、制订培训计划、实施培训、评估培训结果。

（1）确定培训需求

通过工作分析、工作访谈、问卷调查、游客反映、观察员工行为等方式了解企业和员工的培训需求。只有确定了培训需求，才能在此基础上确定培训所要解决的问题和要达到的培训目标。

（2）制订培训计划

在确定培训需求的前提下，制定培训目标。培训计划是培训目标的具体化和操作化，即根据培训目标，确定培训对象、内容、形式、时间、地点以及培训经费预算等。

（3）实施培训

根据制订的培训计划实施培训，在培训实施的过程中，要及时掌握培训情况，检查培训计划的落实情况，根据具体情况对培训计划进行修改。

（4）评估培训效果

对旅游景区人力资源培训进行评估是培训工作的重要环节。评估既是对本次培训活动取得的效果进行分析，又为下一次培训工作提供经验。培训效果可以从四个方面进行评估。

1）受训员工的反映。受训者对整个培训过程的意见和看法，包括培训计划、培训课程、培训老师、培训方法等方面的反映。

2）学习的预期效果。通过对受训者进行考核，考查员工是否通过培训获得了相关专业知识和技能。

3）工作岗位上的表现。考查员工回到工作岗位后的行为和表现是否比培训以前有所改善，有所提高。

4）对景区产生的影响。考查培训对景区各方面产生的影响，如景区利润是否提高，顾客投诉是否减少，企业凝聚力是否增强等。

第三节　旅游景区人力资源考核

旅游景区的人力资源考核是指景区通过应用科学的定性和定量的方法对每位员工的工作行为、表现及其结果，进行的考核和评价。通过考核可以看出员工对本职工作的态度、能力和业绩，以达到提高员工工作绩效的目标。

一、人力资源考核的目的和内容

1. 景区人力资源考核的目的

景区人力资源考核是检验景区员工的工作是否符合景区管理者期望的评估管理活动。具体说来，考核有以下几个目的。

1）促进景区经济效益。这是每一个企业所追求的，也是考核的根本目的之一。

2）为员工薪酬管理提供依据。

3）为制定员工晋升、调动、辞退决策提供依据。

4）为员工培训提供依据。

5）为奖励提供依据。

6）能帮助员工自我成长。

7）加强上下级之间的沟通，进一步引导、激励和管理员工。

2. 景区人力资源考核的内容

考核主要包括以下内容。

（1）工作态度

要求工作态度认真，很少迟到、早退、缺勤；工作效率高；工作不偷懒、不倦怠等。

（2）服务技巧和能力

要求熟悉自己所在职位的工作内容，具备良好的处理工作事务的能力；善于制订工作计划，并积极在既定时间内完成工作任务；工作没有差错且处事正确果断；能独立并正确完成新的工作。

（3）责任感和协调性

要求对工作有较强的责任感，勇于面对工作中的困难；做事冷静，不感情用事；与同事和其他部门积极配合和互相帮助。

（4）自我启发

要求经常检查自己的不足，并积极学习新的知识、技能，虚心听取他人建议、意见并积极改正自己的缺点，能制定长期的岗位工作目标并付诸实际行动。

二、人力资源考核的方法

1. 排序法

排序法是对按员工工作绩效进行考核排序的一种方法。在考核之前，首先要确定考核的模块，但是不确定要达到的工作标准。将相同职务的所有员工在同一考核模块中进行比较，根据他们的工作状况排列顺序，工作较好的排名在前，工作较差的排名在后。最后，将同一个员工不同的考核模块的排序数字相加，就是该员工的考核结果。总数越小，绩效考核成绩越好。

2. 分级法

分级法是根据工作分析，将被考核岗位的工作内容划分为相互独立的几个模块，在每个模块中用明确的语言描述完成该模块工作需要达到的工作标准。同时，将标准分为几个等级选项，如“优、良、合格、不合格”等，考核人根据被考核人的实际工作表现，对每个模块的完成情况进行评估。总成绩便为该员工的考核成绩。

3. 重要事件法

重要事件是指考核人在平时注意收集被考核人的“重要事件”，这里的“重要事件”是指那些会对部门的整体工作绩效产生积极或消极的重要影响的事件，对这些表现要形成书面记录，根据这些书面记录进行整理和分析，最终形成考核结果。

三、人力资源考核的方式

1. 上级评议

上级评议是直接上级领导对其员工工作的评议。管理者是员工直接的任务分配者和工作的监督者，因此有可能实事求是地对员工工作进行评议。

2. 同事同级评议

同事同级评议是指同事之间的互相评议。同事之间是相互协作的关系，因此同事同级评议可以得到很客观的评议结果，但这种方法必须保证是在同事关系融洽的前提下。

3. 下级评议

下级评议可以从另一个角度判断员工工作的效率，但要避免与此同时产生的种种弊端，如下级出于怕被记恨或其他目的而说好话。

4. 游客评议

景区内大部分员工服务的对象是游客，同时游客与景区工作人员之间不像员工与同事、上下级之间一样存在主观的印象，因此游客的评议具有很强的说服力。

5. 自我鉴定

自我鉴定是在一定时间内，员工根据自己的工作所做的自我评定。这也是考核的主要方式之一。

四、人力资源考核的具体环节

考核的效果在很大程度上取决于考评系统的设计、考核方法的选择和实施过程的安排。一般而言，完整的考核实施过程包括以下具体环节。

1. 考核内容的定义

工作岗位不同，工作要求也不同。首先要有不同工作岗位的具体特点，然后再确立考核指标并确定考核指标的权重。

2. 考核方法的选择

为了提高考核的客观性，要根据旅游景区的实际情况，尽量制定倾向于可量化考核的方案。

3. 考核者的确定

考核工作不应被视为仅是人事管理部门的任务。为了得到来自不同方面的考核信息，以消除在考核过程中由于单一考核者的主管偏见而对员工绩效评价带来的不公正影响，考核者除了出自景区的上级人事管理部门外，还应包括同级和下级。

4. 考核周期的确定

考核周期必须根据旅游景区的实际情况和员工的实际工作性质来确定。考核周期的长短以能够对员工工作绩效进行有效测量，又不致浪费过多的时间和精力，给员工造成过多不必要的干扰为标准。一般以每周、旬、月度、季度、半年、年度等为考核周期。

5. 考核程序的确定

在确定考核内容、方法后，一般应遵循以下步骤进行人才考核：考核对象述职，群众评议，分析考核结果与辨识误差，传达考核结果，最后根据考核结论建立人才档案。

第四节　旅游景区人力资源激励

旅游景区的人力资源激励是指旅游景区通过设计适当的外部奖酬形式和工作环境，以一定的行为规范和惩罚性措施，借助信息沟通来激发、引导、保持和规范景区员工的行为，以有效地实现旅游景区组织及其员工个人目标的系统活动。

一个好的企业必定有一整套行之有效的激励模式，通过吸引、激励和留住人才以达到企业的不断成功和持续发展。激励理论告诉我们，满足对方的期望可产生激发对方产生相应的行为动机，从而引致最终的行动。

一、人力资源激励的作用

1. 激励是提高员工创造性和积极性的重要手段

只有在激励的作用下，员工才能发挥其主观能动性和创造性。景区的管理人员应充分了解不同层次、不同时期员工的需求，运用各种激励手段来激发员工更为有效地为景区工作目标而努力工作。

2. 激励是建立健全良好的企业文化的有效途径

旅游景区在进行员工激励时会不断强化景区企业的价值取向，进而建立诸如“以人为本，尊重员工”为主题的企业文化。

3. 激励可以提高员工的满意度，减少优秀员工的流失

没有得到激励的员工就像是一潭死水，没有生机和活力，而激励机制健全的企业则在各方面都充分体现了员工在企业中的价值。一些优秀的员工能够充分展示自己的才华，实现自己的价值。旅游企业有效的激励机制提高了员工对企业的满意度，员工会更加努力工作为企业创造更好的效益，从而形成一个良性的发展趋势。

二、人力资源激励的基本原则

1. 目标结合原则

英国哲学家约翰·洛克认为，个体为特定目标努力的企图心是激励其工作的主要动力来源；也就是说，明确的目标可以让员工了解什么应该做，以及必须付出多少努力。此外，特定的目标也具有提升员工绩效的效果，困难且富于挑战性的目标一旦被员工接纳后，往往能比简单的目标创造更高的绩效，即目标若能适时提供回馈，绩效也会比没有回馈来得好。明确而具体的目标本身即蕴藏强而有力的驱动力。在激励机制中，设置目标是一个关键环节。目标设置必须同时体现组织目标和员工需求。

2. 物质激励和精神激励相结合的原则

物质激励是基础，精神激励是根本。在两者结合的基础上，逐步过渡到以精神激励为主。

3. 正向激励与反向激励相结合的原则

所谓正向激励，就是对员工的符合组织目标的期望行为进行奖励。所谓反向激励，就是对员工违背组织目标的非期望行为进行惩罚。正、反向激励都是必要而有效的，不仅作用于当事人，而且会间接地影响周围其他人。

三、人力资源激励的方法

景区员工的激励可以根据员工的不同工作要求、不同员工素质等制定不同的激励方式。在日常的景区管理中可以采用以下几种激励方式。

1. 奖惩激励

奖惩激励是针对员工需要而进行的激励，即把员工在乎的奖励与惩罚作为激励员工的手段。景区企业可以使用包括奖金、休假、培训机会、改善工作环境等具体手段来激励员工，同时惩罚更能有效地教育犯错者不能为所欲为，这也是对所有员工进行的反面教育。

2. 目标激励

旅游景区目标是号召员工的旗帜，是景区凝聚力的核心，能够在理想和信念的层次上激励全体员工。

3. 授权激励

授权激励是让员工在工作中承担责任，拥有自主权，能够按照自己的方式完成任务。这样可以使员工放开束缚，释放出最大的工作热情。

4. 参与激励

使员工对企业的事业尽心尽力，并保持高度积极性的最好办法之一就是让员工参与企业的建设与发展。员工会把企业的目标当成自己的目标，从而做到与企业共呼吸、同命运。

5. 晋升激励

晋升激励是指景区管理者对工作能力较强、表现优秀的员工委以重任的激励。这种激励可以有效地调动被委任员工的工作热情和积极性，同时也给周围员工以榜样。

6. 情感激励

情感对员工的工作积极性以及人际关系、工作绩效等有重要的作用。情感激励是一种以人为本的思想管理，体现了科学发展观的要求。它是以重视人的情绪、情感等因素为前提，以尊重员工、信任员工为基准，注重与员工的感情沟通交流，使其保持良好的工作情绪，积极主动、轻松愉快地投入到工作之中。

人在心境良好的状态下工作会思路开阔、思维敏捷、善于合作、效率提高，使制度的遵守和流程的执行会变得轻而易举。生活中的现象告诉我们，员工积极性低落不一定是因为工资太少，很可能是他的业绩没有被肯定，能力不被领导赏识。诚然，物质需要始终是人类生活的第一需要，但是在现代社会，随着人们自身素质和生活质量的提高，金钱与激励之间的关系呈淡化趋势。我们所提倡的情感激励实际上就是一种精神激励，它能满足人类较高层次的需求，从深度上激发人的主动性、创造性。信任员工、关心员工、赏识员工、激励员工、让员工快乐工作应该是管理者的天职。一个称职的管理者不一定要有绝佳的口才，却一定要有关爱员工之心，一定要有让员工快乐工作之能，正所谓“得人心者得天下”。

本章小结

旅游景区人力资源管理是景区管理的一项重要内容。本章从景区人力资源的配置、开发、考核和激励四个方面介绍了景区人力资源管理的方法和内容，以及景区人力资源管理对景区管理和发展的重要性。

知识结构

- 旅游景区人力资源管理
  - 旅游景区人力资源配置
    - 人力资源配置的含义及任务
    - 人力资源配置的原则
    - 人力资源配置的内容
    - 旅游景区工作人员的素质要求
    - 人力资源配置的过程
  - 旅游景区人力资源开发
    - 人力资源需求预测
    - 人力资源供给预测
    - 人才招聘
    - 人力资源培训
  - 旅游景区人力资源考核
    - 人力资源考核的目的和内容
    - 人力资源考核的方法
    - 人力资源考核的方式
    - 人力资源考核的具体环节
  - 旅游景区人力资源激励
    - 人力资源激励的作用
    - 人力资源激励的基本原则
    - 人力资源激励的方法

习题与思考

1）简述旅游景区人力资源配置的过程。

2）对景区工作人员的专业素质要求主要包括哪些？

3）导游员或景区讲解员需要具备哪些素质？

4）景区人才招聘的途径有哪些？其基本流程包括哪些内容？

5）结合人才招聘的原则，谈谈景区在人才招聘中需要考虑哪些因素？

6）旅游景区人力资源培训类型有哪些？你认为对景区讲解员的培训应以哪种类型为主？为什么？

7）为什么要进行景区人力资源考核？主要是从哪些方面进行考核的？

8）景区人力资源考核的方法有哪些？这些方法之间有什么区别？

9）为什么要进行景区人力资源激励？在进行激励时应遵循哪些原则？

10）简述景区人力资源激励的方法。

案例分析或点评

案例1　北京某景区四星级酒店招聘总经理1名

地点：北京	岗位：酒店总经理1名
专业：酒店管理	学历：本科以上
性别：不限	年龄：30周岁至50周岁
招聘方式：全职	待遇：面议

岗位职责：

1）全权负责处理酒店的一切事务，带领全体员工努力工作，完成酒店所确定的各项目标。

2）制定酒店经营方向和管理目标，包括制定一系列规章制度和服务操作规程，规定各级管理人员和员工的职责，并监督贯彻执行。制定酒店一系列价目，如房价、餐饮毛利等。对本行业各种动向有高度的敏感性，制订市场拓展计划，带领销售部进行全面的推广销售。详细阅读和分析每月报表、检查营业进度与营业计划完成情况，并采取对策，保证酒店经营业务顺利进行。

3）建立健全酒店的组织系统，使之合理化、精简化、效率化。主持每周的总经理办公会检查情况汇报，并针对有关问题进行重点讲评和指示。传达政府或董事会的有关指示、文件、通知，处理好人际关系，协调各部门之间的关系，使酒店有一个高效率的工作系统。

4）健全各项财务制度。阅读分析每日、每月督促监督财务部门做好成本控制、财务预算等工作；指导财务工作；制作每季财务报表；检查分析每月营业情况；检查收支情况，检查应收账款和应付账款。

5）有重点地定期巡视公众场所及检查各部门工作情况，检查服务质量问题，并将巡视结果传达至有关部门。

6）与各界人士保持良好的公共关系，树立酒店形象，并代表酒店出面接待酒店重要贵宾。

7）指导训导工作，培养人才，提高整个酒店的服务质量和员工素质。

8）以身作则，关心员工，奖罚分明，使酒店有高度凝聚力，并要求员工以高度热情和责任去完成好本职工作。

9）选聘、任免酒店副总经理、总经理助理、部门经理等重要人事岗位。负责酒店管理人员的录用、考核，决定酒店机构设置，员工编制及奖惩、晋升工作。

个人素质及工作经历要求：

1）有较强的语言表达能力，合作精神好，有组建和管理团队的能力。

2）有敏锐的市场洞察能力和市场分析能力，有较强的宏观把握及计划、组织、协调及执行能力。

3）五年以上星级酒店副总管理经历或三年以上三星级酒店总经理管理经历。

招聘程序：

应聘者将相关资料及复印件通过邮寄或通过 Email 发送到景区人力资源部。人力资源部对应聘者进行筛选，选 3 位应聘者进行面试，最后择优录取。

分析：

以上是一则招聘信息，内容包括招聘岗位、招聘人数、岗位要求、岗位待遇、招聘时间、招聘地点、招聘程序等。特别对岗位职责和个人素质以及工作经历进行了详细说明，应聘者可以根据以上信息确定是否符合应聘条件并进行抉择。

案例 2　甘孜州旅游景区规划和管理培训班在成都举办

近日，由省旅游局、甘孜州旅游局共同举办的“甘孜州旅游景区规划和管理培训班”在成都芙蓉饭店开班。甘孜州旅游局副局长泽尔加、省旅游局培训中心副主任乐大勇出席了开班仪式。参加此次培训班的 56 位学员均为全州各县的旅游局局长或副局长、业务骨干，海螺沟景区管理局、稻城亚丁景区管理局和州内各主要景区的规划业务骨干。

此次培训班是省旅游局贯彻落实“富民安康”工程的实际行动，是省旅游局对甘孜州旅游人力资源开发的具体支持和帮助。

此次培训过程中，西南民族大学旅游与城乡规划设计研究院执行副院长、总规划师、副教授刘开榜为学员们讲解了《A 级旅游景区标准与创建》；西南民族大学旅游与历史学院副院长、副教授李如嘉为大家讲解了《旅游景区规划》和规划案例。围绕甘孜州旅游企业的实际情况和未来发展方向，四川富锐思管理顾问有限公司副总经理夏勇，四川锦江宾馆总经理助理、高级人力资源管理师何涛分别为学员们讲授了国际风俗和礼仪、旅游企业人力资源管理的旅游专业课程。

这次除参加业务理论知识的培训外，在 8 月 6 日还组织全体学员到成都熊猫基地、成都金沙遗址博物馆进行了实地学习考察。

培训结束后，参训的学员们对此次培训均给予了高度评价。学员们认为：此次培训使大家认清了当前旅游业发展形势，增强了工作动力和信心，虽然培训时间只有短短的两天，但培训内容丰富，时效性和针对性强，学习了专业知识，提高了业务能力，使学员们达到了更新知识、拓宽思路、开阔眼界的目的，是一次非常实用而又及时的培训。学员们同时建议，省旅游局和州旅游局应多组织此类培训活动，不断提高旅游景区经营管理人员的理论知识水平和业务管理能力。学员们表示，将把此次培训的收获应用到下一步工作当中，为实现甘孜州旅游产业跨越发展作出新贡献。

分析：

以上是一则旅游管理人力资源培训新闻，从中可以对人力资源培训的基本情况进行分析。

培训目的：此次培训班是省旅游局贯彻落实“富民安康”工程的实际行动，是省旅游局对甘孜州旅游人力资源开发的具体支持和帮助。

培训班组织者：四川省旅游局培训中心、甘孜州旅游局。

培训对象：甘孜州各县的旅游局局长或副局长、业务骨干，海螺沟景区管理局、稻城亚丁景区管理局和州内各主要景区的规划业务骨干共56人。

培训地点：成都芙蓉饭店。

培训时间：2010年8月5日—2010年8月6日。

培训内容：《A级旅游景区标准与创建》；《旅游景区规划》和规划案例；国际风俗和礼仪、旅游企业人力资源管理；成都熊猫基地、成都金沙遗址博物馆实地考察。

授课教师：西南民族大学旅游与城乡规划设计研究院执行副院长、总规划师、副教授刘开榜，西南民族大学旅游与历史学院副院长、副教授李如嘉，四川富锐思管理顾问有限公司副总经理夏勇，四川锦江宾馆总经理助理、高级人力资源管理师何涛。

培训总结：此次培训使学员们认清了当前旅游业发展形势，增强了工作动力和信心，虽然培训时间只有短短的两天，但培训内容丰富，时效性和针对性强，学习了专业知识，提高了业务能力，参训者达到了更新知识、拓宽思路、开阔眼界的目的，是一次非常实用而又及时的培训。学员们同时建议，省旅游局和州旅游局应多组织此类培训活动，不断提高旅游景区经营管理人员的理论知识水平和业务管理能力。学员们表示，将把此次培训的收获应用到下一步工作当中，为实现甘孜州旅游产业跨越发展作出新贡献。

（资料来源：http://www.daocheng.net/news/26110108.html）

第十章 旅游景区安全管理

教学目的和要求

使学生了解和掌握旅游景区安全管理的概念、安全事故发生的原因；熟悉旅游景区安全管理的任务和特点；了解我国旅游景区安全管理的现状；熟悉景区安全事故的表现形态、安全事故的主要类型；掌握景区常见安全事故的处理原则及方法；掌握景区安全控制与管理的具体措施。

关键词汇

景区安全管理（Security Management Area）
景区安全管理制度（Area of Security Management System）

案例导入

深圳东部华侨城出事故六死十伤 拷问"欢乐谷"安全机制

2010年6月29日下午四点四十五分，深圳东部华侨城太空迷航娱乐项目发生重大安全事故。死亡6人，伤10人。

东部华侨城坐落于深圳著名的大梅沙旅游景区，占地面积近九平方千米，是国内首个大型综合性国家生态旅游示范区。东部华侨城于2004年12月30日动工建设，2007年7月28日项目一期开放。景区内包含众多惊险、刺激的游玩项目，与华侨城旗下另一大型游乐园"欢乐谷"有众多相似之处。目前欢乐谷在北京、深圳、上海、成都等已建成项目，而在全国其他多个城市也将陆续开建。

据悉，当日出事的设备"太空迷航"属于"发现之旅"系列，据称能让游客变身为航天员，实现近乎真实的太空漫步。到过东部华侨城游玩的一位游客回想该项目时描述："很刺激也很吓人，现在想起来仍心有余悸。"有业内人士指出，华侨城大型游乐项目在全国各个城市高速发展的同时，科学管理和安全保障等问题能否及时跟上，需要华侨城管理部门高度重视。

（资料来源：http://www.ce.cn/cysc/newmain/pplm/hyyj/201006/30/t20100630_20424170.shtml）

第一节 旅游景区安全管理概述

随着我国旅游业的迅速发展，旅游安全事故呈现出逐年上升的态势：1995年全国旅游安全事故共21起，死亡65人，而仅2007年"五一"黄金周期间，全国发生的较大旅游安全事故就有11起，共有19名游客死亡，23人受伤，90人被施救。根据2008年旅游突发公共事件年报信息资料显示，2008年国家旅游局共收到各地报送的旅游突发公共事件48起（包括发生于2007年的1起），共造成147人死亡，4人失踪，401人受伤。其中旅游重大突发公共事件6起，88人死亡，4人失踪，132人受伤；较大事件35起，59人死亡，231人受伤；一般事件7起，38人受伤。一个个触目惊心的数字，一个个鲜活生命的消逝，使人们在叹息之余，更清楚地意识到旅游安全不容忽视。其中，景区的安全事故占据了不小的比例，特别是我国实行双休日和黄金周以来，景区的安全问题更加突出。

景区安全事故给游客的生命财产安全带来了严重威胁，给景区经济发展造成了巨大损失，也给景区形象和声誉带来了严重的负面影响，甚至是致命的打击。对于出现安全问题的景区而言，赔进去的不仅仅是金钱，还有景区的形象，这必将影响到景区的长远发展。因此，安全管理应该是景区各项管理工作之中不可忽视的重点，景区的管理人员应该积极采取安全防范措施，彻底消除不安全隐患，防患于未然。

一、旅游景区安全事故发生的原因

综合考虑景区发生的各类安全事故，其主要原因在于以下几个方面。

1. 安全意识薄弱

安全意识薄弱一方面是指景区对安全管理工作容易松懈疏忽，另一方面是指部分游客对自身的安全问题容易忽视，正是这种过于放松的思想状态导致了很多安全事故的发生。

2. 旅游环境的多样性

景区的旅游环境多种多样，既包括自然环境，也包括人文环境和人造环境。不同环境皆蕴含着各类不安全因素，如自然灾害（地震、洪水、海啸、台风、龙卷风、火山爆发、滑坡、泥石流、雷暴等），动植物伤害，火灾，犯罪活动、旅游设施管理差错、操作失误等引起的灾害或损害。

3. 高风险旅游项目的增多

近年来，随着探险旅游、极限运动等项目的兴起，参与高风险旅游活动的游客数量有所增加，但这些项目的安全管理并没有跟上，使得安全事故发生的概率提高。

4. 景区管理工作的失误

景区管理工作方面的失误是造成安全事故的一个相当重要的原因，发生事故的景区一般都在安全组织的设置、安全规章制度的制定、安全人员和安全设施的配备、应急救援体系的构建等方面不健全、不完善。

二、旅游景区安全管理及其任务

景区安全管理是指为了达到安全的目的，有意识有计划地对在景区活动中的各种安全现象进行危险源识别、制定安全管理方针和措施，收集和运用法律法规和安全管理政策，进行安全教育、开展事故防范与控制活动，构建运作安全保障体系的各种行为的总称。

景区安全管理的任务是研究景区各项工作中的安全因素，发现并遵循其规律与特点：发现、分析和杜绝景区中存在的安全隐患和不安全因素，采取适当的管理措施和手段，确保景区和旅游者的安全。具体内容包括以下几个方面。

1）建立健全安全组织和制度。

2）加强设施设备的安全管理，制定安全操作规程。

3）审查基建工程的安全程度，组织落实各项安全核查工作。

4）配置安全设施设备，对游览区域进行安全监控。

5）防范、控制与处理景区安全事故。

三、旅游景区安全管理的特点

旅游景区安全管理具有以下三个显著的特点。

1. 影响因素多

景区安全管理涉及游客的食、住、行、游、购、娱各个环节，而其中每个环节的安全状况都会受到一系列因素的影响，如在游览这个环节，其安全状况会受到自然因素、人为操作因素的影响，还会受到游乐设施设备安全状况的影响，而地面、空中、水面等不同类型游乐设施的安全状况又会受到主客观因素的影响。因此，景区中的不安全因素多且复杂。

2. 安全管理责任大

景区是游客比较集中的地方，是一个地区、一个国家对外宣传的窗口。景区安全问题控制与管理的好坏，不仅直接影响到游客的生命、财产安全，而且还会影响到景区、旅游地的形象、声誉和经济政治安全，甚至影响到国家形象。

3. 安全管理范围广、难度高、要求严

游客在景区中活动的流动性强，而且逗留时间短，人流量大，涉及面广，景区的安全管理范围广、难度高，既包括游客的安全管理也包括对景区自身的安全管理。另外，景区安全事故具有多种表现形态，不同形态的安全事故造成的损失与影响不同，处理方式也不尽相同。同时，安全事故的控制、管理和处理时效性要求较强，这就对景区安全管理提出了更高的要求。

四、我国景区安全管理现状

从总体来看，我国旅游安全虽已引起一定的社会关注，但在安全事故预防、管理甚至法律规范方面还有一定欠缺，旅游安全现状不容乐观，安全问题时有发生，旅游安全管理还存在诸多问题。景区旅游安全管理中的问题主要体现在以下方面。

1. 景区安全管理存在法律盲区

我国已有的相关旅游法规、规章及规范性文件条文主要有《旅游安全管理暂行办法》（国家旅游局，1990 年 2 月 20 日发布），《旅游安全管理暂行办法实施细则》（国家旅游局，1994 年 1 月 22 日发布），《重大旅游安全事故报告制度试行办法》（国家旅游局，

1993年4月15日发布),《重大旅游安全事故处理程序试行办法》(国家旅游局, 1993年4月15日颁布),这些法规对于景区安全问题只是作了原则性规定,在具体操作层面中仍然存在诸多问题,落实情况也不尽如人意。近年来,随着旅游大众化,旅游景区安全事故和相应的法律纠纷也大量出现,不少旅游纠纷解决过程中出现了适用法律不明确和安全责任不好界定的问题,这与我国目前还没有一部统一的“旅游法”、“旅游安全法”、“旅游景区安全管理法”有一定的关系。现行法律法规还不能完全调节旅游景区对旅游者的安全保障义务与法律责任,与我国市场经济的法制体系日趋成熟形成了巨大的反差,使旅游业发展的许多问题无法确定下来,长期以来有争议的问题得不到解决。也就是说,旅游景区安全方面存在着法律盲区,有待于进一步完善。

2. 新开发的特殊旅游项目尚未纳入安全管理范畴

旅游业的发展使一些颇受游客欢迎又对安全要求较高的参与型、探险型的特殊旅游项目,如蹦极、空中滑翔、热气球、漂流等,迅速兴起。由于管理法规、措施相对于实际经营有滞后性,一些新兴项目尚未及时纳入安全管理范畴。虽然国家旅游局于1998年10月1日颁布了《漂流旅游安全管理暂行办法》,但至今尚无类似的蹦极、滑翔、热气球安全管理办法,加之地方和企业急功近利的短期行为,安全事故的发生也就在所难免:1996年3月,广东飞图游乐城一热气球失控,导致一名17岁的香港女游客坠地死亡;北京也曾发生过滑翔中游客摔死的事件;2000年4月16日,天津两少年蹦极时严重受伤;2004年9月20日,新疆伊犁哈萨克自治州昭苏县旅游公司在特克斯河上组织水上漂流活动时,由于水急浪大,加之操作不当,漂流船翻船,造成7人死亡,2人失踪。

目前,随着此类安全事故频出,国家旅游局已对此加强重视,相信针对这些新开发的特殊旅游项目的相关安全管理政策将会尽快出台。

3. 内部管理不完善、旅游设施设备老化使安全隐患客观存在

旅游景区已能够较及时地引进或利用高新技术所创造的成果为旅游企业服务。例如,现代化的声光电防盗系统、监控录像等。但因折旧年限、资金等问题,旅游企业设施设备,尤其是旅游汽车、大型游乐设施设备的老化问题较为严重,加之部分设施设备难以确认安全使用年限,使得安全性难以保障。有些景区为了降低经营成本,延长设施设备的使用年限或延长设施设备的保养周期,造成设施设备老化、疲劳使用,由此带来安全隐患。

4. 旅游安全管理机构已逐步建立,但尚待健全

根据国家有关政策和法规,旅游业的主管机构除国家旅游局外,还有其他主管机构。例如,饭店的管理机构有旅游局、工商局、税务局、技术监督局、烟草专卖局、外汇管理局、文化厅、劳动厅、环保局、地矿局、消防队、卫生防疫站、公安局、物价委员会等;景区的管理机构有旅游局、建设委员会、林业厅、环保局、消防队等。这些部门形成了旅游安全管理的外围机构群体,从专业化角度对旅游安全加以管理与控制,能比较有效地控制安全问题的发生,但由于主管机构多而分散,往往容易给景区的安全管理带来“三不管”的局面,造成旅游安全管理的低效。同时,国家旅游局也有相关规定,在旅游行业内部,也有部分旅游管理部门、旅游企业设立了专门的旅游安全管理机构或设有专人负责安全管理工作,从组织上保证了安全工作的贯彻实施。但也应该看到,至今尚有部分景区连专门的安全管理人员都没有配备。

资料链接

西藏登山活动暂行管理办法

关于下发国内人员在西藏自治区登山活动的暂行管理办法的通知。

为了规范国内人员在西藏自治区区域内开展登山活动的行为，加强对此工作的监督和管理，根据国家体育总局制定的《国内登山管理办法》精神并结合我区的实际，制定了我区《国内登山团队在西藏自治区区域内登山活动暂行管理办法》。

第一章是总则部分，主要内容如下：为了贯彻国家体育总局《国内登山管理办法》，加强对国内人员来我区登山活动的管理，特制定本办法；凡在西藏自治区区域内海拔5 500米以上山峰进行登山探险、高山滑雪、高山滑翔、攀岩等高山性探险活动的（以下简称登山活动）均适应本办法；西藏体育行政管理部门是西藏自治区国内登山团队登山活动的主管部门，具体管理和业务授权由自治区登山协会负责；山峰属国家资源，除因政治、外交、军事等特殊因素部分山峰不宜开放攀登外，任何单位和组织不得以任何借口阻挠或干扰正常的山峰开放和攀登活动；登山团队在西藏自治区区域内开展的登山活动必须接受西藏自治区体育行政主管部门和西藏登山协会的管理。

第二章是登山活动申请事项，内容如下：凡在西藏自治区区域内进行登山活动的登山团队，必须事先提交申请报告，申请报告可以直接提交给西藏自治区登山协会，也可以提交给国家登山管理部门，经批准后方可进行登山活动；申请者须以队名申请，不得以个人名义申请；申请报告一律用中文书写。申请报告应包括以下内容：攀登山峰；攀登时间、路线；队伍人数和队员技术情况介绍；安全措施，救援方案；法人代码证书；队员健康状况介绍；具有法人资格的单位公函；技术装备清单；后援单位和资金情况。申请登山活动的团体必须具备以下条件：团队成员必须身体健康；所有正式队员必须进行身体素质和冰雪技术训练；所有队员必须具备攀登雪山的身体和技术条件；领队或教练必须有攀登雪山的资历并持有登山技术合格证书；具有足够的登山活动经费和救援备用经费；具有保证登山活动的基本技术装备、保暖装备和通信装备；必须由具有法人资格并能承担民事责任的单位全权负责登山活动的组织协调，以及意外事故的后事处理；所有队员应有人身意外伤亡事故保险；制订详细的攀登计划。登山申请经批准后应在一个月之内交纳登山注册费，领取登山许可证，逾期不办者视为自动取消申请。

（资料来源：中国旅游观光网）

第二节　旅游景区安全事故的表现形态与类型

景区安全管理的第一步，就是要弄清景区可能面临的各种潜在的和已经存在的安全威胁，探讨景区安全事故发生的规律，防患于未然，只有这样才能及时有效地发现和预防风险，并选择最佳处理方法。

一、旅游景区安全事故的表现形态

纵观我国景区多年的发展，在景区内部发生的安全事故主要表现为以下几种形态。

1. 自然灾害

自然灾害是景区安全事故中较常见的表现形态。自然灾害形成的机理主要与自然因素有关，是地球演化过程中的正常现象，是不以人们的主观意志为转移的。因此，自然灾害具有突发性与永久性、频繁性与不确定性、周期性与不重复性、广泛性与区域性等外在特征。威胁人类生命、破坏景区旅游设施的自然灾害主要有以下几种。

（1）地质地貌类旅游灾害

地质地貌类旅游灾害是指由于地质地貌因素发生变化而引起的旅游灾害。其主要表现为地震、火山活动、泥石流、滑坡、崩塌、地裂缝、地面沉降等。如 2003 年 7 月 11 日，4 名上海游客和一名导游到四川丹巴邛山沟旅游，入住的“休闲山庄”为他们举办歌舞晚会，晚上 10 点半，一场泥石流从天而降，吞噬了现场 50 多人。2004 年 11 月 26 日，印尼苏门答腊岛以北海域发生了地球上 40 年来最强烈的地震—— 9. 0 级地震，由此引发的海啸吞噬了在海滨度假弄潮的大量游客。2008 年 5 月 12 日 14 时 28 分 04 秒，四川汶川、北川，8 级强震猝然袭来，大地颤动，山河移位，满目疮痍，生离死别……这是新中国成立以来破坏性最强、波及范围最大的一次地震，此次地震重创约 50 万平方千米的中国大地，给四川及周边景区旅游业造成巨大冲击。

（2）气象气候旅游灾害

气象气候旅游灾害是指由气象气候因素而引起的旅游灾害，主要表现为台风、暴雨、暴风雪、风沙、酷暑、严寒等。2008 年，我国发生雪灾，使浙江、江苏、安徽、江西、河南等 10 多个省级行政区均受到低温、雨雪、冰冻灾害影响，死亡 60 人，失踪 2 人，紧急转移安置 175. 9 万人；农作物受灾面积 72 708 平方千米；倒塌房屋 22. 3 万间，损坏房屋 86. 2 万间；直接经济损失 537. 9 亿元。雪灾还导致京广线南段、沪昆线部分路段停运、多次列车晚点、广州站上万名游客滞留、京珠高速部分路段封闭，严重影响广大游客出游计划，许多原打算利用寒假以及黄金周出游的人被迫取消出游计划。

（3）生物旅游灾害

生物旅游灾害是指由于森林火灾、病虫害等引发的对生态环境和文物古迹等旅游资源的破坏。2007 年 4 月 10 日下午 5 时许，山东日照市东港区河山镇一景区发生山林火灾，经公安、消防、武警及周边群众上万人近 10 小时及时扑救，大火才得到完全控制。据估计，被烧毁的山林有数千亩。延绵数公里的十几个山头被烧得一片乌黑，顺着上山的小路走去，满眼是被烧焦的松树、乌黑的山石，空气中弥漫着灰尘和被烧焦的味道，所到之处一片狼藉。

2. 旅游设施安全事故

景区旅游设施包括基础设施、服务设施、娱乐与游憩设施。景区最常见的设施安全事故有景区空中缆车索道事故，游艇、皮划艇、竹筏等漂流事故，围栏、护栏失控事故等。例如，1994 年广州从化天湖的铁索桥扶手铁链因人多拥挤突然断裂，160 人落水，38 人遇难。1999 年 10 月 3 日，被誉为“西南第一漂”的贵州省黔西南布依苗族自治州兴义市马岭河峡谷风景区发生缆车坠毁事故，造成35名乘客死伤，其中14人死亡。2003年国庆期间，5名大学生结伴去东湖风景区游玩，当5人乘坐快艇到达湖中心附近时，刮起一阵大风，快艇在水中反复颠簸，并与一大游船相撞，快艇翻沉，5人全部落水溺亡。上述一系列事件表明，游览设施设备导致的安全事故在景区中时有发生，其所带来的危害是触目惊心的。

3. 景区犯罪

由于游览是游客整个旅游活动的高潮，也是游客游兴正高、疏于防范的时候，加之景区游客数量呈现两极分化的现象，旅游淡季游人寥寥，旅游旺季游人如织，这些都为景区犯罪提供了便利条件。景区犯罪使游客的游兴从高潮跌到低谷，对游客的伤害和打击是极大的。景区犯罪的形式主要是盗窃、抢劫和人身攻击。如1994年3月31日的浙江千岛湖惨案："海瑞号"的游客被3名歹徒抢劫，歹徒烧船灭口，24名中国台湾地区游客及船上工作人员共32人活活被烧死在船舱内。又如，1998年3月4日，4位新疆游客在北海银滩被海滨摩托艇经营者非法高额索赔6 000元，被扣押、限制人身自由一整天。2010年8月23日，一辆载有20余人的香港旅游观光车被一名菲律宾前警员在菲律宾首都马尼拉劫持，事件持续了11个小时，8名人质死亡，劫匪被击毙。

4. 人为火灾

人为原因引发火灾在景区中也有不少案例。如2003年1月19日19时许，世界文化遗产武当山古建筑遇真宫主殿突发大火，直至21时30分左右才扑灭，导致最有价值的主殿化为灰烬，周边文物也遭到不同程度的损坏。其主要原因是遇真宫大殿东侧厢房原居住人员搭设照明线路及灯具不规范，而现居住人员由于疏忽大意使用电灯不当，导致电灯烤燃他物而引发火灾。2008年6月6日和10日，新疆喀纳斯景区发生两起火灾，至6月12日下午，两场森林大火被扑灭。经调查，两起火灾均系非法盗挖冬虫夏草的人员所为，由于当时森林草原严重干旱，致使火灾发生。

5. 突发疾病

游客游览中突发疾病是指旅游者由于旅游目的地和景区特殊的地域环境和自然条件等原因而引发的疾病。如旅游者在高海拔旅游区常出现缺氧和高山反应病状，严重时可能导致死亡。据报道，每年在前往尼泊尔的登山旅游者中，因缺氧和高山反应造成肺气肿、脑肿而导致死亡的有20人左右。在我国西藏、青海等高海拔地区也常出现游客由于缺氧、高山反应而引发休克，甚至患上肺气肿等疾病的情况。2010年2月13日，袁先生偕家人、朋友20余人去浙江遂昌游玩，当袁先生跟随家人游至景区大瀑布位置时，由于吸入大量水汽，导致身体含氧量降低，出现昏厥现象，摔倒在地，长时间不醒，后经救治康复。

6. 其他意外事故

其他意外事故是指在游览中由其他不可控、不可预期的意外因素引起的安全事故，如景区内鲨鱼袭击游人、椰子坠落砸死游客、重大环境污染事故、与有毒动植物接触导致的疾病或身体伤害等。一对新婚夫妇来到河北野三坡风景区游玩，走上了高高耸立在半山腰的陡峭"天桥"，妻子一脚踩空，掉到山谷下，造成下半身瘫痪。2001年4月8日，华山西山门的人行涵洞内发生游人拥挤踩踏事件，酿成17人死亡、65人受伤的惨剧。2004 年，北京密云县举办第二届迎春灯展，观灯游客在彩虹桥发生踩踏事故，造成 37 人死亡，15 人受伤。2002 年 9 月，杭州四岁儿童佳佳被动物园大猩猩咬伤致残。2007 年 2 月 22 日，一名 6 岁女孩在与老虎合影时，被兽性大发的老虎咬伤，后经抢救无效死亡。

二、旅游景区安全事故的类型

景区安全事故发生的方式很多，造成的损害也各不相同，而且发生的地点也是多种多样的，这使得旅游安全事故的归类并没有统一的说法，可根据不同的依据、从不同的角度来进行。本书主要从景区类型的角度将景区安全事故分为以下两类。

1. 自然资源类景区旅游安全事故的类型

自然资源类景区一般包括地文景观、水域风光、生物景观等资源类型。在这类景区中，游客的活动基本上是以自然景观为基础开展的，如山地自行车、潜水、滑雪、登山等。自然资源类景区的旅游社会环境相对简单，人口构成单一，社会环境原因造成的偷盗抢劫等的安全事故较少。有些景区，如保护区、森林公园等，远离城镇，甚至无长住居民。因此，安全事故的诱因主要集中为自然因素或游客个人因素，如游客的旅行技能、道路安全状况、自然灾害、游客身体及心理素质等。自然资源类景区的安全事故类型主要为机动机械活动类、自行车活动类、飞行活动类、跳跃活动类、撞击活动类、水域活动类等。

地文景观的主要旅游活动有越野活动、登山、攀岩、山地、公路自行车、滑雪、滑沙、滑翔、沙漠探险、洞底探险等，容易在机动机械活动，自行车活动，飞行、跳跃、撞击活动等方面发生安全事故，比如外部创伤、机械事故、雪崩、山洪、山体滑坡、泥石流等。

水域风光的主要旅游活动有冲浪、滑水、帆舢板、游泳、跳水、潜水等，容易在机动机械活动、水域活动、跳跃活动等方面发生安全事故，比如溺水、外伤、受水生物伤害等。

生物景观的主要旅游活动有原始森林探险、观鸟、野生动植物观赏、骑马等，容易发生动植物伤害、花草过敏、野生食物中毒等方面的安全事故，比如受到大象、老虎袭击，误食毒蘑菇中毒等。

其他诸如极光、雾凇、海市蜃楼等特殊天象、气候观赏，容易发生身体不适、高原、极温反应等。

2. 人文资源类景区旅游安全事故的类型

人文资源类景区一般包括主题公园、度假区、城市、旅游中心地、宗教朝圣地等。在这类景区中，游客的活动以朝圣、购物、饮食、娱乐等为主。人文资源类景区多位于人口集中的城镇，而有些城镇本身就是旅游目的地，其城市功能的规划、建设都是围绕旅游业而进行的。旅游社会环境复杂是这类景区的主要特点，这类景区人口构成复杂、集中，游客与当地人混杂在一起，人与物之间产生的伤害较少，而人为造成的安全事故，如偷盗、盗窃、食物中毒等占主要比例。这类景区的安全事故具有较强的社会性。

主题公园的主要旅游活动有刺激型娱乐活动，如海盗船、蹦极、家庭娱乐活动等，容易发生设施设备事故、游客健康突变、盗窃等方面的安全事故，比如停电、撞伤、心脏病突发、儿童走失等。

度假区的主要旅游活动有休闲、疗养、会议、冲浪、潜水、一般性观光等，容易发生食物中毒、购物欺骗、盗窃、水域设备、火灾、恐怖活动等方面的安全事故，比如食物中毒、游客财物被盗、遇到炸弹袭击等。

城市的主要旅游活动有购物、会展、参观（博物馆、植物园、古建筑等），容易发生购物欺骗、市内交通事故、暴力、抢劫、迷路、盗窃、食物中毒、健康突变等方面的安全事故，比如购买到假货、儿童走失、饭店食物中毒、游客财物丢失等。

旅游中心地的主要旅游活动有一般观光、美食，如刺激型娱乐活动、节庆活动、家庭度假、购物等，容易发生盗窃、暴力、抢劫、食物中毒、健康突变、购物欺骗、恐怖活动及设施设备事故等方面的安全事故，比如食物中毒、撞伤或摔伤、购买到假货等。

宗教朝圣地的主要旅游活动有一般观光、朝圣等，容易发生抢劫、购物欺骗、火灾、食物中毒等方面的安全事故，比如财物被盗、强买强卖、火灾等。

总之，在以自然资源为主的景区，身体外伤、撞伤、自然灾害、野生动物攻击、游客健康突变等是主要的事故类型，而其他类型不占主要地位；在以人文资源为主的景区，食物中毒、暴力、恐怖活动等是主要的安全事故类型，而其他类型则不占主要地位。

上面只是按照两种不同类型景区安全事故范畴的主导方向进行了大致的划分，实际上，造成景区安全事故的原因是多种多样的，形成事故的类型也是多种多样的，不同类型的景区中所发生的安全事故有时会出现重叠，主要表现在以下两方面。

(1) 自然和社会大环境发生变化对景区产生影响

任何景区都是存在于一定的自然和社会环境之中的，会受到周围自然和社会因素变化的影响，因此，像地震、泥石流、台风、海啸等自然灾害，或是战争、恐怖活动、国际关系紧张、国内政局动荡、公共卫生安全问题、生态环境破坏、金融危机等社会大背景下的灾害，都会对灾害发生地及相关区域的所有景区带来负面影响。

(2) 景区开发管理不善是安全隐患

目前，在我国景区的开发过程中，规划不合理、急功近利、乱砍滥伐、长官意志、无序化等因素会对景区造成破坏，对景区景点的粗放式经营管理也会给景区生态造成破坏。由于旅游市场需求极不平衡，特别是在近年的旅游“黄金周”，高峰期游客量大大超过了景区的承载能力，也使景区生态环境遭到严重的破坏。如旅游设施设备管理不善、旅游超载、开发经营不当等都可能造成对游客的伤害和景区本身的破坏。

第三节　旅游景区安全的控制与管理

景区的安全控制和管理工作首先要以景区安全管理的相关法规、条例为依据，按照规定进行，同时要做好景区的安全管理，必须建立以防为主、防控管结合的景区安全管理模式，建立健全景区的安全管理机构及制度。

一、旅游景区安全管理的相关法规、条例

为了加强对旅游安全的管理，我国已经出台了一些法规、条例，与景区安全管理相关

的主要有1987年11月公安部发布的《旅馆业治安管理办法》，1990年2月国家旅游局发布的《旅游安全管理暂行办法》，1991年6月国家旅游局发布的《旅游投诉暂行规定》，1993年4月国家旅游局发布的《重大旅游安全事故处理程序试行办法》，1993年8月国家旅游局、公安部联合发出的《关于加强旅游涉外饭店安全管理严防恶性事件发生的通知》，1994年1月国家旅游局颁布的《旅游安全管理暂行办法实施细则》，1995年1月公安部发布的《公共娱乐场所消防安全管理规定》，1997年4月国家监督局批准的《游乐园（场）安全和服务质量》（GB/T 16767—1997），1997年5月国家旅游局发布的《旅行社办理旅游意外保险暂行规定》，1998年4月国家旅游局发布的《漂流旅游安全管理暂行办法》。除了国家发布的相关法律法规外，各地方旅游局及有关部门也建立了一些旅游安全方面的规章制度。在《旅游安全管理暂行办法》中，明确规定了旅游安全管理工作必须遵循统一领导、分级管理、以基层为主的原则，指出景区必须接受旅游行政管理部门中的旅游安全管理机构的检查，明确景区在事故发生以后具体的处理程序，以及“安全第一，预防为主”的旅游安全管理的方针等。

《旅游安全管理暂行办法实施细则》主要从设施设备的安全性出发规定了景区的安全义务。该细则的第六条规定，经营旅游业务的企事业单位安全管理的职责共有13项，其中有以下六点内容。

1）设立安全管理机构，配备一定数量、经过培训的保安人员，建立安全管理规章制度和责任制度。

2）旅游经营者应当加强设施设备的日常维护和保养，保证安全运转。

3）对具有一定危险性的区域或者项目，应当设立明显的警示标志，并采取必要的防护措施。

4）游客的人身、财产安全受到意外损害时，景区管理者应当迅速采取补救措施，及时向公安机关、相关行政管理部门或者有关部门报告。

5）培养职工的安全意识，普及安全常识。

6）坚持日常的安全检查工作，重点检查安全规章制度的落实情况和安全管理漏洞，及时消除不安全隐患。

在《旅游景区质量等级的划分与评定》（GB/T 17775—2003）中把“旅游安全”作为景区质量等级划分与评定的重要条件之一，具体要求如表10－1所示。

表10－1　划分与评定旅游景区质量等级的安全标准

旅游景区等级	旅游安全
5A级	• 认真执行公安、交通、劳动、质量监督、旅游等有关部门制定和颁布的安全法规，建立完善的安全保卫制度，工作全面落实 • 消防、防盗、救护等设备齐全、完好、有效，交通、机电、游览、娱乐等设备完好，运行正常，无安全隐患。游乐园达到GB/T 16767规定的安全和服务标准。危险地段标志明显，防护设施齐备、有效，特殊地段有专人看守 • 建立紧急救援机制，设立医务室，并配备专职医务人员。设有突发事件处理预案，应急处理能力强，事故处理及时、妥当，档案记录准确、齐全

续表

旅游景区等级	旅游安全
4A 级	• 认真执行公安、交通、劳动、质量监督、旅游等有关部门制定和颁布的安全法规，建立完善的安全保卫制度，工作全面落实 • 消防、防盗、救护等设备齐全、完好、有效，交通、机电、游览、娱乐等设备完好，运行正常，无安全隐患。游乐园达到 GB/T 16767 规定的安全和服务标准。危险地段标志明显，防护设施齐备、有效，高峰期有专人看守 • 建立紧急救援机制，设立医务室，并配备医务人员。设有突发事件处理预案，应急处理能力强，事故处理及时、妥当，档案记录准确、齐全
3A 级	• 认真执行公安、交通、劳动、质量监督、旅游等有关部门制定和颁布的安全法规，建立完善的安全保卫制度，工作全面落实 • 消防、防盗、救护等设备齐全、完好、有效，交通、机电、游览、娱乐等设备完好，运行正常，无安全隐患。游乐园达到 GB/T 16767 规定的安全和服务标准。危险地段标志明显，防护设施齐备、有效，高峰期有专人看守 • 建立紧急救援机制，设立医务室，至少配备兼职医务人员。设有突发事件处理预案，应急处理能力强，事故处理及时、妥当，档案记录准确、齐全
2A 级	• 认真执行公安、交通、劳动、质量监督、旅游等有关部门制定和颁布的安全法规，建立完善的安全保卫制度，工作全面落实 • 消防、防盗、救护等设备齐全、完好、有效，交通、机电、游览、娱乐等设备完好，运行正常，无安全隐患。游乐园达到 GB/T 16767 规定的安全和服务标准。危险地段标志明显，防护设施齐备、有效 • 建立紧急救援机制。配备游客常用药品。事故处理及时、妥当，档案记录完整
1A 级	• 认真执行公安、交通、劳动、质量监督、旅游等有关部门制定和颁布的安全法规，安全保卫制度健全，工作落实 • 消防、防盗、救护等设备齐全、完好、有效，交通、机电、游览、娱乐等设备完好，运行正常，无安全隐患。游乐园达到 GB/T 16767 规定的安全和服务标准。危险地段标志明显，防护设施齐备、有效 • 事故处理及时、妥当，档案记录完整，配备游客常用药品

二、旅游景区安全管理模式

目前，大多数景区日常安全管理的工作方式为事后处理，即在事故发生后或正在发生时，由有关的管理人员赶往现场进行处理。这种事后处理的消极被动的管理方式具有明显的滞后性，不能有效降低景区安全事故的发生率，也不能适应相对要求较高的景区安全工作的需要。因此，必须建立以防为主、防控管结合的景区安全管理模式。该模式由景区安全预警系统、景区安全控制系统和景区安全保障系统三部分构成。其中，景区安全预警系统是前提，景区安全控制系统是关键，景区安全保障系统是支撑和保障。

1. 景区安全预警系统

景区安全预警系统由宣传教育部门、市场营销部门、景区信息系统等构成，其主要任务是发布景区安全管理法规、条例，并教育、培养景区从业人员、旅游者、景区社区居民的安全知识和意识，提高旅游者的安全防范能力。其具体工作内容如下。

（1）做好旅游安全宣传工作

针对景区内旅游者流动性大的特点，当地旅游管理部门可以配合治安管理机构在车站、码头、旅馆等游客集散地设置安全宣传栏和发放安全宣传手册，在事故频发的偏僻景区地段设置安全宣传橱窗与告示牌，提醒旅游者在旅游过程中需要注意的事项及突发情况下的应急措施，也可在导游图等旅游宣传册上介绍景区的安全保障情况和游览注意事项，以提高游客的安全防范意识和自我保护能力。

（2）做好普法教育工作

通过宣传橱窗、广播电视、幻灯片等方式对景区的社区居民进行定时定点的法制宣传教育，提高他们的法制观念和守法意识。对经济较落后的景区内居民开展宣传教育，加深当地居民对旅游业经济功能的认识，让他们认识到景区安全的旅游环境与他们切身利益的密切相关性，发动当地居民自觉维护景区的治安环境。居民可以通过举报可疑情况来提高游客的安全系数。

（3）与当地治安及相关管理部门合作

与当地治安及相关管理部门（公安、工商、气象等）加强在执法与安全信息发布方面的合作，争取景区内其他各部门广泛的理解、支持和参与。通过制订统一的景区安全信息发布与宣传教育的工作计划，明确各自在这项工作中的责任和角色，采取“明确职责、密切配合”的协同工作方式来发挥各部门的作用，提高安全预警功能。当地的治安管理机构负责景区内居民的法律常识普及工作，以及对旅游者安全防范意识的宣传教育，景区旅游宣传机构重点负责对景区内的旅游管理人员和旅游从业者进行法制安全教育和职业道德教育，以提高他们的专业素质与紧急应变能力。同时，将这两方面的工作有机地结合与协调，产生双管齐下的安全教育、预警作用。

（4）进行有针对性的反营销宣传活动

在景区旅游旺季到来之前，进行有针对性的反营销宣传活动。与一般的促销宣传相反，这类旅游宣传从减少旅游需求方面着眼，着力降低景区旅游旺季的高峰流量，将游客量控制在景区所能承受的旅游饱和范围之内，以此来减轻景区的安全保障压力。2006年春节期间，开业之后的香港迪斯尼景区被游客挤爆，出现凌晨等候甚至爬栏的混乱场面，管理层当机立断，禁止部分持票游客入园。虽然景区前期预测不足，但其果断的应对措施还是及时有效的。

资料链接

旅游目的地是否安全 看预警颜色

红色：建议不要前往该目的地旅游。

橙色：建议重新考虑前往该目的地旅游的必要性，避免不必要的旅游。

黄色：建议高度关注旅游目的地已经发生或可能发生的影响旅游安全的因素。

蓝色：建议关注旅游目的地已经发生或可能发生的影响旅游安全的因素。

旅游目的地是否安全，以后看预警颜色即可。国家旅游局日前在其官方网站发布《旅游者安全保障办法（初稿）》（以下简称《办法》），公开征求意见。全国拟建立旅游安全预警信息发布制度，并对应向公众发布红、橙、黄、蓝四色旅游预警信息。四川省旅游局昨日表示，已收到国家旅游局下发的重要“函件”，经研究讨论后将在本月24日把结果报送国家旅游局。“在旅游突发事件预警方面，四川也有可能进行四色分级。”

《办法》规定各级旅游行政管理部门应建立旅游安全预警信息发布制度，依据对旅游目的地旅游安全状况的评估，向旅游者发布前往目的地旅游的安全预警信息。旅游目的地的旅游安全状况分别用红色、橙色、黄色和蓝色标示，对应向公众发布红色、橙色、黄色、蓝色旅游预警信息。

四川省旅游局副巡视员苗玉砚表示，四川很早就出台了相应的旅游预警机制。“根据性质、严重程度的不同，各类旅游突发事件按照重大程度依次分为Ⅰ级、Ⅱ级、Ⅲ级等，不同级别分别对应详细的处置程序。”“国家旅游局的《办法》正式通过并对外发布后，我们将对现有四川旅游预警机制进行适当调整。也就是说，在旅游突发事件预警方面，四川也有可能进行四色分级。”

（资料来源：http://cdsb.newssc.org/html/2009-07/07/content_602427.htm）

2. 景区安全控制系统

景区安全控制系统是由景区安全管理队伍及一系列相应的防控、管理活动组成的。景区安全防控的具体内容如下。

1）设置景区治安管理机构。景区内应设置专业保安人员，组建治安管理机构，加强景区的治安管理。防止并控制景区内盗窃、酗酒闹事、聚众斗殴、赌博、卖淫、嫖娼、吸毒、传播或观看淫秽物品等违法事件的发生，保证游客人身、财产安全，维护景区社会、生活、游览的安全环境。

2）对景区内各种经营活动进行监督与管理。加强对景区内经营业主，特别是个体业主的安全防控与管理，防止或杜绝强行兜售商品、欺客、宰客等现象。对于日常管理中违规次数多、游客投诉多、评估分数低的经营者，应采取措施坚决清理整顿。

3）对游客旅游活动的安全进行防控与管理。要制订旅游旺季疏导游客的具体方案，有计划、有防范地组织游客进行安全的旅游活动。必要时，可采取措施限制旅游高峰时的游客数量。

4）对景区内的旅游资源安全、旅游设施设备安全进行防控与管理。做好旅游设施设备的日常安全检查，包括对车辆、景区道路、索道、游艺机、山地攀登绳索、栏杆、栈道、船只、竹筏等的检查，消除安全隐患。

5）对景区内的住宿安全、饮食安全及卫生安全进行防控、监督与管理。

6）加强对动物的管理工作，避免游客受到动物的袭击和伤害。

3. 景区安全保障系统

景区安全保障系统由景区安全管理的政策及相关法规、条例，景区安全救援机构与部门，景区安全资料档案，旅游保险等内容构成。

（1）景区安全管理的政策及相关法规、条例

景区安全管理的政策及相关法规、条例包括国家、地方颁布的安全管理法规条例和景区自己制定的相关制度与规定。各景区要根据国家、地方颁布的相关法规、条例，制定适合景区安全管理的各项制度和条例，并组织实施。由于景区安全管理制度涉及环境卫生、

交通、社会治安、商业经营、接待服务设施、景区资源保护等各方面，因此，景区安全管理制度与条例的制定和实施应与景区内的公安、旅游、工商、文化、环保、交通、林业等相关部门相互协调统一，并由景区安全管理机构统一落实与实施。

(2) 景区安全资料与档案

景区安全资料与档案是景区安全管理的依据和借鉴。应对景区安全事故的类型、发生规律进行研究和总结，形成资料，用于对景区安全管理工作的指导。要对景区内的设施设备安全进行跟踪与记录，以利于对设施设备的维护和保养，保证设施设备的安全。要对景区资源安全、环境安全、卫生安全、食物安全、商业经营安全进行调查与统计，以便进行防控与管理。要对景区内各区域的安全进行调查与统计，以便对景区内各区域进行安全防控与管理等。

(3) 景区安全救援机构与部门

景区应设置能快速反应和进行施救的景区安全救援系统。安全救援系统由景区和社区的医院、消防、公安部门所组成。为了能对重大的安全事故，如交通事故、景区火灾、人员伤亡进行快速、有效的救援，要设有专门的救援机构，配备相关的救援设施设备，制定救援制度并设计、演练救援方案，以提高安全救援的能力与效果。

(4) 旅游保险

要在景区内实施旅游保险制度。要建立和完善游客人身、财产保险制度，要加强旅游保险的宣传与教育，引导和提倡游客购买景区旅游保险，提高安全防范和自身安全保险的意识。

三、旅游景区安全管理机构及制度

1. 景区安全管理机构

景区所有管理机构均承担有安全管理的部分职责，全体员工都应在其工作岗位上做好景区安全工作。在此基础上，景区还应设立专业（专门）的安全管理机构，专门管理景区日常安全工作及事故处理工作。

景区安全管理机构是景区负责安全管理的全职机构，具有景区安全的权威性，在景区最高机构指导下贯彻实施有关法规、条例，负责景区日常安全管理工作和景区安全的防范、控制、管理与指挥工作。

就大型景区而言，如果其地理位置与依托城镇相邻，则景区在设立安全管理机构时，可与当地城镇相关机构（如110、120、消防、医院、海事和山地救援组织等）结合。这样可以更容易、更快地建立起组织机构，同时，还有可能减少景区的投资。如果景区管委会与当地政府为同一机构，则更容易将城镇相关机构的功能扩大至景区。若景区的位置远离依托城镇，景区就必须建立完整的、独立的安全管理机构。景区安全机构设置应以景区现实情况为基础。例如，以自然资源为主的景区与以人文资源为主的景区在设置上的侧重点是不同的，前者应特别加强野外救援设施设备的配备，而后者则应加强消防及防盗等的巡逻。

2. 景区安全管理制度

(1) 领导责任制

安全管理实行“谁主管，谁负责”的总原则，因此，实行景区安全管理的领导责任制度尤为重要。由于安全工作政策性、法律性和专业性都比较强，领导责任制规定了领导安全管理的具体职责和标准，便于对领导进行考核，以及在发生重大安全问题时追究法律责任。

（2）安全岗位责任制

安全岗位责任制规定了景区员工在工作岗位上所担负安全工作的范围、内容、任务和责任，把安全工作的具体任务和责任明确到每个人身上，以达到全员安全管理的目的。其中，对于容易发生安全问题，或者安全问题一旦发生影响巨大的部门，如易发生人员伤亡的极限旅游项目或易发生火灾的景区，应该作为安全管理的重要岗位，配备专门的安全管理人员，制定重要岗位安全责任制。

（3）经济责任制

按照责、权、利相统一的原则，将安全工作成效与员工经济利益挂钩，从而调动全体员工做好安全工作的积极性，杜绝安全事故，促进和保证各项安全制度的贯彻落实。

（4）安全管理工作制度

按照景区安全管理的客观要求，规定安全管理的范围、内容、程序和方法，如库存管理制度、值班巡逻制度等。这不仅是整个景区安全管理的制度，也是指导景区开展各项安全活动的准则和规范。

3. 景区应急救援机制

目前，我国许多旅游景区应急救援体系不健全，机制不完善，突发事件的应急预案要么没有，要么不可行，滞后于旅游的发展进程。因此，旅游景区应建立应急救援机制，加强景区应急准备与响应控制。下面以泰山景区应急预案为例说明如何制定景区应急预案。

资料链接

泰山景区突发公共事件总体应急预案

1. 总则

1.1 编制目的

提高景区保障公共安全和处置突发公共事件的能力，最大限度地预防和减少突发公共事件及其造成的损害，保障公众的生命财产安全，维护泰山景区安全稳定，促进各项事业全面、协调、可持续发展。

1.2 编制依据

提高景区保障公共安全和处置突发公共事件的能力，最大限度地预防和减少突发公共事件及其造成的损害，保障公众的生命财产安全，维护泰山景区安全稳定，促进各项事业全面、协调、可持续发展。

1.3 事件分类

本预案所称突发公共事件是指突然发生、造成或者可能造成人员伤亡、财产损失、生态环境破坏和社会危害，危及公共安全的紧急事件。

根据突发公共事件的发生过程、性质和机理，突发公共事件主要分为以下四类。

（1）自然灾害

主要包括水旱灾害、气象灾害、地震灾害、地质灾害、生物灾害（植物疫情）和森林火灾等。

(2) 事故灾难

主要包括各类安全生产事故、道路交通事故、公共设施和设备事故、环境污染和生态破坏事件等。

(3) 公共卫生事件

主要包括传染病疫情、群体性不明原因疾病、食品安全和职业危害、动物疫情以及其他严重影响公众健康和生命安全的事件。

(4) 社会安全事件

主要包括恐怖袭击事件、经济安全事件和群体性事件等。

2. 组织体系及相关机构职责

2.1 组织体系

泰山景区应急管理工作领导小组是景区内突发公共事件应急管理工作的领导机构，实行行政领导责任制，统一指挥协调景区内的应急管理工作。管委会应急管理办公室负责履行值守应急、信息汇总和综合协调职责，发挥运转枢纽作用。突发公共事件发生后，根据其类型和级别，按照授权启动相应的应急预案，并负责组织实施。泰山景区内各部门、各单位根据实际需要成立相应的应急指挥机构，并负责本辖区内发生的公共事件的现场应急救援工作。

2.2 现场应急救援指挥部及职责

突发公共事件发生后，景区应急管理工作领导小组根据情况组织成立现场应急救援指挥部，指挥部组成人员在各专项应急预案中根据分工和职责确定。现场应急救援指挥部负责指挥、协调所有参与应急救援的队伍和人员，并及时向管委会报告事故灾难事态发展及救援情况。

3. 预警与预防机制

3.1 预测与预警

各部门、各单位要针对各种可能发生的突发公共事件，完善预测预警机制，建立预测预警系统，开展风险分析，做到早发现、早报告、早处置。

3.2 应急处置

3.2.1 信息报告

突发公共事件发生后，各部门、各单位要立即报告管委会应急管理办公室，同时报有关领导和部门。应急处置过程中，要及时续报有关情况。

3.2.2 应急响应

突发公共事件发生后，管委会应急管理办公室要根据职责和规定的权限启动相关应急预案，及时、有效地进行处置，控制事态发展。

3.3 善后处置

要积极稳妥、深入细致地做好善后处置工作。对突发公共事件中的伤亡人员、应急处置工作人员，以及紧急调集、征用有关单位及个人的物资，要按照规定给予抚恤、补助或补偿，并提供心理及司法援助。有关部门要做好疫病防治和环境污染消除工作。

4. 应急保障

4.1 应急救援队伍

泰山景区内的应急救援队伍主要包括公安消防大队、管委消防队、管理区消防队伍、行政执法队伍、公安干警队伍及景区内的干部职工、经营人员、村（居）民等组成；处置大规模突发性应急事件、有毒有害或其他专业性应急事件需要更多救援人员或景区内不具备相关专业救援队伍时，由管委会请示市政府应急救援组织协调解决。

4.2　物资保障

根据突发公共事件的类别，要分别建立健全应急物资储备、调拨及紧急配送体系，完善应急工作程序，确保应急所需物资和生活用品的及时供应，并加强对物资储备的监督管理，及时予以补充和更新。

4.3　基本生活保障

要做好受灾群众及游客的基本生活保障工作，确保受灾人员有饭吃、有水喝、有衣穿、有地方住、有病能得到及时医治。

4.4　医疗卫生保障（略）

4.5　交通运输保障（略）

4.6　通信设备保障（略）

4.7　治安维护（略）

二〇〇七年九月二十九日

（资料来源：泰安市人民政府门户网站，有删减）

第四节　旅游景区常见安全事故的处理

当景区不幸出现事故、发生旅游安全问题时，应该根据旅游安全的表现形态及其基本规律，遵循一些基本安全管理的原则，妥善处理各种安全事故。

一、旅游景区安全事故处理的原则

1. 依法办事原则

旅游安全事故皆应以事实为根据，以国家相关安全法律为准绳处理。

2. “谁主管，谁负责”原则

景区应实行安全工作总经理负责制，对安全工作和经营服务统筹安排，把安全管理工作的优劣与领导及职工的经济利益挂钩。违反安全法规造成游客伤亡事故的，由旅游行政管理部门会同有关部门分别给予直接责任单位警告、罚款、限期整改、停业整顿、吊销营业执照等处罚。

3. “三不放过”原则

事故原因不清不放过，事故责任者和群众没有受到教育不放过，没有防范措施不放过。

4. 教育与处罚相结合的原则

对事故情节轻微、损失与影响较小，或难以预料的突发事故和一般事故，可采取批评教育的方法，辅之以经济或行政处罚，使其得到教育并接受教训。

二、旅游景区常见安全事故处理的程序

1. 景区火灾事故处理

(1) 组织灭火

当发生火灾时，火灾发生所在部位（门）干部职工应立即向总机报警，讲清失火的准确部位及火势大小。总机接到报警后应立即报告总经理或负责人，按命令呼叫消防队，发出报警信号，播放录音，指示防火楼梯方向，督促客人离开房间，告诫客人不要乘电梯。总经理等主要负责人接到总机报警后应立即赶赴火灾现场，组织救火，并应迅速查明起火的准确部位，指派医务人员和相关人员积极抢救伤病员。

(2) 保护火灾现场

应注意发现和保护起火点。火灾扑灭后，立即划出警戒区域，设置警卫，在公安部门同意后再清理火灾现场；勘察人员进入现场时，不要随便走动，以便调查火灾发生的原因。发生火灾的原因有很多，大体可分为三类：有关人员思想麻痹，违反安全操作规程等造成起火；自然现象造成的起火，如自燃、雷击等；人为纵火。

调查火灾的原因包括调查访问、现场勘察和技术鉴定等方法。

2. 景区游客伤亡事故处理

发生游客伤亡事故，应注意处理好以下三个环节。

(1) 游客病危时

当发现游客突然得急病，要立即报告并安排医务人员抢救。

(2) 旅客死亡时

在发生国内游客死亡事故时，应立即与当地政府取得联系，由事故发生地的人民政府牵头，协调有关部门以及事故责任方和其主管部门负责处理，必要时可成立事故处理领导小组并按以下程序处理事故：查清死者身份，及时通报家属；协助家属处理善后事宜，如死亡证明、尸体处理等；写出《死亡善后处理情况报告》，内容包括死亡原因、抢救措施、诊断结果、善后处理情况等。

在发生国外游客死亡时，应严格按照《中华人民共和国外交部关于外国人在华死亡后的处理程序》处理：确定是否死亡和死亡的原因；通知外国使（领事）馆及死者家属；出具证明，正常死亡由县级或县级以上医院出具“死亡证明书”，非正常死亡则由公安机关或司法机关法医出具“死亡鉴定书”；清点和处理死者遗物，请使（领事）馆人员到场或请公证处人员到场，遗物须清点造册，列出清单，并由清点人签字；处理尸体。

(3) 其他注意事项

其他注意事项包括在做好领队和死者亲属工作的基础上，请领队向全团宣布对死者的抢救过程。在处理死亡人员过程中，要随时注意死者亲属以及其他有关人员的思想情绪和反应并及时汇报。死者抢救、医疗、火化（尸体运送）、交通等费用，一律由死者亲属或

旅行团队自理。死者善后事宜处理结束后，聘用或接待单位应写出《死亡善后处理情况报告》，送主管领导单位、公安局等，对在华死亡的外国人还应报送外办和外交部，报告内容包括死亡原因、抢救措施、诊断结果、善后处理情况及外方反应等。

3. 景区人身安全事故处理

发生用暗杀、抢劫、绑架、爆炸等暴力手段造成游客人身伤害的案件后，安全人员应急速赶赴现场，组织人员对伤员进行抢救护理，并保护现场，注意收集整理遗留物和可疑物品，保管好受害者的财物，组织力量协助警方破案。处理过程中应注意如下问题。

1）案发后，应立即抓捕尚未逃走的犯罪分子。

2）行动迅速，不失时机，不给犯罪分子以喘息的机会。

3）对带有凶器或枪支、爆炸物品的逃犯进行追缉堵截时，要警惕罪犯拒捕。

4. 景区重大盗窃事故处理

景区内发生重大盗窃事故，应查明发现经过，了解情况，采取切实有效的措施保护现场。同时向警方报案，划定勘察范围，确定勘察顺序。

盗窃案现场勘察的重点如下。

1）现场进出口的勘察。因现场进出口是犯罪分子的必经之地。

2）被盗财物场所勘察。被盗财物场所是犯罪分子活动的中心部位，往往会留下犯罪痕迹。

3）现场周围的勘察。这主要是为了发现犯罪分子去现场的路线和作案前后有无留下现场痕迹与遗物及交通运输工具痕迹等。

4）分析判断案情，确定嫌疑人。经过勘察分析，判断案情，如果不是外部来人作案，即可在划定范围内，通过调查访问，发现嫌疑人。

5. 景区食物中毒事故处理

景区在对食物中毒的处理过程中，应成立临时指挥部，负责整个抢救工作。发生食物中毒事故时应按下列程序处理：① 搜集有关食品、餐具、用具及呕吐物；② 了解现场情况，访问事主或群众；③ 发现和收集各种痕迹；④ 要向医务人员了解中毒者的症状和抢救过程；⑤ 抢救的同时，要取得医生配合，调查发生中毒的原因。

本章小结

本章介绍了我国景区安全问题产生的原因、景区安全管理的任务和特点、景区安全现状、景区安全事故的表现形态，以及自然资源类景区和人文资源类景区各自的主要安全事故类型。重点介绍了景区安全管理应遵循的法规、条例，由景区安全预警系统、景区安全控制系统和景区安全保障系统共同构成的景区安全管理的模式，景区安全机构的设置和景区安全制度的制定，景区应急准备与响应控制。最后，还介绍了景区安全事故处理的原则和景区常见事故的处理方法。

知识结构

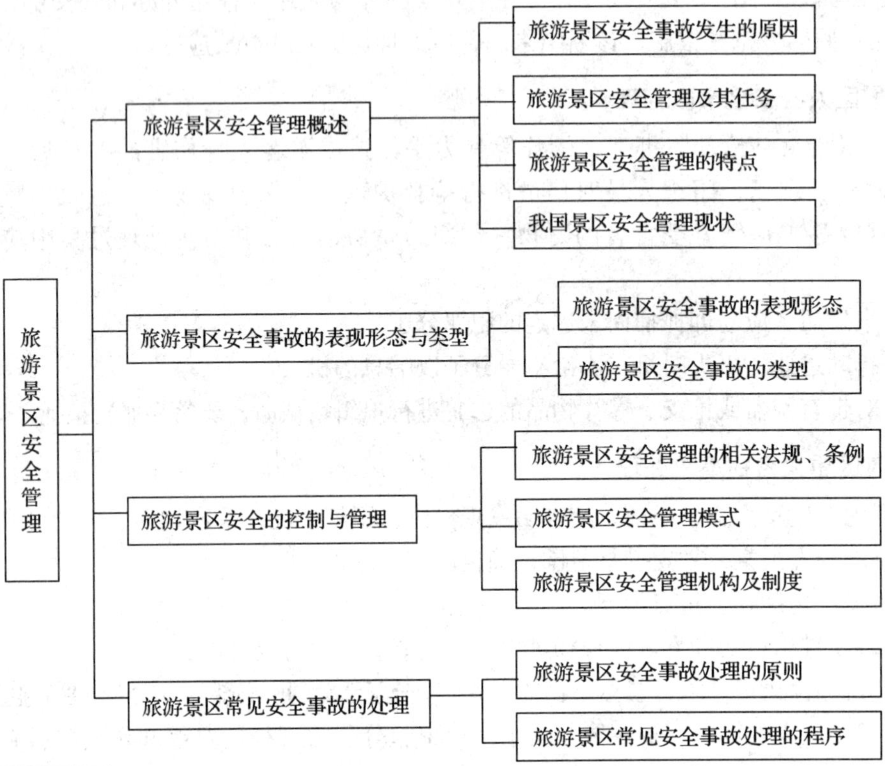

习题与思考

1. 选择题

1）景区安全管理的特点主要有（　　）。

A. 影响因素多　　B. 范围广、难度大　　C. 要求严　　D. 责任大

2）下列各项中，属于自然资源类景区的主要安全事故类型的有（　　）。

A. 鳄鱼袭击　　B. 泥石流　　C. 山洪　　D. 盗窃

3）下列各项中，属于人文资源类景区旅游安全事故有（　　）。

A. 鳄鱼袭击　　B. 泥石流　　C. 抢劫　　D. 盗窃

2. 简答题

1）试分析我国景区安全事故存在的主要原因。

2）景区安全事故的表现形态有哪几种?

3）景区安全管理的模式有哪几种?

4）简述游客死亡的处理办法。

第十一章
旅游景区资源与环境管理

教学目的和要求

通过本章教学，熟悉旅游景区开发的一般程序；了解景区资源资源开发和保护的关系和旅游景区的环境质量标准；掌握旅游景区垃圾处理方法。

关键词汇

旅游规划（Tourism Planning）　可持续发展（Sustainable Development）
环境质量标准（Environmental Quality Standards）厕所管理（Toilet Management）

案例导入

错位开发使香格里拉在劫难逃

云南省香格里拉县的下给温泉，是近代热泉形成的典型的地质景观，极具观赏性和科考价值，景区内的喷气（热气）孔尤为罕见。但在旅游开发过程中，在不了解喷气孔的地质构造及规律的情况下，开发者企图将喷气孔变为“桑拿浴”场所，结果严重破坏了稀有旅游地质景观。西南净土香格里拉的一些地方，在旅游开发的大潮下难逃劫难。“中国风景园林学会”的多位专家指出，近年来，一些地方的错位开发使不少国家级风景区人工化、商业化、城市化现象泛滥，有的风景区正蜕变为吃喝玩乐的游乐场，自然生态系统遭到空前破坏。比如，丽江玉龙雪山被架设 3 条索道，每条索道都伸入自然保护区的核心区。其中，长近 3 000 米的玉龙雪山索道，延伸到海拔 4 506 米的雪山上，每小时单向运送客流量达 426 人。这些索道的建设和运营，给保护区带来了生态灾难。大量游人的涌入，使亘古冰川遭到破坏，部分冰川开始融化；高山植被和野生花卉被游客践踏、破坏；野生动物的数量急剧减少，当年规划时还存在的珍稀动物，现在已难觅踪迹。玉龙雪山生态环境的破坏速度，令世界各国专家震惊。

香格里拉是自然景观、人文景观的富集区域，是国家八大黄金旅游热线之一，在我国旅游景区中占据着举足轻重的地位。大自然赋予我们的这些宝贵资源到底应该如何开发和保护，如何才能保证旅游业的可持续发展，是个发人深思的问题。

（资料来源：《中国青年报》，有删减）

旅游业是二十一世纪的朝阳行业，旅游业的发展带动了旅游地经济的发展，优化了当地产业结构，提高了当地生活水平，加强了对外交流。无疑，通过旅游来带动经济的发展是一条捷径，但是这条路可以走多久、多远，还需要科学、合理的旅游规划与开发，以及对现有资源的保护，确保旅游地走上可持续发展的道路。本章将对旅游资源的规划开发和保护；旅游景区旅游环境质量评价因素；现今旅游景区内的卫生管理模式进行详尽系统的阐述。

第一节　旅游景区资源开发管理

旅游景区资源开发是指通过对现有各类旅游资源进行评价之后，以适当的方式将资源开发成旅游吸引物，并实现旅游吸引物的经济效益，其实质是对旅游资源进行的一种科学管理。旅游景区资源开发的最终目标，是在保护现有生态环境的前提下，实现景区经济、社会、环境三者效益最大化，保证旅游者、景区管理者、景区居民三方利益。从该目标可以看出，旅游资源开发的目的是三方共赢，这也为旅游业的可持续发展提供了可能性途径。

一、旅游景区资源开发原则

用科学的方法对旅游景区进行开发时，要遵循以下原则。

1. 市场导向原则

市场导向原则是指对旅游景区的开发要以市场需求为指向，以景区资源为基础，确定开发的主题和规模。本原则的重点在于以下三点。

1）长期市场需求的合理预测。市场需求的把握不仅仅局限于按照当前热门旅游需求开发，还要能够科学分析长期市场变化趋势，使景区运作周期较长。

2）以现有资源为基础。旅游景区开发的第一步是对景区资源进行科学评价，要在现有资源特色上进行开发，开发主题不可和现有资源特色背道而驰，否则对景区环境和经济效益都是非常不利的。

3）市场导向原则并不意味着凡是有游客需求的就可以开发。旅游景区资源十分脆弱，一旦被破坏就难以恢复。因此，属于国家明令保护范畴的资源是绝对限制或禁止开发的。

2. 系统规划原则

旅游景区资源开发是一项系统性强的大工程，时间、空间上系统化程度高，涉及范围广泛。规划深度上包括整体规划、详细规划；内容上包括主题策划、专项规划等。因此，在开发过程中要通盘考虑所涉及的各方面因素，确保资源的可持续开发和利用。

3. 个性化和协调化原则

（1）个性化

旅游景区的吸引力来自于其独具特色的旅游资源。在旅游资源开发初期要进行旅游资源的评价，其主要目的就是合理划分该旅游景区的旅游特色，什么是该景区最吸引人的部分，围绕这部分资源展开规划，可体现景区个性最大化，为景区带来较高的收益。

（2）协调化

景区开发分重点开发和普通开发区域，其目的从审美角度和可持续发展的角度讲，都是为了协调化。一方面实现旅游者对景区的整体协调要求；一方面实现景区管理的科学性和保护性。

二、旅游景区资源开发程序

旅游景区资源开发一般需要经过开发背景分析阶段、调查研究阶段、完成规划阶段、实施规划阶段、调整阶段五个基本步骤。

1. 开发背景分析阶段

这一阶段的主要工作是对开发的背景情况进行分析，如明确当地的经济发展思路、相关政策及旅游发展政策，明确当地的旅游资源列表，当地旅游业发展现状及当地对于发展旅游的态度。此阶段的资料可以通过查阅相关资料或召集当地有关部门人员座谈来获得。

2. 调查研究阶段

这一阶段要对当地旅游资源进行详细调查，并按照相关标准对旅游资源进行评价并进行等级划分。另外，还要对旅游景区的目标市场进行调查分析，如了解游客的旅游动机、对景区服务的满意度等相关情况。这个阶段需要投入大量的人力进行实地调查完成。

3. 完成规划阶段

这一阶段是结合第一阶段和第二阶段的成果，对旅游景区的旅游资源进行规划开发，最终制定出具有指导性和前瞻性的规划文本。这一阶段具有重复性的特点，需要多方面的专业人士和相关行政部门共同商榷评定。

4. 实施规划阶段

这一阶段是按照制定并通过专业评审的规划文本，在旅游景区实施旅游资源开发的具体工作，如旅游景区设施的建设、资金投放、人员到位等。

5. 调整阶段

这一阶段是通过对旅游规划实施过程或运营过程中出现的实际问题的汇总。根据现实状况，对旅游规划进行进一步的调整，使其更具有可操作性，更好地指导旅游景区的资源开发。

三、旅游景区资源开发与保护协调

对自然、人文旅游资源的保护是景区存在的前提，如果失去这些资源，景区也将被竞争激烈的旅游市场淘汰。景区资源的保护既需要国家法律法规的保障，还需要大量的人力、物力、财力作保障，而我国大多数景区自身财力不足以支撑保护的成本需求，又难以从国家有关部门获得资助，只能通过景区开发获得保护所需的资金等，这必然导致景区的盲目开发，进而使景区的资源遭受进一步破坏，使保护工作更迫切、更艰难。景区开发与保护已成景区发展的瓶颈问题。

在环保意识不断增强的今天，由于有些景区掠夺性的开发，许多旅游资源被永久性破坏，以至于当人们谈及旅游景区的开发与保护时，认为开发与保护是矛与盾的关系。其实不然，没有合理的开发，就没有有效的保护，而有效的保护是永续开发的基础。目前所存在的关键问题是缺乏对各种开发行为的有效监督机制。在实践中，要正确处理好旅游发展中开发与保护的主次关系问题。

首先，在旅游发展的起步阶段，应以开发为主，开发要一步到位。传统的“以旅游养旅游”观念有值得商榷的地方。旅游地（旅游产品）有其起步、发展、成熟、衰落的发展过程。这样，按传统的“以旅游养旅游”的观点，当前一期开发回收投资再进行新一轮开发投资后，已开发的旅游产品（旅游地）已经呈现出“老态”，资源也已受到不同程度的破坏；新的投资开发也还只停留在局部，未能形成“大气候”。其次，当开发条件不具备或不充分时，应主要突出旅游资源的保护。保护好旅游资源是可持续旅游发展的重要保证。在技术、资金条件不成熟或尚未规划之前，切忌对旅游资源盲目、无序、掠夺式地开发。最后，在旅游资源发展过程中，开发与保护应并重。保护不是暂时的，而应该贯穿于整个旅游资源发展过程中，这样才能促进旅游资源的永续利用与可持续发展。

在对旅游景区资源的开发、利用与保护过程中所进行的一切组织、协调、规划、建设、监督、经营、保障等活动称为旅游资源的开发利用管理。其基本任务是利用管理手段不断调整旅游资源开发、利用活动中的各种关系和解决矛盾，从而实现旅游景区经济、社会、环境效益的最佳发挥与统一。具体的管理手段有：资源开发、利用与保护政策、规章制度的制定与实施监督、规划的编制和实施管理、管理机构与体制的建立健全、资源开发利用和保护的日常管理、合理开发旅游资源。在对旅游资源的管理中，应解决好以下几个问题。

1. 建立有效的管理机构与体制

在我国，有许多旅游景区对旅游资源的开发、利用管理是多头领导，条块分割，各部门都从本部门的利益出发，缺乏统一有效的管理体制，从而严重影响了资源的开发、利用及保护工作。为了理顺管理机制，旅游景区应将园务、治安、综合、财务等部门实行一体化管理，由总经理负责旅游管理的组织和协调工作。

2. 建立、健全资源利用保护的规章制度

依据国家和地方制定的各种有效法律条例进行管理。国家法律条例主要有：《文物保护法》、《风景名胜区条例》、《森林法》、《野生动物保护法》、《环境保护法》，以及各个地方结合本地区的旅游资源具体情况而制定的旅游资源管理的地方性法规。旅游景区在以上的法规原则的指导下，根据景区自身旅游资源的种类及等级制定出针对每一种相关资源的管理规章制度和具体的管理操作规范，以规范化管理带动旅游资源管理。

3. 合理开发利用旅游资源

合理开发利用旅游资源是为了使资源的旅游价值得到最大展现，使资源开发与环境保护趋于和谐，这是旅游资源管理的重要方面。合理开发旅游资源主要从以下几个方面着手。

(1) 对景区的旅游资源进行调查、评价

首先要进行普查，摸清家底。其次对资源的种类、价值、特征、等级、品位等进行评价，并对资源进一步开发、利用的前景进行科学分析。

(2) 突出旅游资源特色

旅游资源特色是旅游景区特色的基础，是景区自然与人文结合的个性特征。在资源管理中要优先开发出有特色的旅游资源，一个景区有了特色，就有了灵魂，就有了市场，就有了竞争力。

(3) 拓展旅游景区现有老景观、景物的内涵深度

随着时代的进步与发展，游客对旅游景区的需求已从简单观光型向参与型的方向转变。目前许多景区里的老景点由于功能单一、设施老化而失去了过去的吸引力。为了使老景点重新具有吸引力，景区应在突出景点特色、挖掘文化内涵、提高旅游品位、增加参与项目方面进行挖掘。

(4) 深入挖掘旅游资源的文化内涵

未来旅游发展的主要特征之一就是游客对文化更加重视。如今，人们对于知识的追求更甚于以前。在旅游中，除了消遣、度假、休闲之外，游客将会利用到景区的游览之机，注意从各种旅游资源的文化内涵中吸取有益的知识，提高自身的文化修养和知识含量。所以旅游景区在管理中要注意对各种资源的文化内涵进行深入的挖掘、开发和利用。

(5) 有序地开发景区旅游资源

对资源的开发不能盲目和急功近利，应该在对资源开发的经济条件、技术条件进行分析研究后，对条件不成熟、暂时不能开发的资源加以保护，对开发条件成熟的资源进行科学规划，然后再开发。

第二节　旅游景区资源保护管理

旅游景区资源是指自然界和人类社会中凡能对游客产生吸引力，可以为旅游业开发利用，并可产生经济效益、社会效益内环境效益的各种事物和因素。旅游景区资源是旅游景区生存和发展的物质基础，因其不具有再生性，如果不加以保护，就会产生毁灭性影响，因此保护旅游资源就是保护旅游景区发展的生命线。

人们已经认识到保护自然资源的重要性，然而，受“旅游业是无烟工业”错误思想的指导，以及旅游资源保护相关法律法规的不健全等因素的影响，世界上的很多旅游资源仍然遭受着过度利用和开发，超载、污染等问题层出不穷，由旅游资源的不当利用而造成的环境问题越来越多。在我国，由于缺乏对旅游业发展的长期规划和管理，以及国民生态意识和生态道德的缺乏，旅游资源同样遭受极大的破坏。总体来说，旅游资源的管理不当及外部控制的有效性缺乏导致了严重的环境问题。

一、旅游景区资源保护意义

1. 保护旅游资源就是保护旅游景区

旅游资源是景区旅游活动得以开展的载体，没有旅游资源，旅游景区的活动就难以

开展，旅游景区也就难以生存和发展下去。同时，旅游景区在开发及运营过程中会导致旅游资源遭到不同程度的破坏，这样就降低了旅游资源对于市场的吸引力，严重影响到旅游景区和旅游业的发展。因此，保护旅游资源就是保护旅游景区，保护旅游业。

2. 保护旅游资源就是保护自然生态环境和社会文化

旅游资源既包括自然界赋存的江河、山川等要素组成的自然生态环境，还包括人类创造的社会文化。不合理的旅游开发会导致自然生态环境破坏和对社会文化的冲击。因此，合理开发旅游资源，加强其保护，就是对自然生态环境和社会文化的保护。

二、旅游景区资源保护理念

当今世界，旅游景区资源保护的理念是“旅游可持续发展”。所谓“旅游可持续发展”，是指在保持旅游景区资源、文化原生态的前提下，使旅游景区资源在不损害后代人需要的同时满足当代人需要，保持旅游景区和谐发展。“旅游可持续发展”理念主张保护与开发并举，实现在保护中开发，在开发中保护，以实现旅游景区资源的可持续性发展。

三、旅游景区资源保护措施

1. 健全法律法规

法律武器是保护资源的利器，法律手段的基本特点是权威性、强制性、规范性和综合性，而我国的旅游景区资源法律保障还是一个相当薄弱的环节。因此，加强旅游景区资源保护首先就是要健全相关的法律法规。我国政府应尽快制定出有关旅游资源方面的法律法规，使人们在旅游资源开发、利用、管理和保护过程中有法可依。应在整理现行立法的基础上，制定并不断完善配套的系列法律法规，并针对自然文化资源的整体性与特殊性进行保护。国家公园（风景名胜区）、文物古迹、自然保护区、海滩、游乐场、野生动植物资源等都应在保护范围之内。

改革开放以来，国家出台了一系列有关旅游资源保护的法律法规。2007 年 12 月 29 日，第五届全国人大常委会通过了《中华人民共和国文物保护法》。对国家文物资源的保护、发掘与管理作了全面系统的规定。1984 年 9 月 20 日，全国人大颁布了《中华人民共和国树林法》，这是我国关于树林保护的第一部法规。2006 年 9 月 6 日，国务院发布了《风景名胜区条例》，对于加强风景名胜资源的保护作出了具体规定。1989 年 12 月 26 日通过，颁布了新的《中华人民共和国环境保护法》，更加明确了各类资源的保护和违规违法的法律责任。1994 年 10 月 9 日，国务院颁布了《中华人民共和国自然保护区条例》，以加强自然保护区的建设和管理，保护自然环境和自然资源。旅游景区资源的保护主要是生态环境的保护。其内容包括：清除和减少危及景区自然生态安全和游人健康的各种污染物质及不良行为，如排向大气、水体中的各类“三废”物质，影响人们健康的超标准的噪声，破坏生物生态系统的各种旅游行为等。

除了要健立健全相关的法律法规外，还应加强普法宣传教育工作。现行的各种法律条款仅作为一纸公文在政府内自上而下地传达，在执法方面缺乏效力，执法力度不够，如一些破坏旅游资源的行为未能受到法律的严厉制裁。

2. 经济手段

所谓经济手段，是指国家或主管部门运用价格、税收、补贴、罚款等经济杠杆和价值工具，调整各方面的经济利益关系，把景区的局部利益同社会的整体利益有机结合起来达到资源的合理和持续利用。

在税收方面，我国已开征旅游税、旅游资源税、环境资源税。

旅游税：一方面有利于限制和禁止某些过度开发行为，为旅游资源及环境的保护提供稳定而有保障的资金；另一方面，可以通过政府对税收的掌握，投向旅游业的薄弱环节，平衡旅游业的发展。

旅游资源税：我国于 1984 年开征资源税，其目的主要是体现国有资源有偿使用的原则，同时调节开发自然资源的单位因资源结构和开发条件的差异而形成的级差收入。它是为调节因资源差异形成的级差收入而征收的一种税。

环境资源税（也叫“绿色税”）：是国家为了保护环境资源、促进可持续发展而对一切开发、利用环境资源的单位和个人，按照其开发、利用自然资源的程度或污染、破坏环境资源的程度征收的一种税。

3. 规划手段

旅游规划是旅游发展的重要环节，任何自然资源，只有通过规划开发之后，才有可能形成可持续发展的旅游模式。规划的结果不仅仅是对旅游资源的进一步开发，还是对旅游资源的一种保护。

旅游业发展规划包括近期发展规划（3～5 年）、中期发展规划（5～10 年）和远期发展规划（10～20 年）。其主要任务是明确旅游业在国民经济和社会发展中的地位与作用，提出旅游业的发展目标，优化旅游业发展的要素结构与空间布局，安排旅游业发展的优先项目，促使旅游业持续、健康、稳定地发展。

旅游区规划按规划层次分为总体规划、控制性详细规划和修建性详细规划等。总体规划的期限一般为 10～20 年，其主要任务是分析旅游区客源市场、主体形象、市场营销、旅游区的用地范围及空间布局，以及旅游景区产品和项目策划等。旅游区规划应具有科学性和可操作性。

4. 行政手段

所谓行政手段，就是依仗各级行政机关或企业行政组织的权威，采取各种行政手段，如设立旅游资源保护行政机构通过下命令、发指示、定指标等办法，对旅游环境实行行政系统管理。旅游业的发展、旅游景区的资源管理，都需要各级政府的支持和帮助，需要一个相对稳定适宜的外部环境。通过行政手段，政府可以有效控制盲目开发、破坏资源以及各种不良现象的发生。

5. 加强旅游教育

保护意识不强或根本没有保护意识，是造成旅游景区资源人为破坏的根源所在。因此，必须通过现代化的新闻媒介和其他形式，向公众传播有关旅游资源管理和环境保护的法律知识和科技知识，宣传旅游资源保护的重要性，提高游客保护旅游资源的自觉意识，使人们正确认识旅游资源问题，养成文明的旅游消费习惯。加强游客行为的管理和引导，利用旅游景区解译系统的教育功能来提醒游客注意环境保护；同时，加强对旅游景区从业人员及景区居民的保护意识教育，使旅游者、旅游从业人员、景区社区居民形成资源保护共识。

相对而言，我国公民的旅游消费习惯不是太好。旅游者在景区乱扔垃圾、乱刻乱画、乱喊乱叫等现象屡见不鲜，必须加强宣传教育，提高我国旅游者的环境意识和自身素质。这也是旅游资源管理和旅游业可持续发展的重要手段。

6. 利用科技保障

应加强科学技术在旅游景区保护上的力度，对旅游资源和旅游环境进行监测，在旅游景区建立完善的排污环保系统，使旅游活动产生的垃圾得到及时处理。同时，在旅游资源的保护上更多地采用新技术，保证自然人文旅游资源的永续发展。

第三节　旅游景区环境质量管理

一、旅游景区环境质量概念

旅游景区环境质量通常指在具体的历史时期和空间条件下，一个具体的旅游目的地和旅游依托地的环境总体或某些要素，如天气、水体、地质、地貌、生物、社会软环境等，对于游客的生理、心理以及旅游活动的适宜程度。旅游景区环境质量一般通过各种定量或定性的方法进行评价。判断旅游景区环境质量优劣的基本依据是国家立法制定的环境质量标准。以空气质量为例，自然保护区、风景名胜区和其他需要特殊保护的地区应达到国家空气环境质量一级标准等。

进行旅游景区环境质量管理，是为了保证旅游景区环境能更好地适应旅游活动的需要，依据国家相关环境质量标准而进行各项管理工作。不同类型的旅游景区在环境管理工作中的侧重点是不同的。比如，对于城市内部的娱乐性旅游项目而言，声学环境、固体废物等生活垃圾环境管理内容可能成为环境质量管理的主要内容；而在以自然资源为主的自然保护区、地质公园中，生态环境管理的内容就会成为最重要的部分。

二、旅游景区环境质量标准

1995 年，国家环境保护局、国家旅游局、建设部、林业部、国家文物局曾联合发出《关于加强旅游区环境保护工作的通知》（环法［1995］462 号），要求全国各类旅游景区的主管部门按照“谁主管，谁负责”的原则，切实加强对各类旅游区的环境管理。

有吸引力的旅游景区要有幽雅的环境、清新的空气、清洁的水等。在《旅游景区质量等级的划分与评定》（GB/T 17775—2003）中，旅游环境包括空气质量、地表水质量、景观环境和环境氛围四个部分。

下面分别介绍旅游景区、人文景观型旅游区的规划设计、自然景观型旅游区和度假型旅游区的规划设计应达的环境质量标准。

1. 旅游景区环境质量应达到的环境质量标准

在《环境空气质量标准》（GB 3095—1996）中属一类区应执行一级标准。

声环境质量在《声环境质量标准》（GB 3096—2008）中属一类标准区域应执行相应的一类标准。

《地表水环境质量标准》（GB 3838—2002）根据旅游活动的类型执行不同的质量标准。

污水排放应达到《污水综合排放标准》（GB 8978—1996）的规定。

国家旅游局发布的《旅游规划通则》中对不同类型的旅游区的环境设计作出了建议性的规定。旅游区根据不同的产品类型及旅游容量采用不同的环境质量标准。对跨两种或两种以上产品类型的旅游区，应采用较高的环境质量标准。

2. 人文景观型旅游区的规划设计应达到的环境质量标准

1）绿地率不少于30%。

2）大气环境达到《环境空气质量标准》（GB 3095—1996）一级标准。

3）人体直接接触的娱乐水体达到《景观娱乐用水水质标准》（GB 12941—1991）A类标准；与人体非直接接触的景观娱乐水体达到《景观娱乐用水水质标准》（GB 12941—1991）B类标准；生活饮用水水质达到《生活饮用水卫生标准》（GB 5749—2006）；其他水体达到《地表水环境质量标准》（GB 3838—2002）。

4）环境噪声达到《声环境质量标准》（GB 3096—2008）。

5）公共场所卫生达到《公共场所卫生标准》（GB 9663—1996 至 GB 9673—1996、GB 16153—1996）。

3. 自然景观型旅游区和度假型旅游区的规划设计应达到的环境质量标准

1）除滑雪、海滨和河湖型旅游区外，其他旅游区绿地面积不少于50%。

2）大气环境达到《环境空气质量标准》（GB 3095—1996）一级标准。

3）人体直接接触的娱乐水体达到《景观娱乐用水水质标准》（GB 12941—1991）A类标准；与人体非直接接触的景观娱乐水体达到《景观娱乐用水水质标准》（GB 12941—1991）B类标准；生活用水水质达到《生活用水卫生标准》（GB 5749—2006）；其他水体达到《地表水环境质量标准》（GB 3838—2002）。

4）环境噪声达到《声环境质量标准》（GB 3096—2008）类标准。

5）公共场所卫生达到《公共场所卫生标准》（GB 9663—1996 至 GB 9673—1996、GB 16153—1996）。

专项旅游产品应按照专项产品环境质量保护的特殊要求进行规划设计。

三、旅游景区环境质量管理方法

加强对旅游景区的环境综合治理工程建设，严格控制景区周边农业用地、工业用地及其他可能危及景区综合环境的污染物排放，确保景区的“清澈、清新、清净、清洁”。

1. 景区水体环境保护——清澈

水体环境是旅游景区的灵魂与生命力，水体清澈与否对当地社区居民和旅游业的可持续发展具有重要的意义，因此要特别注意旅游活动对水体环境的影响，要对水体环境实施综合整治、有效监督与管理。

1）要统一水源管理。由于很多旅游景区的水体与周边地区与环境存在着千丝万缕的关系，因此，水体环境管理必须把一定范围内的水（包括用水、污水、地面水、地下水、雨水以及农田排水等）以及水体周边的陆地作为一个整体来考虑，以加强对水资源的统一管理。

2）加强水质监测。定期或不定期地对景区内的水环境进行监测，主要是要加强对N（氮元素）、P（磷元素）的监测，防止出现水体富营养化现象。

3）引进最新的水体环境净化设备。

2. 景区空气环境保护——清新

随着旅游业的发展，景区知名度的提升使游客数量不断增加，其乘坐的交通工具排放的大量有毒尾气、尘埃、宾馆、饭店排放的废气以及景区内的单位和社区居民燃烧秸秆所产生的烟尘等，都会对旅游景区的空气质量产生影响。

景区空气质量的好坏直接关系到游客的满意度，因此景区空气质量的保护与控制变得越来越重要。为了避免景区内过多的汽车尾气排放，在景区中可以设置内部转乘系统，即游客到景区服务中心后转乘景区内部观光巴士，以降低景区空气质量的污染程度。比如杭州山沟沟景区就充分利用了景区的观光巴士，所有游客至景区后都改乘观光巴士至各个景点游览。此外，还应该积极地推广清洁能源，优化燃料结构，比如推广太阳能等。

3. 景区噪声质量控制——清净

不同类型的景区以及同一景区的不同地域单元，由于各自营造的意境和氛围的差异，对景区噪声的控制标准是不一样的。旅游景区的噪声管理主要包括交通噪声、生活噪声以及娱乐噪声。旅游景区的噪声会对游客的心理造成极大的影响，直接影响到游客的消费满意度。因此，加强对噪声质量的控制，必须做到：所有机动车禁止在景区内鸣喇叭、鸣笛，部分区段可以限制机动车进入；同时在主要道路两侧设置明显的禁音标志；在景区内尽量推行使用电瓶车等环保运输工具；对于可能产生噪声的大型游乐设施，应该人为设置隔音防护林带，以减少噪声对景区环境的影响。

4. 景区环境卫生控制——清洁

景区环境卫生管理与控制是景区环境管理的重要组成部分。但是，由于景区的卫生状况是整个环境系统中的一个不稳定的常变量，不像水体、空气等生态环境具有时间上的稳定性。因此，景区环境卫生控制是景区环境管理工作的一项特殊内容。

（1）明确环境卫生控制的内容

旅游景区卫生管理工作涉及景区的各个环节，体现在接待服务过程的前前后后，可以分为静态卫生管理（即游览环节、设施设备和用品卫生管理）和动态卫生管理（即工作人员与游客卫生管理）。

（2）明确环境卫生控制的任务

加强景区环境卫生控制，是保证景区游览环境清洁的基础。国家旅游局在《旅游规划通则》（GB/T 18971—2003）中规定了明确的标准并有相应的操作程序、规范。因此，各旅游景区应该根据该标准，并结合自身的实际情况，制定出各自的环境卫生管理操作程序，加强环境卫生检查工作。

(3) 明确环境卫生控制的基本要求

旅游景区环境卫生质量的好坏，直接反映景区的管理水平和服务质量。因此，景区的高层管理者必须重视卫生管理，形成网络管理体制；实行分级归口，建立责任到人的制度；对卫生控制进行分门别类，制定相应的控制标准；严格制度的执行，奖勤罚懒；同时，可以发动广大游客进行监督，加强培训提高员工素质。

(4) 清理景区垃圾

旅游景区需要对垃圾进行分类搜集与处理，对于可纳入城市垃圾处理系统的必须统一运输处理；对于无法纳入城市垃圾处理系统的，则必须采用生态有机处理方法，就地处理。

四、旅游景区环境质量管理手段

在旅游景区内，景区管理者（或管理委员会）是景区各项工作的管理者和实施者，他们应该依据国家法律赋予的相关权力，与当地政府配合，采用多种多样的方法对景区环境进行管理。

旅游景区环境质量管理手段可分为：行政手段、法律手段、经济手段、宣传教育手段及科学手段等。

1. 行政手段

行政手段是指行政机构以命令、指示、规定等形式作用于直接管理对象，其主要特征是：① 权威性；② 强制性；③ 规范性。

在我国旅游景区，管理者可分为两类：一类为完全的经营者；另一类为不完全的经营者，它有一定的行政职能，如自然保护区、世界遗产单位管理委员会等。就前者而言，应配合政府环保部门，研究、制定旅游环境保护政策，组织制订和检查旅游环境保护计划；而对于后者而言，由于其本身具有一定的行政职权，应该在与环境保护部门合作的基础上，依据景区的实际情况制定和实施环境标准，颁布和推行环境政策。

2. 法律手段

法律手段是一种强制性的管理手段。景区管理部门应协助或配合环境部门和司法机关依据国家有关法律法规对违反旅游环境法规、污染和破坏旅游环境、危害游客健康等的单位和个人进行处理。

目前，在我国与旅游景区环境相关的法律法规主要包括：① 环境保护基本法；② 环境保护单行法，包括《中华人民共和国水污染防治法》、《中华人民共和国大气污染防治法》、《中华人民共和国环境噪声污染防治法》、《中华人民共和国固体废物污染环境防治法》、《中华人民共和国海洋环境保护法》以及《中华人民共和国土地管理法》、《中华人民共和国水法》、《中华人民共和国森林法》、《中华人民共和国草原法》、《中华人民共和国野生动物保护法》、《中华人民共和国水土保持法》等；③ 环境保护行政法规和部门规章。

直接针对旅游景区的法律法规包括：① 风景名胜区管理条例；② 文物保护法；③ 一些地方旅游景区的管理法规等。

3. 经济手段

环境价值已经被确定了，至少理论上如此，只是人们还无法在价格上加以表示，所以可以运用一些经济手段管理旅游景区环境。

目前，旅游景区环境管理的现行经济手段主要包括：优惠政策、排污收费制度、补贴政策等。

4. 宣传教育手段

在景区环境管理中宣传教育手段是必不可少的，同时也是最常用的手段。对环境的宣传教育可以提高人们的环境保护意识，使其珍惜旅游景区的良好环境。

首先，景区内的每一个社会成员都是不同类型旅游产品的消费者，他们的行为选择必然会对环境产生不同的影响。如果处在景区内的每个成员都能够从我做起，从头做起，主动维护景区环境，这对于景区环境保护、实现可持续发展无疑具有重要意义。

5. 科学技术

在进行景区环境管理时要用科学的方法、科学技术措施以及科学的思维，也可以说科学技术手段是对其他管理手段的有力补充和辅助。例如，可以因地制宜地采取综合治理和区域治理技术；组织推广卓有成效的旅游景区环境保护管理经验和旅游景区环境保护科学研究成果；交流国内外有关旅游景区环境保护的科学技术情报，开展国际间的旅游景区环境科学技术合作等。

第四节　旅游景区环境卫生管理

景区环境卫生管理与控制是景区环境管理的重要组成部分。但是，由于景区的卫生状况是整个环境系统中的一个不稳定的常变量，不像水体、空气等生态环境具有时间上的稳定性。因此，景区环境卫生控制是景区环境管理工作的一项特殊内容。

一、旅游景区卫生管理的重要性

1. 卫生状况是旅游景区环境质量重要的外在表现

游客进入旅游景区首先感受到的便是卫生状况，它自始至终地影响着游客的整个游览过程。清洁的路面、分布有序的各种设施、干净的设施设备、服务人员整洁的仪表等，都能给人舒适、欢畅、美好的感受，增加游览的乐趣，提高心理享受程度。因此，卫生状况是旅游景区环境质量重要的外在表现，直接影响着游客的消费过程和消费质量。

2. 卫生状况反映旅游景区的管理水平

卫生管理是旅游景区管理活动中最基础的管理工作，是旅游景区管理水平的重要体现，也是旅游景区管理者和员工的整体形象的重要表现之一。同时，它也是旅游地整体形象的重要表现之一，因为外地游客在旅游地停留的时间大都比较短，不可能对当地社会有深入的了解，他们主要是通过对游览对象的直观了解来感受旅游地的整体情况。所以，要提高旅游景区和旅游地在外来游客心中的形象，给游客留下美好的印象，增加回头客，提高卫生质量是必不可少的手段之一。目前，我国许多城市就是首先以卫生优良树立起了良好的公众形象，如威海、大连等。

3. 卫生状况对客源市场有重要影响

卫生状况也是生活质量的重要表现之一。无论是当地居民还是外地游客，都希望在一个良好的环境中生活。据有关调查资料显示，外国游客对我国旅游景区管理最强烈的反映便是卫生状况，特别是厕所卫生，令人难以容忍。我国绝大多数旅游区的厕所都是传统的暴露式蹲坑厕所，既不卫生，也不雅观。国家旅游局曾多次下文并专门召开会议，拨出专款，解决旅游区厕所问题，使旅游区厕所卫生得到了一定程度的改善。

二、旅游景区卫生管理措施

1. 加强监督、检查和奖惩

目前，应从行业管理的角度制定旅游景区卫生管理质量标准。在我国旅游部门制定的《旅游景区质量等级的划分与评定》（GB/T 17775—2003）中，对四个等级的旅游景区、参观游览点的卫生管理质量都规定了明确的标准，并相应制定了操作规范。景区应在此基础上切实做好监督检查工作，将标准落实到实际工作中去，使卫生管理工作真正建立在自觉规范的基础上。

2. 建立卫生管理责任制

责任到人，奖罚分明，使卫生管理权、责、利均落实到实处。

3. 坚持统一管理与分散管理相结合的原则

管理制度、卫生标准、奖惩标准、监督检查应由旅游景区统一制定和执行，同时将具体任务和指标落实到旅游景区内的各企业、摊点和部门，人人明确责任，齐抓共管。

4. 卫生管理必须严格按照规范要求进行操作

《风景旅游区服务质量标准与操作规范》对景区卫生有以下规定。

1）每日在游览开放时间前必须做到景区内的地面、设施已清扫完毕，必要时要洒水防尘。

2）在游览时段内卫生清洁员随时监控各自负责的卫生区域，及时清除地面的污渍、果皮、纸屑等脏物。

3）景区内的垃圾箱表面应每日擦洗，保持外表整洁；垃圾箱要用垃圾车清除，不可出现外溢现象。

4）栏杆每日应擦净，并定期重新上漆。

5）草地绿篱应修剪规整，无灰尘、纸屑等脏物。

6）餐饮点环境整洁，采取消除苍蝇、老鼠、蟑螂等有害物滋生条件的措施；禁止出售腐败变质、不洁、受有毒有害物污染的食品及超出保存期限的食品。

三、旅游垃圾问题与处理

1. 旅游垃圾问题

(1) 垃圾的分类

旅游垃圾的成分比较复杂，大致可分为两类，即有机垃圾和无机垃圾。有机垃圾包括剩茶剩饭、瓜果皮核、菜根菜叶、鱼肉骨头、蛋壳和树叶杂草、畜禽粪便、动物尸体等；无机垃圾包括各类塑料制品及包装物（塑料袋、塑料瓶、快餐饭盒、易拉罐、啤酒瓶、罐头盒、罐头瓶、胶卷盒、烟盒、冷饮盒、火腿肠外皮等），还有碎砖、石块、灰土、炉渣、煤灰、烟头、废纸、口香糖等。

若按旅游垃圾的来源分类，大致可分为两种，即来自旅行游览活动的和来自旅游开发经营活动的垃圾。前者是指游客在旅游过程中产生的各类垃圾，而且大多是国内游客所为；后者是指经营开发单位和个人在建造房屋、修路开道、接待服务等过程中产生的各类垃圾。

(2) 旅游垃圾的危害和不良影响

随着旅游业的迅猛发展，作为旅游业副产品的旅游垃圾将会呈现不断增加的趋势。旅游垃圾的大量产生使旅游环境受到严重污染和破坏，危害极大，而且很难控制。有机垃圾较易腐烂，含有病原体，尤其在夏季，正值旅游旺季，有机垃圾所占比重大，加之气候湿热，降雨较多，不及时处理就会马上腐烂。

2. 旅游景区垃圾处理

如果旅游景区位于城区或城郊，旅游垃圾可纳入城市垃圾处理系统；如果旅游景区远离城镇或运输不便，就要考虑旅游垃圾的处理问题。

(1) 旅游垃圾的收集

1）旅游垃圾盛放装置的类型及要求。目前主要有金属垃圾箱桶、塑料垃圾箱桶、塑料袋、纸袋等。其要求是不漏水、不生锈、结实耐用、有盖、易于清洗和携带。

2）旅游垃圾盛放装置的数量和摆放。要根据游客数量的多少来定。旅游旺季时要多些，旅游淡季时则少些；游客多的地方，如门口、停车场、住宿点、餐馆、商店摊位等处，要多放一些，其他地方少放一些。垃圾箱桶要安放牢固，纸制和塑料袋可撑开放在专用的架子上，上面加盖。在有条件的地方，实行分类收集，采用不同颜色或不同形状的垃圾箱桶，也可放置不同的标志，引导游客处理不同种类的垃圾。另外，也可在出售门票时把垃圾袋发给游客，以供盛放废弃物之用。

3）垃圾的收集、清运。在旅游旺季，最好每日清运；如果游客不多或在旅游淡季，可根据情况处理。垃圾箱桶要及时清洗、消毒，收运垃圾最好选在开放时间之外，以免干扰游客。

(2) 旅游垃圾的处理

国内外城市垃圾处理的主要方法有卫生填埋法、堆肥法和焚烧法等。无论哪一种处理方法，最终都要以无害化、资源化、减量化为标准。卫生填埋法最经济、实用；西方发达国家由于土地资源、能源日益紧张，焚烧比例逐渐增加；作为最终处置手段，卫生填埋法一直占有较大的比例；堆肥法是农业型发展中国家处理垃圾的主要形式；热解法、填海和造山等垃圾处理新技术也取得了新的发展。

我国垃圾数量不断增加，但其处理技术仍停留在初级阶段，绝大部分地区的垃圾未采用科学卫生方法予以妥善处理，有些地区就地焚烧或易地填埋，严重污染了环境。今后，我国垃圾处理以卫生填埋和高温堆肥为主，有条件的城市，特别是沿海经济发达城市则大力发展垃圾焚烧技术。

（3）其他处理和利用垃圾的方法

世界各个国家和地区都积极创新，采用不同的方法，赋予垃圾以新的生命，将垃圾变废为宝。这些方法主要有：垃圾墙、垃圾公园、垃圾门票等。

四、旅游景区厕所管理

在旅游景区卫生管理中，旅游厕所的建设档次、分布格局、方便程度和卫生水平是直接影响游客旅行全过程的感受和衡量旅游服务质量高低的重要因素。目前，我国旅游厕所建设在底子薄弱、认识滞后的基点上实现了突破性进展，在树立和改善我国旅游形象、扩大和活跃旅游经济方面发挥了明显作用。

1. 我国旅游景区厕所状况回顾

在我国旅游业发展的相当长时期内，旅游厕所始终没有得到相应发展，一些旅游景区和主要旅游线路普遍存在旅游厕所“脏、乱、差、少”的问题，使之成为外国游客投诉最多、涉及地区最广的问题，严重影响了我国的文明形象和我国旅游业的声誉。

（1）数量较少，影响了“市场供给”

受建设资金短缺、认识水平落后等因素影响，旅游厕所建设没有被摆到重要议事日程之上，除涉外旅游宾馆和定点餐馆内有一定数量和档次的旅游厕所之外，在全国绝大部分旅游景区和主要旅行线路上，旅游厕所供给十分有限，给游客造成了极大不便，厕所门外排队等候成为许多景区一道令人尴尬的“风景”。

（2）位置偏僻，影响了“可进入性”

由于传统观念的影响，许多地方将旅游厕所视为见不得人的地方，对这一人类少不得的场所唯恐避之不及，甚至将“不入视野，不登大雅之堂”作为建设旅游厕所的选址原则。在大型旅游景区，厕所布点不规范、不科学，选址偏散偏远。散则不易管理，远则麻烦游客。

（3）标志模糊，影响了“可识别性”

由于旅游厕所长期没有“正名”，厕所指示牌的设立又少，公共场所内几乎所有景点的公厕都缺少明显的公共信息图形符号，有些标志模糊不清，有些没有规范的中英文对照说明，影响了“可识别性”，甚至出现游客置身厕所门外却到处打听厕所的情况，同时也使游客人身安全受到一定威胁。

（4）卫生较差，影响了“旅游情趣”

由于管理混乱、资金不够，仅有的旅游厕所大多数年久失修，外观破旧，内部破损，有的屋顶渗漏，有的内墙剥离，有的厕门损坏。由于无人看管，一些厕所成了垃圾死角和蚊蝇滋生地，厕内蛛网吊灰多，地面污迹多，少数旅游厕所让游客毫无立足之地；因旱厕居多，异味明显，少数水冲式厕所也因设计、管理等原因而没有达到标准。旅游的美好感受与厕所内的龌龊场面形成了鲜明反差，大大影响了游客的“旅游情趣”。

2. 我国旅游景区厕所新特点

经过数年来的发展，我国旅游景区厕所建设不断取得新突破，已基本步入了一个布局合理化、设施现代化、清洁卫生标准化、管理服务规范化的良性发展轨道，曾经难登大雅之堂的旅游厕所正在成为景区里的一个新景观。我国旅游景区和旅游城市这些年在旅游厕所建设上所取得的显著成绩，受到了外国游客的普遍赞扬。日本一些旅行商说：“十年前到中国，最头疼的问题是上厕所。现在这个状况已大大改变了，这是中国的进步。”我国旅游景区厕所建设逐步形成了以下突出特点。

（1）认识上有突破

近年来，各级政府把景点厕所作为展示城市文明和市民素质的“窗口”来抓。例如，河北省确立了“两消灭、一争取”的奋斗目标，即在各主要景区、主要旅游线路上消灭旅游厕所空白，所有旅游厕所消灭“脏、乱、差”现象，争取成为标准旅游厕所。

（2）层层建章立制

各地把旅游厕所建设作为一个系统工程，要求搞好总体规划，保证落实《厕所建设和管理实施意见》，集中人、财、物力在全省重要旅游景区、重要旅游线路和城市等游客活动的场所，建设和改造清洁卫生、方便美观、服务规范的旅游厕所。

（3）有关单位齐抓共管

建厕是一项系统工程，涉及方方面面的所有权、管理权，需要各方协调联动。各地在这一过程中较好地利用和调动了全社会的积极性，各相关单位聘请了专门设计院设计，负责在所管辖区内公厕建设、管理和维修等相关环节上的工作。

（4）政府投入有增加

作为城市公用设施，许多城市政府都加大了对厕所建设的投入。

（5）建设标准普遍提高

各城市按照现代社会对厕所文明所提出的要求，摒弃“挖个坑，搭个篷”的做法，普遍重视公厕设计的新颖、造型的美观和功能的实用。许多城市在建厕过程中不拘一格，因地制宜，充分扩展厕所的各项功能并极为重视厕所与周围环境的协调搭配，塑造出了一批赏心悦目、美观实用的“厕所精品”，有的景区的厕所甚至也成了“景点”。十三陵景区定陵厕所内设有全市仅有的豪华“单间”，内部配置有电吹风、风扇、洗脸盆等设施，均已达到宾馆洗手间水平，一跃成为京城“顶级厕所”；为保护文物建筑的整体风格，故宫、天坛和十三陵等景区的厕所都采用了青砖灰瓦的仿古建筑形式。

（6）注重综合效益

建厕工作对水源要求高，同时又有可能引起环境污染，各地在建设过程中，体现出了较好的环保意识。例如，大连市在地势较高、引水难度较大的主要景区建造环保厕所，有效解决了公厕方便游客、污染环境的两难问题。此外，一些景区自觉把厕所视为公益事业，着眼于提高综合效益。

（7）积极探索融资渠道

各地建厕工作开始打破政府包揽环卫建设、景区景点搭乘便车的传统局面，广辟融资渠道。

3. 旅游景区厕所管理规范

《风景旅游区服务质量标准与操作规范》对厕所卫生有以下规定。

1）所有厕所在开门接待客人之前必须打扫干净，做到地面无污物、尘土、积水，便池无污物、不堵塞，墙壁门窗无蛛网、无乱涂乱画现象，无积土，无明显异味，纸篓倒净。

2）在游览时间内，厕所清扫人员要随时或定时清扫。

3）在每一位清扫工下班之前，其负责的厕所必须达到卫生标准。

4）收费厕所有专人全日服务，按厕所等级提供卫生纸、洗手水、烘手器、肥皂、擦手纸等。

5）按以下顺序进行厕所保洁工作：墙壁、天花板和门窗、厕位和厕池、纸篓地面。

2003 年 2 月 24 日国家旅游局发布了《旅游厕所质量等级的划分与评定》（GB/T 18973—2003）国家标准，这对旅游景区厕所的高标准建设起到了极大的推动作用。

延伸阅读

世博园的厕所真干净

"世博园的厕所真干净。"这是陕西游客陈女士和同伴走出厕所的第一句话。上海世博会开园一个多月，累计参观人数突破 1 000 万人次，多次经受日客流 40 万人次以上的压力大考，园内的厕所始终为四方来客提供周到的服务。据了解，上海世博会开园以来，园区厕所的设置合理性、管理满意度，比以往的世博会都好。

是什么带来游客们的满意？保洁人员给出答案："这是大家一起努力的结果。"

被英国馆、荷兰馆、法国馆、德国馆等四大热门馆包围的厕所，恐怕是园区内人气最旺的"方便处"之一——这里每天的客流量突破 5 万人次，比热门展馆还"热"。这个厕所由一个大型集装箱装配式厕所和 4 排单间组合厕所组成，共有 80 多个厕位，由 5 名工作人员负责管理，高峰时段增加到 7 名。50 000:7 的悬殊比例，却没有影响厕所的干净程度。厕所里的清洁程度依旧令人满意：地面没有污水，洗手台干净整洁，厕纸、洗手液、擦手纸一应俱全。是怎样做到这些的？管理女厕所的王主管显得很不好意思。在她看来，自己的工作很普通，"没什么好采访的"：早上 7 点多到岗，进行开放前的检查，确保地面、台面清爽整洁和如厕用品供应齐全；8 点多厕所开放后，开始进行"跟踪保洁"。

什么叫"跟踪保洁"？王主管带着记者体验：游客离开厕位了，进去看看有没有及时冲洗、垃圾桶里有没有堆积垃圾，未冲洗干净的厕位、快满的垃圾桶，都要补上服务；游客洗完了手，要看看洗手盆、镜子上有没有溅上水花，如有赶快用抹布抹去。在客流高峰，拖地、清理洗手盆需要见缝插针，更要根据游客使用情况及时更换厕纸、洗手液、擦手纸，及时清理厕位里的垃圾桶。

世博园内，为游客"方便"保驾护航的是上海城投环境实业世博分公司，其首席运营官袁述民介绍，游园秩序怎么样、游客文明不文明，都能从厕所中窥得一二。开园以来之所以交出这份满意答案，在于管理方和游客一起努力。8 000 多个厕位都经过细致测算，基本能满足游客的需要；一线保洁人员加强管理力度，从细节着手满足游客需要。更重要的是来自游客的配合，正是游客的文明等候、文明如厕，共同实现了园内“方便”很方便。

（资料来源：http://www.chinanews.com/expo/news/2010/06-07/2327517.shtml）

本章小结

旅游景区资源开发是指通过对现有各类旅游资源进行评价之后，以适当的方式将资源开发成旅游吸引物，并实现旅游吸引物的经济效益，其实质是对旅游资源进行的一种科学管理。

旅游景区资源是指自然界和人类社会中凡能对旅游者产生吸引力，可以为旅游业开发利用，并可产生经济效益、社会效益内环境效益的各种事物和因素。

所谓“旅游可持续发展”，是指在保持旅游景区资源、文化原生态的前提下，使旅游景区资源在不损害后代人需要的同时满足当代人需要，保持旅游景区和谐发展。

旅游景区环境质量通常指在具体的历史时期和空间条件下，一个具体的旅游目的地和旅游依托地的环境总体或某些要素，如天气、水体、地质、地貌、生物、社会软环境等，对于游客的生理、心理以及旅游活动的适宜程度。

知识结构

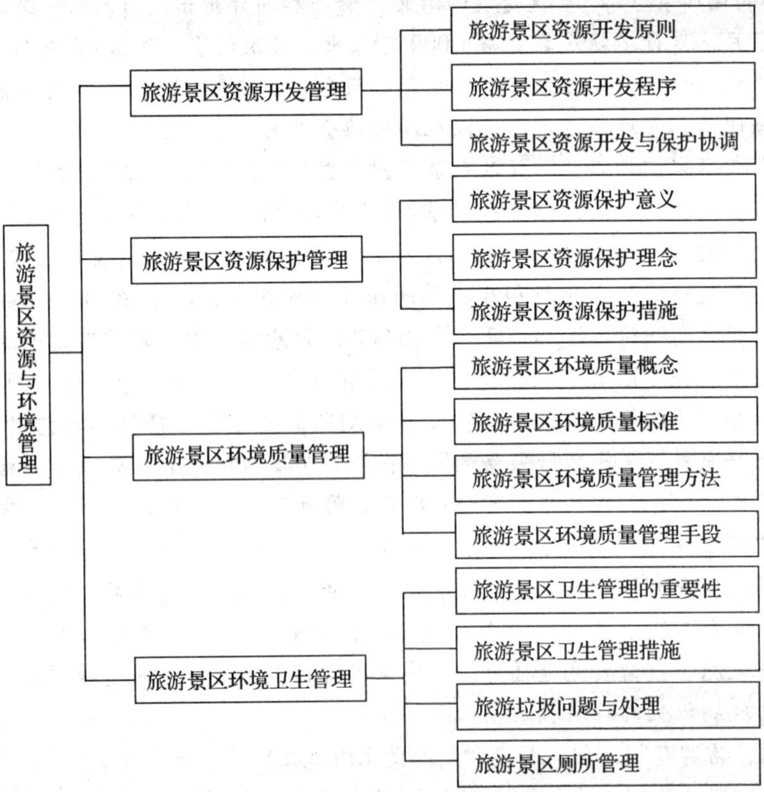

习题与思考

1. 填空题

1）按成分分类，旅游垃圾主要分为________和________。

2）旅游景区环境质量管理手段可分为________、________、________、________。

2. 简答题

1）简述旅游景区资源开发的一般程序。

2）如何合理开发旅游资源。

3）简述旅游景区资源开发原则。

4）旅游景区环境质量的含义是什么?

5）分析和讨论旅游景区可持续发展的策略。

6）旅游景区环境保护的原则是什么?

7）谈谈卫生管理的重要性。

3. 思考题

岳阳楼自解放以来一直属于文化部门管理，2000 年 6 月，当地研究决定将其隶属关系从该市文化局转到旅游局，并准备以其为龙头组建岳阳旅游集团公司，面向社会公开承包经营。2001 年 1 月，“岳阳市旅游集团发展有限公司”正式挂牌成立。2001 年 5 月，传出湖南旅游集团公司准备捆绑岳阳楼上市的消息。省文物部门得知此消息后非常重视，表示文物是一经破坏就不能再生的人文资源。此外，他们认为旅游部门追求的是经济效益，而文物部门看重的是文物保护，两者的出发点之间就有一定矛盾。他们认为：“把岳阳楼归为旅游部门，这种运作模式显而易见就是想提高这个地方的经济效益，吸引游客过来，而这对文物保护不是好事。岳阳楼是木质结构，上楼的游客多了，说不定哪天垮了，也不是不可能。”

从两年前岳阳旅游集团一开始筹建，并打算把岳阳楼从市文化局剥离出来纳入自己旗下的时候，文物部门和旅游部门的摩擦就已经开始了。湖南省旅游局市场处的有关负责人表示：现在虽然岳阳楼捆绑上市的方案由于种种原因被搁浅了，但随着市场的发展，入世以后会允许外资进入中国市场来开发旅游资源。当其他外资也可自由入主旅游资源时，咱们的文物单位是否还可以固守住它的事业单位不动摇呢?

（资料来源：《湖南日报》2002 年 3 月 21 日）

请思考：结合本章所学知识点，谈谈你对岳阳楼开发的看法。

案例分析或点评

案例 1　令人心痛的钟乳石

我国是个多溶洞的国家，尤以广西境内的溶洞著称，如桂林的七星岩、芦笛岩等。据估计，我国地下有数十万个大小洞穴，而在这些洞穴中又存在着千姿百态的钟乳石。

在我国目前已经开发的 230 多个石灰岩洞穴中，最古老的钟乳石年龄大约在 35 万年以上，100 万年以内。石笋一般的生长速度大约是 1 万年可增高 0.6～1.2 米，而在各类钟乳石中，石笋的沉积速度算是最快的。可见每一个精致的造物都花费了自然无数的神工与岁月。

我国是头号洞穴大国，但洞穴资源的破坏程度与规模也是名列世界前茅。常有游客进入洞中随意敲打、折断钟乳石，更有甚者，自20世纪90年代以来，把洞穴钟乳石类当作“奇石”挖出，制成一批批工艺品出售，形成势头极为猛烈的钟乳石商品化浪潮，让人备感痛心。

万物总是在其环境中自在生长之时最美，把在幽暗山洞中湿润闪光的钟乳石架上一个底座摆在家中，就像鸟儿关在笼中、野花插入瓷瓶，失去了生机，徒增的只是矫饰和附庸风雅。非理性的过度旅游开发给洞穴造成的伤害也颇为惨重，在国外很多景点，旅游相关部门已经意识到了钟乳石的保护问题，很多钟乳石景点的参观必须在导游的带领下才可以进入，而且严格禁止触碰，因为一旦经人手触摸，钟乳石就有可能提前变黑、风化、剥落。

我们曾深深地领略过钟乳石的美丽，也了解到它成长的艰难与脆弱，请珍惜它们，为我们的子孙后代留住最后的钟乳石。

点评：

我国地大物博，幅员辽阔，旅游资源异常丰富。但是如何管理这些宝贵的财富呢？如今的资源现状告诉我们，无所顾忌地盲目开发只会让这些财富以更快的速度消失。人类文明不断进步，科技在不断快速发展，如何运用现有的科学手段保护资源是当务之急。

景区的资源环境遭到破坏主要表现在以下几个方面：水体污染、植被破坏、大气污染、噪声污染、垃圾污染、景观污染和文物古迹遭到破坏、索道建设致使环境破坏等。

案例2　黄山：给旅游景点“放假”

自2005年12月1日起，黄山莲花峰将实施封闭轮休，轮休期暂定三年。这是黄山风景区管委会日前作出的决定。莲花峰海拔1 864米，为华东最高峰。黄山风景区自20世纪80年代初开始对景区内游人集中的景点实施封闭轮休，以利生态自然休养生息。该峰1994年结束上一轮封闭轮休后对外开放。11年来，特别是1997年莲花新道贯通形成环道之后，游人激增。为防止景点疲劳接待，保护景区生态环境，确保旅游资源可持续利用，黄山风景区管委会作出上述决定。据黄山园林部门负责人介绍，封闭轮休期间，果区园林管理部门将继续实施资源监督，做好病虫害防治和水土治理工作，通过人工辅助手段，促进自然植被和生态环境的恢复。

点评：

对旅游景区的保护除了通过日常环境维护，保护意识的宣传外，在适当的时间采取强制性的手段对景区采取封闭式的保护措施，可以使对旅游资源的保护取得实质性的效果。

案例3　东钱湖湖水可以喝了！

东钱湖管委会公布了首份东钱湖环境治理的成绩单，经过八年的治理，目前东钱湖部分水域的湖水已经达到饮用标准。

“2001年东钱湖管委会刚刚成立的时候，湖里竹竿林立，渔网遍布，湖面被鱼虾养殖户分成一块块，我们从2002年开始正式开展治水工作。”从2002年10月起，分步实施环境“五治”（治湖、治脏、治违、治窑、治山宕）工程。

一是开展湖面清理，清理渔笼39万只、围网33万平方米、蚌珠500亩、三角勺网4 083顶、木桩6 400余棵，打捞虾球6.2万余只，并敷设了20公里长的环湖截污管道、建设提升泵站3座，明显改观了湖面清洁状态；二是治理区域脏乱差，拆除房屋46万平方米、违章建筑1万平方米、企业61家，迁移环湖坟墓6万余穴；三是拆除沿湖窑厂15座，对4座山宕进行了复绿治理；四是重点整治湖区旅游船只无序运营这一历史遗留的老大难问题，先后将摩托艇、客船、小木船全部收归，实行公司化运营，并投放仿古画舫新型客运船舶，湖区水上旅游全面步入新轨道。

此外，总投资6亿元的清淤工程也于2009年正式动工。目前已累计完成沿湖岸带清淤4.5千米，清除淤泥4万立方米。

八年多来，东钱湖管委会始终把“山秀水清”作为开发建设工作的重中之重，着力实施生态恢复工程，对景区内的水质、空气质量、噪声污染管理、放射源管理等多个方面进行改进和监测。

目前，东钱湖基本能达到水环境功能区目标水质要求，集中式饮用水源地水质达标率为100%；环境空气质量总体良好，空气质量优良率达到95%，其中空气质量为优的天数超过市区一倍；区域城市环境噪声总体低于国家控制值；辐射环境质量保持在本地水平。

（资料来源：zj. people. com. cn/GB/200864/12529973. html，有修改）

点评：

旅游区根据不同的产品类型及旅游容量采用不同的环境质量标准。环境质量应按照国家标准来测评，然后突出重点逐步击破。同时，要通过实地检测，严格按照具体情况选择合适的方法进行环境治理。

实训题

实训拓展

实训项目	景区环境卫生管理
实训目的	通过学习自己编排情境，并在课堂上演讲，巩固课堂知识，提高学生对景区卫生情况管理的能力
实训要求	处理问题得当、有埋有节
实训时间	学生课下准备一个星期，课堂大赛以两个课时为准
实训内容与步骤	1）将全班同学五人分成一组 2）每个组推选一位同学为组长，负责编排情境和分配角色 3）四人扮演景区基层工作人员，一人扮演管理人员，一周时间课下排练 4）课上老师安排表演顺序，小组逐一上台表演 5）老师为每个小组打分，评出最佳小组和最佳表演者

第十二章
旅游景区服务质量管理

教学目的和要求

通过本章学习，了解旅游服务质量管理的概念及其在景区管理中的地位与作用；知晓“三全”管理及其在景区服务管理中的应用；学习并掌握提升景区服务质量管理的方法与技巧；了解游客的行为特征和游客的行为分析；知晓了解游客不文明旅游行为产生的原因；能够正确引导游客行为。

关键词汇

景区服务（Scenic Spot Service）　质量管理（Quality Management）
游客（Tourists）　行为（Behavior ）

案例导入

翠竹变成“留言簿”

“翠湖是昆明的眼睛”，这是作家汪曾祺在《翠湖心影》一文中的描述。然而，如今翠湖的翠竹林竟然变成了游人的“留言簿”。昆明翠湖的竹林岛上毛竹丛生，绿意盎然。然而您只要靠近一看，密集的竹子上竟然都刻满了字，有的连皮都被刮掉了，上面刻的多是“某某到此一游”和爱情表白，甚至还有些不文明的话语，实在是大煞风景。记者发现最早的留言日期是1999年1月1日，最近的是2005年9月29日。因为遭受了多年摧残，有些竹子已经发黄枯萎。

（资料来源：http://big5.cctv.com/news/society/20051019/100937.shtml）

随着大众旅游的盛行，旅游业竞争的加剧使游客的旅游体验质量逐渐得到重视，为了维护旅游景区内的正常秩序，保护景区的资源和设施，减少游客与旅游景区当地居民的冲突，树立和保持旅游景区良好的社会形象，对游客的管理就成为旅游景区管理的一项重要内容。旅游景区游客管理是提高游客旅游体验质量，塑造高质量旅游景区的重要途径，也是衡量旅游景区管理水平的重要标志之一。本章将对旅游景区内游客行为、游客管理的方法和如何正确引导游客行为等内容进行全面系统的分析和阐述。

第一节　质量管理的内涵

一、旅游景区服务质量管理与“三全”管理

旅游景区服务质量是指旅游景区服务活动所能达到的规定效果和满足旅游者需求的能

力和程度。游客越来越追求高质量的游憩机会及支持性服务。他们期望导游知识渊博且善于交流，期望旅游景区的员工热情好客，使之舒适并享有宾至如归的感觉。这些都需要旅游景区加强服务质量管理，向游客提供高质量的服务。

旅游景区服务质量有硬件和软件之分，前者包括景区的可进入性、景区游览内容、游览线路的组织、旅游安全、景区环境卫生、公用服务设施等；后者包括景区解说系统与导游讲解服务，服务人员的仪容仪表、态度、纪律、技能水平、服务方式等。

根据《旅游服务基础术语》（GB/T 16766—1997）的定义，旅游服务质量管理是指“旅游行政主管部门和旅游企业为提高旅游行业的服务质量而制定的质量目标和实现目标所采取的各种手段”。这一定义包含了旅游行政主管部门对旅游业服务质量的管理和旅游企业对本企业服务质量的管理两方面的含义。由此定义可知，旅游景区服务质量管理是指旅游景区为提高旅游服务质量而制定的质量目标和实现该目标所采取的各种手段。旅游景区服务质量管理以提高服务质量为宗旨，是综合运用现代管理手段和方法，通过建立完善的服务质量标准和服务质量管理体系，不断地提高旅游景区服务质量的管理活动。加强旅游景区服务质量的管理，有利于保障消费者的合法权益，提高社会效益；有利于参与市场竞争，提高经济效益；有利于改善服务质量，提高景区声誉。

1. “三全”管理的含义

所谓“三全”管理，是指在全面质量管理理论的指导下，实行“全员、全程、全组织”的管理理念：“全员”即全体员工；“全程”即与产品质量有关的所有过程，不仅包括产品的生产，也包括对产品的原材料选择、销售以及售后服务等过程；“全组织”是指企业的高层、中层、基层以及各个职能部门。在管理过程中，必须遵守“以质量为中心、领导重视、组织落实、体系完善”的原则。

2. “三全”管理的应用

（1）全员参与的质量管理

旅游产品是一项综合性的产品，落实到旅游景区，就要求旅游景区内的每一个员工，无论在哪一个岗位、从事哪一项工作，都必须参与到旅游服务质量的管理当中，即全面质量管理。例如，在一个景区里面，某游客游玩得非常舒心，可快要离开景区的时候，出口处一位景区从业人员的不良举动或者漫不经心的表现，就会给游客留下景区整体管理水平偏低的印象。因此，保证和提高旅游服务质量需要依靠景区的全体员工的共同努力。

加强景区服务质量管理，首先要求以“人”为核心，不断提高景区全体从业人员的综合素质，对他们进行全面质量管理教育，强化服务质量意识，要求每个员工必须从身边的小事做起，逐渐使每个成员都树立“质量第一”的思想，保证和提高旅游产品的质量；其次，还应广泛地发动全体员工参加质量管理活动，这是生产优质旅游产品的基础和有力保证，是全面质量管理的核心与生命力的根本所在。

（2）全过程质量管理

全面质量管理的范围应当是旅游产品生产和消费的全过程服务及其前后延伸服务部分，要求将从游客准备来景区游览、进入景区、游玩体验、离开景区以及意见反馈等各个环节和有关因素控制起来，让不符合标准的旅游服务消灭在无形之中。我国旅游景区服务发展大致经历了以下三个阶段：第一个阶段是无服务的初级阶段。在该阶段，由于国内旅游景区建设跟不上游客需求的增长，加上产业自身的不成熟，导致旅游产品质量相对偏低。第二个阶段是瑕疵服务的发展阶段。在该阶段，我国旅游景区取得快速发展，竞争逐渐激烈，各个景区逐步加强旅游服务在旅游产品中的比重，但仍存在着较多的不足，旅游服务质量前后不一致，无法满足“吃、住、行、游、购、娱”各个环节及旅游消费前、后的服务需求。第三个阶段是逐步走向全面质量管理的高级阶段。该阶段，旅游服务不仅在景区内发生，而是已经延伸至游客的决策、咨询以及售后服务等各环节。不仅要满足游客“游”的服务，更要满足其他层次、其他环节的服务需求。同时，在追求全方位、全过程服务的同时，也愈加重视细节和个性化服务。

（3）全组织质量管理

全组织的质量管理可以从以下两个方面来理解。

从景区全局角度看，组织可以划分为上层、中层、基层管理。“全组织质量管理”就是要求景区各个管理层次都有明确的质量管理活动内容。当然，各个层次的管理侧重点有所不同。对于上层领导来说，他们侧重于质量决策；对于中层领导来说，主要是贯彻落实上层管理的质量决策与实施计划，执行各自的质量职能，并对基层工作进行具体的管理；基层管理则要求在一线服务的每个员工要严格按标准、规程进行服务，通过分工合作，并结合本职工作，开展合理化建议和质量管理小组活动，不断改善和提高。

从质量职能角度看，产品质量职能分散在景区的各有关部门中，要保证和提高服务质量，就必须把分散到各个部门的服务质量职能充分发挥出来。但是，由于各部门职责或各环节的作用不同，其质量管理的内容也是不一样的。为了有效地进行全面质量管理，就必须加强各部门或各环节的联系，必须做好有效的衔接和协调工作，防止出现不必要的疏漏。组织应建立和健全质量管理体系，使生产、维持和改进的服务质量活动构成一个有效的整体。

二、旅游景区服务质量标准的制定

随着我国旅游业的高速发展，一大批旅游景区不断涌现出来，成为我国旅游发展的生力军和重要组成部分。同时，也满足了人们日益多元化、多层次的旅游需求。但是，由于旅游景区归口不一，行业管理滞后，景区建设、经营管理、服务质量、设施配备等均缺乏统一的标准与规范，出现了诸多不尽如人意的问题。对旅游景区而言，服务的标准化应是解决这一问题最基本的策略。游客到一个景区后，旅游产品的特性、服务设计的标准化和差异化，是影响游客满意与否的主要因素。如果不能有效地解决这些问题，将会直接影响到旅游景区的核心竞争力和健康、可持续发展。

旅游景区服务标准化的实施必须建立在景区内部的服务质量标准和基本流程的基础之上，即实现“有章可循”。在制定景区内部质量标准时，首先应结合旅游景区的自身情况，确定服务的主要内容，做到全面、系统、合理，同时参照国家相关硬件标准与软件标准，制定出游览设施、旅游交通、环境卫生等硬件标准以及服务仪容仪表、服务态度、服务方式与技巧和综合服务等软件标准。

任何一个服务项目标准都必须经过细致的推敲与琢磨，并经过一段时间的试行才能最终确定。

一个可行、高效的服务质量内部标准的制定应该遵循以下五项原则。

1. 以顾客为中心原则

“以顾客为中心”是首位的，没有顾客，旅游景区就无法生存。因此，旅游景区必须把识别、理解顾客的要求并予以满足作为首要工作。而顾客的要求是不断变化的，旅游景区要生存与发展，就必须始终关注顾客以了解其不断变化的要求，并争取超越顾客的期望，引导市场。

2. 可行性原则

服务质量的制定应符合景区自身的实际情况，并被员工所接受。不符合景区实际情况的标准等于是空中楼阁，必然无法实现预期目标。同样，员工是项目服务的最终执行者，只有为员工理解、认可的质量标准才能得以落实。此外，质量标准的执行也必须考虑到经济性，必须控制质量标准执行的成本耗费，否则效果再好，也会遇到入不敷出的尴尬局面。

3. 突出重点原则

在景区服务中，可以监控每一个环节，但却无法预料其中的每一个细节。事实也证明，要想制定出尽善尽美的质量标准是不可能的，何况，那些过于烦琐的质量标准有时会使员工无法了解管理者的主要意图，反而陷入机械、程序化的操作误区，减弱员工的主观能动性与个性化服务功能。因此，质量控制应抓住旅游景区服务过程中的基本和重点的规范，并能够反映景区的特色。充分调动员工的积极性，提高员工的工作热情，并使员工感到工作具有挑战性。

4. 持续改进原则

旅游景区在建成初期都会经历一个由不完善到完善的过程，而且景区内外环境不断变化，因此，旅游景区应建立一种适应机制，使旅游景区适应环境的变化要求，以增强适应能力并提高竞争力，让所有的相关方都满意。这种不断改进的机制就是持续改进。旅游景区的存在就决定了这种持续改进的存在，因此，持续改进是一个永恒的过程。

5. 与供方互利的关系原则

随着社会分工越来越细，专业化程度越来越高，一种产品往往通过多个组织分工协作来完成。同样，任何一个旅游景区都有其供方。供方所提供的材料或服务对旅游景区的最终产品有着重要影响。只有供方提供高质量的产品，旅游景区才能为顾客提供高质量的产品，最终确保顾客满意度，并使双方都获得更大的效益。

三、旅游景区服务质量管理方法

1. 制度是质量的保证

（1）建立规章制度，防止管理者违规

在旅游景区经营过程中，有些管理者行为既败坏了旅游景区的声誉，又损害了员工的利益。例如，某旅游景区的管理人员私自印制和出售假门票。规章制度是景区健康、可持续发展和凝聚人心的重要保障。严格、合理的纪律不但不会损害员工个人的活动空间，相反还会维护和保障员工个人的发展空间。建立各样的规章制度，预防违规事件的发生，维护国家、集体的利益，保障员工的合法权益，保全旅游景区声誉，应当列入决策者的重要议事议程中。就具体的制度内容而言，应主要围绕人力资源管理制度建设、监督制度建设、旅游资源与环境保护管理制度的建设、游乐设施及其他安全管理制度建设等方面进行。

（2）自我管理与有效监护相结合

旅游景区经营时，应以内部监督为主，将外部监督作为补充。景区可以充分调动游客积极性使其成为景区的外部监督员，因为如果出现问题，他们是最直接的受害者（或不当利益的受害者）。如果收到游客对管理人员出售假票、私领游客进入景区收取费用等行为的投诉、检举，景区派人查实后作出严厉的处罚并公开告知全体员工，这样的教育效果对管理者来说是最好的。另外，也可采取典型事例教育法，让违规违纪者现身说法，给其他员工特殊的警示。

（3）违纪处理

监督检查是发挥纪律效应，保持纪律严肃性、连续性和后效性的关键。景区要完善监督体系，除了设置纪律委员会外，各班组（站、点）要有监督员或巡视员；设立举报电话、信箱，经常组织抽查等；对违纪事件要发出“违纪通知单”；重大违纪事件要公开上墙，防止重复发生；对经常发生违纪事件的区域要固定“纪律黑点”，重点整改；对典型个案要进行通报。

2. 强调日常管理和流动管理

对于景区而言，大部分服务管理工作相对稳定但又琐碎，需要维持服务质量的稳定与高效，就必须时时刻刻做好有效的监督和管理工作，使管理工作常规化。例如，游客反映较大的景区内购物问题说明景区对个体经营者不当行为和不法商贩的管理，不能仅仅靠出现问题后再处理和打压，还必须做好日常的监管，这样才能真正保证游客的利益不受侵害。景区要对经营场地、游乐场所进行定期、定点的清理、检查，杜绝个体经营者的违规经营和无证小商小贩经营，保证良好的景区游览环境。

景区地域面积较大，同时，游客在景区的活动具有很大的流动性与随机性，还受到其他一些不确定因素的影响，如人流、成员、天气等，因此，要提高服务效率，必然要求加强景区的流动管理。流动管理要求相关部门管理者和人员走出办公室，实行巡视管理制度，这样，一旦发现问题，管理者能够及时赶到现场并处理问题，以减少游客的等候时间，提高服务效率。巡视管理制度还有助于景区管理人员了解景区的真实运营情况，掌握第一手资料，有利于及时发现管理规章的漏洞及服务过程中存在的问题，结合实际作出管理决策，防患于未然。作为一个景区，流动巡视管理的重点是游客集散中心，如广场、重要景观节点、大型游乐项目、交通要道等一些关键点。景区的环卫、保安、工商管理、游乐设施安全管理与抢修等职能部门与服务部门更应该加强巡视管理，以保证能第一时间赶到事发现场并解决问题，最大限度地节约时间。如遇到游客走失，可通知身边的保安协助寻找，便可很快地找到走失的游客。

3. 实行授权管理

因为每个人的精力都是相对有限的，由一个管理者来行使所有的决策权是不可能的。因此，景区管理者在管理的过程中，需要充分调动下属员工的积极性，共同努力才能实现组织发展目标。一方面，景区的发展与管理必须建立在一定的规章制度基础之上，按规章制度办事，这是制度化管理的基本要求；另一方面，由于景区服务运作系统的高度发散性以及面对面服务的即时性特点，使得景区在坚持制度化管理的同时，还要掌握服务管理的灵活性。比如，某旅游团队游客刚到景区，景区的某重要游乐设施因故障无法运行，这对远道而来的游客来讲是一种利益损失，在这种情况下，景区服务部门是根据实际情况给予游客一定的服务补偿，如赠送小礼品、安排室内游乐节目、赠送门票，还是不停地向上级领导请示该怎么办，不能尽快作出任何的补偿。如果景区服务部门采用后一种方法，游客的抱怨与投诉肯定会增加，景区的形象也会受到影响。

那么，管理者是不是该把权力都下放给员工，以保证景区服务人员的服务质量水平呢?作为管理者，最为关键的是要有效地处理好"集权"与"授权"之间的关系。所谓集权，是指决策指挥权在组织层级系统中较高层次上的集中，也就是说下级部门和机构只能依据上级的决定、命令和指示办事，一切行动必须服从上级指挥；所谓授权，是指上级管理者赋予下级一定的权力和责任，使下属在一定的监督之下，拥有相当的自主权和行动，并为此负责。景区管理者对下属员工的授权并不代表管理者的放权，其对下属依然拥有指挥、监督的权力；而对于下属员工来讲，他必须对上层授权者负有汇报情况及完成任务之责。

（1）授权对于景区发展的益处

景区管理人员的有效授权对于景区的经营和发展来说是十分必要的。首先，从管理者自身来讲，通过授权，可以使高层管理者从日常事务中解脱出来，有更多时间和精力专心处理有关景区战略决策与长远发展等重大事务。其次，可以提高下属的工作热情，增强其责任心并增进效率。再次，通过授权，下属不仅会拥有一定的权力和自由，而且也分担了相应的责任，从而调动了员工的积极性和创造性，可以依据景区的相关规章制度，针对游览过程中发生的实际情况作出相应的变更，使旅游服务更具灵活性。最后，授权还可以提高下属员工的解决实际问题能力，为景区储蓄和培训更多未来的管理人才。

（2）授权的过程及注意问题

授权看起来很简单，但现实中，授权不当所引起的失败案例比比皆是。如景区管理层授权某部门可以针对服务过程中出现的特殊情况给予服务补偿。但是，如果基层管理人员没有仔细领会景区的相关规章制度，给游客的服务补偿大大超过了景区的补偿上限；或者说虽然景区基层管理人员已经被授权实施服务补偿，但是其并没有实施服务补偿的话，即被授权者没有承担起应有的职责，都会引起不必要的麻烦。因此，实现有效的授权才是关键。有效的授权总体上应该注意以下几点。

1）要明确授权的目的。授权可以是具体的也可以是抽象的，可以是口头的也可以是书面的，但不管采用何种方式，景区授权者都必须向下属即被授权者明确所授事项的债务及权责范围，使其能十分清楚地工作，避免出现越权或渎职的现象。

2）正确地选择受权者。景区员工个体素质的差异较大，有些专业技能较强，但是管理能力较弱，有些管理能力较强但专业服务技能较弱。因此，作为景区的管理者，在选择授权对象的时候，首先要考虑的一个问题就是该授权给谁，这个员工是否能够胜任这项任务。如果将权力授予一个不合适的人，最终必然导致服务质量的偏低。在选择受权者时，应遵循“因事择人，视能授权”和“职以能授，爵以功授”的原则，即根据所要分配的任务来选择具备和愿意完成任务所需条件的受权者，以避免出现不胜任或不愿受权等情况。

3）职、权、责、利相当。为了保证下属受权者能够完成管理者所分派的任务，并承担其相应的责任，管理者必须授予其充分的权力并许以相应的利益。但是，如果只有职责而没有职权，就会使受权者无法顺利地开展工作并承担起应有的责任；只有职权而无职责，就会造成滥权、瞎指挥和官僚主义。不仅如此，授权还要做到责、利相当，即给予受权者的利益必须与其所承担的责任大小相当，有多大的责任就应承诺给予多大的利益。同时，在职权的行使的过程中，有效监督也是有必要的，不然可能出现资金挥霍、资源浪费等现象，还要注意对其工作表现给予任务奖励（比如增发年终奖），也能够更好地调动员工的积极性。

4）加强监督控制。很多授权者不愿授权，一是害怕如果受权者出现纰漏或能力较弱，承担相应的连带责任；二是担心对下属失去控制。因此，对于授权者来讲，加强对受权者的监督与控制是十分必要的。授权者可以通过建立信息反馈渠道，及时检查受权者的工作进展情况、完成任务的质量以及权力的使用情况。对于工作开展不力、服务质量欠佳或滥用权力导致景区名誉受损、财产外流等现象的，要及时予以制止甚至收回权力；对于有待改进或需要帮助的，就要及时给予指导与帮助。要注意，加强监督控制并不代表去干预受权者的日常行动，否则就会使授权失去意义。

4. 严格进行服务质量的控制

目前，旅游景区服务质量问题较多，日益呈现出多元化趋势，且部分问题也无法避免。但是，大多数问题可以通过相应的管理加以控制与疏导，最终实现景区服务的目标。依据管理学原理中的控制职能，结合旅游景区服务的特殊性，对其质量的控制必须强调以下几个方面。

（1）关键点控制

关键点控制即重点控制原则，是重要的控制原则之一。它侧重于服务质量管理系统中最为关键、最为薄弱的环节。该原则要求景区管理人员必须明白景区服务质量体系的主次与轻重关系，即抓住与控制目标关系最为密切、最容易出错的要点，对其进行重点控制，并实现以点串线、以线带面，达到全面控制的目的。该控制方法主要适用于那些规模较大、服务内容繁多、人员流动性较大的旅游景区。在确定景区控制关键点的时候，必须考虑以下几个因素。

1）服务界面。这是景区服务人员与游客的接触点，如售票窗口、检票通道、导游讲解、商店等。

2）危险地段。这是旅游景区内相对比较危险、容易出事故的地段，如景区内的悬崖登高处、水上游乐处等。

3）薄弱环节。这是景区内经常出现服务质量瑕疵的部门或环节，如景区内电瓶车服务人员经常受到游客投诉，此时就应该加强对其的监督。

4）集散中心。集散中心可以是景区的外部集散中心，也可以是内部主要景观或交通的交叉节点（对于大型景区）。由于该中心人员流动大且集中，最容易产生各种矛盾与问题。

5）特色景点。这是最能反映或代表旅游景区特色的地段，如黄山的迎客松、湖北省博物馆的编钟展厅等。

此外，旅游景区服务质量控制的重点还包括停车场、服务集散中心、售票检票处、景区内餐厅与个体经营购物点等。

我国大多数旅游景区的旅游活动受景区自身资源与客源的影响，服务质量控制的关键点具有明显的指向性，风景名胜区与历史遗迹景区的服务质量控制重点就有所不同。因此，每个旅游景区应依据景区经营的目的和范围，分析自身服务质量控制的关键点。关键点控制尤其适用于旅游旺季的质量控制。事实证明，旅游投诉集中发生在旅游旺季。

（2）实时信息控制

实时信息是指事情一发生就产生的信息。实时信息控制要求管理者能够及时了解即时出现的信息并迅速作出反应，对发展中的事件实施有效控制，提高服务的速度与效率，避免出现游客过长的等候。例如，2010 年上海世博会的热门场馆门口在开放时间就实行了不间断的控制管理，主要监测人流量、排队等候情况以及外界对游客的影响等，一旦出现状况，就立即采取措施；某些旅游景区的水上游乐中心设置统一的安全监控中心，以防止有游客跌落水中。由于景区服务具有广域性、复杂性的特点，尤其是某些大型自然型旅游景区，使得实时信息控制更具重要的意义。

从目前的因素看，景区服务质量较差主要是由于景区游客过多、服务人员相对缺乏造成的。因此，景区可以加强各个景观节点或服务区的监控，对进出游客的实时信息进行监控，然后根据附近景区的情况，及时调度服务人员数量或疏导游客，进行有效分流。

（3）前馈控制

根据控制信息来源的不同，可以把控制分为反馈控制与前馈控制。

反馈控制，即当出现游客投诉现象，景区才会着手调查、处理服务质量问题。以往景区的服务质量控制大都通过反馈控制实现，目前反馈控制仍然得到广泛的应用，但是简单的反馈控制并不能有效地解决一切控制问题，因为从发现服务质量问题到纠正服务偏差、改善服务质量存在时间延迟的现象，且已经在游客心目中留下了不好的印象。为了解决这个问题，景区应该注重前馈控制，防患于未然。

前馈控制又称“指导将来的控制”，是通过情况的观察、信息的全方位搜集与分析，掌握规律后进行趋势的预测，即预计未来可能发生的问题，在未发生前即采取措施加以防范。例如，当黄金周来临之前，景区为了保证服务质量和提升服务水平，都会对所有旅游服务设施加以检修，同时加强对员工的动员。前馈控制的着眼点是通过预测对被控对象的投入和过程进行控制，以保证获得所期望的产出，并较好地解决时滞所带来的问题。比如，娱乐服务部经理根据以往观察，发现员工小李在工作的时候经常心不在焉、行动迟缓，因此在旅游高峰期来临之前，他就专门找小李谈话，告知工作的时候应该专心致志，行动迅速，因为这样不仅会影响工作效率，而且会增加游客的等待时间，从而并进一步损害景区的形象。小李在谈话后，自然会对自己的缺点有所重视，并尽量地去避免。

5. 培养高素质“乐业”的服务人员

“乐业”的服务人员是旅游景区高质量产品的重要保证，是旅游企业核心竞争力之一。

因为只有员工爱岗敬业，才能踏实工作并提供热情周到的服务。

使员工“乐业”并长期保持良好的心态是旅游景区不断向旅游者提供高质量服务从而在激烈竞争的市场中站稳脚跟的关键性工作。具体来讲，旅游景区可在以下方面多做工作：① 旅游景区管理层要注重在企业内培养良好的人际关系和和谐的文化氛围；② 旅游景区要帮助员工做好职业规划管理，通过职业规划，员工不再仅仅是与某个岗位联系，而是有一个广阔的施展能力的大舞台，能够做到不断提升；③ 旅游企业应建立科学、合理的薪酬制度。

6. 完善监督和激励机制

（1）建立诚信机制，加强社会督促

建立诚信机制，加强社会督促，能够增强旅游景区内部的凝聚力和提升品牌形象。“诚信是一种道德规范，也是一种道德制度”，诚信机制要求旅游景区的各项服务与承诺、景区服务人员的服务行为接受社会的公开监督，并让游客切切实实感受到景区开展诚信服务的诚意和决心。诚实守信是旅游景区开展各质量活动的目标，是旅游者监督的一个重要方面。此外，建立诚信服务监督机制可以增强服务人员对游客诚信服务的自觉性，努力做到以高质量的服务赢得游客的信赖。

（2）完善旅游服务质量测评机制

目前，如何提高景区服务质量是旅游景区各级管理层研究的主要问题，然而现实总是与期望存在着一定的差距，其中的主要原因有两方面：一方面是景区内部人员包括管理层对景区服务质量没有统一标准，造成同样的服务内容由不同的服务人员完成效果不一样；另一方面是不同游客的服务需求差异明显，服务人员不能根据游客的特点提供有针对性的服务。因此，景区不仅要注重现行旅游服务质量标准化，做好监控与测评工作，还要找出不同游客的服务需求差异，对员工进行有针对性的培训。

（3）重视旅游服务人员激励机制的建设

激励机制主要包含以下两方面的内容。

1）激发景区服务人员的服务创新能力。员工的创新能力是指在标准框架内，旅游景区扩展适应旅游者需求的主观能动性空间，鼓励员工与旅游者直接交流时，及时发现问题、分析问题和解决问题，激发他们在“关键时刻”的服务创新意识。该激励机制使员工产生强烈的工作责任感和积极性，与景区的可持续发展息息相关。

2）配套给景区服务人员的激励机制，即对于工作认真负责、游客评价较高的服务人员予以一定的物质奖励或精神奖励。及时、合理的精神奖励会给服务人员以极大的鼓舞与动力。

7. 制定服务质量标准体系

由于景区服务具有低劳动力密度、低客户定制程度的性质，使得在提升景区服务质量过程中，必须着重于服务质量标准的制定与管理。在景区服务过程中，尤其是低劳动力密度与低客户定制程度方面，服务质量的标准化是质量管理的重点，同时要兼顾其他各方面的标准化管理，才能提高游客对景区服务质量的感知度和认知度，从而将游客行为向有利于景区发展的方向引导，保证旅游产品优质化的整体提高。

依据 ISO 9000:2000 相关要求（见图 12－1），旅游景区的服务质量标准体系其实是一个持续改进的质量管理体系，需要明确管理职责，并与游客、服务人员等相关利益群体进行不断地沟通、分析，才能满足游客的需求。此外，旅游景区还应该加强特色性、创造性服务标准的研究与建设，而不能拘泥于现有的服务质量标准体系，也可以加强与国内优秀旅游景区或国际知名旅游景区的交流与合作，相互借鉴，取长补短，还可邀请游客参与景区服务质量标准的制定，因为游客是产品与服务的最终消费者。

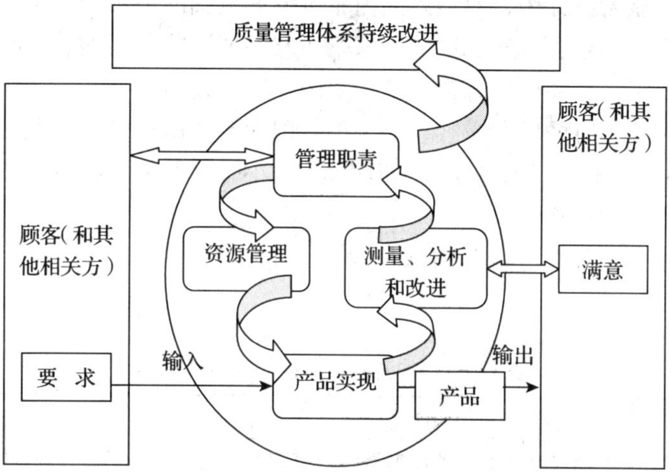

图 12－1　ISO 9000:2000 模型

第二节　游客行为管理

游客是旅游景区的主要服务对象，扮演着景区旅游产品消费者的角色。从消费者的角度来说，没有他们，旅游景区就不可能生存发展下去，游客是旅游景区的“主角”。正确地管理和引导游客行为，并期望更多的游客前来游览参观，是旅游景区的追求目标。同时，旅游产品的主要特点在于生产过程和消费过程的同步性，即必须要有游客的消费，才能出现旅游产品的生产。因此，从旅游产品生产的过程来看，游客在景区中不仅扮演着消费者的角色，同时还是景区生产过程中的重要环节，可以说游客是具有双重身份的消费者，为此，景区管理者应该重视游客在景区经营管理中的作用，将游客管理纳入到景区管理当中来。

一、游客的行为分析

游客的行为涉及旅游决策、购买、消费、评价等一系列问题，而旅游景区管理人员所接触的只是购买了旅游产品的游客，因此，这里只研究游客在进行旅游消费过程中的行为。

1. 游客分类

在国际官方旅游组织联盟（今世界旅游组织的前身）的积极推动下，联合国于 1963 年在罗马召开了一次国际旅游会议（简称“罗马会议”）。罗马会议提出，凡纳入旅游统计中的来访人员统称为“游客”（Visitor）。游客是指除为获得有报酬的职业以外，基于任何原因到一个不是自己常住的国家访问的人。在这个定义下，游客包括两类：一类是“旅游者”（或过夜游客），即到一个国家作短期访问，至少逗留24小时的游客；另一类是“短程游览者”（或一日游游客），即到一个国家作短暂访问，停留时间不超过24小时的游客（包括海上巡游过程中的来访者）。

在我国的国内旅游统计中，对纳入国内旅游统计范围的人员统称为国内游客。国内游客是指任何因休闲、娱乐、观光、度假、探亲访友、就医疗养、购物、参加会议或从事经济、文化、体育、宗教活动而离开常住地到我国境内其他地方的旅游住宿设施内停留至少一夜，最长不超过6个月的国内游客。另一类是国内一日游游客，指我国大陆居民离开常住地10公里以外，出游时间超过6小时但不足24小时，并未在我国境内其他地方的旅游住宿设施内过夜的国内游客。

游客可以按出行的外在特征分类（见表12－1），也可以按人口统计特征分类（见表12－2）。

表12－1　按游客出行的外在特征分类

是否跨越国境	国际游客和国内游客
出行目的	消遣型游客、差旅型游客、家庭及个人事务型游客
出行区域远近	区域游客、国内游客、国际游客、洲际游客、环球游客
旅游组织形式	团体游客、散客、自助游客
旅游费用来源	自费游客、公费游客、社会游客、奖励游客
享受程度	豪华游客和经济游客
旅游交通方式	航空游客、铁路游客、公路游客、水上游客
旅游活动内容	观光型游客、文化型游客、人文型游客、访古型游客、会议型游客、疗养型游客以及形形色色的专项游客（如特种旅游）等

表12－2　按游客的人口统计特征分类

年龄	少年游客（6～16岁）、青年游客（16～40岁）、中年游客（40～60岁）、老年游客（60岁以上）
性别	男性游客和女性游客
家庭经济收入水平	高收入游客（家庭年人均收入3万元以上）、中高收入游客（家庭年人均收入1万～3万元）、中等收入游客（家庭年人均收入5 000～10 000元）、中低收入游客（家庭年人均收入2 500～5 000元）、低收入游客（家庭年人均收入2 500元以下）
受教育程度	具有小学、初中、高中、大学、硕士研究生、博士研究生等学历的游客
职业	我国最新的职业分类标准将全体劳动者分为8个大类，共1 800多种职业

2. 游客的行为特征

（1）散客、团体游客的行为特征

团队游客是由旅行社组织并安排的，按照固定的旅游线路、交通工具、活动日程与内容，进行一日或数日游的旅游者。团队游客人数一般为 10 人以上，其行为往往比较受到约束，没有自主性。团队游客在景区游览过程中大多跟随导游统一行动，旅游活动按已定路线和内容进行。就算自由活动，仍然受到较大限制，在规定的有限时间内必须集合，否则将影响行程安排。团队游客的行程安排大多比较紧凑，而且可变动性差。

散客是指自行安排旅游行程，零星现付各项旅游费用的旅游消费者。散客相比团队游客而言，具有决策自主性、内容随机性和活动分散性等特点。散客行为的自由性使得其旅游活动的不确定性较大，他们根据自己的兴趣或爱好，按照自己的意志自行决定旅游线路和内容。散客的时间相对较为充裕，在旅游时有充分的选择。散客一般具有自主意识强、心理成熟度高、需求层次高、个性化要求多等特点。这些心理在旅游行为上表现为自主选择旅游景区及活动，旅游行为独立，旅游过程中希望寻求自我实现的需要，旅游过程中对价格的关注程度下降，而对旅游体验更加重视。

（2）不同年龄段的游客的行为特征

不同年龄段的游客的行为特征（见表 12－3）。

表 12－3　不同年龄段游客的行为特征

类型	年龄构成	主要心理特征	主要出行目的	最感兴趣的旅游项目	对旅游服务的要求
少年游客	6～16 岁	好奇、冲动、自制力差	求知、满足好奇心	知识性、娱乐性、参与性	要求提供安全保障
中青年游客	16～60 岁	社会角色多样、需要层次复杂	观光、度假、求知、购物、探亲、商务及其他	观赏性、娱乐性、知识性、猎奇性、文化性、参与性	要求服务水平与个人支付能力相符
老年游客	60 岁以上	安闲、寂寞、怀旧	愉悦心情、增进健康	观赏性、纪念性娱乐性、信仰性	要求在食、住、行、游、购、娱方面符合老年人习惯

1）少年游客（6～16 岁）。由于最突出的心理特征是以成长的需要为中心，具体表现为具有较强的求知欲和探索欲，对各种旅游活动兴趣浓厚，注重参与性，对活动的内容和服务无特殊要求，由于自身身心发育不成熟，故安全意识差，自我保护能力差，一般需要家长的陪同监护和管理部门的特别关照。

2）中青年游客（16～60 岁）。由于担当着较多的社会角色，旅游行为需要和动机呈现出复杂性的特点。一般来讲，青年游客具有较强的求知、求新心理，注重旅游活动中的时尚性、参与性、文化性，在食、住、行、游、购、娱各个环节中最注重游和娱。中年游客较为复杂，其行为特征与其职业及受教育程度有关，例如，企业工人可能最注重参与性，教师比较注重旅游景观的知识性，公司职员可能出于商务活动的需要而对旅游的社交功能尤为重视。因此，这一年龄段的游客兴趣多样、动机复杂，相应地，对服务的要求也是多样化、全方位的。

3）老年游客（60 岁以上）。以城市的离退休人员居多，他们是休闲旅游的积极参与者。老年游客对旅游中的食、住、行、游、购、娱都非常在意，尤其注重旅游活动的安全性，对旅游服务要求较高。老年游客一般对怀旧性的、信仰性的旅游项目兴趣较为浓厚，异域的具有新异性的观光项目也对他们富有吸引力。

(3) 不同性别的游客的行为特征

统计数据显示，在中国城镇居民国内出游市场中，女性占很大比重，并呈现出稳定的增长势头。男性与女性在旅游行为中存在的差异是多方面的，国外相关实证研究表明，其差异按内容可以大致分为三大类：感知差异、动机差异、其他差异。

1）感知差异。男性与女性游客之间的感知差异涉及多方面，如安全感知、营销感知、空间感知等。女性比男性更容易意识到夜晚的危险性；在公共区域中，男性比女性更少意识到他们处于危险中。例如，在飞机上，女性商务游客会对周围的陌生男人心存顾虑。

2）动机差异。与男性传统的动机（如体育旅游、探险旅游和度假旅游等）相比，女性表现出更多的文化动机、独立动机、浪漫动机、购物动机和参与动机。总的来说，男性更喜欢体力消耗大，具有一定冒险性、刺激性、参与性强的旅游项目；女性则更倾向于选择对体力要求不高、节奏较慢、安全的旅游产品，特别青睐观光型旅游产品。

3）其他差异。约翰斯（Johns）和吉莫西（Gyimothy）的研究表明，女性游客较男性游客主动性更强。布拉泽（Blazey）的研究发现，女性游客较男性游客出游中更易受到旅游中的制约因素影响。

(4) 不同经济收入水平的游客的行为特征

收入水平不仅影响着游客的旅游消费水平，而且会影响到游客的旅游消费构成。一般情况下，高收入水平、中高收入水平的游客会在食、宿、购、娱等方面花比较多的钱，从而使交通费用在其全部旅游消费中所占的比例减少；在中低收入水平游客的消费构成中，交通费用所占的比例较前者多。其原因在于食、宿、购、娱等方面节省开支比较容易，而在交通方面省钱则较为困难。例如，同样是住宿，五星级的客房就比二星级的昂贵得多。

游客能够承受什么样的消费水平，依据其家庭收入状况。从调查中得知，游客以中等收入者（家庭年人均收入5 000～30 000元）为主，占游客总量的60%左右；高收入者（家庭年人均收入30 000元以上）次之，占游客总量的30%左右，这说明随着人们生活水平的提高，旅游正成为人们生活的一部分。而家庭年人均收入5 000元以下的游客，只占到游客总量的6%左右，表明收入水平与游客的出游行为有着直接的联系。由于最高收入阶层的人士往往是事务十分繁忙的人物，他们反而没有时间参加更多的旅游活动，其出游频率并非特别高。但一般来说，收入越多，说明其可自由支配的收入越多，在选择旅游产品进行旅游消费时，更注重自己的兴趣而不在意旅游产品的价格。

(5) 不同教育程度的游客的行为特征

不同教育程度的游客的行为特征在以下四个方面存在差异。

1）出游率。一般来说，由于出游行为很大程度上是一种精神消费，因此受教育程度越高，出游率越高，也更容易作出旅游的决定；受教育程度越低，外出旅游次数相对较少，对旅游的需求不强烈。

2）旅游偏好。受教育程度高低对不同类型旅游活动的偏好具有影响。受教育程度越高，所选择产品的文化含量越高。据调查，文化程度在大专、本科及以上的游客多数认为拙政园很好或较好，不愧为中国“四大名园”之一，是私家园林中的精品；文化程度偏低的被调查者则较多认为苏州园林一般或较差，认为除了其中的花花草草有点看头外，对有关拙政园内的建筑风格、布局无法理解。

3）消费能力。文化程度越高，消费能力越强。主要原因在于，不同的文化层次间接地造成了游客社会地位、经济收入以及需求层次等的明显差异。

4）旅游目的。学历越高知识越多，对外部世界的了解更多，对外部世界了解的愿望也越强烈，因此，高学历者对自己的旅游行为有较明确的目的性，更喜欢较高层次的专题旅游，而中等学历者产生旅游愿望更多地受大众媒介的影响。

（6）不同职业游客的行为特征

游客职业不同，意味着收入、闲暇时间和受教育程度不同，旅游的倾向和需求也不一样。根据抽样调查显示，就业情况与出游的关系表现为：已就业的游客多以公务员、科技人员、工人、公司职员和商业从业人员为主，未就业的游客多以学生为主。

职业在很大程度上决定了一个人的收入水平。在各类职业中，行政和企业管理人员、专业技术人员、商务人员的出游机会更多，因为从事这些职业的人员一般工资水平较高、福利较好、度假疗养和出差的机会较多等。其中，行政和企业管理人员、商务人员去城市出差的机会较多，因而去城市旅游的机会也较多。游客总数中学生所占比重较大，但他们的收入来自家庭，因而要看其家庭的收入水平。学生是一个特殊的群体，他们精力旺盛，求知欲强，对大自然美景满怀憧憬，是生态旅游者的重要参与者。相对而言，农民、离退休人员等群体因受收入水平和体力限制，出游率较低。

此外，在游客中，由于职业和身份的不同，导致其对游览内容和对象的选择上也不同。一般来说，人们都会根据各自的专业和兴趣选择旅游点。例如，读历史专业的游客对古都、古文化遗迹会有特殊的感情和兴趣。

3. 游客行为的分析

分析游客旅游行为的目的在于以一种特征或几种特征为主导找出多样化游客行为的规律及其影响因素。在旅游过程中，游客总是会表现出一定的行为方式，其行为不仅取决于对旅游景区的环境信息进行感应、评价（判断和选择），还取决于游客主观上（不同地域、不同收入消费阶层和年龄层次、不同知识结构、不同偏好）的观察和感觉。游客的行为是怎样产生的？它受哪些因素的影响？有些什么样的特点？对这些问题的分析探讨，有助于找出游客行为中的一般规律。

有关人的行为研究，心理学、社会学、行为科学等学科都有各自的理论，这些理论都为分析游客行为提供了研究基础。其中著名的社会心理学领域的开拓者库尔特·勒温（Kurt Lewin）对人的行为产生提供过一个著名的公式

$$B=f(P, S, E)$$

式中 B——Behavior，指人的行为；

P——Person，指个体因素；

S——Society，指社会因素；

E——Environment，指环境因素。

公式表明，人的行为是个体因素、社会因素和环境因素的函数。不同的个体在同一社会环境条件下可能产生不同的行为，即使是同一个体由于心境不同，对同一社会环境也会产生不同的行为。这里，人的行为最终取决于这些自变量相互作用的结果。

游客出游前的感知印象来源于旅游目的地（旅游景区）的形象、亲友评价和媒介传播

等，个人的感知由文化、年龄和职业等决定。感知目的地形象首先由信息接受者（游客）在对表面印象的感应基础上，经过内在思维加工而形成较深刻的认知印象，因而总体决定于客观的客体形象和主观认识水平。即使当人们感知印象相同时，由于其年龄、文化和收入不同，其兴趣和旅游偏好差异会受到影响，从而产生不同的动机和决策行为。虽然旅游团是由不同特征的游客所组成的，但由于游客对某项旅游活动有着共同的需要和态度，不同的游客在同一社会环境下也就可能产生相同的游客行为。比如，有时个别游客尽管与旅游团有着不同的需求和态度，也会采取与团体相一致的行为。

根据行为科学的理论，人的行为是在外部因素的作用下，通过其内在的心理活动而产生的。对于游客来说，旅游团的行为准则、旅游环境以及旅游景区管理人员的言行等构成了外部因素，在这些外部因素和自身内在心理未被满足的刺激驱动下，游客的反应是通过外显的行为、表情等来实现的。游客在旅游景区的行为表现受旅游景区的资源分布状况、配套设施情况、实际旅游形象与感知映象间的差距反馈等影响。因收入、职业、年龄和文化层次的不同，游客有不同的活动规律和审美境界，因而其旅游行为有偏好方向和活动强度上的差异。例如，导游生动形象的讲解使游客从兴趣一般到兴趣浓厚；有的游客在游览过程中未能体验到自己预想的目标，感到景区与自己期待的目标有一定的距离，从而产生逆反心理，其行为往往有意想不到的反应，就容易产生不文明的旅游行为，加大了景区管理的难度。

二、游客的管理方法

根据管理方法的作用机制，可以将景区游客管理的方法分为两种，即激发型管理方法和约束型管理方法。

1. 激发型管理方法

所谓激发型管理方法，是指景区通过激发游客的自我控制意识而保证其按照社会基本行为准则和景区游客行为规范行事。激发型的管理是一种软性管理，该管理方法的出发点在于认为“人性本善”，每个人都有公德心、责任心、羞耻心等，即使某些游客有一些不文明、有损于景区资源和环境的举动，也只是因为一时利益的驱使。因此，激发型管理方法认为游客的管理主要在于沟通和交流，以充分激发游客的自我约束能力。激发型管理的典型方法有教育、示范和引导。

（1）教育

教育是指通过传递景区行为规范的信息来帮助游客识别行为的对与错，即教育的管理方式是在游客心目中树立起评判行为优劣的标准，在景区游览中，游客的行为可以根据该行为标准来实现自我约束。

（2）示范

示范的管理方式是指在景区中，依托景区工作人员或其他游客的正面或负面行为来实现对游客激励的方法。示范的作用机制在于利用人与人行为间的差异吸引游客的关注，然后在价值观判断基础上形成正确的价值取向，从而使旅游者效仿示范者的正面行为或共同抵制示范者的负面行为。如黄山风景区在主要景区峰顶建有130多个攀岩固定环，每天有几十名环卫工人在落差近百米的悬崖绝壁上进行作业，捡拾游客随手丢弃在山中的垃圾。

如果让游客看到景区内环卫工作人员充满危险而艰苦的工作环境，同时看到某些游客继续往山谷里随手扔垃圾，定能在游客心中产生巨大的作用，督促其不再向峡谷中随手乱扔物品，这就是通过示范的方法激发游客公德心和羞耻心的结果。

（3）引导

引导就是在游览过程中借助某些物品或标志来提醒游客注意其自身行为，达到对游客的行为实施监控和管理的目的。常用的引导方式是设立标志牌等设施，如在醒目的地段设立载有“小草有生命，请你脚下留情”、“善待自然也便是人类自珍自重”等文字或符号的指示牌。

2. 约束型管理方法

虽然从景区管理的人性化角度来看，激发型管理最为合理，它强调了景区对旅游者的尊重和相互沟通，但是，在现实中的某些场合，约束型管理也是景区游客管理中必不可少的方法。

约束型管理也称为“强制性管理”，该管理方法的作用机理在于明确制定相关的行为规则，并借助强制力保障该规则得到遵守，任何违背行为规则的游客都要受到惩罚，从而形成强大的压力来迫使游客按照规定的方式在景区中游览。约束型管理必须保证景区规则制定的唯一性和规则实施的严格性。规则制定的唯一性是要求景区在制定相关的行为规范和准则时，其内容应该具有唯一性。只有内容唯一的景区行为规则，才能保证其在实施时获得较为稳定的景区运行秩序，否则，针对同一个条款可以产生多种行为方式，必然会给景区管理带来更大的麻烦。规则实施的严格性是对游客形成强大威慑力的重要前提，只有公开、公平、公正地实施景区规则，对违反规则游客的惩罚严格按照规定执行，景区的行为规则才能为游客所信服和接受。

值得一提的是，约束型的管理方法并不是将游客的利益置于听凭景区摆布的不利地位，正好相反，采取约束型管理方法进行干预的行为往往是与游客自身安全密切相关，约束型管理产生的威慑力也是为了保证游客获得安全的旅游环境，为其得到高质量的旅游经历提供保障。

激发型管理和约束型管理是景区游客管理方法的两大类别，每个方法又可以分解为不同的管理工具，在实际应用过程中两者并不是完全分离的，而是互相依托、紧密联系的。对于景区游客管理而言，激发型管理和约束型管理缺一不可，且在管理过程中应相互交叉使用。

三、游客行为的引导

众多游客来到异地旅游消费，目的是求新求异、求知求智、陶冶情操、充实人生，其行为举止与其旅游追求总体是相符的。但现实中总有部分游客在旅游过程中出现种种非道德行为，主要表现为污染环境、毁坏旅游资源、损坏旅游基础设施、在公共场合举止不文明、对旅游接待地居民不尊重等。这些都直接增加了旅游景区的环境管理和景观管理的难度，造成了环境污染、整体吸引力下降、旅游价值降低等问题。这种行为虽然尚不具有普遍意义，但其总体危害极大，已构成对旅游环境、道德环境营造的破坏因素，并成为旅游业持续健康发展的现实制约因素。

1. 游客不文明行为产生原因的分析

游客产生不文明旅游行为的原因很多，主要体现在以下几个方面。

（1）游客在旅游过程中的自律意识松弛

旅游活动是对日常生活的超越和改变，因而游客在旅游过程中不同程度地存在着随意、懒散、放任、无约束的心理倾向。当一个人以游客的身份在异地游览时，往往想摆脱日常生活中的“清规戒律”，道德的约束力量远不及他日常生活圈子中那样强大，所以人性中潜在的恶总是自觉不自觉地流露出来。正是因为旅游是一种暂时性、异地性的活动，游客摆脱了日常生活圈子中众多熟识的目光的监督，所以对自己的行为举止便少了许多顾忌与约束，因而易出现一些不文明的行为。

（2）游客在旅游过程中环保意识不强

文化素养低、环保意识差的游客很少会考虑自己的行为对环境造成的影响，因而最容易在不知不觉中产生不文明行为。但值得注意的是，大量游客有着相当高的文化素养，在日常生活中也有明确的环保意识，能约束自己的行为，然而一到景区游览时便会产生种种与其日常行为迥然不同的不文明行为。对这类游客而言，用环保意识差来概括其不文明旅游行为产生的原因显然是不合适的。就理论层面而言，旅游活动应该有利于提高游客的生态意识和环境保护素质。但事实上，旅游活动本身的某些特征又不利于游客形成保护环境的愿望。就旅游活动而言，游客不文明行为对环境、景观的消极影响往往是潜移默化的，所造成的严重后果往往是长期积累所形成的，而游客的游览活动是暂时性、动态性、异地性的，所以游客并不能看到自己的不文明行为的严重后果。这就致使游客一方面对旅游景区环境问题的重要性缺乏认识，另一方面对自己的不文明旅游行为造成的环境污染问题的责任归属缺乏认知，并且由于众多游客的不文明行为的同时存在，也使游客个体对保护环境的有效性缺乏认知。这些因素决定了游客在游览活动过程中不易形成保护环境的愿望，因而也不易产生保护环境的行为。

（3）景区管理不完善，宣传教育缺乏力度

我国旅游业尚处在发展阶段，游客管理中还有不少不够完善之处，客观上使不文明游客行为难以得到有效制止。不少景区的垃圾箱数量与设置位置不科学，有的景区不落实对游客不文明行为的管理条文，或有的条文简单生硬，使人易生逆反心理。一旦游客出现不文明旅游行为，管理部门也往往在“顾客是上帝”的片面观念下，疏于处理。没有一套严密、完善的管理体系，客观上助长了游客不文明旅游行为的发生。随着我国旅游业的高速发展，旅游景区主要侧重于抓基础设施建设和员工的管理，而对游客这一流动性极大的松散群体的道德文明建设尚未引起足够的重视，社会宣传、教育显然缺乏力度，难以营造应有的旅游行为道德互律氛围，以致许多游客连旅游中应遵守的起码社会公德都不了解，根本未意识到其行为有违社会道德，甚至有违法律。媒体舆论也长期偏重旅游从业人员的道德文明建设，对游客道德建设涉及不多，易于给人们留下一种“顾客是上帝”而“上帝总是对的”、“花了钱干什么都有理”的扭曲印象。这种不健全旅游意识的形成，使整个社会未能形成良好的旅游道德风尚。

（4）游客在旅游过程中占有意识外显和部分游客的故意破坏行为

研究表明，游客在异地的游览过程中除了眼看、耳听、口感之外，还有手拿的倾向。如好古者可能偷偷掀下古庙的一片瓦当，恋花者不免要“拈花惹草”，拿不走的就用手摸摸、用刀刻刻，告诉他人“我曾到此一游”。游客在旅游过程中的这种占有意识是乱刻乱画、乱折乱摘、追逐猎杀动物等不文明行为产生的重要原因。

此外，游客的故意破坏也是不文明行为产生的重要原因。例如，对眼前的垃圾桶视而不见而把垃圾故意扔入山谷或湖水中；故意破坏旅游设施；在野生动物园中拉扯鸟的羽毛、袭击追杀动物等。这种行为的动机一般有两种：一种是纯粹为了寻开心、寻求刺激和快感，有人称这种行为是“为了寻求刺激而对旅游资源的施暴行为”；另一种是为了发泄自己某种不满情绪，把对环境、景观作为发泄心中不满的途径。这类行为造成的破坏相当严重。

2. 正确引导游客行为的方法

（1）实物引导方法

1）建立旅游标志。在景区明显位置悬挂和摆放规范的、美观醒目的旅游标志，配置有亲和力的标志性说明文字及提醒文字，达到游人自觉维护旅游秩序和环境的目的。例如，“请节约用水”，“请不要吸烟”，“清洁的环境需要您的努力”。

2）完善各种设施。景区应提供各种设施设备，以防止游客不文明旅游行为的发生。如合理放置美观有趣的垃圾箱，使游客便于、乐于负责任地处理废弃物。

3）发放垃圾袋。给每个游客发一个垃圾袋，以便保护旅游景点的环境卫生。发垃圾袋只是一种手段，而不是目的，其目的是培养游客的环保意识，提高人人注重环保的自觉性。

（2）组织引导方法

1）发挥导游的引导作用。带队导游可对游客的行为起到直接的引导、监督、制约作用。在可持续旅游中，导游不仅要完成组织协调、解说等传统职责，同时还应负有“资源管理”的职责。

2）建立方便的反映问题的渠道，便于游客反映问题和意见，及时消除不满情绪，预防破坏行为的发生。

（3）示范引导方法

景区员工在履行其正常职责的过程中，可以随时与游客交流聊天，提供游客所需要的信息，并听取他们的反映，向游客阐明注意事项。同时，要以自己的实际行动教育游客尊重环境，遵守规章。

（4）强制引导方法

景区可以根据自身的资源特点编制游客规则，也可进行分区管理。如关闭某些地域的活动场所、禁止在某些区域或某些时间段内从事某些活动，还可以限制利用量。如限制停留时间、限制团体规模、限制游客数量、禁止野营来进行强制引导。

（5）教育引导方法

教育引导方法有很多，例如：加强环保宣传、增加环保旅游项目、加强对旅游景区内居民的环保教育和编制旅游指南或手册等。

延伸阅读

阅读1 古村落游客的行为分析

国内旅游客源市场仍为古村落旅游的主体市场，并且多为城市旅游消费群体。因旅游者的偏好、动机、知识层次不同，在游览过程中的行为特点也不一样，一般有以下几点。

1）国内游客多以散客或单位团体形式来古村落游览，属观光型旅游者。近距离旅游者为周末休闲旅游，多以一日游为主，停留时间较短；中程或远程旅游者以节点式旅游组合为主，在古村落停留一至两天，又到其他旅游景点游览，专程到古村落旅游的人数不多，重复游览较少。

2）在旅游者结构上以知识层旅游者居多。他们出于对古代文化有兴趣或增长知识、开阔眼界的目的来古村落观光游览。他们一般经济收入较稳定，比较注重自己的身份，旅游消费比一般旅游者高，多购买一些字画、楹联等收藏品。

3）专业修学旅游者为古村落旅游客源市场的一大群体，其中有摄影、绘画、建筑、考古、史学、民俗、地方文化等专业研究人员，他们根据自己专业的需要深入到古村落的许多地方进行考察，游览的兴趣和观察的仔细程度是一般旅游者无法相比的。他们游览停留的时间长，重游率高，希望考察不同类型的古村落，有的甚至多次到一个古村落进行研究。他们非常注重古村落的本原性，对人工修饰、加工的景点毫无兴趣。

（资料来源：冯淑华，《古村落旅游客源市场分析与行为模式研究》，载《旅游学刊》，2002.6）

阅读2　美国旅行商协会制定的游客游览生态旅游地十条戒律

1）要尊重地球的脆弱性。要认识到，只有所有的人愿意帮助和保护地球，独特而美丽的风景区才会被后代享有。

2）只留下脚印，只带走照片。不折树枝，不乱扔杂物。

3）充分了解你所参观的地方的地理、习俗、礼仪和文化。

4）尊重别人的隐私和自尊，拍照时要征得别人的同意。

5）不要购买用濒危动植物制成的产品。

6）要沿着划定的路线走。不打扰动物，不侵犯其自然栖息地，不破坏植物。

7）了解并支持环境保护规划。

8）只要可能，就步行或使用对环境无害的交通工具，机动车在停车时尽量关闭发动机。

9）以实际行动支持景区内那些致力于节约能源和环境保护的企业。

10）熟读有关旅行指南。

本章小结

本章介绍了旅游服务质量管理的概念及其在景区管理中的地位与作用，“三全”管理（即全员、全程、全组织）及其在景区服务管理中的应用。详细说明了提升景区服务质量管理的方法与技巧。通过游客的行为特征和游客的行为分析，结合游客不文明旅游行为产生的原因，阐述了如何正确引导游客行为。

知识结构

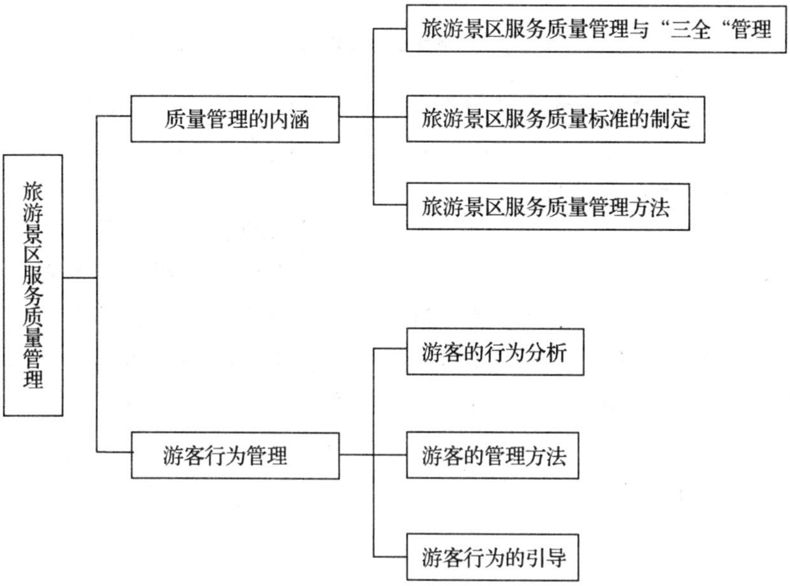

习题与思考

1. 选择题

1）景区实施标准化管理的基本内容包括（　　）。

A. 服务质量　　B. 景观质量　　C. 设施质量　　D. 游客意见

2）每个人的精力都是相对有限的，由一个管理者来行使所有的决策权是不可能的。因此，景区管理者在管理的过程中，需要实施（　　）。

A. 日常管理　　B. 流动管理　　C. 关键点控制管理　　D. 授权管理

3）（　　）年龄段游客出游的主要目的是为满足求知和好奇心理。

A. 6～16 岁　　B. 16～30 岁　　C. 30～60 岁　　D. 60 岁以上

4）激发型管理的典型方法有（　　）。

A. 说服　　B. 教育　　C. 示范　　D. 引导

5）加强环保宣传属于引导游客行为中的（　　）。

A. 实物引导方法　　B. 示范引导方法　　C. 强制引导方法　　D. 教育引导方法

2. 简答题

1）何谓旅游景区服务质量？

2）在旅游景区服务质量管理中如何应用“三全”管理？

3）旅游景区服务质量管理方法是什么？

4）不同类型的游客各有什么不同的行为特征？

5）游客在景区游览中不文明的旅游行为表现有哪些？

6）如何正确引导游客的旅游行为？

案例分析或点评

案例1 御温泉的标准化

每一位到过御温泉的人，都会被御温泉的服务深深打动，留下美好的印象。因为这是个与众不同的企业，里面有着与众不同的员工，他们提供着与众不同的服务。因此，它给您的感受与体验也是与众不同的。

当您来到御温泉的时候，不管到哪一处，御温泉的员工都会停下来，给您一句敬语、一个微笑、一个鞠躬，并递上温暖的红茶，让您的心也瞬间温暖起来。而且，当您口渴的时候，当您需要毛巾的时候，当您有其他需求的时候，通常都是尚未开口便有服务员善解人意地满足您的满足。在御温泉，您还会看到在村内行走的御温泉人列队有序，整整齐齐。即使在您离开的时候，可能还会被感动，因为在场的人员都会站立挥手送别，直到您离开了他们视线。这就是御温泉。

（资料来源：风于，《做行业标杆，展王者风范——温泉企业标准化发展之路》，载《中国旅游报》）

点评：

是什么让御温泉人能做到这些通常人不容易做到的？是什么让御温泉人的思想和行为表现得那么统一，仿佛是一支异常优秀的军队，步伐有力，行动统一。在这些背后，到底是什么支撑着？现象背后，便是御温泉善于制定、善于总结、善于灌输、善于考核与激励，从而拥有一套完整的、科学合理的服务标准，以及一套行之有效的培训与执行体系。

案例2 人人都应成为“护花使者”

日前，好多家媒体登载，为迎奥运而开发的1 000余种奥运花卉在北京紫竹院供中外游客尽情欣赏。但是在展示过程中，摘红折绿的现象屡见不鲜，路旁，酣睡的“膀爷”比比皆是；草坪上留影的青年人随处可见。这些人获取的是短暂的惬意，缺失的是基本的公德。

鉴于此，许多人都会萌生一个愿望，北京的公园、街道在大展群芳的同时，一方面利用多种形式吸引人眼球，大力宣传文明礼仪；一方面制定出行之有效的奖惩措施，对文明游园者、主动净化环境者及时给予鼓励；对肆意践踏、严重毁损生态景观者给予相应的处罚。

（资料来源：冯新生，《中国旅游报》）

点评：

作为景区，应完善基础设施，健全管理机制并加强服务功能，才能保证奇花异卉众人共赏。当绝大多数管理者、服务人员和游客都成为“护花使者”时，满目娇艳映衬的便是我们文明古国应有的风度与气韵。

案例3 浙江千岛湖风景区实行的“过失通知单”制度

对以下过失行为的直接责任人签发“过失通知单”:

* 违反《旅游管理人员行为规范》的;
* 引发服务单位、其他部门或游客投诉并查实的;
* 办事拖拉,影响全局工作的;
* 工作推诿、扯皮并引发不良影响的;
* 办事吃、拿、卡、要,造成不良影响的;
* 办事不得力,管理不到位,造成工作重大失误或严重影响管理的;
* 利用职务之便或在工作时间从事第二职业的;
* 违反财务、财产管理制度、采购管理办法等规定的;
* 其他违纪违规行为。

员工每接到“过失通知单”一次,即记过一次。中层干部过失一次加以诫勉,过失两次加以免职处理;员工过失一次给予警告,扣发3个月奖金,过失两次待岗,两年内过失三次限期调离或辞退。

点评:

千岛湖景区“过失通知单”制度严格而具体,其规章制度是景区健康、可持续发展和凝聚人心的重要保障。景区制定严格、合理的纪律不但不会损害员工个人的活动空间,相反还会维护和保障员工个人的发展空间。同时,对违纪者做到严肃的处理,也可对其他员工起到良好的警示作用。

第十三章 旅游景区的标准化管理

教学目的和要求

通过本章学习，了解景区标准化管理的背景、历程、景区管理标准化的意义；熟悉三大国际标准体系的基本构成；掌握景区管理中的三大国际标准体系的不同适用对象、掌握《旅游景区质量等级的划分与评定》（GB/T 17775—2003）的相关内容，在我国的实施现状及其所产生的积极影响。

关键词汇

景区管理（Scenic Spot Management）　标准化（Standardization）
ISO 9000　ISO 14000
绿色环球21（Green Globe 21）

案例导入

武陵源旅游区狠抓管理服务更上一台阶

武陵源旅游区自2007年3月成为国家首批5A级旅游景区以来，紧紧围绕建设世界旅游精品，不断完善各项旅游软硬件设施，大力提升旅游服务水平和产品质量，全方位展开旅游营销，使5A景区创建成果在巩固的基础上取得了长足进步。2009年8月26至27日，湖南省旅游局5A级景区复核复检组对武陵源旅游区进行了复核复检，对武陵源旅游区景区建设管理呈现的“七大亮点”给予了充分肯定。

1）旅游交通更加快捷。2009年5月22日，总投资2.78亿元的阳龙公路于竣工通车，成为常张高速公路通往武陵源旅游区的一条重要通道，大大增强了武陵源旅游区的可进入性。

2）游览体系更加完善。投资1 800多万元新建了张家界国家森林公园门票站。投资1.6亿元修建了集旅游服务、民俗表演、休闲生活等功能于一体的黄龙洞文化生态广场。投资1 200多万元对黄龙洞周边37栋建筑面积达1.24万平方米的房屋进行拆除，并新建了占地面积2.7万平方米、绿地面积近1万平方米黄龙洞停车场，并配套完善了商业街购物廊、洗车场、管理用房等设施。

3）旅游安全更有保障。对演艺、超市、宾馆酒店等重点场所和景区景点森林防火情况进行全方位的安全检查，及时发现隐患并整改到位，有效地遏制了旅游市场不规范经营行为，维护了旅游者的合法权益。

4）环境整治更加严格。投资6 000余万元进行了索溪河生态河道整治，完成了沿河风光带的建设。投资3 576万的索溪峪污水处理厂二期工程全面启动，污水收集管网覆盖全城区，日处理污水能力增加到2.8万吨。斥资1.7亿元的高云路改扩建工程和城市生态植物园建设即将竣工。

5）旅游文化更加丰富。以宝峰湖瀑布为背景的山水实景演出“梯玛神歌”于2008年正式推出，其隽秀的背景、婉转的剧情、原生态的表演赢得社会各界广泛赞誉。投资1 800万的武陵源图书馆和文化馆正在建设之中。投资1.1亿元的魅力张家界国际文化广场年底将对外试营业，建成后将是全国旅游最大室内文化演艺中心。能容纳900人的黄龙洞大剧院正在施工之中，预计年底对外开放。

6）精神文明建设常抓不懈。2008年，经过多年的努力“全国文明风景旅游区”创建工作终获成功。在全区范围内开展“平安满意在张家界·武陵源”活动，优化了旅游消费环境，游客服务满意率大幅提升。搭建旅游电子商务平台，“张网”公司正式投入营运，网上售票方便快捷。在旅游窗口行业开展了“岗位能手、服务标兵”评比活动，“游客是亲人，我们心连心”的服务理念深入人心。

7）以人为本创新营销策略。三年来，武陵源旅游区每年都举办保护世界遗产宣传月和遗产开放周活动，每年的最后一周，核心景区免费向全世界游客开放。三年来累计有近30万人次游客免费体验武陵源世界自然遗产的秀美风光。尤其是今年暑期，核心景区对全国24岁以下学生免票，暑期日平均有5 000人次青少年来景区参观游览。

（资料来源：http://www.itisgreen.cn/zjj/zjj_zx/220801337.html）

旅游景区标准化管理是我国旅游景区未来的发展方向，景区通过导入标准化管理和国际接轨，进而利用当今世界上最先进的管理模式，同时结合我国的具体情况，建立一套适应自身发展特点的规范化、标准化的管理体系。既有利于景区景点的可持续发展，有利于市场的良性循环，同时也有利于保障旅游者的合法权益。

第一节　旅游景区标准化管理概况

一、旅游景区标准化管理的背景

近三十年来，我国旅游业取得了长足发展，作为旅游业四大支柱之一的旅游景区也得到了飞速发展和提高，但随着全球化经济的到来和中国作为旅游目的地在世界排名的不断提前，也出现了一系列问题：大多数景区的管理和经营仍保持传统的方式，与国外知名景区的管理和经营差距较大，成为我国旅游业发展的一大阻碍。因此，景区管理如何同国际接轨，已经成为我国旅游业发展中不得不面临的问题。

在景区的标准化管理方面，我国借鉴了国际标准化组织的ISO 9000质量管理标准和ISO 14000环境管理标准系列。这些管理标准对导入国际标准化管理体系的组织提出了明确的要求，为景区进入国际标准化管理提供了最好的桥梁。1999年，我国正式颁布实施《旅游区（点）质量等级的划分与评定》（GB/T 17775—1999），旨在加强对旅游景区的管理，提高旅游景区服务质量，维护旅游景区和旅游者的合法权益，促进我国旅游资源的开发利用和环境保护对各景点景区进行质量等级评定，授予相应的级别。2003年又颁布了

《旅游景区质量等级的划分与评定》（GB/T 17775—2003）代替原标准（GB/T 17775—1999），进一步规范了对景区景点的标准化管理。

二、旅游景区标准化管理的意义

标准化管理是旅游景区发展的必然趋势。在景区实现标准化管理是促进旅游产品建设、树立旅游精品的一个重要手段，是推动旅游业发展的加速器，也是游客合法权益的重要保障。在景区实现标准化管理是中国旅游业走向世界，和国际接轨的必要前提和重要桥梁。

1. 景区标准化管理是保证旅游者权益的有效手段

首先，在旅游过程中，游客始终是弱势群体，而标准化管理有利于保护弱者，保护游客的权益。只有游客的权益得到了保护，才能保证旅游市场的良性发展，进而保证旅游企业的发展。其次，旅游消费的特点表现在生产与消费过程是同步的，旅游产品的质量无法实现预料。通过标准化管理的实施会起到事先预防、事后补偿的作用，这从根本上保障了游客的权益。

2. 景区标准化管理是市场经济内在规律的要求

作为一个高度市场化的产业，旅游业在市场经济条件下的竞争日趋激烈，旅游景区只有通过科学的标准化管理，提高质量，树立良好的市场形象，才能赢得更多的客源。质量的提高和衡量需要一个公认的客观的标准，而《旅游景区质量等级的划分与评定》正是适应市场需要，解决了这个标准的问题。从旅游市场角度来说，这就是旅游业引导旅游景区的竞争，朝着加强管理、强化服务、树立品牌的方向发展，确保旅游市场竞争秩序的有序化和有效化。

3. 景区标准化管理是旅游景区自身发展的需要

质量等级是形象，是信誉，是品牌，是扩大市场和客源的前提，是提高效益的源泉，是增强旅游吸引力的硬性指标。通过一个客观的标准将景区进行质量等级划分可以促使景区努力提高质量等级，确立服务等级形象，并依照标准建立相应的质量等级、质量评价和质量监控体系，有利于旅游景区的良性发展。

4. 景区标准化管理有利于促进环境的保护

环境保护工作应该是旅游景区工作的重要内容。在以往的景区发展过程中，确实有破坏性开发、建设性破坏的现象。《旅游景区质量等级的划分与评定》专门强调了环保要求。环境保护不仅是开发建设的问题，也包括日常的管理、污水处理等。再好的山水和满地的垃圾结合在一起也会使景区形象大打折扣。类似这样的问题在很多旅游景区都普遍存在，这需要一个统一的标准来规范旅游景区的建设和发展。通过日常标准化管理，可以降低对景区环境的破坏，从而保证景区资源的可持续发展。

5. 景区标准化管理有利于旅游景区企业全面与国际接轨

旅游景区标准化管理的目的就是通过标准的制定，把国际惯例、国际标准吸收运用于我国的旅游标准体系中；通过标准的实施，将这些国际通行做法运用到我国旅游行业实践中，促进旅游业与国际接轨。通过标准化管理，我国的旅游企业将与国际接轨，进而增强我国旅游企业的国际竞争力。

三、旅游景区标准化管理的内容

景区标准化管理主要包括三个方面：服务质量和环境质量、景观质量、游客意见。服务质量和环境质量包括旅游交通、游览、旅游安全、卫生、通信、旅游购物、综合管理、旅游资源和环境保护等内容；景观质量包括资源要素价值与景观市场价值；游客意见是旅游景区标准化管理的重要参考依据，包括总体印象、可进入性、线路设置、旅游安排、景观设施、路标指示、景物介绍牌、宣传资料、讲解服务、环境卫生、旅游厕所、邮电服务、购物、餐饮、旅游秩序、景物保护等内容。

第二节　旅游景区管理的国际标准体系

国际上通用的质量标准主要有由国际标准组织制定的 ISO 9000 系列标准、ISO 14000 系列标准和由世界旅行理事会创立的绿色环球 21 组织的标准。ISO 9000 系列标准主要针对制造业；ISO 14000 系列标准是环境管理系列标准；绿色环球 21 标准的目标在于旅游景区的质量管理。景区导入这些国际标准都需要经过专门认证机构的认证。

一、ISO 9000 系列标准

1. ISO 9000 系列标准概述

ISO 9000 标准是质量认证体系认证时依据的国际标准。该标准由国际标准组织（International Organization for Standardization）于 1987 年首次发布，并于 1994 年进行修订，2000 年再次修订而成。ISO 9000 不是指一个标准，而是一族标准的统称。2000 版 ISO 9000 族标准由核心标准和其他支持性的标准和文件组成。

2. ISO 9000 系列标准的基本内容

（1）质量保证标准

ISO 9000《质量管理体系基本原理和术语》：表述了质量管理体系的基本原则，并规定了质量管理体系的术语，提出了质量管理体系的基本原理。

ISO 9001《质量管理体系要求》：规定了质量管理体系的要求，主要用于组织证实其具有提供满足顾客要求和适用法规要求的产品的能力，它规定了允许剪裁的范围和原则，允许用户在使用过程中根据需要进行必要的剪裁截取，以适用不同组织的需要。

ISO 9004《质量管理体系业绩改进指南》：本标准不是 ISO 9001 的实施指南，而是为了超越 ISO 9001 的最低要求，改善组织业绩的指南。其目的主要在于帮助企业用高效的方式识别并满足顾客和其他相关方的需求和期望，实现、保持和改进组织的整体业绩，从而使组织获得成功。

ISO 19011《质量和（或）环境管理体系审核指南》：本标准为质量管理体系和环境管理体系审核的基本原则、审核方案的管理、环境和质量管理体系审核的实施以及对环境和质量管理体系审核员的资格要求提供了指南。

其中，ISO 9001《质量管理体系要求》是认证机构审核的依据标准，也是企业通过认证需要满足的标准。

（2）质量管理标准

可以归纳为八项质量管理原则：以顾客为中心、领导作用、全员参与、过程方法、管理的系统方法、持续改进、基于事实的决策方法、互利的供方关系。

3. ISO 9000 系列标准导入旅游景区的要求

按照 ISO 的要求，旅游景区通过 ISO 9000 系列标准认证需具备三个条件：该组织必须具备独立的法人资格或经独立的法人授权；按照 ISO 9001 标准的要求建立文件化的质量管理体系；已经按照文件化的体系运行三个月以上，并在进行认证审核前按照文件的要求进行了至少一次管理评审和内部质量体系审核。

4. ISO 9000 系列标准导入旅游景区的意义

在旅游景区实施 ISO 9000 标准化质量管理是旅游企业自身生存和发展的需要，对内起到提高管理水平、提升服务品质、提高工作效率、降低经营风险等作用；对外意味着企业品牌、信誉和实力的增强，逐渐与国际管理水平接轨。

二、ISO 14000 系列标准

1. ISO 14000 系列标准概述

ISO 14000 系列标准是国际标准组织于 1996 年继 ISO 9000 之后颁布的一套环境管理系列标准，并于 2004 年进行了修订。随着全球经济的发展，全球性环境问题越来越突出，日益成为人们关注的焦点，ISO 14000 标准旨在规范各类组织和行业的环境行为，促进资源保护、节约能源，提高防灾抗灾能力，减少和预防污染，提高环境管理水平，改善环境质量，促进经济持续健康发展。

ISO 14001 环境管理体系标准作为 ISO 14000 系列标准的核心，是企业建立环境管理体系并开展审核认证的根本准则。目前国内外所进行的 ISO 14000 认证即指 ISO 14001 环境认证。

ISO 14000 环境管理体系列标准包括以下几个。

ISO 14001—ISO 14009 环境管理体系。

ISO 14010—ISO 14019 环境审核。

ISO 14020—ISO 14029 环境标志。

ISO 14030—ISO 14039 环境行为评价。

ISO 14040—ISO 14049 环境周期评估。

ISO 14050—ISO 14059 术语与定义。

ISO 14060 产品标准中的环境因素。

2. ISO 14000 系列标准的基本要求

ISO 14000 标准的基本要求包括：建立文件化的环境管理体系；制定环境方针、

作出环境保护承诺；识别环境因素、制定目标指标以改善环境状况；预防污染、持续改进，遵守作业程序；注重各方面的信息沟通；对紧急突发事件建立应急和响应计划。

3. ISO 14000 系列标准导入旅游景区的意义

随着经济的全球化，越来越多的企业将实施全球化经济战略，企业的环境表现已经成为政府、企业及其他组织采购产品选择服务时优先考虑的因素之一。在景区导入ISO 14000系列标准不仅有利于保护景区环境，还能提高景区的经济效益，促进景区的可持续发展。从理论上讲，环境作为一个不可控因素，常常制约着各行各业的发展，尤其对旅游业的发展的制约更为严格。如果能正确地对待它，就可使环境为我所用，而ISO 14000 系列标准则是对环境的全面预防、反馈、控制、纠偏到规范化的全过程的规律的体现。

ISO 14000 系列标准荟萃世界各国，尤其是旅游大国环境管理的经验，同我国现行环境管理所遵循的可持续发展原则，即以预防为主、防治结合是一致的，因而在我国推行ISO 14000 系列标准不仅有理论指导意义，且亦有重要的现实意义。

三、绿色环球 21 标准体系

1. 绿色环球 21 标准体系概述

绿色环球 21 标准体系是当今世界上唯一涵盖旅游全行业的全球性可持续发展标准体系。绿色环球 21 标准体系是在 1992 年巴西举行的联合国环境与发展首脑会议上获得通过的《21 世纪议程》的框架下建立的，由世界旅行旅游理事会（WTTC）于 1993 年制定，1994 年正式公布，从 1999 年开始进行独立评审。绿色环球 21 已先后制定了 4 个标准和 20 多个旅游部门的达标评估指标体系。四个标准分别是绿色环球 21 企业标准、绿色环球 21 社区标准、绿色环球 21 生态旅游标准和绿色环球 21 设计与建设标准。根据《国际生态旅游标准》，绿色环球 21 还进一步制定了生态旅游达标评估指标体系，使得生态旅游产品的认定有了量化的标准。目前，生态旅游产品的认证共分为三个类型，即：达标证书、高级证书和创新证书。

作为一种旅游产业的自律机制，绿色环球 21 是目前全球旅行旅游业公认的可持续旅游标准体系，其成员单位涵盖旅行社、饭店、度假村、机场、航空公司、风景区、自然保护区、观光缆车、会展中心、博物馆、城镇社区、旅游学院和政府旅游行政管理部门。迄今为止，绿色环球已在全球 100 多个国家开展了业务，绿色环球 21 标准体系也在不断完善，并创新性地引入了 ABC（A 即 Affiliate/Awareness——加盟/意识；B 即 Benchmarking——达标；C 即 Certifying——认证）三个阶段的参与模式，进一步提高了这套标准体系的科学性和权威性。

2. 绿色环球 21 标准对旅游景区的要求

按照绿色环球 21 标准的要求，加入绿色环球 21 认证的企业需要制定适合企业特点的环境和社会可持续发展政策，向社会承诺企业将会在绿色环球 21 关注的九个关键实施领域作出持续不断的改进，并以环境与社会可持续发展政策为指导，采取积极有效的措施，致力于提高能源效率、改善空气质量、保护淡水资源、减少固体废弃物、加强土地资源规划、保护自然环境与生物多样性，以及促进当地社会经济和文化的全面发展。

绿色环球21标准为旅行旅游业企业提供了一个工作框架，以实现关键实施领域的一个或多个指标的逐年改进。景区应在以下方面采取相应的有效措施：减少温室气体排放、节能与提高能效、节水与淡水资源管理、保护空气质量和控制噪声、减少垃圾排放和废物回收利用、改进废水处理、改善社区关系、尊重文化遗产、保护自然生态系统、保护野生动植物种类、强化土地规划和管理、妥善保存与慎用对环境有害的物质。

3. 绿色环球21标准导入旅游景区的意义

绿色环球21倡导旅游企业在规划、设计、建设阶段融入环境保护和可持续发展理念，注重对自然景观、文化遗产的保护，实现生态环境的最佳状态。具体说来，绿色环球21标准导入景区的意义表现在以下几个方面。

（1）实现资源节约，创造最佳的经济效益

加入绿色环球21认证的组织均通过节约各种资源而减少了经营成本。例如，在美国PA咨询公司对牙买加酒店业进行的调查中，加入绿色环球21的酒店平均减少能源消耗约20%，减少淡水消耗约15%；悉尼奥林匹克国家公园的诺富特酒店采用绿色环球21设计与建设标准后，减少能源消耗30%，淡水消耗60%，减排废水和固体废弃物各30%，取得了明显的经济效益。

（2）实现人与环境的和谐发展，达到最佳的社会效益

绿色环球21认证是在ISO 14001认证基础上的进一步提升，不仅体现了企业良好的环保业绩，也促进企业对当地传统文化和社区经济发展层面的贡献。绿色环球21认证强调对当地社区经济发展的贡献，保持对当地文化的尊重和敏感性，要求包括供应商、承包商、游客等所有利益相关者共同关注环境、经济、社会和文化问题，因而，有利于达到与当地社区和谐相处的目的。

（3）获得全社会的认可，打造国际知名品牌，提高企业知名度

绿色环球21认证的客户意味着旅游行业的领先者，代表旅游行业最佳的生态环境表现，实现环境、社会与经济的全面可持续发展。许多通过绿色环球21的组织获得了国际、国内多项环境奖项，在获得全社会认可的同时，也吸引到了更多的游客。

第三节　我国旅游景区标准化管理

20世纪90年代后，我国的旅游消费需求增长迅速，旅游市场日趋繁荣。作为旅游业的重要生产力要素，旅游景区的发展相对迅速。景区的标准管理也日益成为国家和景区建设者们关注的问题。

我国对旅游业的标准化管理十分重视，1987年首次出台的星级饭店评估标准标志着我国旅游业标准化建设的开始。1995年2月26日，经国家技术监督局批准，国家旅游局成立了“全国旅游标准化技术委员会”，专门从事旅游标准化工作的技术工作组织，负责旅

游业的标准化技术归口工作。在国家旅游局、全国旅游标准化技术委员会及我国其他标准化管理部门的共同推动下，我国已经颁布了10余项旅游标准，是世界上制定和颁布旅游标准最多的国家，其中，旅游景区质量等级标准为我国首创的旅游标准。在我国景区的标准化管理中主要采用的标准包括ISO 9000系列标准、ISO 14000系列标准和绿色环球21标准等国际标准和由我国首创的《旅游景区质量等级的划分与评定》等标准，其中以后者为主要管理标准。

一、ISO 9000系列标准在我国景区内的实施认证

虽然ISO 9000系列标准是针对生产型企业制定的质量标准，景区作为服务型企业在进行质量管理时无法完全参照该标准的要求，但标准中强调的全面质量管理、过程控制、持续改进的一些原则和方法值得景区借鉴。ISO 9001用于证实企业具有提供满足顾客要求和适用法规要求的产品的能力，目的在于增进顾客满意。通过ISO 9001认证可以有效强化景区服务品质管理，提高景区效益，促使景区质量管理走上规范化、程序化、法制化的轨道；同时可以有效满足游客要求，赢得游客信赖，扩大旅游市场占有份额，提高景区的知名度和美誉度等。

深圳的“锦绣中华”是我国旅游景区中第一个获得ISO 9000国际质量体系认证的企业，锦绣中华发展有限公司1997年8月导入ISO 9002质量认证体系，正常试运行10个月后，在1998年6月26日顺利通过了ISO 9002体系19个要素的正式认证，从而率先实现了1997年国务院《质量振兴纲要》中明确提出的“旅游等服务性行业2010年服务质量基本达到国际标准”的目标。随后，峨眉山、武夷山、九寨沟等众多景区都先后通过了ISO 9000的认证。随着我国旅游景区与国际接轨步伐的加快，将会有越来越多的旅游景区进行ISO 9000国际质量认证。

二、ISO 14000系列标准在我国景区内的实施认证

在我国景区事业蓬勃发展的同时，不少景区在环境资源保护方面存在许多亟待解决的问题。景区经营管理与环境之间存在着相互依存的关系，因此ISO 14000环境管理体系标准对于景区环境管理具有重要的指导意义。我国景区应以这个标准为依据，对景区的运行过程进行严格控制，并对自身进行持续改进，以保证景区与环境之间形成良性互动。需要注意的是，景区环境管理不仅包括景区内部环境的管理，同时还包括景区与外部环境之间的协调与控制。只有内部和外部环境都得到优化，景区的环境质量才能得到本质提高，以牺牲景区外部环境或内部环境换取的某些利益将会不利于景区的可持续发展。

我国于1996年开始ISO 14000环境体系标准认证的试点工作，1997年4月1日将其转化为国家标准并正式实施。武汉黄鹤楼公园是我国首家通过ISO 14000国际环境质量体系认证的旅游景区。目前已有不少景区，如深圳的锦绣中华景区、长春的净月潭景区、苏州的苏州乐园、杭州的杭州宋城等都通过了ISO 14000环境质量认证。为切实提高全国风景名胜区资源与环境保护工作，贯彻“严格保护、统一管理、合理开发、永续利用”的方针，根据部分已经通过此标准的景区的经验，建设部和国家环境总局决定在国家重

点风景名胜区开展创建ISO 14000国家示范区活动，制定了《创建ISO 14000国家示范区实施办法》，并于2001年3月9日联合发文《关于国家重点风景名胜区开展创建国家示范区活动的通知》（以下简称《通知》）。《通知》提出，创建活动将作为全国重点风景名胜区总体发展的一项重要工作，其目的不仅要使景区保持良好的资源状况和生态环境、积蓄本景区发展后劲，同时要使景区在区域环境的保护中发挥更大的辐射和带动作用。

三、绿色环球21标准在我国景区内的实施认证

绿色环球21作为独特的品牌，在国际旅游业享有很高的声誉，加入绿色环球21有助于优化企业环境，改善社会形象，从而提高企业的国际竞争力，并吸引新型的“绿色”消费者。

中国国家环保总局和绿色环球21于2002年10月15日签订了在中国推行绿色环球21可持续旅游标准审核体系的合作协议。在此协议框架下，通过南京环境科学研究所和其他合作单位的共同努力，已经有越来越多的旅游企业通过绿色环球21认证。目前已经通过此认证的旅游景区有四川九寨沟国家自然保护区、四川黄龙国家级风景区、四川三星堆遗址博物馆、四川蜀南竹海国家级风景区、九寨天堂国际会议度假中心、四川王朗国家级自然保护区、广东南昆山十字水生态度假村、西羌九皇山猿王洞景区等。其中三星堆遗址博物馆成为全球第一家通过绿色环球21认证的博物馆，蜀南竹海国家级风景区是全球第一家通过绿色环球21认证的以竹资源和竹文化为特色的风景区。这些旅游企业不仅拥有自然与文化遗产，更重要的是，通过当代人的努力，有效地保护和发掘了这些遗产的内在价值，实现了可持续发展，使之能够完整地移交给下一代。这些景区出色的环境和良好的社会形象正吸引着越来越多的国内外游客，也为我国其他景区的标准化管理树立了良好的榜样。

四、《旅游景区质量等级的划分与评定》在我国景区内的实施

为了更好地加强对旅游景区的管理，提高旅游景区服务质量，维护旅游景区和游客的合法权益，促进我国旅游资源开发、利用和环境保护，在借鉴国际标准化组织的ISO 9000系列和ISO 14000系列等标准，国家旅游局组织编制了《旅游区（点）质量等级的划分与评定》（GB/T 17775—1999）的国家标准，并于国际质量技术监督局于1999年6月14日正式颁布。通过该标准对我国旅游景区进行质量等级评定后，合格景区将获得相应的A级，简称为A级景区。2003年2月24日发布，2003年5月1日正式实施的《旅游景区质量等级的划分与评定》（GB/T 17775—2003）是代替GB/T 17775—1999的最新版本。新版本规定了国家旅游景区质量等级划分的依据、条件及评定的基本要求。制定标准的目的是针对我国旅游景区的实际情况，利用技术性的标准加强景区的经营管理，改善服务质量，提高企业竞争力，维护景区和旅游者的权益，促进我国旅游资源的合理开发、利用和环境保护。这是我国旅游景区国内竞争国际化、提升我国旅游景区“软件”水平的内在的和必需的要求。

1.《旅游景区质量等级的划分与评定》的主要内容

该标准的主要内容涉及景区质量等级的标志以及各等级景区应具备的详细标准，规定旅游景区质量等级划分为五级，从高到低依次为5A级、4A级、3A级、2A级和1A级旅游景区。景区质量、旅游景区质量等级的标志、标牌、证书由国家旅游行政主管部门统一规定。国家旅游景区质量等级的划分与评定主要依据“服务质量与环境质量评分细则”、“景观质量评分细则”，并结合“游客意见评分细则”的得分总和进行。

为保证景区质量，该标准对景区的设施和服务进行了较为详细的规定，评分主要涉及的内容有以下几个方面。

1）旅游交通：包括景区的可进入性、交通设施状况、游览路线设计、交通工具等。

2）游览设施和服务：包括游客中心设置、引导标志的设计、公众信息的发布、导游员和导游（讲解）词的安排、公共信息图形的规范、游客公共休息设施的布局等。

3）旅游安全：包括应该符合相关安全标准和规范、安全设施的完备性、紧急事故应对措施和设施等。

4）景区卫生：包括景区环境、相关卫生标准、公共厕所的设计、垃圾箱的设置、食品卫生标准等。

5）邮电服务：包括邮政服务、通信设施的布置、通信信号的强弱及便捷性。

6）旅游购物：包括购物场所的设置和管理、旅游商品销售从业人员的素质、旅游商品的丰富程度等。

7）景区经营管理：包括管理体制的科学性、管理制度的完备性、管理人员的高层次、项目管理的合法性、服务管理的针对性等。

8）景区资源和环境的保护：包括空气质量、噪声质量、地面水环境、污水排放、景观保护、景区容量控制、设施和环保性能等。

9）旅游资源吸引力：包括观赏游憩价值、资源的质与量、资源保护完好程度等。

10）景区的市场吸引力：包括景区知晓度、美誉度、辐射能力、品牌特征等。

11）年接待海内外旅游者60万人次以上，其中海外旅游者5万人次以上。

12）游客抽样调查满意率。

2.《旅游景区质量等级的划分与评定》的实施现状

从2001年第一批A级旅游景区的授予至今，全国2000余家旅游景区获得了A级景区的称号，显著地改善了我国旅游景区管理和服务水准，尤其是2003年的新版标准出台后，景区管理和服务更加强调人性化，景区服务更加贴心、舒心和放心。该标准促进了我国旅游景区加快迈向保护、开发、建设、经营和管理的新高度。

2001年，国家旅游局按照GB/T 17775—1999国家标准批准并公布了首批187家国家4A级旅游景区，到2004年8月为止，全国共有4A级国家旅游景区443家。在GB/T 17775—2003颁布后，国家旅游局在2003年3月下发《关于开展5A级旅游景区创建试点工作有关事项的通知》后，依据《旅游景区质量等级的划分与评定》国家标准与《旅游景区质量等级评定管理办法》，5A级旅游景区创建试点工作正式启动。在最后的评定中，有66家景区成为我国首批5A级旅游景区。

资料链接

5A级旅游景区名单

北京：故宫博物院、天坛公园、颐和园、八达岭长城。

天津：天津古文化街旅游区（津门故里）、天津盘山风景名胜区。

河北：秦皇岛市山海关景区、保定市安新白洋淀景区、承德避暑山庄及周围寺庙景区。

山西：大同市云冈石窟、忻州市五台山风景名胜区。

辽宁：沈阳市植物园、大连老虎滩海洋公园和海洋极地馆。

吉林：长春市伪满皇宫博物院、长白山景区。

黑龙江：哈尔滨市太阳岛公园。

上海：上海东方明珠广播电视塔、上海野生动物园。

江苏：南京市钟山风景名胜区—中山陵园风景区、中央电视台无锡影视基地三国水浒景区、苏州市拙政园、苏州市周庄古镇景区。

浙江：杭州市西湖风景名胜区、温州市雁荡山风景名胜区、舟山市普陀山风景名胜区。

安徽：黄山市黄山风景区、池州市九华山风景区。

福建：厦门市鼓浪屿风景名胜区、南平市武夷山风景名胜区。

江西：九江市庐山风景旅游区、吉安市井冈山风景旅游区。

山东：烟台市蓬莱阁旅游区、济宁市曲阜明故城（三孔）旅游区、泰安市泰山景区。

河南：登封市嵩山少林景区、洛阳市龙门石窟景区、焦作市云台山风景名胜区。

湖南：衡阳市南岳衡山旅游区、张家界武陵源旅游区。

湖北：武汉市黄鹤楼公园、宜昌市三峡大坝旅游区。

广东：广州市长隆旅游度假区、深圳华侨城旅游度假区。

广西：桂林市漓江景区、桂林市乐满地度假世界。

海南：三亚市南山文化旅游区、三亚市南山大小洞天旅游区。

重庆：重庆大足石刻景区、重庆巫山小三峡—小小三峡。

四川：成都市青城山—都江堰旅游景区、乐山市峨眉山景区、阿坝藏族羌族自治州九寨沟旅游景区。

贵州：安顺市黄果树大瀑布景区、安顺市龙宫景区。

云南：昆明市石林风景区、丽江市玉龙雪山景区。

陕西：西安市秦始皇兵马俑博物馆、西安市华清池景区、延安市黄帝陵景区。

甘肃：嘉峪关市嘉峪关文物景区、平凉市崆峒山风景名胜区。

宁夏：石嘴山市沙湖旅游景区、中卫市沙坡头旅游景区。

新疆：乌鲁木齐市天山天池风景名胜区、吐鲁番市葡萄沟风景区、阿勒泰地区喀纳斯景区。

3.《旅游景区质量等级的划分与评定》的积极作用

旅游景区的质量等级评定工作得到了各级政府和各旅游景区的高度努力，取得了显著的成效。全国各地旅游景区在服务质量和环境质量上都有了显著的提高，旅游景区的评定工作在一个积极的良性循环的轨道上顺利进行，旅游景区 A 级品牌的影响力越来越强。旅游景区 A 级标准和酒店的星级评定与优秀旅游城市评定一起成为我国实施的最为成功的三个旅游标准。

本章小结

本章介绍了旅游景区标准化管理的背景和实行标准化管理的必要性，从三个方面（即服务质量、环境质量和游客意见）介绍了景区标准化管理的内容。简单介绍了三个国际上通用的质量标准（ISO 9000、ISO 14000 及绿色环球 21）体系及其与景区标准化管理的关系及导入的意义。在我国标准化管理所使用的各大标准中，重点介绍了《旅游景区质量等级的划分与评定》的主要内容、实施现状及其所产生的积极影响。

知识结构

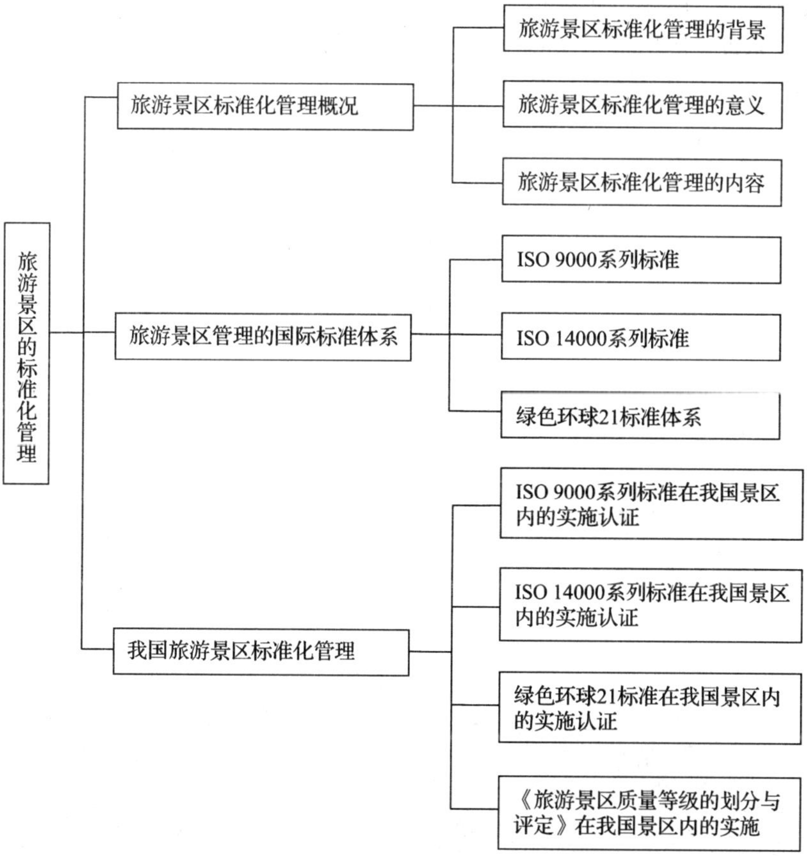

习题与思考

1. 选择题

1）景区实施标准化管理的基本内容包括（　　）。

A. 服务质量　B. 景观质量　C. 设施质量　D. 游客意见

2）（　　）标准体系是我国首创的标准体系。

A. ISO 9000　B. ISO 14000

C. 绿色环球 21　D.《旅游景区质量等级的划分与评定》

3）《旅游景区质量等级的划分与评定》规定，我国的旅游景区分为（　　）个等级。

A. 3　B. 4　C. 5　D. 6

4）（　　）是我国第一个获得 ISO 9000 国际质量体系认证的旅游企业。

A. 深圳锦绣中华　B. 四川三星堆遗址博物馆

C. 故宫博物院　D. 武汉市黄鹤楼公园

5）（　　）是全球第一家通过绿色环球 21 认证的博物馆。

A. 故宫博物院　B. 四川三星堆遗址博物馆

C. 颐和园　D. 西安市秦始皇兵马俑博物馆

2. 简答题

1）简述我国景区标准化管理的意义。

2）简述《旅游景区质量等级的划分与评定》在我国的实施现状及其积极意义。

3）简述国际上通用的景区管理标准化体系。

参考文献

[1] 郭亚军. 旅游景区管理 [M]. 北京：高等教育出版社，2006.
[2] 李洪波. 旅游景区管理 [M]. 2 版. 北京：机械工业出版社，2008.
[3] 姜若愚. 旅游景区服务与管理 [M]. 大连：东北财经大学出版社，2008.
[4] 钟永德. 旅游景区管理 [M]. 长沙：湖南大学出版社，2005.
[5] 张进福，黄福才. 景区管理 [M]. 北京：北京大学出版社，2009.
[6] 邹统钎. 中国旅游景区管理模式研究 [M]. 天津：南开大学出版社，2006.
[7] 周国忠. 旅游景区服务与管理实务 [M]. 南京：东南大学出版社，2007.
[8] 王昆欣. 旅游景区服务与管理 [M]. 北京：旅游教育出版社，2004.
[9] 禹贡，欧阳洪昭. 旅游景区景点经营案例解析 [M]. 北京：旅游教育出版社，2007.
[10] 湖北省旅游局人事教育处. 导游业务 [M]. 武汉：华中师范大学出版社，2007.
[11] 周晓梅. 计调部操作实务 [M]. 2 版. 北京：旅游教育出版社，2008.
[12] 彭淑清. 景点导游 [M]. 北京：旅游教育出版社，2006.
[13] 卢晓. 旅游景区服务与管理 [M]. 北京：清华大学出版社，2009.
[14] 王昆欣. 旅游景区管理 [M]. 大连：东北财经大学出版社，2003.
[15] 王昆欣. 旅游景区服务与管理案例 [M]. 北京：旅游教育出版社，2008.
[16] 彭淑清. 景区服务与管理 [M]. 北京：电子工业出版社，2010.
[17] 郑向敏，韩军. 旅游企业管理 [M]. 重庆：重庆大学出版社，2008.
[18] 赵黎明. 旅游景区管理学 [M]. 2 版. 天津：南开大学出版社，2009.
[19] 张凌云. 旅游景区景点管理 [M]. 北京：旅游教育出版社，2003.
[20] 周玲强，等. 旅游景区经营管理 [M]. 杭州：浙江大学出版社，2006.

教师教学支持方案

（教学课件）

建设立体化精品教材，向高校师生提供整体教学解决方案和教学资源，是天津大学出版社“服务高校教育”的重要方式。

为支持相应课程的教学工作，我们配套出版了该书的教学课件，向采用本教材的教师免费提供。该课件仅为教师获得并服务，授课教师如果想享受个性化的服务，可到天津大学出版社网址 www. tjup. com“下载中心”的旅游与酒店管理专业课程教材栏目中下载填写“旅游与酒店管理专业教师资源库”入库信息表，并详细填写如下开课情况证明，以邮寄或者传真方式一并交与我们，我们将在收到后一周内寄出相关课件或与您联系相关事宜。

通信地址：天津市南开区卫津路92号天津大学出版社 总编办
邮编：300072
电话：022-27405002
传真：022-27401094
E-mail: 973662685@ qq. com
联系人：王馨

开课证明

兹证明＿＿＿＿＿＿＿＿＿大学＿＿＿＿＿＿＿＿＿学院＿＿＿＿＿＿＿＿＿系＿＿＿＿＿专业第＿＿＿＿＿学年开设的＿＿＿＿＿课程，已采用天津大学出版社出版的＿＿＿＿＿（书名、作者）作为本课程教材，本专业共＿＿＿＿＿班，授课老师共＿＿＿＿位，学生共＿＿＿＿人。

授课老师需要与本教材配套的教学课件。

联系人：
通信地址：
邮编：
电话：
E-mail:

系（院）主任（签字）：
（系院办公室盖章）
年　月　日